教师教育系列教材

U0655915

儿童发展心理学

(第 3 版)

刘 梅 王 芳 主 编

刘静洋 赵 楠 国云玲 邹茹莲 副主编

清华大学出版社

北 京

内容简介

本书以介绍儿童心理发展规律为主要内容,在论述儿童发展心理学的任务、意义,主要理论以及由受精卵开始到青春期(高中生阶段)各年龄阶段心理发生、发展规律等内容的基础上,阐述了儿童在各发展阶段(胎儿期、婴儿期、幼儿期、童年期、青春期)中可能出现的心理和社会问题、问题产生的原因、问题解决的对策等内容。本书特别针对困扰儿童家长和教师的一些实际问题进行了详尽的阐述,如父母如何进行胎教、为孩子选择幼儿园、家庭早期教育的重点内容有哪些、父母如何避免让婴儿产生不良情绪、做让孩子喜欢的家长、教孩子学会学习、帮助孩子顺利度过逆反期、预防青少年自杀、避免青少年网瘾、化解高考生的紧张情绪、帮助高中生择业等。这些内容有助于广大心理学工作者、幼儿教师、中小学教师、儿童家长以及社会工作者引导儿童顺利健康地成长。

本书适合作为师范类心理学、学前教育学、初等教育学等专业的基础理论教材,也可供非师范类专业的学生、幼儿教师、中小学生家长、教育工作者、心理学爱好者、社会工作者等阅读。

图书在版编目(CIP)数据

儿童发展心理学/刘梅,王芳主编. —3版. —北京:清华大学出版社,2021.6(2024.8重印)

教师教育系列教材

ISBN 978-7-302-57782-9

Ⅰ. ①儿… Ⅱ. ①刘… ②王… Ⅲ. ①儿童心理学—师资培训—教材 Ⅳ. ①B844.1

中国版本图书馆 CIP 数据核字(2021)第 055480 号

责任编辑:陈冬梅
封面设计:刘孝琼
责任校对:李玉茹
责任印制:杨 艳

出版发行:清华大学出版社

    网 址:https://www.tup.com.cn, https://www.wqxuetang.com
    地 址:北京清华大学学研大厦 A 座 邮 编:100084
    社 总 机:010-83470000 邮 购:010-62786544
    投稿与读者服务:010-62776969, c-service@tup.tsinghua.edu.cn
    质量反馈:010-62772015, zhiliang@tup.tsinghua.edu.cn
    课件下载:https://www.tup.com.cn, 010-62791865

印 装 者:三河市铭诚印务有限公司

经 销:全国新华书店

开 本:185mm×260mm 印 张:17 字 数:413 千字

版 次:2010 年 11 月第 1 版 2021 年 6 月第 3 版 印 次:2024 年 8 月第 8 次印刷

定 价:49.80 元

产品编号:088032-01

前　言

习近平总书记在中国共产党第二十次全国代表大会上的报告中明确指出："我们要办好人民满意的教育，全面贯彻党的教育方针，落实立德树人根本任务，培养德智体美劳全面发展的社会主义建设者和接班人，加快建设高质量教育体系，发展素质教育，促进教育公平。"本教材在编写过程中深刻领会党对高校教育工作的指导意见，认真履行党对高校人才培养的具体要求。

自《儿童发展心理学》(第1版)于2010年出版发行至今，已有十余年；承蒙读者的厚爱，该书已在2016年再版发行。鉴于广大读者的需要，以及儿童发展心理学最近几年新的研究成果的出现，以及更好地帮助父母做好家庭教育，作者决定第三次出版本书，以期对儿童心理发展研究做更全面的概述，反映迄今为止儿童发展心理学家们所提供的最好的理论观点、实证研究和实践建议，从而使更多的读者受益。

本书在《儿童发展心理学》第2版的基础上，除介绍儿童发展心理学研究的主要内容、任务、意义，心理发展的主要理论及从受精卵开始到高中生阶段各年龄阶段心理发生、发展的规律，个体发展过程中各阶段可能出现的心理现象、心理问题以及如何采取措施进行有效的预防等，特别增加了家庭教育的相关内容。包括：家庭教育的重点内容、怎样避免家庭教育的误区、什么样的家庭更适合孩子健康发展、父母如何为孩子选择幼儿园、如何让孩子更快地适应小学的学习、父母如何避免让孩子产生不良情绪、如何做让孩子喜欢的父母、如何教孩子学会学习、孩子逆反的实质是什么、如何与青春期的孩子沟通、如何预防青少年自杀、如何避免青少年网瘾、如何化解高考生的不良情绪、如何帮助高中生择业等。

本书的特点在于：用精练的语言对深奥的理论进行讲解，力争做到通俗易懂，又不失理论深度；注重理论联系实际，在保证教材体系及体例更加科学的前提下，增加案例教学的内容。

本书在遵循第2版的结构设置基础上，增加了"父母知识窗""父母课堂"等栏目，以帮助读者了解家庭教育的相关知识，更好地解决生活中遇到的实际问题。

本书的重要突破在于，将个体在儿童期心理现象的发展情况，各年龄阶段的发展特点、容易出现的心理问题，以及各阶段的心理卫生、心理保健结合起来加以论述，使读者能更好地理解并掌握早期的教养、教育对个体发展的重要影响，真正做到理论介绍和解决问题相结合，使其符合现代化的教育教学理念。

本书可作为综合性大学、高等师范院校心理学专业和教育学专业的本科生、大专生的专业基础课教材，也可供儿童心理工作者、儿童教育工作者、社会工作者、儿童家长等，从事教学、科研和实际工作时参考。

本书的主编为沈阳大学应用心理学系硕士生导师刘梅教授和辽宁城市建设职业技术学院的王芳副教授，副主编为沈阳大学的刘静洋副教授、赵楠老师、国云玲副教授、邹茹莲教授。其中，各章执笔人如下：刘梅编写第一章、第四章；王芳和赵楠编写第二章；王芳编写第三章；国云玲和刘静洋编写第六章；邹茹莲编写第五章和第七章；赵楠和国云铃编写第八章；刘梅和刘静洋编写第九章；最后由刘梅教授负责全书统稿。

由于作者水平有限，书中难免会有缺点和遗漏，真诚希望专家、同行及广大读者批评、指正。

编　者

目　　录

第一章　认识我们自己的科学——儿童发展心理学概述 1

第一节　儿童发展心理学的研究对象、任务及研究方法...2

一、儿童发展心理学的研究对象 2

二、儿童发展心理学的任务 3

三、儿童发展心理学的研究原则和方法..5

第二节　儿童发展心理学发展简史..13

一、儿童发展心理学产生的准备阶段...13

二、儿童发展心理学的产生阶段 14

三、儿童发展心理学的分化与发展阶段...16

四、儿童发展心理学的演变与增新阶段...16

第三节　中国儿童发展心理学发展概况..17

一、中国古代的儿童发展心理学思想...17

二、中国近代儿童心理学 18

三、中国现代儿童心理学体系的形成...18

本章小结 19

思考题 19

第二章　心理学家眼中的儿童心理发展——儿童发展心理学的基本理论 20

第一节　有关"我"的理论——精神分析的心理发展观...20

一、弗洛伊德的心理发展观 20

二、艾里克森的心理发展观 23

第二节　研究行为的科学——行为主义的心理发展观...26

一、华生行为主义的心理发展观 26

二、斯金纳新行为主义的心理发展理论...28

三、班杜拉的儿童心理发展理论 29

第三节　研究认知结构的理论——皮亚杰的心理发展观...33

一、皮亚杰的认知发展理论的主要观点...33

二、简评 36

第四节　"最近发展区"的倡导者——维果斯基的心理发展观.......................................37

一、维果斯基儿童心理学的主要观点...37

二、简评 39

第五节　"蒙氏教育"的启蒙者——蒙台梭利的心理发展观...39

一、蒙台梭利的心理发展观 39

二、蒙台梭利的儿童心理发展与教育思想的现实意义...42

本章小结 43

思考题 ·· 44

第三章 科学发展的理论依据——儿童心理发展的基本规律 ·························· 45

第一节 关于心理发展动因的讨论 ······································· 45

一、一因素说 ··· 46
二、二因素说 ··· 47
三、相互作用说 ·· 47

第二节 心理发展的动因 ··· 47

一、遗传与生理成熟动因 ··· 48
二、环境与教育动因 ·· 51
三、活动动因 ·· 60
四、心理内部矛盾动因 ··· 61

第三节 儿童心理发展的年龄阶段性 ····································· 63

一、个体心理发展的形式 ··· 63
二、个体心理年龄特征的实质 ·· 64
三、个体心理年龄特征的稳定性和可变性 ··································· 64
四、个体心理发展的关键期 ··· 65

本章小结 ·· 65
思考题 ··· 66

第四章 人生的开端——胎儿的发展 ·· 67

第一节 人之初——胎儿的发展 ·· 67

一、生命之吻——合子的形成 ·· 67
二、怎样生长——胎儿的生长阶段 ·· 68
三、来到世上很不容易——围产期环境 ······································ 71

第二节 教育从胎儿开始——胎教 ··· 72

一、何为胎教 ·· 73
二、胎教的影响因素——母体内外环境 ······································ 73
三、"胎儿能接受胎教"——胎儿的活动和能力的发展 ·················· 79

本章小结 ·· 81
思考题 ··· 82

第五章 感知觉、动作、依恋发展的关键期——婴儿心理的发展 ············ 83

第一节 新生儿的发展 ·· 83

一、应激与适应——生存环境的巨大变化 ··································· 83
二、很弱小,但潜力巨大——新生儿生理发展特征 ······················ 84
三、出生就有的能力——新生儿的无条件反射 ···························· 87
四、学习从现在开始——条件反射的出现 ··································· 88

第二节 婴儿心理的发展 ··· 89

一、"长得很快的时期"——婴儿生理的发展 ····························· 89

二、心灵才能手巧——婴儿动作、活动的发展 90

三、怎样认识世界——婴儿认知的发展 95

四、天生就可能说话——婴儿言语的发展 102

第三节 "我"要变成社会人——婴儿个性和社会性的发展 106

一、我们天生不一样——婴儿的气质 107

二、我天生就有情绪——婴儿情绪的发展 108

三、我愿意和妈妈在一起——婴儿依恋的发展 112

四、婴儿的人际关系 116

五、人生发展的关键——自我意识的萌芽 117

第四节 婴儿期的心理问题和心理卫生 118

一、婴儿期常出现的心理问题 118

二、婴儿期的心理卫生 120

本章小结 122

思考题 123

第六章 游戏、自我评价发展的关键期——幼儿心理的发展 124

第一节 幼儿心理发展特点概述 124

一、活泼好动是我的本质——幼儿心理的一般特点 124

二、更像个婴儿——幼儿初期的心理特点 126

三、真正的幼儿——幼儿中期的心理特点 127

四、我有点像个小学生——幼儿晚期的心理特点 128

第二节 我长得还是很快——幼儿生理的发展 129

一、幼儿身体的发育 129

二、幼儿神经系统的发展 129

第三节 儿童的战争——幼儿游戏的发展 131

一、心理学家眼中的儿童游戏——关于游戏的心理学理论 131

二、孩子最喜欢"玩"——游戏是幼儿期的基本活动 133

三、会"玩"的孩子才聪明——游戏对幼儿心理发展的作用 135

第四节 我为上学做准备——幼儿认知的发展 136

一、幼儿感知觉的发展 136

二、幼儿注意的发展 138

三、幼儿记忆的发展 140

四、幼儿思维的发展 142

五、幼儿言语的发展 144

第五节 "三岁看大":个性形成的关键期——幼儿个性和社会性的发展 147

一、"三岁看大"——幼儿个性初步形成 147

二、学会评价和控制自己——自我意识的发展 148

三、最初的社会关系——同伴交往的发展 150

四、对世界充满好奇——好奇心的发展 151

五、请把我当"我"养——幼儿性别角色的社会化 ……………………………………152

六、"不是我不听话了"——儿童发展的第一逆反期 ………………………………154

第六节 幼儿期的心理问题和心理卫生 ………………………………………………155

一、我会出现的问题——幼儿期常出现的心理问题 ………………………………155

二、教育我，要注意——幼儿教育过程中应注意的问题 …………………………158

三、幼儿期的心理卫生 …………………………………………………………………159

本章小结 …………………………………………………………………………………160

思考题 ……………………………………………………………………………………160

第七章 学会学习的关键期——小学生心理的发展 ………………………………161

第一节 "童言无忌"——小学生的一般特征 ………………………………………161

一、小学生身体的发育 …………………………………………………………………161

二、小学生神经系统的发展 ……………………………………………………………163

三、小学生心理发展的特征 ……………………………………………………………163

第二节 童年的主要活动——学习活动的发展 ………………………………………164

一、学习和游戏不一样——学习的特点 ……………………………………………164

二、学会学习——学习活动的发展 …………………………………………………165

第三节 认识世界的能力——小学生认知过程的发展 ………………………………168

一、小学生注意的发展 …………………………………………………………………168

二、小学生记忆的发展 …………………………………………………………………170

三、小学生思维的发展 …………………………………………………………………173

四、小学生言语的发展 …………………………………………………………………176

第四节 "七岁看老"——小学生个性和社会性的发展 ……………………………177

一、全面发展的需要——情感和意志的发展 ………………………………………177

二、更全面认识自己——小学生自我意识的发展 …………………………………181

三、儿童之间的"战争"——道德的发展 …………………………………………182

四、小学生人际交往的发展 ……………………………………………………………185

第五节 小学生的心理问题及心理卫生 ………………………………………………189

一、小学生常出现的心理问题 …………………………………………………………189

二、小学生常见心理问题的原因及教育过程中应注意的事项 ……………………191

本章小结 …………………………………………………………………………………192

思考题 ……………………………………………………………………………………193

第八章 半幼稚半成熟的错综矛盾期——初中生心理的发展 ……………………194

第一节 生理发育与心理发展的矛盾性 ………………………………………………195

一、生理发育高峰 ………………………………………………………………………195

二、心理发展的矛盾性特点 ……………………………………………………………201

第二节 学习知识的关键期——初中生的学习活动 …………………………………203

一、初中生学习活动的特点 ……………………………………………………………203

二、初中生学习的心理指导 ……………………………………………………………204

第三节　初中生的认知发展 206
　　一、初中生记忆的发展 206
　　二、初中生思维发展的特点 207
第四节　我不是不可理喻——初中生个性和社会性的发展 208
　　一、强烈的自我——初中生自我意识的发展 208
　　二、我的情绪波动大——初中生情绪情感的发展 209
　　三、我还需要锻炼——初中生意志发展的特点 213
　　四、不全是我的问题——初中生处于第二逆反期 214
　　五、初中生人际关系的发展 216
第五节　青春期的心理问题及心理卫生 219
　　一、青春期常见的心理社会问题及预防措施 219
　　二、进行青春期性教育，提前做好知识准备和心理准备 225
　　三、教给青春期少年情绪调控的方法，消除不良情绪 226
本章小结 226
思考题 227

第九章　从急风怒涛到相对平稳期——高中生心理的发展 228
第一节　我长大了——高中生心理发展的基本特征 228
　　一、不平衡性 228
　　二、自主性 228
　　三、进取性 229
　　四、社会性 229
　　五、心理品质日趋稳定 229
第二节　高中生认知的发展 229
　　一、高中生学习的特点 230
　　二、高中生思维的发展 231
第三节　高中生社会性的发展 234
　　一、高中生自我的发展 234
　　二、高中生性意识的发展 236
　　三、高中生价值观和人生观的发展 240
第四节　高中生的心理问题和心理卫生 245
　　一、帮高中生度过高考期——高中生常见的心理问题和心理健康教育 246
　　二、高中生的心理健康教育 253
　　三、高中生的升学就业指导 258
本章小结 259
思考题 260

参考文献 261

第一章 认识我们自己的科学
——儿童发展心理学概述

学习目的及要求

通过本章的学习，理解儿童发展心理学的界定及其与心理学的关系，了解儿童发展心理学的任务、研究原则、研究方式及方法，了解儿童发展心理学的演变历史。

核心概念

儿童发展心理学(children developmental psychology)　心理发展(mental development)
发展历史(development history)　研究原则(research principle)

每天都有新的生命降临这个世界，看起来他们很像你我的样子，但要小一些。他们的思维方式与我们不同，他们有自己奇特的言语，会问很多问题。显然，他们是想了解我们的生活方式，目标是取代我们来管理地球。他们就是儿童。

孩子怎样成长为大人？不研究儿童就无法揭开这个谜，这是儿童研究最富有吸引力的一点。同时，还有另外一个令人感兴趣的原因：儿童对世界的理解与成人对世界的理解有着质的区别，想了解儿童的世界谈何容易，甚至可能同了解另一种文化或另一个星球的人一样复杂，这需要大量的心理学研究来帮助我们。

儿童发展心理学就是这样一门心理学，它以个体从受精卵开始到成熟期间的心理现象为研究对象，总结其发生、发展规律和儿童各年龄阶段的心理特征。

具体来说，它研究的时间界限是从受精卵到十七八岁。如果从发展的时期来看，这个时期大致可分为这样几个阶段，即胎儿期、乳儿期、婴儿期、幼儿期、童年期(小学生阶段)、青春期(初中生阶段)和青年初期(高中生阶段)。

儿童发展心理学是心理科学的重要部分或分支。

普通心理学研究的是最一般的心理规律，即人的心理过程和心理特征。儿童发展心理学是以普通心理学为依据来对儿童心理发展的规律和年龄特征进行专门的研究。同时，儿童发展心理学的研究又反过来丰富普通心理学研究的内容。

🌐 **心海畅游 1-1** 发展心理学的界说(扫右侧二维码)

心海畅游 1-1

第一节 儿童发展心理学的研究对象、任务及研究方法

一、儿童发展心理学的研究对象

要明确儿童发展心理学的研究对象，有必要从心理和心理的发展说起。

(一)心理和心理的发展

1. 关于心理的实质问题

辩证唯物主义认为，心理的实质是人脑的机能以及对客观现实的主观反映，它产生的条件是社会实践活动。

(1) 心理是对客观现实的主观反映。这就是说，心理的内容是由客观现实决定的。客观存在是第一性的，心理、意识是第二性的。

(2) 作为对客观现实反映的心理，心理是通过大脑的活动来实现的。脑是心理的器官，心理是脑的机能。只有人的大脑才具有产生各种高级心理活动的机能。

(3) 心理对现实的反映不是照镜子般机械的反映，而是一种能动的反映。因此，人的心理具有主观性、个别性和差异性。尤其是，人的反映是在社会实践活动中、在人的言语参与下进行的，因此人的心理、意识具有独特的社会性和自觉能动性。

(4) 心理、意识虽是第二性的东西，是一种反映，但它不是毫无作用的消极现象。它一旦形成之后，就能在人的活动中起调节、定向作用。也就是说，人的心理在社会实践中产生，同时又能反作用于社会实践。

🌐 **心海畅游 1-2** 心理学的理论体系(扫右侧二维码)

2. 关于心理发展的内涵问题

在心理学中，一般从两个方面研究心理发展问题。

心海畅游 1-2

(1) 心理的广义发展。

从广义而言，心理发展包含心理的种系发展、心理的种族发展和个体心理发展。

① 心理的种系发展是指动物种系演进过程中的心理发展；研究它的学科领域是比较心理学，也称动物心理学。动物心理学是对动物演进过程中从反射活动到心理的出现，由低级动物到高级的类人猿心理(与人类心理接近，却有本质差异)的不同级别的现存代表进行比较研究，以构成动物心理发生发展的大致图景。

② 心理的种族发展是指人类历史发展过程中的心理发展，研究它的学科领域是民族心理学。民族心理学是对不同历史发展阶段各民族的心理进行比较研究，以探讨人类心理的历史发展轮廓。

③ 个体心理发展是指人的个体从出生到成熟，再到衰老的整个生命历程中的心理发展；研究它的学科领域是个体发展心理学。个体发展心理学是对人生命历程各个年龄阶段的心理发展特点进行研究，以揭示现代人心理发展的规律。

(2) 心理的狭义发展。

心理的狭义发展仅指个体心理的发展，即指人的个体从出生到成熟再到衰老的生命历

程中的心理发展。

一个人出生的时候是否具有心理？他的心理是怎样产生的？在人发展的各个年龄阶段(胎儿期、婴儿期、幼儿期、童年期、少年期、青年期、中年期、老年期)，心理又是怎样发展变化的？它是按照什么规律发展变化的？这些发展变化在人的生活和教育上具有怎样的意义等等，所有这些，都是研究个体心理发展史必须阐述的问题。

在个体心理发展的研究中，人在儿童时期(从受精卵到青年初期)(0～18岁)的心理发展是被研究较多的部分，这部分就组成儿童发展心理学这门科学的主要内容。

(二)儿童心理的发展

儿童发展心理学是研究儿童心理发展规律的科学。儿童时期是人从出生(新生儿)到成熟(青年初期)的整个阶段，是人心理发生和形成的重要时期。

具体地说，儿童期在生理方面是一个从不成熟到成熟、从不定型到定型的成长发育的发展过程；在心理方面是一个从不识不知到具有意向和具有一定世界观的各具特色的社会个体的发展时期。在这一期间，个体的可塑性最大，最易受教育。儿童期是发育身体、发展智力、养成良好行为习惯的关键时期。

儿童期的个体具有自己独特的特点。

(1) 儿童与动物不同。他一开始就生活在特定的社会环境中，并向着人类社会成员的方向发展。儿童从出生的时候起，就过着社会生活。在成人的长期抚养和教育下，通过与成人的交际和系统地学习，逐渐掌握人类已有的社会经验。随着儿童的日益成长，他不但能适应社会生活，也能改造社会生活，这样，他就成为一个独立的社会成员。

(2) 儿童也不完全与成人一样。当然，从社会性来说，儿童与成人是基本相同的，但从发展的水平来说，他们之间却存在很大差别。例如，儿童的脑的结构和机能还不成熟，儿童的思维不完全等同于成人的思维，儿童的劳动能力也与成人不完全一样。儿童心理发展是个体心理发展中的一个具有自己特点的部分，它的主要问题是：作为个体的人的心理是怎样发生的？又是怎样在一定条件下从一个软弱无能的新生儿的心理经过一定阶段逐步发展成为一个能够独立参加社会生活的社会成员的心理的？

二、儿童发展心理学的任务

一切科学都来源于实践，反过来又为实践服务。儿童发展心理学是研究儿童心理的发展特点和基本规律的，这些特点和规律的发现和确定，是在人类长期生活实践中、儿童实践工作中和儿童研究工作中共同努力取得的结果。这些结果一旦取得之后，反过来又能够而且必须为以后的实践更好地服务，使以后的工作实践更加有效，科学理论不断提高。儿童发展心理学史证明，儿童发展心理学正是在实践与理论的互动关系中逐步发展起来的。

儿童发展心理学研究的任务主要有以下几个。

(一)揭示各年龄阶段心理发展的基本特征

儿童发展心理学将儿童期心理发展划分为不同的年龄阶段。每个年龄阶段的心理发展都有与其他各年龄阶段不同的典型特征，这些典型特征及其与其他各有关因素的相互作用等都是儿童发展心理学研究的基本内容。

关于儿童心理发展的年龄特征，我们理解如下。

第一，儿童心理年龄特征是指儿童心理发展的各个年龄阶段中形成的一般特征、典型特征或本质特征。它是和年龄有联系的(因为年龄是时间的标志，一切发展都是和时间相联系的)，但不是由年龄决定的。同时，它是从许多个别儿童的心理特征中概括出来的，只能代表某一年龄阶段儿童心理发展的一般趋势，而不能代表这个年龄阶段所有儿童的特征。

第二，在一定条件下，儿童心理年龄特征既是相对稳定的，同时又是可以有一定程度的改变的。这是因为：一方面，年龄特征是受许多比较稳定的因素支配的，例如儿童脑的结构和机能的发展是有一定过程的，知识本身的深浅也是有一定顺序的，这就决定了儿童心理发展在一定时期或阶段内有一定的、不能突破的限度；另一方面，年龄特征又是可以随着社会生活和教育条件的变化而有一定的变化的(当然，也不是毫无限制的)。

第三，教育的目的、方向是由社会决定的，而不是由年龄特征决定的。但在教育的目的、方向决定了以后，就不能不考虑：教材如何安排才能使儿童既容易接受，又学得更好更快；创设什么条件，采取什么方法，更适合儿童发展的特点……要很好地解决这些问题，就不能不认识和运用儿童心理年龄特征的规律。

因此，儿童发展心理学研究的一个重要任务就是：揭示各年龄阶段心理发展的基本特征。

(二)阐明各种心理机能的发展进程和特征

心理活动是整体活动，这一整体活动是各种心理机能和各种心理过程整合而成的。心理学就是研究各种心理现象的科学，它主要包括心理过程和人格两大部分，其中心理过程包含知、情、意三个过程，人格由人格倾向性和人格心理特征两部分组成。在一定意义上，人格不是独立存在的，而是通过心理过程表现出来的，人们心理过程的差异表明了人们之间人格的不同。可以说各种心理机能是在相互联系、相互作用中发展变化的。因此，在研究各种心理机能的发展趋势和特征的同时，必须考虑到各种心理机能的相互关联以及心理发展的整体特征。

(三)探讨儿童心理发展的内在机制

儿童发展心理学研究中有大量心理发展现象的描述性研究，在描述性研究的基础上或在进行描述性研究的同时，要更进一步深入到儿童心理发展的内在过程的研究，注重影响儿童心理发展的因素和内在机制。实际上，儿童发展心理学是一门复杂性科学，解释儿童心理发展的现象、揭示儿童心理发展的内在过程往往需要与其他学科结合，与脑科学、生物化学、教育学、社会科学等交叉进行分析研究。探讨儿童心理发展的内在机制是儿童发展心理学研究的更加本质的研究内容。

(四)研究儿童心理发展的基本理论问题

儿童发展心理学在儿童心理发展的基本规律上，主要涉及以下理论问题。

第一，遗传因素与环境和教育因素究竟在多大程度上影响着儿童心理的发展。

在儿童心理发展上起决定作用的不是先天遗传，先天遗传只给儿童心理发展提供自然前提，不能决定儿童心理的发展。在儿童心理发展上起决定作用的是环境和教育，教育起主导作用。

第二，关于儿童心理不断发展和发展阶段的关系问题。

儿童心理一方面是不断发展的，另一方面又是有阶段性的，只看到不断发展的一面，或只看到阶段性的一面，都是不对的。

第三，在心理发展中个体的自生成、自发展的内在动力与外在动力之间是怎样取得平衡的问题。

一切事物发展的动力或根本原因，不在于事物的外部，而在于事物的内部，在于事物内部的矛盾性。在儿童心理发展上也是这样。

第四，不同心理机能发展过程中是否具有各自的"敏感期"，这一时期与发展可塑性的关系如何。

儿童心理发展的敏感期是指：在这段时间，儿童学习某种知识和行为比较容易，儿童心理某些方面发展迅速的时期。如果错过了敏感期，学习起来较为困难，发展比较缓慢。

三、儿童发展心理学的研究原则和方法

心灵考场 1-1 请回答下面的问题(扫右侧二维码)

心灵考场 1-1

(一)儿童发展心理学的研究意义

1. 儿童发展心理学的实践意义

(1) 儿童发展心理学要以自己的科学规律来为新一代的教育事业服务。

儿童出生以后，他的发展首先取决于教育的质量。所有的父母和教师，以及其他一切儿童教育工作者，要想有效地把儿童塑造成为优秀的新一代，只有良好的教育愿望是不够的，还必须理解儿童心理发展的特点和规律。依据这些特点和规律进行教育时，既要考虑儿童现有的发展水平，又要恰当地提出新的要求，并把这种要求变为儿童自己的需要，才能使教育工作更好地进行，教育质量才能不断地提高。

作为新一代的每个儿童的生命，都是从受精卵开始的。母亲在怀孕以后要注意些什么，是与儿童出生以后的发展有密切关系的。儿童发展心理学可以从心理发展的角度提供这方面的知识。

婴儿出生以后，或者在家中抚养，或者在托儿所养育，不论如何，儿童早期的发展是人生发展的一个重要起点，起点不好，以后改正或补救就困难了。父母或保育工作者必须知道婴儿身心各方面发展的特点，并针对这些特点进行早教工作，才可以恰当地为孩子打下良好的发展基础。

对于幼儿来说，他和婴儿不同，也和小学生不同，因为幼儿心理发展有自己的特点和规律。对幼儿进行教育时，例如，发展幼儿的言语能力和计算能力，培养幼儿良好的个性品质等，都必须认真考虑幼儿心理发展的特点。

从幼儿时期过渡到小学时期，是一个关键性的时期，父母和教师如何共同帮助孩子完成这个过渡是很重要的。进入小学以后，在品德发展方面，如何引导儿童从具体的道德示范逐步学会掌握道德准则，提高道德自觉性，从而形成良好的个性品质；在认知发展方面，如何从初级的、具体的认知逐步发展到较高的、抽象的认知等，儿童发展心理学可以对这些方面提供有益的启示。

青少年期儿童身心发展有自己的新特点，父母和教师要很好地理解这些特点，既不把他们当孩子看，也不把他们当成人看，才能帮助他们更好地度过这个时期。

📇 **父母知识窗 1-1** 陈鹤琴经典语录(扫右侧二维码)

父母知识窗 1-1

(2) 儿童发展心理学在其他实践领域也具有很大的意义。

在儿童医务工作方面，一个儿科的医务工作者，不但要有医学方面的知识，还要有儿童发展心理学方面的知识，才能更好地发挥治疗作用。特别是在儿童神经症和精神病的治疗上，儿童发展心理学的知识更是重要。

在儿童文艺工作方面，儿童文学艺术作品的创作，首先应当考虑的是思想政治道德方面，与此同时，也必须考虑儿童心理发展的年龄特征。

在儿童社会工作方面，如儿童广播工作者、儿童玩具工作者等，若能结合自己的业务来掌握和体会儿童心理的年龄特征，就可以更好地改进自己的工作，从而不断提高自己的工作质量。

2. 儿童发展心理学的理论意义

儿童发展心理学的研究，不仅具有实践意义，而且具有理论意义。列宁在《哲学笔记》一书中指出，认识论和辩证法是由很多科学构成的。他认为，各门科学史、儿童智力发展史、动物智力发展史、语言史、心理学、感官生理学是"构成认识论和辩证法的知识领域"。

认识论要研究：物质和意识的关系问题、意识的起源问题、认识和实践的关系问题、感性认识和理性认识的关系问题、认识发展中的矛盾问题以及量变和质变问题等。所有这些哲学理论问题，当然不是凭空产生的，而是从很多科学中概括出来的。儿童发展心理学正是从人的个体心理发展方面来论证这些问题的一门科学。例如，儿童发展心理学要揭示：儿童心理、意识是怎样在一定的物质条件下产生和发展的，儿童的认识是怎样密切依存于其实践活动的，怎样从感性认识上升为理性认识的，儿童心理发展的动力是什么等。所有这些，都可以直接为认识论和辩证法提供科学的论据。

(二)儿童发展心理学研究的基本原则

🌀 **心海畅游 1-3** 心理研究中的伦理问题(扫右侧二维码)

心海畅游 1-3

1. 客观性原则

现代儿童发展心理学之所以被称为科学，是因为研究者在研究发展着的有机体时采用了一个有价值的体系——科学方法，以此来指导自己对人的发展的理解。科学方法与其说是一种方法，不如说是一种态度或价值观，它要求研究者必须首先遵循客观性原则，一定要用观察结果(或数据)来证明他们所创建的理论的优点。

客观性原则是指实事求是地根据心理发展的基本面貌加以考察，根据个体的社会生活条件以及个体身心的发展进行研究。客观地研究个体心理发展，必须做到从客观事实出发，详细了解材料；坚持客观严格的态度；多方面搜集资料，详细认真地研究问题，做到搜集资料客观、研究过程客观和研究结果客观。

🌀 **心海畅游 1-4** 眼见真的为实吗？——法庭作证的可信度
(扫右侧二维码)

心海畅游 1-4

2．发展性原则

心理是不断发展变化的，研究心理发展要有发展的观点。

心理发展是一个由量变到质变的过程。心理发展是一个不断由量的积累到质的变化，通过"飞跃"达到新质阶段的过程。所以，对儿童发展心理的研究不仅要描述发展量的变化，还要揭示发展质的变化。

个体心理发展是主客观矛盾对立统一的过程。我们必须从个体心理发展的内因和外因及其相互作用来研究心理发展，必须重视人的主观能动性和主体的中介作用。

3．教育性原则

一切儿童发展心理学的研究，都必须符合教育的要求，不允许进行有损于个体身心健康的研究。也就是说，在选择研究方法和程序时，不能仅仅考虑对所要研究的问题是否有利，还要考虑所用方法对个体的身心是否会产生不良影响，或是否侵犯了他们的个人权利或人格，就是说所用方法对个体应该是道德的，是符合教育原则的。

🌐 **心海畅游 1-5** 毁与誉——华生(J. B. Watson)的儿童恐惧形成实验
(扫右侧二维码)

心海畅游 1-5

4．系统性原则

心理是由多系统、多层次、多水平、多序列组成的整体结构，具有明显的系统性。系统中的每一部分都不是孤立的，而是相互联系、相互作用、相互制约的，表现为一定的因果联系。我们在研究个体心理时，一方面要考虑个体本身的整体性，另一方面还要考虑心理与社会的相互关系，以及环境(诸如家庭环境、学校环境)和遗传因素带来的影响。

5．理论与实际相结合的原则

心理发展的研究应当结合实际问题进行，研究的课题应是针对实际所提出的重大课题，研究成果为实际服务。同时，还要重视那些与实际结合的理论研究，既有理论价值，又有实践意义；既能指导实际工作，又能为儿童发展心理学理论建设提供实证资料。理论只有和实践密切结合，才有无限的生命力。

6．一般与个别相结合的原则

心理发展既具有一般性，也具有特殊性，具有个体差异。因此，在研究个体心理发展的一般事实和规律的同时，还应重视个体心理发展的特殊事实和个体差异，而不应把一般和个别对立起来。

(三)儿童发展心理学的研究方式

1．横向设计

横向设计是指在较短的相同时间段内，同时考察不同年龄组群被试者的心理发展特点和发展水平，并进行横向比较，以了解随年龄增长被试组间的心理变化。其基本的设计模式如表 1-1 所示。

表 1-1 横向设计模式

年 龄 组	样 本	观测时间	观察变量
A_1	S_1	T_1	$X_1,X_2,\cdots,X_M$
A_2	S_2	T_2	$X_1,X_2,\cdots,X_M$
$\vdots$	$\vdots$	$\vdots$	$\vdots$
A_G	S_G	T_G	$X_1,X_2,\cdots,X_M$

1990 年，横向研究中一个很好的范例是针对 3、6、9、12 年级儿童进行的一项关于兄弟姐妹关系的问卷调查(Buhrmester & Furman)。研究结果显示，随着儿童年龄的增长，兄弟姐妹互动中的平等关系越来越多，而特权越来越少；到了青少年时期，兄弟姐妹之间的亲密感情逐渐减少。研究者认为，这些变化是由两方面的原因造成的：首先，由于弟弟、妹妹的能力和独立性越来越强，他们不再需要也不再愿意接受哥哥、姐姐的指令；其次，由于青少年的心理依赖逐渐从家庭转移到同伴身上，因此他们投入到兄弟姐妹身上的时间和感情就减少了。

横向设计是最常用的设计方式。其优点在于：可以同时研究较大样本；可以在短时间内取得大量资料；可以使研究工作降低成本，节省时间和人力。横向设计的缺点在于：难以体现出个体心理连续变化过程；难以了解心理变化中各事件的因果关系；研究结果中出现的组间差异可能有不属于心理发展的因素。

🌐 **心海畅游 1-6** 同辈效应——横向研究中应注意的问题(扫右侧二维码)

2. 纵向设计

心海畅游 1-6

纵向设计是在较长的时间系列内对被试个体或同一被试组群进行定期的系统的考察，以了解心理随时间进程而发生的连续变化。纵向设计也叫追踪设计、发生设计或时间序列设计，其基本的设计模式如表 1-2 所示。

表 1-2 纵向设计模式

年 龄 组	样 本	观测时间	观察变量
A_1	S_1	T_1	$X_1,X_2,\cdots,X_M$
A_2	S_1	T_2	$X_1,X_2,\cdots,X_M$
$\vdots$	$\vdots$	$\vdots$	$\vdots$
A_G	S_1	T_t	$X_1,X_2,\cdots,X_M$

2001 年古洛内(Gullone)、金(King)、奥勒迪克(Ollendick)进行的一项关于儿童的焦虑发展情况的调查研究采用了纵向设计，目的是探索儿童自我报告的焦虑情况发展的连续性与非连续性问题。研究对 68 名 10~18 岁儿童连续性追踪三年。研究结果显示，儿童自我报告的焦虑情况总体上随时间的变化而降低，只有社会关注这一亚焦虑类型例外，没有表现出随时间变化而降低；对于正常的恐惧，女孩和年幼儿童的焦虑分数要高于男孩和年长儿童的焦虑分数。那些获得高焦虑分数的儿童在三年的追踪过程中，其焦虑情况也表现出降

低的趋势。此外，纵向数据也揭示出焦虑的发展具有连续性，根据最初的焦虑水平可以显著地预测追踪后期的焦虑水平。研究者认为，儿童的焦虑比成年人的短暂，成人焦虑模型不能应用于儿童。未来的研究应着重放在环境因素对儿童焦虑发展的影响上。

纵向研究的优点在于：便于了解个体心理发展的连续变化进程；便于揭示量变、质变现象，了解心理发展过程中比较稳定和比较迅速的变化时期；比较容易发现心理发展事件之间的因果关系。纵向研究的缺点在于：样本少，且在追踪过程中容易流失；由于时间较长，会因环境变迁而出现某些新的变量；同一测量方法反复应用会导致重复效应；成本较高，耗费人力和时间。

3．横向设计与纵向设计相结合的交叉设计

在目前的发展研究中，研究者为解决横向设计与纵向设计的固有问题，想出了一些综合两种设计方法的优点、避免其缺点的办法，提出了改进型的发展心理研究设计方法，即横向设计和纵向设计相结合的交叉设计。

这种横向与纵向的交叉研究，一般是先抽取不同年龄组进行横向研究，其后按一定的时间间隔对这同一批被试组进行所需次数的重复测量，使之又成为纵向研究，从而使横向研究与纵向研究结合在一起。这种设计通过在较长的时间跨度内，对不同年龄的个体进行有限的重复测量，以对个体某一心理特征在较长时间内的发展趋势进行分析。其基本的设计模式如表 1-3 所示。

表 1-3　横向设计与纵向设计相结合的交叉设计模式

群组/岁	年龄(观测时间)						
	11	12	13	14	15	16	17
11	√	√	√				
12		√	√	√			
13			√	√	√		
14				√	√	√	
15					√	√	√

2002 年比伊斯特(Buist)、德克维克(Dekovic)、米修斯(Meeus)等人进行了关于青春期儿童对其父亲、母亲以及兄弟姐妹之间依恋质量的发展模式的调查研究。该项研究的被试人群的取样包括 11 岁、12 岁、13 岁、14 岁、15 岁儿童五个样本，对每个样本分别测量三次，每次间隔一年，整个研究历时三年。其研究设计模式如表 1-3 所示。总共有 288 个家庭的儿童报告了他们在青春期阶段与他们的父母及兄弟姐妹之间的依恋关系。研究结果显示，儿童青春期的依恋质量是变化的，这些变化既受儿童本身性别的影响，也受依恋对象性别的影响。男孩对母亲依恋质量的平均水平呈现非线性变化曲线，女孩对母亲依恋质量的平均水平呈现直线下降的线性变化曲线。

横向设计与纵向设计相结合的交叉设计在很大程度上是对横向设计与纵向设计优缺点的取长补短，其最大的优点是只需要相对较短时间的追踪测量，就可以分析个体某一心理特征在较长时间内的发展变化趋势。这种设计在减少反复测量对结果准确性带来影响的同时，也减少了被试人群流失的机会，降低了研究费用。此外，由于它同时对几个群体进行

观测，因此可以就重复测量的发展趋势在不同年龄群体中是否相同这一问题进行探讨和证实。但由于这种设计对个体重复测量的次数有限，因此对个体的发展趋势、行为的连续性以及预测性等问题的研究也只集中在较短的时间内，其结果可能导致不足以提供完整的发展曲线模型所需要的信息。

4. 跨文化比较研究

跨文化比较研究是对来自不同文化或亚文化背景的被试的心理发展进行观察、测试和比较。这种类型的研究有着多种目的。比如，它使研究者能够确定对某一社会背景的儿童心理发展研究得到的结论是否也能适用于其他社会背景的儿童，或也适用于来自其他种族或同一社会中的社会经济背景不同的儿童。因此，跨文化比较使得研究结果不被过度概括化，并且也是确定在人类的心理发展中是否真的存在共同性的唯一方法。

同时，跨文化比较还可以寻找不同文化中的差异。例如，教育儿童的适宜时间和步骤问题，最适合男孩和女孩的活动是什么，儿童期何时结束，成年期何时开始，怎样对待老年人，以及生活中的许多其他问题。来自不同文化背景的人在对世界的感知方式、情感表达、思维和解决问题的方式方面存在着差异，因此，跨文化研究除关注心理发展的普遍规律外，也阐明了人的心理发展受到所处文化背景的极大影响。

如何区分不同文化背景？区分文化最重要的依据是文化之间交往的机会和交往的可能性，它包括：语言——人们使用的语言是否能了解；时间——这些人是否生活在同一历史时期；地域——这些人是否生活于世界的同一地区；习俗——这些人衣食住行、婚丧嫁娶行为方式、文化的价值取向、态度体系是否有差异。如果其中有一个方面不同，就可能是不同的文化。

🌐 **心海畅游 1-7** 性别角色的跨文化比较(扫右侧二维码)

心海畅游 1-7

🌐 **心海畅游 1-8** 独立的自我和相互依存的自我(扫右侧二维码)

(四)儿童发展心理学的研究方法

1. 观察法

心海畅游 1-8

观察法是研究者通过感官或一定仪器设备，有目的、有计划地观察儿童的心理和行为表现，并由此分析儿童心理发展的特征和规律的一种方法。儿童的心理活动有突出的外显性，通过观察其外部行为，可以了解他们的心理活动。因此，观察法是儿童发展心理学研究最基本、最普遍的方法。进行观察研究首先必须进行观察设计。观察设计通常包括三个步骤：首先是确定观察内容；其次是选择观察策略；最后是制定观察记录表。

运用观察法研究儿童心理发展，应当注意下列问题。

(1) 对所要观察的问题要有基本的了解，观察目的要明确。

(2) 尽量使儿童自然放松，处于正常活动状态之中，不要使他们意识到自己已成为观察者的研究对象。观察者通过单向玻璃、监控屏幕、纱幕、潜望镜等进行观察，就是为了使儿童的真实行为不受影响。

(3) 要善于记录与观察目的有关的事实，以便事后进行整理分析，并提出进一步研究的意见。

(4) 观察者除了观察儿童一般行为外，还应分析儿童的其他一切有关材料，如作文、日记、作业等。

观察法的突出优点是可以在儿童行为发生的当时，现场进行观察和记录，能够收集到比口头报告或问卷调查更客观、全面、准确的资料。当然，观察法也有一定的局限性，比如，观察资料的质量在很大程度上受到观察者本人的能力水平、心理因素的影响；许多发展心理学研究者所希望观察到的行为有时是难以预测的，因此，采用现场观察有时难以奏效；此外，观察法的运用往往需要花费较大的人力、物力和较多的时间。

2．访谈法

访谈法是研究者通过与儿童进行口头交谈，了解和收集有关心理特征和行为的数据资料的一种研究方法。

访谈法在儿童发展心理学的研究中具有特殊的意义和作用。它的最大特点是，整个访谈过程是访谈者与儿童相互影响、相互作用的过程。所以，在访谈中，访谈者应争取掌握访谈过程的主动权，积极影响儿童，尽可能使研究按照预定的计划开展。访谈法的另一个显著特点是，它具有特定的研究目的和一整套设计、编制和实施的原则。这些特点说明，访谈法在一定程度上能比观察法获得有关儿童的更多、更有价值、更深层的心理活动情况和心理特征方面的信息，同时也比观察法更复杂、更难以掌握。

访谈者在进行访谈时应注意以下几个问题。

(1) 访谈前要充分熟悉访谈的内容，尽可能了解儿童的背景情况，选择好访谈的时间和地点，带齐进行访谈所需的材料。

(2) 访谈开始时应提一些非研究性问题，以便建立起合作、友好的交谈气氛。

(3) 访谈者要掌握交谈的艺术，尽量做到轻松自如，谈话的话题和内容应是儿童能够回答和乐于回答的，并能从中分析出其心理活动。

(4) 访谈成功的关键是把握谈话的方向。访谈者可以使用多种提问方式，使谈话自始至终围绕调查目的进行，避免离开主题的漫谈。

(5) 访谈的记录可以是现场少记、事后多记，也可以是边记录、边交谈、边观察，及时捕捉能代表儿童心理特征的信息。

访谈法的局限：访谈结果的准确可靠性受访谈者自身的素质影响较大；与其他研究方法相比，费时费力；访谈所得资料不易量化。另外，访谈效果也受环境、时间和访谈对象特点的限制。

3．问卷法

问卷法是研究者用统一、严格设计的问卷，来收集儿童心理和行为的数据资料的一种研究方法。

问卷法和访谈法都是收集儿童心理和行为的数据资料的基本方法，在发展心理学的研究中，它们经常结合在一起使用。只是问卷法的问卷比访谈法更具目的性，内容更加详细完整，设计更为缜密科学。问卷法的特点是标准化程度较高，是严格按照统一设计和固定结构的问卷进行研究，能避免研究的盲目性和主观性。问卷法的另一个特点是能在较短的时间内收集到大量的资料，由于问题和答案都预先进行了可操作化和标准化设计，因此，所得资料也便于进行定量分析。目前，这些定量分析工作可以借助计算机进行，不仅方便，而且准确，所以，问卷法在儿童发展心理学的研究中有着广阔的应用前景。

问卷的设计是问卷法的关键环节，直接关系到研究结果的科学性，并在很大程度上决定着问卷的回收率和有效率。儿童发展心理学研究中的问卷一般包括题目、前言和指导语、问题、选择答案和结束语等几部分。

使用问卷法研究儿童心理的发展时，应注意下列问题。

(1) 问卷中题目的数量不宜过多，必须紧紧围绕研究的主题。

(2) 问卷中题目的内容应是儿童熟悉的，以使儿童愿意积极配合，认真回答。

(3) 大规模的问卷研究，必须在预测的基础上进行。预测中出现的答案是充实正式问卷题目的来源之一，应及早删去预测中难以区分等级或水平的题目。

(4) 问题的形式，应以封闭式为主、开放式为辅，答案要便于归类、统计。

(5) 问卷法选取被试的数量不能正好等于研究对象，应根据回收率和有效率来确定。

(6) 研究者应注意儿童可能因为某些思想上的顾虑，在填写问卷时不是按照自己的真实情况填写，而是根据社会的赞许性来填写。

作为儿童发展心理学研究的常用方法，问卷法有很多突出的优点：它的内容客观统一，处理分析简洁方便，节省人力、物力和经费，取样较大，对于描述一个总体的性质很有意义。另外，问卷法匿名性强，回答真实，那些不宜用访谈法进行当面询问的问题，以及涉及儿童内心深处的情感、动机等问题适合用问卷法来研究。

问卷法的缺陷：对被试的言语发展水平有一定的要求，因而不适用于年幼被试。另外，被试的回答带有一定的主观性，由此获得的有些数据资料还需要其他方法加以印证。

4．测验法

测验法是通过测验量表来研究儿童心理发展规律的一种方法，即采用标准化的题目，按照规定程序，通过测量的方法来收集数据资料。

编制测验量表需要经过编制测验题目、预测、项目分析、合成测验、取得信度与效度资料、建立常模等标准化过程。应用经过标准化的测验量表对儿童进行测量，将其得分与常模分数相比较，就可以清楚地了解儿童的发展水平。测验法既可用于测查儿童心理发展的个别差异，也可用于了解不同年龄阶段的儿童心理发展水平的差异。

在使用测验法的过程中，研究者应注意以下几个问题。

(1) 做好测验前的准备工作，包括熟悉测验手册，特别是指导语和准备测验所需材料。

(2) 选择适宜的测验环境。一般应为被试日常学习的环境，同时应尽力排除一切干扰。

(3) 严格按照标准化的指导语和标准时限进行测验，若无特殊情况，不能随意改变。

(4) 努力与被试建立良好的关系，取得被试的合作，保证测验的效果。

(5) 根据被试的特点选择合适的测验方法。如学前儿童独立工作能力差，模仿性强，所以对学前儿童的测验应采用个别测验，不适合采用团体测验。

测验法的优点主要表现在：测验量表的编制十分严谨，结果处理方便；量表有现成的常模，可以直接进行对比研究；量表的种类较多，可以适应不同研究目的的需要。测验法存在的不足是：使用的灵活性差，对主试的要求较高，难以对测验结果进行定性分析，被试的成绩可能受练习、测验经验的影响等。所以，测验法与儿童发展心理学研究的其他方法一样，只是了解儿童心理发展的方法之一，应与其他方法配合使用。

5．实验法

实验法是指对研究的某些变量进行操纵和控制，创设一定的情境，以探讨儿童心理发展的原因和规律的研究方法。实验法是儿童发展心理学研究的重要方法，其基本目的在于揭示变量间的因果关系。

实验法可分为实验室实验法和现场实验法两种类型。

(1) 实验室实验法。

实验室实验法是在专门的实验室内，利用一定的仪器设备研究儿童心理发展的一种方法。它的特点是随机取样和随机安排，保证样本的代表性即不同被试组间的可比性，排除顺序效应等对研究结果的影响。它可以对实验情境和实验条件进行严密的控制，研究者在实验中处于主动地位。另外，其结果记录也客观、准确，便于进行定量分析。在实验室研究中，还可以大量使用专门仪器来呈现刺激和记录实验结果，这就大大提高了研究的科学性。

对儿童进行实验时，应注意以下几个问题。

① 实验目的、材料和方法都应该与教育的原则相适应，这样有助于儿童身心的发展。

② 儿童心理实验室的布置，应尽量接近儿童的日常生活学习环境，使儿童在实验条件下表现自然。

③ 实验进行中应考虑到儿童的生理状态和情绪背景，努力使儿童保持积极的情绪状态。

(2) 现场实验法。

与实验室实验法相对应的是现场实验法，即在现实的生活环境中进行的实验研究。现场实验法的特点在于实验的整体情境是自然的，在现场实验中既尽量控制各种变量，又保持现场实验的自然性，因而能较好地保证研究具有较高的内部和外部效度。当然，也正是由于现场实验更接近于自然，自然环境的复杂性也给现场实验的实施带来了困难。例如，现场研究的背景难以控制和把握，由于其环境是开放的、动态的，社会生活背景中的政治、文化等因素将会明显地影响现场实验的结果。另外，由于现场实验难以采用随机方式，因此样本的代表性也不易控制。还有，现场实验费时费力，费用高，所需技能也较复杂。这些都是采用现场实验存在的局限性。

从上述可知，儿童发展心理学的研究方法是多种多样的。在进行研究时，研究者不应孤立地采用一种方法，而应根据研究的需要综合采取多种方法，或者以某种方法为主，辅以其他方法，这样才能获得多方面、丰富、客观的数据资料。

心海畅游 1-9 美国心理协会及儿童发展研究协会关于参与研究的儿童的权利及研究人员的责任(扫右侧二维码)

心海畅游 1-9

第二节 儿童发展心理学发展简史

一、儿童发展心理学产生的准备阶段

1．社会的发展，特别是自然主义教育的发展

中世纪的欧洲，宗教统治一切，那时的教育实际上被教会所垄断，统治者把儿童看成

小大人，要求儿童盲目服从宗教，妇女、儿童没有独立的社会地位，更谈不上考虑儿童的心理特点，不可能产生关于儿童发展的研究，更不可能产生关于儿童的心理学。

文艺复兴时期新兴资产阶级全面批判腐朽的封建势力和教会，改变了人们的思维方式和价值观念，提倡资产阶级的人道主义，尊重人的价值、人的尊严和人的力量，反对禁欲；提倡个人自由和个性解放，反对宗教束缚，意识形态发生了前所未有的变革。

📡 **心海畅游 1-10** 自然主义教育思想(扫右侧二维码)

2. 先进科学思想的发展

心海畅游 1-10

19 世纪末至 20 世纪初，由于自然科学的发展，人们对事物的认识也随之发生根本性的变化。特别是达尔文的生物进化论，使人们开始认识到事物的本质和规律要从事物发展变化上来研究，于是研究动物心理、儿童心理的人越来越多。特别是达尔文关于人的个体心理的发生与发展的卓有成效的研究成果，为人们以发展变化的观点研究种系发展变化、人类发展开辟了广阔的天地，也直接影响着儿童心理学的产生。

3. 研究方法的突破

任何一门学科的发展都是与该学科研究方法的更新、突变密切相关的，正如分析法的产生促进化学的进步一样，实验法的运用宣告科学心理学的诞生。儿童心理学的产生，也同样需要研究方法的更新。德国心理学家普莱尔总结了前人的研究经验，运用观察、实验、测验方法对自己的孩子从出生到 3 岁的研究，较全面系统地阐述了儿童心理发展的特点与趋势。

二、儿童发展心理学的产生阶段

德国生理学家、实验心理学家普莱尔于 1882 年出版了《儿童心理》一书，宣告儿童心理学的诞生。

《儿童心理》是一部古典儿童心理学名著。普莱尔起初想以生理学观点研究从出生前到刚出生的孩子，由此研究个体生活的问题。可是不久，他便发现要想进行这项研究，必须把出生前和出生后分开，因为胎儿和新生儿的生活不一样。于是他先研究胚胎生活，进而研究新生儿。在研究中他发现生活太复杂，应该把新生儿、婴儿的体质和心理分开来研究，于是便开始注重研究儿童心理发展问题。

在研究中，他亲自观察，并做系统记录。对他的儿子，他一天观察三次，几乎天天如此，较全面地观察了孩子各种心理的发展。与此同时，他还将观察和实验相结合、观察儿童和观察动物相结合。他的实验穿插于自然观察中，比如为了研究儿童对各种颜色的辨认，他就创设了相应的实验情境；为观察其模仿能力，曾给予被试相应的实验情境条件。他的观察目的明确，记录及时、客观、精确。最终，基于大量翔实的实验观察资料写成了《儿童心理》一书。

《儿童心理》是一部较为完整的儿童心理学全书，该书包括三个部分，具体如下。

第一部分为感觉发展：揭示儿童在感知和情感两个方面的发展特点，叙述儿童视觉、听觉、触觉、嗅觉、味觉、机体觉和各种初步情绪、情感的发展。

第二部分为意志发展：阐述知觉之后的意志活动，认为意志活动是由动作表现出来的；探讨冲动的动作、反射的动作、本能的动作、意念的动作等发展趋势。

第三部分为智力发展：探讨言语发展特点及言语与思维的关系。

作为儿童心理学的基础，普莱尔的《儿童心理》具有划时代的意义。普莱尔的研究方法，诸如系统研究方法、比较研究方法以及观察中的实验等方法为儿童心理研究提供了有益的尝试。《儿童心理》一书对推动儿童心理研究起到了重要作用。

🌀 心海畅游 1-11 普莱尔之前的先驱性研究者(扫右侧二维码)

心海畅游 1-11

科学儿童心理学问世后，自 19 世纪末至 20 世纪初是儿童心理科学的形成时期。这一时期开创了许多新的研究途径，欧洲和美国涌现出一批心理学家投入儿童心理学的研究，出现了重要的理论派别。

(一)霍尔和复演说

霍尔(G. S. Hall，1844—1924)是受冯特影响而在美国创办第一个心理实验室的心理学家，同时也是在推动美国儿童心理学研究上最有影响的人物。他把普莱尔的著作译成英文。在理论上，他运用当时生物学上的复演说来解释儿童的心理发展。他认为，胎儿在子宫内的发展复演了动物进化过程(如胎儿在一个阶段是有鳃裂的，这是重复鱼类的阶段)；儿童时期的心理发展复演了人类进化过程。这是儿童心理学上的复演说，引起了心理学界的很大争议。

(二)鲍德温、杜威的儿童心理学思想

在美国的儿童心理学史上，除霍尔之外，还要提一下鲍德温和杜威。

1. 鲍德温的儿童心理学思想

鲍德温(J. M. Baldwin，1861—1934)，出生于南卡罗莱纳州。他曾任美国第四届心理学会主席和国际心理学联合会主席，与卡特尔合办过《心理学评论》《心理学家索引》《心理学专刊》和《心理学公报》等刊物。他的著作很多，主要有：《心理学手册》《儿童与种族的心理发展》和《心理发展中的社会性与伦理的诠释》。

鲍德温的儿童心理学的主要观点为融合理论，用他的话说，其目的在于勾画出"发生心理学体系"的轮廓，以及创立一种将"最新的有机体适应的生物学理论与婴儿发展的学说融合生成的理论"。他要阐述的核心问题是贯穿进化过程的某种现象的心理顺序的发展。鲍德温将发展分为三个部分，即儿童认知的发展、人格的社会和认识基础、行为的个体发生与种系发生的关系，三者是相互交织、密不可分的。在鲍德温的著作中能看到皮亚杰发生认识论和认识发展思想的雏形。

2. 杜威的儿童心理学思想

杜威(J. Dewey，1859—1952)，生于美国的佛蒙特，是美国的哲学家、心理学家和教育家。他的重要贡献是把心理学运用到教育和哲学方面，使三者结合起来。他强调教育促使儿童本能生长，提出了"儿童中心主义"的教育原则。他认为，儿童心理学的内容基本就是以本能活动为核心的习惯、情绪、冲动、智慧等天生心理机能的不断生长的过程，教育就是本能的生长过程。他还大声疾呼：必须以儿童为教育的出发点，把儿童当作目的，而

不是当作手段看待，教育措施一定要围绕着儿童来实施。这种儿童中心主义对皮亚杰有很大影响。

(三)施太伦和人格主义学派

在普莱尔之后，20世纪初期，德国的施太伦(W. Stern，1871—1938)是一位出色的儿童心理学家。他的《六岁以前早期儿童心理学》是一本权威性著作。他受普莱尔的影响，和他的夫人一起对他们的孩子进行了长期的系统的观察。过去的儿童心理观察研究，包括普莱尔的工作，大多限于三岁之前，而施太伦把它扩充到了六岁。同时，他的一些研究也是有开创性的，如他关于儿童语言发展的研究，虽然在某些观点上(如固定化和一些不完全恰当的解释)存在一些问题，但总的来说，是有很高的科学性的，对以后的研究工作有很大的影响。他的研究材料值得我们批判地吸收。他在遗传与环境的关系问题上，提出了所谓的"辐合说"，认为遗传和环境是密不可分的，表面是折中调和论，实质上是唯心主义的遗传决定论。他和霍尔一样，特别强调复演说，这是和他的唯心主义观点分不开的。

(四)比纳和测验学派

过去儿童心理学研究上所用的日记法或传记法，大多一次只能依据一个或少数儿童。霍尔广泛应用的问卷法，虽然可以用于较多儿童，但科学性差。测验法出现以后，对于用比较精确的测量方法研究较多儿童的心理发展，特别是智力发展，开辟了新的道路。法国心理学家比纳(A. Binet，1857—1911)是这种测验学派的代表人物。

比纳和西蒙合作制成了由许多题目构成的第一个测验儿童智力发展的标准量表，叫作1905年量表。1908年加以修订后，叫作1908年量表或第二个量表；同年，他的著作《儿童智力的发展》出版。1911年，他又对1908年量表进行了一次修订。

比纳的测验量表在儿童心理研究上是有一定用途的，但由于这种测验的一些理论问题还搞不清楚，过分滥用它来贸然断定一个儿童的心理发展水平是有问题的。

三、儿童发展心理学的分化与发展阶段

两次世界大战期间是西方儿童心理学的分化与发展时期。随着心理学的发展，儿童心理学派别林立，出现了空前繁荣的局面。如弗洛伊德(S. Freud)的精神分析、华生(J. B. Watson)的行为主义、格式塔心理学等，都对当时的儿童心理学产生了极大的影响。那时大学里设置了专门的儿童心理学课程，各种儿童心理学研究中心相继成立。瑞士皮亚杰(J. Piaget)发生认识论以及苏联维果斯基(Lev. Vygotsky)的文化-历史发展理论，美国的格塞尔(Arnold Gesell)、奥地利的彪勒夫妇、法国的瓦龙(Henri Wallon)等，都在儿童心理学的发展中起过重要的推动作用。

四、儿童发展心理学的演变与增新阶段

第二次世界大战以后，西方心理学的演变和增新表现在理论和具体的研究工作上。20世纪30年代后，西方现代心理学派出现了克服片面性、极端性，互相吸收、融合的趋势。有些学派的影响减小了，如霍尔的复演说；施太伦的人格主义学派以及格式塔学派等则不断更新其内容，继续发挥其影响作用，测验及量表的发展为其研究提供了有效的手段，使

深入探讨智力及遗传问题成为可能；新精神分析和新行为主义学派为适应发展了的形势，不断地调整和发展自己的理论，显示出强大的生命力。在研究内容上，从 20 世纪 70 年代后期开始，儿童心理学的研究课题有所创新，并且在不断深入探讨儿童心理行为机制的同时，注意到人一生的发展过程。

第三节　中国儿童发展心理学发展概况

一、中国古代的儿童发展心理学思想

中国是世界上具有悠久历史和高度文明的古国之一。在古代，中国虽还没有产生儿童心理学，但在一些思想家和教育家的著作中，却有着大量的有关儿童心理学问题的论述。在中国历史上，第一个用发展的观点来分析儿童心理现象的是春秋战国时期的伟大思想家和教育家孔子(前 551—前 479)。早在 2500 年前，他就对儿童心理发展的问题进行过极为丰富而宝贵的论述。他的儿童心理发展思想以及他的教育思想，长期影响着人们对于人类成长与发展的看法，随之提出了相应的教育观点，以后各朝代中许多学者的儿童心理学思想，在一定程度上是对孔子思想的继承和发展。

1．先天与后天的关系

孔子说：“性相近也，习相远也。”意思是说，人的先天禀赋是差不多的；人的成就和习性不同，则是后天学习的结果。另一位思想家和教育家荀子认为，人的发展是先天与后天的结合，更强调后天的作用。

2．心理发展的年龄特征

孔子最早对个体心理发展的年龄特征进行过论述。孔子说：“吾十有五而志于学，三十而立，四十而不惑，五十而知天命，六十而耳顺，七十而从心所欲，不逾矩。”孔子的论述表明我国古代就对个体心理发展的年龄特征问题有较深入的认识。

3．个别差异

孔子是历史上区别智力类别的第一人。他说：“唯上智与下愚不移。”“中人以上，可以语上；中人以下，不可以语上也。”他还认真考察其弟子的智力、能力、性格、志向、学习态度等诸方面，对其弟子人格的类别、品质差异有着真知灼见。

4．早期教育的重要性

南北朝时期的教育家颜之推曾对早期教育的重要性进行过论述。他说：“人生小幼，精神专利，长成以后，思虑散逸，固须早教，勿失机也。吾七岁时，诵《鲁灵光殿赋》，至于今日，十年一理，犹不遗忘。二十之外，所诵经书，一月废置，便至荒芜矣。”

5．儿童心理发生问题

儿童心理发生是以生理条件为其物质基础的。《管子·水地篇》有如下论述：“人，水也，男女精气合，而水流行。三月如咀，咀者何？曰五味。五味者何？曰五藏。酸主脾，咸主肺，辛主肾，苦主肝，甘主心。五藏已具，而后生五内。脾生隔，肺生骨，肾生脑，肝生革，心生肉。五内已具，而后发为九窍。脾发为鼻，肝发为目，肾发为耳，肺发为口，心发为下窍。五月而成，十月而生。生而目视、耳听、心虑。"

这些论述，虽然和现代胚胎学比较起来还很不精确，甚至是不科学的，但他们坚持儿童心理发生发展是依赖于儿童生理发展的这一唯物主义思想，则是值得称道的。

二、中国近代儿童心理学

中国近代儿童心理学的情况同中国近代科学一样，也是由西方输入的。20 世纪 20 年代中国才开始出现儿童心理学的专门译著，主要有艾华编写的《儿童心理学纲要》、陈大齐译的、德国人高五柏(R. Gaupp)著的《儿童心理学》等，那时还没有专业的儿童心理学家。

我国最早的著名的儿童心理学家是陈鹤琴，他对儿童心理学进行了开拓性的研究工作。此后贡献较大的应是浙江大学的黄翼，还有孙国华和高觉敷等，他们在儿童心理学发展方面都曾做出重要的贡献。

三、中国现代儿童心理学体系的形成

20 世纪 50 年代初到 80 年代末，可以称为中国儿童心理学的奠基期。之所以称其为"奠基期"，是因为在这一时期，逐步设立了专门的儿童心理学教学和研究机构，解决了儿童心理学的一些基本理论问题，对中国儿童和青少年心理发展做了最早的大规模系统研究，这些都为儿童心理学的发展奠定了坚实的理论和研究基础。

(一)奠基期间中国儿童心理学经历的发展阶段

1949—1987 年，中国心理学、儿童心理学发展大致经历了"三起两落"共五个阶段：1949—1958 年为恢复、改造(发展)时期，1958—1959 年为批判、挫折时期，1959—1966 年为初步繁荣时期，1966—1976 年为破坏、停顿时期，1976—1987 年为空前活跃时期。中国儿童心理学成为中国心理学的一个重要分支，具体表现在：队伍逐步扩大，积极开展学术活动，科研成果越来越多；冲破禁区，深入研究，特别是在儿童心理测验方面进展更大；广泛开展国际心理学、儿童心理学的交流与合作研究，积极探讨中国心理学、儿童心理学的特色。

(二)中国儿童心理学体系的雏形：教学和科研机构的设立

中国儿童心理学体系的形成经历了从成立心理学教研室并开设儿童心理学课程，到设立心理学专业以及专门的儿童心理学教研室，再到成立心理系和专门的心理研究所并创办专门的儿童心理学杂志三个发展阶段。从儿童心理学机构设置的演进可以看出，由于历史上的几次波折，儿童心理学的教学和研究受到了很大的影响，经历了比较漫长的"奠基期"，在改革开放后才真正确立了儿童心理学专门的研究机构，为儿童心理学教学和研究的专门化和深化提供了组织上的保障。

(三)中国儿童心理学学科体系的确立

朱智贤 1962 年出版的《儿童心理学》标志着中国儿童心理学科学体系的确立。这是我国第一部贯彻马克思主义观点、吸收国外科学成就、联系我国实际、能够体现我国当时学术水平的综合大学和高等师范院校的儿童心理学教科书。1979 年，该书修订后再版，并且在 1987 年获得全国高校优秀教材奖。1993 年，在林崇德的努力下该书又作了修订，增补了国内外大量新的材料，但书的观点、结构、体例和风格未变。该书无论是在理论上还是体例结构上都形成了自己的特色，成为国内公认的优秀的心理学教科书。1986 年，朱智贤和林崇德共同完成的《思维发展心理学》一书提出著名的思维结构及发展理论，详细论述了思维的发生和发展规律。1988 年，他们合著的《儿童心理学史》出版，这是国内第一部系统的儿童心理学史方面的专著。这两部书都曾作为研究生和本科生的教材，与《儿童心理学》一起，在形成中国的儿童心理学科学的教材体系上做出了杰出贡献。

本 章 小 结

儿童发展心理学是研究个体从受精卵开始到成熟期(18 岁)生命历程中心理发生发展的特点和各年龄阶段特征的学科。

(1) 儿童发展心理学研究的对象包括心理现象的发生发展过程以及儿童心理发展的年龄特征。

(2) 儿童发展心理学的基本理论问题包括：是遗传素质还是环境和教育因素制约着儿童心理的发展；关于儿童心理不断发展和发展阶段的关系问题；在心理发展中个体的自生成、自发展的内在动力与外在动力之间是怎样取得平衡的问题；不同心理机能发展过程中是否具有各自的敏感期。

(3) 西方儿童发展心理学的发展大致经历了四个阶段：准备阶段、产生阶段、分化与发展阶段以及演变与增新阶段。中国儿童发展心理学的发展包括中国古代儿童发展心理学思想和中国近代儿童心理学，以及中国现代儿童心理学体系的形成三部分。

思 考 题

1. 简述儿童发展心理学研究的意义。
2. 怎样理解儿童发展心理学研究应遵循的基本原则？
3. 简述横向设计与纵向设计两种研究方式各自的优缺点。
4. 为什么说普莱尔是科学儿童心理学的奠基人？
5. 简述科学儿童心理学的发展简史。

本章辅助教学视频二维码见下方。

第二章 心理学家眼中的儿童心理发展
——儿童发展心理学的基本理论

学习目的及要求

通过本章的学习，掌握各种心理发展阶段的划分标准及其缘由；理解各种心理发展观点的特点及其代表人物的主要观点，包括弗洛伊德的心理发展观、艾里克森的心理发展观、华生行为主义的心理发展观、斯金纳的新行为主义发展理论、班杜拉的社会学习理论、皮亚杰的心理发展观、维果斯基的心理发展观及蒙台梭利的心理发展观；了解当代儿童发展心理学的新进展。

核心概念

发展心理学理论(theory of developmental psychology) 发展阶段(development stage) 心理发展观(concept of psychological development) 精神分析学派(psychoanalysis) 行为主义学派(behaviorism) 发生认识论(genetic epistemology)

在发展心理学这个百花园中，我们可以看到各种各样的学术观点与科学理论，学习和研究儿童发展心理学，就必须重视学习和研究发展心理学的各派观点和各派理论。

第一节 有关"我"的理论——精神分析的心理发展观

精神分析学派是西方现代心理学的主要流派之一。因为其创始人是弗洛伊德，所以，精神分析理论又叫弗洛伊德主义，它包括古典弗洛伊德主义(或弗洛伊德学说)和新弗洛伊德主义。其中最具代表性的是弗洛伊德的心理发展观和艾里克森的心理发展观。

一、弗洛伊德的心理发展观

(一)精神分析心理学的产生

弗洛伊德是一位医生兼心理学家，曾获得医学博士学位。

19世纪的奥地利，宗教气氛十分浓厚，社会禁欲非常严重，两性关系得不到正常发展，许多精神病源于性的压抑。这一现状促使弗洛伊德从性心理方面研究精神病的根源及其对于人格发展的影响。他借鉴夏克的"催眠术"、布洛伊尔的"谈话疗法"、物理学家汉霍兹的"流体力学"、生理学家布鲁克本能论的思想，经过临床研究，提出了一整套精神分析心理学的人格发展理论。

(二)弗洛伊德的人格发展理论

1．心理地形说

弗洛伊德认为，人的心理活动包括意识、潜意识和前意识。他更强调潜意识活动，发现潜意识是弗洛伊德的创见。

意识是指人能认识自己和认识环境的心理能量活动部分，它实际上只是心理能量活动的一种浅层的水平。

潜意识是指心理能量活动的深层部分，包括原始冲动、本能以及出生之后的多种欲望。它不被本人意识，但积极活动，追求即时满足，是人们经验的巨大储存库。

前意识是指在潜意识和意识之间的意识。前意识虽然此时此刻意识不到，但可以在集中注意力、认真回忆或在没有干扰时被回忆起来，属于意识的一部分。

弗洛伊德认为，意识只占整个人心理的极小比例，它像马铃薯的皮一样显而易见，而在皮的下面，还隐藏着马铃薯最主要的部分，即意识之下埋藏着其他更重要的心理部分。

2．人格结构说

弗洛伊德后期理论认为，人格结构是由本我、自我和超我三部分组成的。这三部分是在意识、潜意识活动机制下，在性驱力发展的关系中形成的。

本我是本能的心理能量储藏室，它由一种先天遗传的本能冲动或内驱力所组成，代表人的生物主体，是一切驱欲能量的来源。本我完全是无意识的，遵循着快乐原则，寻求满足基本的生物要求。

自我是由本我发展而来，遵循现实原则，调节外界与本我的关系，使本我适应外界要求，推迟本我能量的释放，直到真正能满足需要的对象被发现或产生出来为止。乳儿最初只有本我这一部分，但乳儿不久就会反映环境中的各个方面，包括对社会方面产生反应。乳儿不断长大，生理冲动的影响就以各种方式随之改变。按照弗洛伊德的观点，儿童为了满足本我的要求，逐渐懂得用某种方式和在某些地方比用其他方式和在其他地方，能够更快、更有效地使需要得到满足。结果是儿童会按照活动后果来发展活动或抑制活动。此时儿童的行为比新生儿的时候，盲目性变得更少。弗洛伊德说："在环绕我们的真实外界的影响下，本我的一部分获得了特殊的发展……产生了一个特殊的组织，作为本我和外界之间的中介，我们精神生活中的这一部分可以命名为自我。"

超我来自自我，又超脱了自我，是道德化了的自我，其主要职能就在于指导自我，去限制本我的冲动。超我由两方面组成，即"自我理想"和"良心"。

自我理想突出生活的道德标准，良心负责惩罚违反自我理想的行为。这些主要是儿童受父母的是非观念和善恶标准"同化"的结果。自我理想是以奖励的方式形成的。当儿童的观念和行为与父母的道德观念相吻合，他的行为符合父母的概念标准时，父母就给予奖励，从而形成儿童某种自我理想。良心则是通过惩罚的方式形成的。当儿童的观念和行为与父母所鄙弃的观念相一致时，即当这些观念或行为出现时，父母就要给予惩罚，从而使儿童在心灵上受到责备，行为受到阻止。由此可见，人们在社会交往中，接受社会要求，作为自己的准则，这样自我就分裂为自我本身和监督自我的超我两部分。

本我、自我、超我这三部分的关系如何？弗洛伊德认为，这三者是一个互相联系、互相制约的有机整体。本我派生出自我，自我又派生出超我，反过来超我管束自我，自我又管束本我，这三种成分同时活动。在一个正常人身上，本我、自我、超我处于相对平衡状态，因而使人能较好地适应生活，应付体内外的各种刺激。这种平衡一旦被打破，人就会产生不良的社会行为，以至于产生精神方面的疾病。

3. 本能说(动机理论)

弗洛伊德提出，存在于潜意识中的性本能是人的心理的基本动力，是决定个人和社会发展的永恒力量。他认为，人是一种能量系统，由一种强大的先天力量所推动，这种先天力量来源于躯体所产生的需要，以愿望表现出来，称为本能。弗洛伊德认为，人的一切活动都是由本能所决定的。人的行为是本能紧张迫使他去行动，人的行动是为消除这种紧张。

早期，弗洛伊德把本能分为自卫本能和生殖本能两种。他认为，生殖本能是主要的，生殖本能由性欲代表，也由不能列入自卫本能的任何追求快乐的动机代表，这就是弗洛伊德关于力比多的看法。力比多既是自然状态的性欲，又是心理的欲望或对性关系的渴求。所以，他把人的一切行为动机都归结为性本能的冲动。

弗洛伊德晚期理论，除强调性本能动机外，还强调仇恨和攻击本能的作用。他认为，人有生的本能，也有死的本能。这时，他把力比多泛化为一种包罗一切的生的本能。生的本能包括自爱、他爱、自我保存、繁衍种族和生长并实现自己潜能的倾向。总之，生的本能是潜伏在生命自身中的创造力。同时，弗洛伊德也观察到他的患者中有破坏冲动——有时毁坏自己，有时伤害别人。他认为，人都不可避免地被引向死亡。假如死的本能转向内部，结果便是自杀；转向外部，结果便是仇恨或侵犯。

弗洛伊德认为，由于生的本能和死的本能并立共存，个体便都由相互冲突的潜意识的力量所驱动。

4. 人格的性心理发展阶段说

弗洛伊德根据力比多主要投射的部位来划分成长阶段。他认为，本能的根源是身体的紧张状态，多半集中在身体的某些部位，称为动欲区。身体的主要动欲区的发展和改变是由生物因素决定的，许多动欲区可能在某一时期很活跃，这些动欲区在发展早期的数年中是不断改变的。儿童的心智和情绪成长都发生在有关部位的社会互动、焦虑和满足上，依此，他把儿童人格发展划分为口唇期、肛门期、崇拜性器官期、潜伏期和生殖期。

(1) 口唇期：从出生到 1 岁半。这时嘴唇以及舌头一带特别敏感，婴儿在吸吮和喂食活动中获得愉快，表现最初的性欲冲动。母亲的乳房是性本能的第一个对象，其后转到吸吮自己的拇指或舌头。

(2) 肛门期：从 1 岁半到 3 岁。这个阶段的动欲区在肛门，婴儿在进行大小便时体验到愉快，而父母施行的排便训练，使其养成使用厕所的习惯，孩子开始往往表现反抗，直至对便溺规矩形成习惯，动欲区便从肛门转移。

(3) 崇拜性器官期：从 3 岁到 6 岁。这一阶段幼儿的生殖器已经变得积极起来，幼儿已觉察到自己的生殖器的存在，因此动欲区移至生殖器。弗洛伊德认为，在这一时期"也许有规则地有一个幼儿手淫的时期"。

崇拜性器官期还指幼儿对异性父母的性爱。在弗洛伊德看来，男孩子的爱情对象是自己的母亲，由于爱母便仇父，男孩子对母亲的性爱称为"俄狄浦斯情结"，即"恋母情结"；女孩子的爱情对象是自己的父亲，把母亲作为多余的而置诸一边，女孩子对父亲的性爱称为"伊赖克卓情结"，即"恋父情结"。

📝 **心海畅游 2-1** 弗洛伊德关于恋母(父)情结阶段特征的描述

(扫右侧二维码)

心海畅游 2-1

(4) 潜伏期：从 6 岁到 12 岁。随着儿童年龄的增长，孩子逐渐放弃恋母或恋父情结，男孩以父亲自居，女孩以母亲自居，并依照父亲或母亲的榜样行事。弗洛伊德把这种现象叫作"自居作用"。这个时期儿童的兴趣往往集中于同伴而不集中于父母，尽量避免性的表现。这样，儿童的人格就逐渐变得能够适应现实环境了。潜伏期是一个性欲被移置为潜伏性活动的时期，例如学习、体育及同辈人的团体活动。

(5) 生殖期：进入这个时期，如果以前没有适应上的困难，一般来说，性生活就会得到正常的发展，个人就具有超我所能接受的异性爱的生活方式。

弗洛伊德认为，个体在人格发展方面的许多差异都是由于上述各个发展阶段进展的不同情况造成的。如果在某一时期，某一需要不能或过分被满足，就会产生"固结"现象，人格的发展就会固着于某一时期，或者又回到某一时期，出现某一时期的人格特征。

(三)简评

第一，弗洛伊德的理论是对禁欲主义、理性主义的有力反抗。19 世纪的奥地利，禁欲主义十分严重，弗洛伊德能够不顾世人嘲讽，敢于冲破禁区，这种探索精神值得称道。他从达尔文强调人的行为与动物的行为的连续性观点出发，强调人的生物本能尤其是性本能在人的行为中的作用，这是对理性主义的反抗。

第二，弗洛伊德的研究扩大了心理学的研究范围。自从弗洛伊德提出潜意识理论以来，这个被人们长期忽视的心理现象才受到瞩目，他开拓了心理学研究的一个新领域。

第三，弗洛伊德的理论强调早期经验有一定的意义。

第四，弗洛伊德的生物欲望说，把人的心理发展完全归之于本能、性本能，完全排除社会、文化、意识、道德、教育对人的重大作用，他的泛性论的理论是错误的。

第五，弗洛伊德把意识降低到从属地位，把潜意识放在决定一切的地位上是不准确的。人类发展的史实和科学研究一再证明，人是有理智的。这是人类长期进化的结果，也是人同动物的根本区别之一。

第六，弗洛伊德主张一个人孩提时期的性心理发展决定着他日后人格的发展，这种看法是偏激的。许多事例证明，一个人的人格、人格倾向性，在中年甚至老年时期也会出现显著变化，这是由于人格是在遗传因素的基础上，主要受社会生活条件的制约而形成的。所以，弗洛伊德认为幼儿人格将会影响人的一生的说法是偏激的。

由此可见，弗洛伊德作为一位科学家，确实发现了一些问题，但由于他思想方法的偏激，没有把这些问题恰当、准确地解决，相反却得出了一些不科学的结论。

二、艾里克森的心理发展观

艾里克森简介(扫右侧二维码)

艾里克森简介

(一)艾里克森人格发展渐成说的主要观点

(1) 艾里克森认为，儿童行为既是心理的，又是认识的，注重自我与环境相互作用的心理社会机制。

艾里克森的理论是在接受并修正弗洛伊德的人格结构说的基础上产生的，是在自我心理学基础上形成的。弗洛伊德把人格结构划分为本我、自我、超我三部分，他认为在人格发展中起决定作用的是代表潜意识巨大力量的本我。但到 20 世纪 20 年代以后，弗洛伊德也认为，自我在人格发展中有作用，从而在美国形成自我心理学。但弗洛伊德的自我缺乏目标和目的，本我代表生物学的遗传力量，自我代表个人学习经验，人的发展受本我的快乐原则的调节和支配，自我是无能为力的。而艾里克森则与弗洛伊德不同，他认为自我在人格发展中起重要作用，其作用至少不亚于本我。他认为，本我代表人的先天盲目的冲动，只能使人变成动物；自我是个人过去经验和现在经验的综合，是要克服本我、控制性欲方向的；超我是个人经验以及对它有影响的观点态度，协助自我控制本我。由此可见，艾里克森十分强调自我在人格结构中的作用。

艾里克森进而强调发展中的自我与社会环境的相互作用，他认为人的发展不但有生物因素，而且有社会文化因素，它们是统一体，但重点是社会文化因素。因此，他认为必须考虑社会、文化对儿童的影响，即家庭、学校、社会文化环境对儿童的影响。

(2) 艾里克森认为，发展是一个进化过程，一个人无论何时都兼为一个机体、一个自我、一个社会成员。

人格的发展包括躯体、心理和社会三个方面，这三个方面是辩证的、相互影响的。因此，人的发展依存于三个变量：一是发展的内部规律，其发展过程与生物过程一样是不可逆转的；二是文化背景的影响，它决定发展的速度；三是每个人的特异性反应及其对社会任务作出反应时的特殊发展方式。

(3) 艾里克森认为，人的本性最初既不好，也不坏，但有向任何一方面发展的可能性。

人格的发展既是连续的又有不同的阶段，每个阶段都有一个特定的受文化制约的发展任务，都有一个核心的冲突或矛盾，人在这对趋向积极或消极的矛盾中实现平衡。如果人在各阶段能解决矛盾，向积极品质发展，就完成了这阶段的任务，就有助于自我力量的增强，有利于个人适应环境，就能顺利转向下一阶段，能适当地对付下一阶段将要遇到的矛盾和冲突，逐渐形成健康成熟的人格；否则就会产生消极品质，发生心理社会危机，出现情绪障碍，削弱自我力量，阻止个人适应环境，为后一阶段制造麻烦，形成病态或不健全的人格。

另外，如果前一阶段解决得好，就会有助于后一阶段的积极解决；某一阶段如果没有解决好，后面阶段还有机会解决。

(4) 艾里克森以自我渐成为中心，把人格发展分为以下八个阶段。

第一阶段，信任感对怀疑感(0～2 岁)：这时期的发展任务是获得信任感和克服不信任感，体验着希望的实现。乳儿、婴儿从生理需要的满足中，从与母亲、看护人的交往中，感受到母亲和看护人的爱，同时把自己的感情投射给母亲，体验到了身体的康宁，感受到了安全，于是对周围环境产生了一种信任感；反之，如果父母的信心不足，或育儿方式有缺陷，乳儿、婴儿便会对周围环境产生怀疑。艾里克森认为第一阶段非常重要，获得信任感是以后各阶段，特别是青年期同一性的发展基础。

第二阶段，自主感对羞怯或疑虑(2～4 岁)：这时期的发展任务是获得自主感，克服羞怯和疑虑，体验着意志的实现。这时儿童想做一些事情，如果父母和看护他的人承认并允许他们去做力所能及的事，儿童就觉得自己有一种自控的能力或影响环境的能力，就会出现自主感；反之，如果大人不耐烦或过分溺爱而干预孩子能做的事，或对儿童意外出现的事情采取粗暴的态度，孩子就会产生羞怯感，对自己的能力有所怀疑。

第三阶段，主动感对内疚(4～7岁)：这时期的发展任务是获得主动感，克服内疚感，体验着目的的实现。这时儿童能进行各种活动，言语和思维能力得以发展，独立性开始形成，他们可以把自己的活动扩展到超出家庭的范围，也不限于模仿，能从言语和行动上来探索和扩充他的环境，用幼稚的好奇心探求未知事物，于是就产生了主动感。如果儿童有更多机会向外扩展以达目的，而且父母又支持，对儿童提出的问题耐心地予以解答，不嘲笑，不禁止，那么儿童的主动性就会得到加强；否则就会出现内疚感。游戏活动对主动感的形成起着重要的作用。

第四阶段，勤奋感对自卑感(7～12岁)：这时期的发展任务是获得勤奋感和克服自卑感，体验着能力的实现。这时儿童进入小学，能够掌握文字工具，从而有掌握大量知识技能的可能。同时，他们开始意识到自己已经步入社会，他们的依赖重心由家庭转移到学校、教师和社会儿童组织机构。他们勤奋学习以求学业上取得成绩，但在追求成功的努力中又掺杂有害怕性的情绪。他们逐渐离开游戏和幻想，注重现实的实践。如果当孩子努力学习，做一些事时，得到成人的支持，勤奋感就会加强；反之，就会产生自卑感。这时期教师的作用是很重要的。

第五阶段，同一感对同一混乱感(12～18岁)：这时期的发展任务是建立同一感，防止同一混乱感，体验着忠诚的实现。这时儿童进入青春期，发展了对周围世界新的观察和思考的方法，有了新发现的综合能力，就能把自己的各种印象综合成一个有意义的整体，从而把过去各阶段形成的种种自我形象加以整合，形成新的自我。认识自己是谁、在社会上应处于什么地位、将来成为什么样的人和怎样成为理想的人，就能对自己的过去、现在、将来产生一种内在的连续感，得到自我同一性；不然就会产生同一性的混乱。艾里克森对此阶段十分重视，认为它可以补偿前阶段的不足，对以后的人格发展也有重大影响。

第六阶段，亲密感对孤独感(18～25岁)：这时期的发展任务是获得亲密感，避免孤独感，体验爱情的实现。这个阶段是人们进行求爱和过早期家庭生活的时期。这时需要在自我同一性的基础上，获得共享的同一性。他们能对社会负有义务，并在社会活动和性生活中相互分担苦乐、相互关怀，从而不失掉自我，在拥有美满的婚姻、纯真的友谊和合作伙伴的基础上获得亲密感。如果一个人不能在朋友之间、夫妻之间建立一种友爱的关系，就会产生孤独感。另外，由于寻找配偶包括偶然因素，也可能孕育着害怕独身生活的孤独感。

第七阶段，繁殖感对停滞感(25～50岁)：这时期的发展任务是获得繁殖感，避免停滞感，体验着关怀的实现。这是成家立业阶段。繁殖感主要是指关切和指导下一代。有些人从未做过父母，但在献身的工作中深切地关心下一代的成长，体现着一种自我兴趣的扩张，从而丰富了在情绪上成熟的人格；反之，就会因一心专注于自己而产生停滞感。

第八阶段，完善感对失望感(老年期)：这时期的发展任务是获得完善感，避免失望感，体验着智慧的实现。这时期人们对自己的一生获得了较充分的认识，从而产生了一种完善感。这一阶段包括一种长期锻炼出来的智慧和人生哲学，延伸到自己的生命周期以外，与新一代的生命周期融合为一体。若达不到这个目的，就会厌恶人生，对此失望。

(二)简评

首先，艾里克森的人格发展渐成说，不再过分强调弗洛伊德的本能论和泛性论，而是强调自我在人格发展中的决定作用，强调自我与社会环境相互作用的心理社会机制，强调文化和社会因素对人格的影响，重视自我教育的作用，重视家庭、社会对儿童教育的作用。这些观点无疑是对精神分析学派的一大进步，是值得我们重视的。

其次，艾里克森在提出每一阶段任务的同时，把解决任务看作两极分化的斗争过程，通过斗争解决矛盾，依次向下一阶段发展，具有一定的辩证观点。另外，艾里克森所提出的人格发展阶段说，给人们一个新的启示：儿童人格发展的每一阶段并不是发展不发展的问题，而是发展的方向问题，每一阶段发展得好坏，虽然会影响下一阶段发展的内容，但不能影响下一阶段的出现。这种二维发展观是值得称道的。

再次，艾里克森认为人的人格是不断发展的，发展中有阶段性，每一阶段发展任务的解决都为下一阶段任务的解决奠定了基础，而每一阶段的发展又都受躯体的、心理的、社会的影响，这种对人格发展的"在发展中看问题，在矛盾中求发展"的观点是可取的。他认为某一发展阶段的任务没有解决，可以在下一阶段得到弥补，这种重视人生每一阶段的教育和给予人格发展以希望的观点也是可取的。

最后，艾里克森是在弗洛伊德的人格结构说的基础上发展自己的理论，但没有摆脱弗洛伊德本能论的束缚，他过分强调情感的力量，忽视人的理智作用。在自我和社会环境的关系上，他对社会环境的理解脱离了人类历史发展过程中的各种社会经济形态，而带有抽象的性质。

第二节　研究行为的科学——行为主义的心理发展观

行为主义是由美国心理学家华生创立的，它的一个突出特点是强调现实和客观研究。

一、华生行为主义的心理发展观

华生行为主义简介(扫右侧二维码)

华生的心理发展观基于行为主义的基本观点，诸如，心理学不是研究意识的科学，而是研究行为的科学；心理学研究的对象是人和动物的

华生行为主义简介

行为；行为的基本要素是刺激与反应；心理学着眼于研究外周器官即感官、肌肉和腺体，只有客观观察到的事实才能被认可；心理学研究应采用观察法、实验法、条件反射法、口头报告法、测验法；等等。这些观点表明他提出了自己的心理发展观。

(一)华生的发展观及关于儿童心理的研究

1. 华生的机械主义发展观

(1) 否认遗传的作用。华生明确指出："在心理学中再也不需要本能的概念了。"其原因如下。

第一，行为发生的公式是刺激—反应。从刺激可以预测反应，从反应可以预测刺激。行为的反应是由刺激引起的，刺激来自客观，而不是来自遗传。因此行为不可能取决于遗传。

第二，生理构造上的遗传作用并不能导致机能上的遗传作用。由遗传而来的构造，其未来的形式如何，要取决于所处的环境。

第三，华生的心理学以控制行为作为研究的目的，而遗传是不能控制的，所以遗传的作用越小，控制行为的可能性越大。因此华生否认行为的遗传作用。

(2) 片面夸大环境和教育的作用。华生从刺激—反应的公式出发，认为环境和教育是行为发展的唯一条件。

第一，华生提出，构造上的差异及幼年时期训练上的差异足以说明后来行为上的差异。儿童一出生，在构造上是有所不同的，但这仅仅是一些最简单的反应而已，而较复杂的行为的形成完全来自环境，尤其是早期训练。

第二，华生提出教育万能论，夸大了环境与教育在儿童心理发展中的作用，否定了儿童的主动性、能动性和创造性，忽视了儿童心理发展的内部矛盾。

2．对儿童情绪的研究

华生对儿童心理的研究，主要的兴趣是在情绪问题上。他指出，初生乳儿只有三种非习得的情绪反应——怕、怒、爱，后来由于环境的作用，经过条件反射，促使习得性怕、怒、爱的情绪不断发展。这里主要的条件是环境，特别是家庭。他指出，儿童的情绪由家庭造成，父母是儿童情绪的种植者、培养者。当儿童到了 3 岁时，他的全部情绪表现和倾向，便已打好了根基。这时父母已经决定了这些儿童将来会变成一个快活健康、品质优良的人，还是一个怨天尤人的神经病患者，或是一个睚眦必报、作威作福的桀骜者，或是一个畏首畏尾的懦夫。儿童情绪观，是华生机械主义发展观的体现。另外，华生对嫉妒和羞耻也进行过研究。

3．关于儿童行为的研究方法

(1) 观察法。

华生在妇产医院、孤儿院对儿童进行观察，写观察记录，拍照片，并在上层阶级家庭中选择儿童，定期观察，与上述研究作比较。

(2) 实验法。

实验法可分为自然实验和条件反射的实验。

① 自然实验。这是华生在创设特定的自然情境下的观察。例如，他在研究儿童嫉妒情绪时，请儿童的父母在儿童面前热烈拥抱或互相厮打，观察儿童在不同环境中的反应，分析儿童是否对其父或其母产生嫉妒的情绪反应。

② 条件反射的实验。华生第一次将巴甫洛夫的条件反射法用于儿童心理的研究，并以此闻名于世。最突出的研究为阿尔伯特(G. W. Allport)的惧怕实验。华生第一个将条件反射法用到儿童身上，这是一个成功的开创。

(二)简评

(1) 华生否认意识，排斥心理现象，使心理学生物化、动物学化、机械化。

(2) 华生极端轻视中枢神经系统，尤其是脑的支配作用。

(3) 华生片面强调环境的作用，忽视人的主观能动性。

(4) 华生以行为为心理学的研究对象，可以使心理学消除它的传统特点，即主观性，从而取得与其他自然科学所共有的客观性。

(5) 华生坚决主张在心理学的研究方法方面，彻底废除内省法，严格使用各种客观的方法，明确地把条件反射列入心理学的研究方法。这一见解，在促进心理学的客观研究方面起到了很大的积极作用。

(6) 华生的教育万能论，虽然是不正确的，但在当时也有其积极作用，即在某种意义上批判了种族歧视和种族优越论。

二、斯金纳新行为主义的心理发展理论

(一)斯金纳简介

斯金纳是美国著名的心理学家、美国现代最有成就的新行为主义理论家之一。他曾在哈佛大学心理系学习，1931 年获哲学博士学位，1931—1945 年在明尼苏达大学执教，其后三年任印第安纳大学心理系主任，1948 年回到哈佛大学，在那里进行了行为及其控制的研究。斯金纳的研究领域广泛，他撰写专著 12 部、论文 112 篇，涉及多项儿童行为发展的理论和实践课题。

斯金纳遵循新行为主义，企图通过行为研究来预测和控制人类的社会行为。他的"程序教学"大大促进了美国机器辅助教学运动，引起了世界上很多国家的关注。

斯金纳受华生的影响，但与华生的观点不同。在斯金纳的理论体系中，他认为行为有两种：一种是应答性行为，即某种特定的刺激引起的行为；另一种是操作性行为，即个体操作其环境的行为，这种行为在动物和人类中是最多的。斯金纳根据自己的研究，提出操作性条件作用说。

(二)斯金纳的儿童行为强化控制理论的基本思想

斯金纳的儿童心理发展的基本思想，主要反映在儿童行为的强化控制理论上，这种理论是斯金纳操作性条件作用说的具体体现。斯金纳的操作性条件作用说以老鼠压杠杆的操作条件反应为基本实验：让老鼠压杠杆，即发生了一个操作反应，然后给老鼠食物，得到强化，这样下去，老鼠压杠杆的操作反应就加强了。这就是著名的斯金纳箱的原理。同样的方法也可以用到儿童身上，儿童好的行为不断地得到强化，就会巩固下来，儿童不好的行为不给强化，就会消失。

斯金纳的思想概括起来有以下几点。

(1) 斯金纳的操作条件作用说强调儿童的外部行为，他主张心理学家应该把研究的重点放在儿童可观察和可验证的行为上，放在那些能够引起儿童行为的环境事件上，注重反应的强化刺激。

(2) 斯金纳的操作条件作用说强调可以通过外部强化和自我强化的机制控制儿童自身的反应。他进一步强调对儿童要采取积极有步骤的强化，以培养儿童良好的行为。对于异常的人，斯金纳也按照强化理论，采取行为矫正法。

(3) 斯金纳回避有机体内部的东西，如认知、生理过程等，他把注意力放在环境事件与行为的关系上，他认为对可测量的经历和可测量的行为进行机能分析能得到全部信息。

(4) 斯金纳将他的强化控制理论运用于教学，采用机器教学或程序教学的方法。这种

方法就是将学习的内容编制成一套程序，逐步提供给儿童，儿童答对了，给予反馈，告诉儿童答对了。采取这种强化手段，使儿童更容易掌握知识。

(三)简评

第一，斯金纳以高度精确的实验技术，精心构筑了自己的新行为主义心理学体系，以达到客观分析和描述行为，建立一门真正的行为科学的目的。这是他的成功之处。

第二，他积极推动心理学走向应用，并取得了巨大的成功，延长了其理论的生命力，给心理学带来了广泛、深远而长久的影响，从而使他成为世界上最杰出的心理学家之一。

第三，他坚持极端客观的行为主义立场，竭力反对研究有机体的内部心理过程，片面强调以操作强化原理来解释语言、思维、情绪、人格、爱好、动机、习惯等现象，因而忽视有机体的内部过程，抹杀动物学习和人类学习的本质区别，就不免过于简单化、片面化了。

三、班杜拉的儿童心理发展理论

心灵考场 2-1 广告商为什么要用名人做广告(扫右侧二维码)

心海畅游 2-2 社会学习理论的创立(扫右侧二维码)

心灵考场 2-1

心海畅游 2-2

(一)班杜拉的社会学习理论

1. 观察学习

班杜拉认为，人的行为与人格是在观察学习过程中形成的。

我们常说："榜样的力量是无穷的。"儿童通过观察大人打电话的动作，学习模仿大人打电话的一整套行为就很好地证明了这一点。

1) 观察学习的概念

观察学习是指人通过观看他人而习得复杂行为的过程。人的行为与人格就是通过观察模仿榜样而形成的。

观察学习的特点是新行为、新人格特征的获得，可以不马上表现出来，也可以不用强化，认知因素在其中起到制约的作用。班杜拉选择66名幼儿园儿童作为被试，把他们分成三组，令他们观看示范者对一个成人大小的塑料玩具人表现攻击行为：①奖赏组，第二位成人对第一位示范者的攻击行为给予赞扬；②惩罚组，第二位成人对第一位示范者的攻击行为给予指责；③无强化组，只有第一位示范者的攻击行为。然后让三组儿童在同样情境中玩10分钟，实验者通过单向玻璃观察和记录儿童的行为表现。继而告诉儿童如果他们模仿示范者的行为就会得到奖赏，再记录他们的表现。结果发现在无诱因的情况下，奖赏组的儿童和无强化组的儿童攻击行为要远远高于惩罚组的儿童；在有诱因的情况下，三组儿童攻击行为差不多。这可以看出榜样在没有强化的情况下，儿童的自动模仿反应仍然有较高的水平，说明模仿反应的获得不受示范者是否受到强化的影响。惩罚组儿童在有诱因的情况下表现出攻击行为，说明惩罚组儿童在开始时攻击性行为已通过观察学习而获得，只是没有表现出来。这说明观察学习所获得的新行为、新人格特征可以不马上表现出来，之所以能表现出来是受诱因、间接强化的影响，是儿童预期做同样行为的后果，这也说明了认识过程的重要作用。

2)　观察学习的过程

班杜拉认为，任何学习都离不开观察。观察学习由以下四个密不可分的具体过程组成。

①　注意过程。注意过程就是人们观察榜样的整个过程，是观察学习过程的开始，是人们形成意象的基础。它涉及观察者对榜样的注意，以及认知和区别其反应的特征。要模仿一个榜样，首先要注意这个榜样的行为。所以，注意过程在观察学习中是很重要的，它影响着观察学习的发生和内容，也影响着观察学习的效果。

制约注意过程的因素主要有榜样因素、观察者因素、人际关系因素、诱因因素。

②　保持过程。保持过程就是观察者在注意过程中获得榜样示范行为的意象后，采用符号的形式，以记忆储存这些意象的过程。这种符号的形式包括视觉形象和言语编码。视觉形象指的是保持在头脑中的关于榜样的刺激，是以表象形式出现的。言语编码指的是保持在头脑中的榜样行为的形象，是以语言来代表的。班杜拉认为，言语编码的作用更大。对于年幼儿童来说，语言思维能力不强，所以还要重视视觉表象的作用。

③　运动再现过程。运动再现过程是指观察者在视觉表象和言语编码的作用下再现榜样示范行为的过程，即获得学习的操作过程。班杜拉认为，此过程是十分重要的，他说："仅去注意其保持获得的形象是不够的，将获得的材料去指导人们的具体运动过程才是中心的问题。"人们在模仿榜样的行为时需要形成一定的运动技能。

④　动机作用过程。动机作用过程是指诱发观察者将获得的榜样的新行为表现出来的过程。人们是否将获得的榜样的新行为表现出来，主要取决于强化引起的动机作用。如果活动的结果令人满意，受到奖励，就能表现；如果活动的结果不能令人满意，受到惩罚，行为就不会表现出来。动机作用过程可激发和维持人的观察学习活动。

3)　观察学习的榜样效应

班杜拉的观察学习理论十分强调榜样的示范作用，认为人格就是在观察榜样、模仿榜样的过程中形成的，榜样的行为特征、行为动机、行为效果和价值，直接影响到人们的学习行为、人格的性质和具体内容。通常榜样效应有以下四种。

①　替代反应的形成。在榜样作用下可以建立新行为、新的人格特征。

②　替代消退。已形成的行为或人格特征也可以通过榜样的替代而消退。例如，一个儿童十分害怕玩秋千，如果先让他观看同伴小朋友荡秋千的愉快情境后，再让其玩秋千，其恐惧心理就会减轻。

③　反应抑制。榜样的行为结果影响已形成的行为的出现频率。当一个儿童观察榜样的行为受到惩罚时，虽然他自己并没有受到惩罚，他也会抑制已获得的榜样的行为的出现。

④　反应抑制的解除。在榜样的作用下，已形成的对行为的抑制可以得以消除，这是当榜样做出那些以前被抑制的行为后没有受到惩罚的结果。例如，当一个儿童看到哥哥骂人受到妈妈的严厉惩罚时，他就会抑制自己骂人行为的出现，然而，如果哥哥屡次骂人都没有得到妈妈的严厉惩罚，这个儿童就会变本加厉地表现出攻击性行为。

4)　观察学习的示范形式

观察学习过程就是观察者观察榜样的示范。班杜拉认为，示范形式主要有以下几种。

①　行为示范。通过榜样的活动传递行为。

②　言语示范。通过各种言语指导或指令来传递榜样行为。

③　象征示范。通过电视、电影、舞蹈、戏剧、绘画等象征性的中介物呈现榜样。

④　抽象示范。通过榜样的行为事例，来传递潜伏在行为事例背后的道理或规范。

⑤　参照示范。通过附加呈现参照事物和活动，来传递抽象概念和操作。

⑥　参与性示范。通过观察示范和模仿操作来提高学习效果。

⑦　创造性示范。通过观察各种榜样示范，学习者产生一种新的行为模式。

⑧　延迟示范。通过榜样示范后得到的印象没有马上表现出来，经过一段时间后才表现出来。

班杜拉的研究表明，可以用一种极其简单的方法帮助那些有恐惧症的人们摆脱恐惧心理。例如，在早期进行的一项研究中，他们挑选一些怕狗的幼儿园小朋友，让这些小朋友每天花 20 分钟观看一个小男孩高兴地与狗玩耍的情景。结果这一做法使得怕狗的儿童发生明显的变化，4 天之后，就有 67%的儿童愿意钻进圈着小狗的围栏里与小狗玩耍。当其他人离开后，他们仍旧待在那里，亲热地抚摸小狗。一个月之后，研究人员再次观察小朋友们对狗的恐惧程度时，他们发现，小朋友们取得的进步并没有随着时间的逝去而消失。事实上，他们比以前更喜欢和狗玩耍了。

在对那些格外怕狗的小朋友进行的第二项研究中，研究人员又有了重要且具有实用价值的新发现。为降低孩子们对狗的恐惧感，不一定非要让他们观看另一个小孩与狗玩耍的活生生的场景，电影片段也能起到同样的效果。而且，最有效的是那些很多小朋友与狗玩耍的电影片段。显然，当其他许多人的行为被当作是一种证明时，观察学习会更加有效。

2. 相互作用理论

人的行为与人格就是在行为、人的内部认知因素和环境相互作用下形成的。一个人行为的产生首先依赖于他对环境榜样的观察，同时也依赖于他自身对观察榜样的认识，依赖于人活动的内部诱因。行为、个人认知因素、环境这三种因素在相互影响的过程中发挥作用，呈三角模式。环境的影响只是潜在的现实，它是否发挥作用取决于人的主体条件和行为。班杜拉说："在人与环境的相互作用过程中，既存在着人影响自己命运的机会，也存在着对这种自我走向的限制。"也就是说，人既受环境的影响，同时又能作用于环境，主动影响环境。人能通过符号作用，超越现实，对未来有所预测。

人的认知就是在这三者相互作用的过程中发挥着重要作用。由于人具有认知能力，自我调节系统才能在观察学习过程中有选择地接收环境信息，有选择地反映这些信息，并不断地形成和改变内部的认知结构，不断地形成人格的差异性。所以一个人可以操作此活动，也可以抑制操作此活动；在同样场合下，一个人可以这样做，另一个人也可以那样做。

行为、个人认知因素、环境相互作用论是班杜拉社会学习理论的基本出发点，人格形成受这三种因素的影响。

3. 自我调节理论

班杜拉认为，观察者在观察学习的过程中，如果没有强化也可以获得新行为，但是否能将获得的新行为表现出来，则取决于强化的作用。强化有直接强化、替代强化和自我强化三种。

(1)　直接强化是观察者的行为直接受到外部因素的干预。例如，幼儿园小朋友做一件好事，老师就给他戴一朵小红花，激励小朋友做好事的动机。

(2) 替代强化是观察者本身没有受到强化，在观察学习的过程中看到榜样的行为受到强化，这种强化也会影响观察者行为的倾向。例如，幼儿看到榜样攻击行为受到奖励时，就倾向于模仿这类行为；当看到榜样攻击行为受到惩罚时，就抑制这种行为的发生。

(3) 自我强化是观察者根据自己设立的标准来评价自己的行为，从而对榜样示范和行为发挥自我调整的作用。儿童在发展过程中通过观察学习获得自我评价的标准和自我评价的能力，当他认为自己或榜样的行为合乎标准时就给予肯定的评价，不符合标准时则给予否定的评价，这样儿童就能够对行为进行自我调节。总之，儿童能够将自己直接经历的结果、观察榜样经历的结果和为自己设立的结果整合起来，得出行动的一般原则。这样不仅能对现实行为加以控制，而且能制订未来的计划和目标，即能对行为结果进行预测，从而影响下一步行为的动机。儿童就是在这种自我调节的作用下，改变着自己的行为，形成自己的观念和人格。

(二)简评

第一，班杜拉的人格形成理论独树一帜。他综合行为主义观点和认知派观点，认为儿童的人格是由行为、个人认知因素和环境三者相互作用决定的。这为研究制约人格形成的影响因素另辟蹊径。华生的经典行为主义认为，儿童的人格是一切行为的总和，是由环境决定的，否定遗传，否定儿童的内部矛盾，否定儿童的主动性。斯金纳的新行为主义认为，人格是个体独特的行为方式，人格完全是习得的，用焦虑、驱力、动力、冲突、需要这些概念来解释学习的内部过程没有必要，应从个人所处环境的强化程序来考察人格的发展。由此可见，行为主义只注重外在因素，而认知派重视人的意识，重视认知过程在人格形成中的作用，但忽视环境的作用，认为客观现实的真实性不可知，否定人格的社会观。班杜拉认为，人既不受内部力量的直接驱使，也不因外界环境的变化而随波逐流；人的行为与人格是人的内部认知因素、行为和外部环境因素相互作用的产物。这一理论无论是对行为主义还是对认知派，无疑都是一大进步。

第二，班杜拉认为，人的行为与人格是在观察学习的过程中，通过模仿榜样的行为而形成的。他十分重视榜样的作用，这对于培养儿童形成良好的人格具有重要意义。

第三，班杜拉强调，人具有认知和自我调节功能，人不是消极地接受环境刺激，而是积极主动地对这种刺激做出选择、组织和转换，以调节自己的行为。这种把人看成主动的人和发挥人的主观能动性、自我效能感的观点对我们是有启发的。

第四，班杜拉的社会学习理论以大量的实验研究为依据，这为人格研究的客观性提供了具体范例。他的实验以人为被试，这就改变了行为主义以动物为被试，将动物研究结果类比到人身上，把人看成和动物一样缺乏理性被环境塑造的错误倾向。

第五，班杜拉认为，人的一切人格特征都是从观察学习过程中获得的。这一认识是片面的。虽然观察学习在人的行为与人格的形成中起重要作用，但绝不能包罗万象。例如，人的气质特征在一定程度上受制于神经系统的类型。

第六，班杜拉强调认知因素的作用缺乏实验的依据，尚待深入探讨。

第三节　研究认知结构的理论——皮亚杰的心理发展观

一、皮亚杰的认知发展理论的主要观点

皮亚杰生平(扫右侧二维码)

皮亚杰生平

(一)皮亚杰关于儿童心理发展的机制

皮亚杰认为,儿童心理或行为是儿童的心理或行为图式在环境影响下不断通过同化、顺应,达到平衡的过程,从而使儿童心理不断由低级向高级发展。

1. 图式:主体已有的结构——心理的机能结构

儿童在脑中原有的东西,其原始的基础是天生的无条件反射。在此基础上,不断同化外来的刺激,相当于在无条件反射的基础上形成神经联系系统。最早的图式是本能动作。

2. 同化:把客体纳入主体的图式中

当外部刺激作用于主体时,外部刺激或现实的材料就被处理和改变,并结合到主体的结构中,这种对外部刺激输入的过滤或改变叫作同化。

3. 顺应:内部图式的改变以适应现实

有机体的图式不能同化客体,必须建立新的图式,或者调整原有的图式,引起质的变化,使有机体适应环境。

4. 平衡:同化和顺应两种作用之间的平衡

例如,儿童认识新事物往往是张冠李戴。小孩上公园玩,见到鹿却说是马,因为他以前没见过鹿,只知道马,这是把新东西代入原来的图式。大人告诉他,这是鹿,有角。儿童根据鹿的形态特征形成新的图式——鹿。这是通过顺应作用实现的。所以儿童认识事物光同化不行,要调整原有的图式,建立新的图式,顺应了才能平衡。这样以后再看见鹿,就不会指鹿为马了。同化和顺应必须保持平衡。

(二)皮亚杰关于影响儿童心理发展的基本因素

皮亚杰认为,影响儿童心理发展的基本因素主要有四个。

1. 成熟

成熟是指机体的生长,特别是神经系统和内分泌系统的成熟。皮亚杰认为,成熟是必要的条件,而不是充分的条件。

2. 物理环境

物理环境包括物体经验和数理逻辑经验。

物体经验是个体作用于物体得到来自物体本身的经验。

数理逻辑经验是高级的抽象经验,是个体在作用于客体的过程中,从动作过程中得来

的，是辨别动作中相互协调的结果。例如，在认识数与排列的关系上，虽然两列棋子一样多，但小孩子(3 岁前)可能认为分散排列的棋子多，而大孩子知道数量与排列无关。这个经验是从动作过程中得来的，大孩子从排列棋子的动作过程中得知不管怎样排列，其数量不变，这个经验是来自动作协调的结果，而不是来自客体本身。

3. 社会环境

在社会环境中，人与人之间的相互作用和社会文化的传递会影响儿童的心理发展。

4. 主体内部存在的机制——平衡过程

皮亚杰认为，如果没有主体内部的同化、顺应、平衡机制，任何外界刺激对儿童本身都不起作用。可见，皮亚杰强调儿童主体内部机制在儿童心理发展过程中的作用。他把儿童心理发展看作儿童主体与外部相互作用的过程，强调内外因的相互作用，强调儿童的主体性，强调儿童动作的作用。

(三)皮亚杰关于儿童心理发展的四个阶段

1. 感知运动阶段(出生至 1 岁半、2 岁)

这是儿童心理发展的最低阶段，在无条件反射基础上智力开始发生(萌芽)，主要用感知、动作与外界发生关系，智力活动还处在感知运动水平上。

2. 前运算阶段(2~7 岁)

皮亚杰认为 2~7 岁儿童的思维属于前运算阶段，这是儿童克服各种心理障碍逐渐向逻辑思维过渡的时期。这一阶段儿童主要是表象性思维，思维的基本特点是相对具体性、不可逆性、自我中心性和刻板性。皮亚杰用一系列实验证明了他的观点，但也引起过一些争议。下面介绍两个有代表性的实验研究。

1) 三座山测验

根据皮亚杰的观点，前运算思维的基本特征是以自我为中心，即从自我的角度去解释世界，很难想象从别人的观点看事物是怎样的。皮亚杰设计了三座山测验(见图 2-1)，用来评价儿童能否采用别人的观点。三座山以不同的颜色来区别，一座山的山顶上有一间房屋，另一座山的山顶上有一个红色十字架，还有一座山上覆盖着白雪。让儿童坐在模型的一边。在第一个实验中，实验者把一个玩偶放在

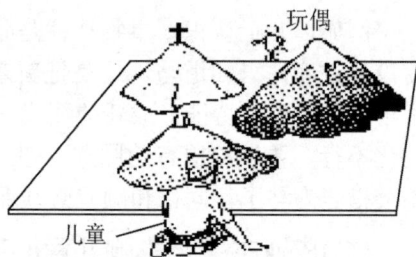

图 2-1　三座山模型

模型周围的不同位置，问儿童"玩偶看到了什么"，儿童很难回答。在第二个实验中，向儿童展示从不同角度拍摄的三座山的照片，让儿童挑出玩偶所看到的那张照片。在第三个实验中，给儿童三张硬纸板，要儿童按玩偶所见把三座山排好。结果，8 岁以下儿童一般不能成功，大多数 6 岁以下儿童选择的照片或搭建的模型，与他们个人的观察角度一致，而不是玩偶的。由此，皮亚杰认为，幼儿在对事物进行判断时是以自我为中心的，不能采纳别人的观点。

一些研究者提出疑问，他们改进了皮亚杰的三座山测验，使其更容易被儿童理解。例

如，博克(Borke，1975)设计了农场景观模型(见图 2-2)，农场中有房子、小湖、小船，还有牛和马在草地上，布局类似于三座山测验。代替娃娃的是格罗弗(Grover)——美国儿童电视节目《芝麻街》中的主角，儿童普遍熟悉和欢迎的人物。他开着轿车绕农场一周，不时停车观赏着农场的景色。儿童的任务是指出格罗弗看到了什么，问题的形式与皮亚杰的相同。被试同时也参加三座山测验。结果发现，3 岁儿童能很好地完成博克的任务，而在三座山测验中成绩却很差。这种对比使博克相信，当场景是儿童熟悉的，问题也容易让儿童理解时，儿童是能够考虑别人的观点的。

唐纳森(Donaldson，1978)介绍了休斯(Hughes)的实验，结果与博克的实验类似。在休斯的实验(见图 2-3)中，30 名 3.5～5 岁的儿童 90%能正确指出玩偶男孩站在什么位置可以使警察看不到他，显示了儿童的非自我中心。唐纳森认为，该实验与皮亚杰的不同之处在于任务中人物的动机和意图是儿童完全理解的，任务富有人情味，更容易被儿童接受。

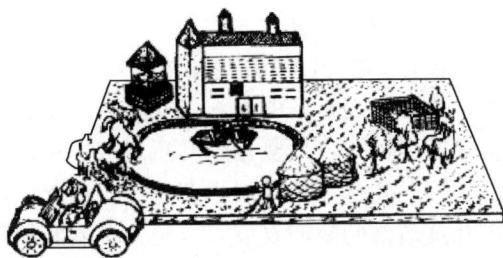

图 2-2　博克的农场景观模型

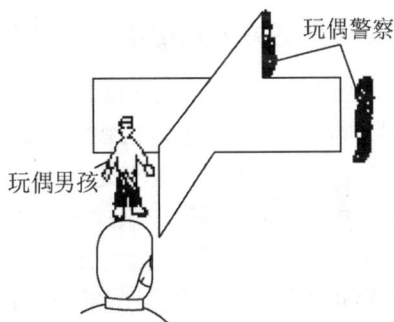

图 2-3　休斯的实验

2)　守恒测验

"守恒"是皮亚杰的术语，指对物质从一种形态转变为另一种形态时，物质含量保持不变的认识。皮亚杰认为，前运算阶段的儿童的思维只能集中于问题的一个维度，注意的是事物表面的、明显的特征，具有中心化的特点。他设计了一系列守恒实验，如图 2-4 所示。例如，在液体守恒实验中，向儿童呈现两只相同的玻璃杯，杯中装有等量的液体。在儿童确知两只杯中的液体是等量的之后，实验者把其中一杯液体倒入旁边一只较高、较细的杯子中，液面自然升高。然后问儿童：新杯子中的液体比原先杯子中的多一些还是少一些，还是一样多？大多数 3～4 岁的幼儿会回答"多一些"，因为他们只注意到了新杯子的高度。5～6 岁儿童处于守恒的转折阶段，他们似乎意识到必须同时考虑杯子的高度和粗细，但在比较时，同时考虑两个维度还有困难。皮亚杰认为，儿童一般在 8 岁左右能够认识守恒。这时儿童能意识到一个维度的变化总是伴随着另一个维度的改变，他们用同一性、补偿性或可逆性证明自己理解了其中的逻辑关系。

3. 具体运算阶段(7～12 岁)

这个阶段儿童可以根据具体事物或表象进行逻辑分类，或认识事物之间的一些逻辑关系，表现出已能逐渐超出知觉的限制，形成守恒的概念，掌握事物之间的可逆关系。

4. 形式运算阶段(12 岁以上)

这个阶段儿童能脱离具体事物而进行抽象概括，可用假定进行推理，用归纳组合去分析解决抽象问题。这一阶段儿童根据假设对各种命题进行逻辑推理的能力在不断发展，开始接近于成人的思维水平。

(a) 液体守恒　　　　　　　　　　　　　　(b) 物质守恒

图 2-4　测量儿童具体运算思维的两种守恒问题图解

(四)皮亚杰关于儿童道德认知发展的研究

皮亚杰认为，儿童的逻辑思维能力和道德判断能力是一种蕴涵关系，儿童的道德发展是认知发展的一部分，也是认知发展的一种自然结果。他开创了儿童道德认知发展研究。

皮亚杰主要通过探讨儿童道德判断，诸如儿童对行为责任的看法、儿童的公正观念和儿童心目中的惩罚的研究，来探讨儿童道德认知发展规律，反复论证儿童道德发展乃是由他律道德逐渐向自律道德过渡的过程。皮亚杰认为，儿童道德发展也和思维发展一样，在发展的连续过程中表现出自己的阶段性特点。儿童道德判断的发展阶段与儿童智慧的发展阶段相平行，儿童道德的发展不能超过儿童的思维发展和心理结构，认知发展对于道德发展具有重要意义。儿童的社会性发展依赖于认知的发展，儿童的社会认知影响着儿童的社会行为。儿童在每一发展阶段的道德成长，都是在成人与儿童间以及儿童自身间的社会交往和社会合作中完成的。父母、教师的约束和强制绝不能促进儿童智慧的发展和道德的成长。儿童是一个主动的探索者，通过主体内部的平衡机制，同化外部刺激，不断调整原有图式，通过顺应过程建立新的图式以适应外界环境，获得道德认知的发展。儿童社会性发展是儿童主体与外部环境相互作用的结果。

心海畅游 2-3 皮亚杰道德认知理论(扫右侧二维码)

心海畅游 2-3

二、简评

第一，皮亚杰积累了儿童心理发展的大量材料，按思维发展划分儿童心理发展阶段，反映了儿童心理发展的规律，做出了重大贡献。

第二，皮亚杰关于图式和外部影响相互作用的思想，包含了内因和外因、主体和客观现实相互作用的辩证法，十分可贵。

第三，皮亚杰强调动作在心理发展中的作用，提出要重视儿童的兴趣、需要，这也是十分重要的。

第四，皮亚杰在图式的起源、发展的论述上是符合唯物主义思想的。但他割裂动作与现实的关系，割裂表象、概念与知觉的关系，又违反了辩证唯物论的基本原则。

第五，皮亚杰对社会环境、教育的作用重视不够。

第四节 "最近发展区"的倡导者
——维果斯基的心理发展观

维果斯基简介(扫右侧二维码)

一、维果斯基儿童心理学的主要观点

维果斯基简介

(一)文化—历史发展理论

维果斯基创立了文化—历史发展理论,用以解释人类心理本质上与动物不同的那些高级的心理机能。

维果斯基认为,由于工具的使用,引起人的新的适应方式,即物质生产的间接方式,而不像动物一样是以身体的直接方式来适应自然。在人的工具生产中凝结着人类的间接经验,即社会文化知识经验,这就使人类的心理发展规律不再受生物进化规律制约,而受社会历史发展的规律制约。

当然,工具本身并不属于心理的领域,也不加入心理的结构,只是这种间接的物质生产的工具导致在人类的心理上出现了精神生产的工具,即人类社会所特有的语言和符号。生产工具和语言符号的类似性就在于:它们使间接的心理活动得以产生和发展。所不同的是,生产工具指向外部,引起客体的变化;而符号指向内部,影响人的行为。控制自然和控制行为是相互联系的,因为人在改造自然时也改变着人自身的性质。

(二)发展的实质

维果斯基探讨了发展的实质。他认为,就心理学家看来,发展指心理的发展。而心理的发展指的是一个人的心理(从出生到成年)在环境与教育的影响下,在低级的心理机能的基础上,逐渐向高级的心理机能转化的过程。

心理机能由低级向高级发展的标志是什么?维果斯基归纳为四个方面的表现:①心理活动的随意机能;②心理活动的抽象—概括机能,也就是说各种机能由于思维(主要是指抽象逻辑思维)的参与而高级化;③各种心理机能之间的关系不断地变化、组合,形成间接的、以符号或语言为中介的心理结构;④心理活动的个性化。

心理机能由低级向高级发展的原因是什么?维果斯基强调了三点:一是起源于社会文化—历史的发展,是受社会规律制约的;二是从个体发展来看,儿童在与成人交往的过程中通过掌握高级的心理机能的工具——语言、符号这一中介环节,使其在低级的心理机能的基础上形成了各种新质的心理机能;三是高级的心理机能是不断内化的结果。

由此可见,维果斯基的心理发展观,是与他的文化—历史发展观密切联系在一起的。他强调,心理发展的高级机能是人类物质产生过程中发生的人与人之间的关系和社会文化—历史发展的产物。心理发展过程是一个质变的过程,他为这个变化过程确定了一系列的指标。

(三)教学与发展的关系

在教学与发展的关系上,维果斯基提出了三个重要的问题:一是最近发展区思想;二是教学应当走在发展的前面；三是关于学习的最佳期限问题。

维果斯基认为，至少要确定两种发展的水平：第一种是现有发展水平，这是指儿童独立活动时所达到的解决问题的水平；第二种是在有指导的情况下所达到的解决问题的水平，也就是通过教学所获得的潜力。这二者之间的差异就是"最近发展区"，如图2-5所示。教学创造着最近发展区，第一种发展水平和第二种发展水平之间的动力状态是由教学决定的。

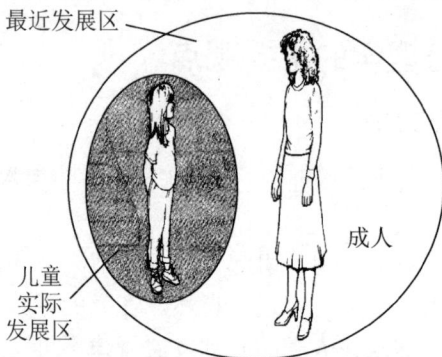

图2-5 维果斯基关于"最近发展区"

根据上述思想，维果斯基提出教学应当走在发展的前面。也就是说，教学可以定义为人为的发展。教学决定着智力的发展，这种决定作用既表现在智力发展的内容、水平以及智力活动的特点上，也表现在智力发展的速度上。

怎样发挥教学的最大作用？维果斯基强调学习的最佳期限。如果脱离了学习某一技能的最佳年龄，从发展的观点来看是不利的，它会造成儿童智力发展的障碍。因此，开始某一种教学，必须以成熟与发育为前提，但更重要的是教学必须首先建立在正在开始形成的心理机能的基础上，走在心理发展的前面。

心灵小品 2-1

"揠苗助长"的害处

特别要注意的是，不顾儿童成熟和发展的规律而试图培养出"超级婴儿"的做法是错误的。值得注意的是，把婴儿淹没在各种刺激、识字卡片和运动的训练之中绝不是丰富化，而是强迫式教育，即以成人决定的速度强迫儿童加速学习。强迫儿童阅读、学算术、游泳或掌握音乐技能往往会使他们感到厌烦和压抑，就像在温室里强迫植物早开花一样，对正常的发展是有害的。

强迫式教育既昂贵又没必要。有些父母控制着孩子的一切，规定孩子玩什么和学什么，好像自己尚未入学的孩子已经登上了通往名牌大学的快车。实际上，他们是在以牺牲孩子为代价来满足自己的意愿。真正丰富化的环境，是能对儿童的好奇和兴趣做出适当反应的环境，而不是让儿童感到自己是被逼着做这个做那个。

资料来源：谢弗(Shaffer D. R.)，等. 发展心理学：儿童与青少年. 邹泓，等译.

北京：中国轻工业出版社，2005.

(四)内化学说

维果斯基分析智力形成的过程，提出内化学说。

在儿童思维发生学的研究中，不少心理学家提出外部动作内化为智力活动的理论。维果斯基是内化学说最早的提出人之一。他指出，教学的最重要特征便是教学创造着最近发展区这一事实，也就是教学激起与推动学生一系列内部的发展过程，从而使学生通过教学来掌握全人类的经验并内化为学生自身的内部财富。维果斯基的内化学说的基础是他的工具理论。他认为，人类的精神生产工具或心理工具，就是各种符号。运用符号可使心理活动得到根本改造，这种改造转化不仅在人类发展中，而且也在个体的发展中进行着。学生早年还不能使用语言这个工具来组织自己的心理活动，心理活动的形式是直接的、不随意的、低级的、自然的，只有掌握语言这个工具，才能转化为间接的、随意的、高级的、社会历史的心理技能。新的高级的社会历史的心理活动形式，首先是作为外部形式的活动而形成的，以后才内化，转化为内部活动才能"默默地"在头脑中进行。

二、简评

第一，维果斯基异常丰富的心理学思想，为世界心理科学的宝库增添了新的内容。

第二，他的理论广泛地应用于教育实践领域，成为世界许多国家中小学教育改革的主要依据之一。

第三，20 世纪 70 年代末，以布鲁纳为首的美国教育心理学家将他的思想介绍到美国后，直接促进建构主义领域中一个重要的学术派别——社会建构主义学说的兴起，从而引起当代教育心理学中的一场革命。

第五节 "蒙氏教育"的启蒙者——蒙台梭利的心理发展观

蒙台梭利简介(扫右侧二维码)

一、蒙台梭利的心理发展观

(一)儿童心理发展主要在于内部自然发展

蒙台梭利根据自己对儿童的观察，形成了一套独特的教育哲学。她的教育哲学继承卢梭、裴斯泰洛齐、福禄贝尔等人的思想以及柏格森的生命哲学、麦独孤的策动心理学，强调儿童天赋的潜能，认为控制人类行为的是本能的冲动，儿童在来自先天的自发的能动作用下，具有一种很强的、天赋的内在潜能和继续发展的力量。同时她主张让儿童在充满爱和自由的环境下发展潜能，由此提出"心理(或精神)胚胎期"和吸收性心智。

蒙台梭利简介

1．心理(或精神)胚胎期

蒙台梭利认为儿童早在出生之前，便具有一种精神开展的模式，她将儿童这种先天的本质称为"精神胚胎"。儿童精神的成长也受到预定模式的指引，这些本能只短暂地存在于童年的早期，而且在 6 岁以后就不再有。蒙台梭利认为，这证明了儿童的心理发展并非偶然发生，而是上天设计好的。

2．吸收性心智

蒙台梭利认为儿童具有一种潜意识的、不自觉的感受能力，这是一种自然的吸取和创造性的功能，是成人所没有的。儿童在生命的头几年通过与其周围人的交往和情感的联系，能依靠自身吸收性的心智，积极从周围环境中获得各种印象和文化模式，从而成为其心理的一部分，形成自己的人格和行为模式。这种吸收功能是在内在动力的驱使下进行的，具有明确的选择性，因此，蒙台梭利十分重视儿童的主动性。

(二)用发展的观点来看待儿童

蒙台梭利强调儿童和成人有本质的区别。她认为儿童处于不断成长和发展变化的状态；儿童是一个完整的个体，儿童虽然必须依赖成人，但是成人也依赖儿童，"我们不应该将孩子与大人视为人生过程相连的阶段，而应该视为人生中两个不同的形态。二者同时进行，并且相互影响对方"；正常儿童应该是独立、主动、自信、守秩序、爱工作、有能力和身心健康的。

(三)儿童具有敏感期

蒙台梭利认为儿童心理的发展与生物现象类似，在发展过程中经历不同阶段，每个阶段都有某种心理的倾向性和可能性显示出来，过了特定时期，其敏感性则会消失。即在生活的某一时期，对一定的物体或练习活动表现出高度的积极性和兴趣，学得较快，过了这个时期，积极性和兴趣就会消失。

1．感觉的敏感期(0～5岁)

蒙台梭利认为儿童的感觉敏感期是从出生到 5 岁，而 2～2.5 岁表现最明显。这时儿童能够有选择地注意周围的环境，倾向感兴趣的活动，完善感觉的功能，感觉更敏锐、更精确。儿童可以较顺利地学习几何图形，辨别颜色、方向、声音的高低、字形等。

2．秩序的敏感期(1～4岁)

秩序不仅指把物品放在适当的位置，还包括理解事物的关系和遵守生活的秩序等。蒙台梭利认为，如果儿童生活有秩序，就有安全感，这有助于儿童了解世界，养成遵守秩序的习惯，并形成自己的人格。

3．语言的敏感期(8 星期～8岁)

儿童有一种天赋的吸收语言的能力。3 岁前的儿童，首先对声音感兴趣，然后对词感兴趣，最后对语言的复杂结构产生兴趣。3 岁后的儿童，开始更多地考虑学习新的语法形式，进而开始学习说话。

4．动作的敏感期(0～6岁)

儿童首先由爬发展到抓握物体。1.5～3 岁儿童喜欢打开、关闭物体，将其放进、拿出，并喜欢堆积东西。4 岁儿童喜欢闭眼摸东西，做复杂动作。据此，蒙台梭利研制出各种教具、用具，训练儿童动作，以促进儿童肌肉发展，使其动作更加协调。

5．对细微事物或兴趣的敏感期(1.5～4 岁)

此阶段的儿童对周边环境中的细小事物特别敏感，成人常忽略的事小孩常能捕捉到个中奥秘。

6．社会规范敏感期(2.5～6 岁)

两岁半的孩子逐渐脱离以自我为中心，而对结交朋友、群体活动有了明确倾向。这时，成人应与孩子建立明确的生活规范、日常礼节，使其日后能更好地遵守社会规范，拥有自律的生活。

7．书写敏感期(3.5～4.5 岁)

孩子的书写能力虽然较迟，在 3.5～4.5 岁才开始，但如果孩子在感觉和动作敏感期内得到很好的发展，其书写能力便会自觉产生。

8．阅读敏感期(4.5～5.5 岁)

阅读能力是伴随着语言的发展而逐渐形成的，同时，父母可多选择读物，为孩子创造一个书香的居家环境，使孩子养成爱阅读的好习惯。

9．文化敏感期(6～9 岁)

蒙台梭利指出，儿童对文化学习的兴趣，萌芽于 3 岁，但是到了 6～9 岁则出现探索事物的强烈要求。因此，这时期孩子的心智就像一块肥沃的土地，准备接受大量的文化播种。成人可在此时提供丰富的文化资讯，以本土文化为基础，延伸至关怀世界的大胸怀。

(四)儿童心理发展的阶段性

蒙台梭利认为：儿童发展主要在于内部的自然发展，这种发展具有阶段性；在发展的每一个阶段，儿童的生理、心理和社会性的特点都和前一阶段有所不同；上一阶段为下一阶段打基础。她将儿童发展分为三个阶段，具体如下。

1．人格建设阶段(0～6 岁)

蒙台梭利认为儿童人格建设阶段分为胚胎期和人格形成期。

1) 胚胎期(0～3 岁)

儿童最初借助于吸收性心智，依靠敏感性，潜意识地感受环境中各种事物的特征，以获得感性印象，逐渐形成不同的心理和能力。这阶段末期，儿童已获得一定的保护自己的能力，如再受到成人的控制，就要反抗，其目的是发展自己的能力。

2) 人格形成期(3～6 岁)

人格形成期的心理发展包括通过作用于环境的活动发展意识以及充实与完善已形成的能力两个方面，是一个从无意识到有意识的发展时期。这时期的儿童不仅仅凭借感觉，而且能够有意识地用双手做事，在成人的帮助下，通过各种活动，更好地集中注意力，并对社会和文化学习产生兴趣，主动受成人影响，于是儿童的人格就在其内在敏感性的作用下，渐渐得以形成。

2．增长学识和艺术才能阶段(6～12 岁)

这时期儿童能够有意识地学习，其主要特征为：要求离开过去那种狭小的生活圈子；开始具有抽象的思维能力；产生道德意识和社会感。蒙台梭利认为，这个阶段所有其他的因素都让位于满足饥渴的求知欲和打开广阔的知识领域，以满足探索的欲望。

3．青春期阶段(12～18 岁)

这个阶段是社交关系敏感的时期，在这一时期儿童已能根据自己的兴趣探索事物，已有了理想、爱国心和荣誉感。蒙台梭利认为，要创造条件使他们和同伴相处，参与更广泛的社会生活，了解社会。

(五)促进儿童心理发展的条件

蒙台梭利依据她的儿童观，主张自由教育，十分强调儿童自选自导的学习和自助的教育。

1．提供"有准备的"环境

蒙台梭利认为儿童的成长实际上是一种综合性的工作。在环境、教师与孩子之间必定要有紧密的连接。儿童的身心是个体和环境相互作用的结果，只有在一定环境中儿童才能找到适合自己自然发展的东西。儿童成长的环境，必须由具备相当知识而且敏锐的成人来筹划，成人必须参与儿童生活与成长的环境。环境有六个要素，包括：①自由观念；②结构与秩序；③真实与自然；④美感与气氛；⑤教材和教具；⑥群体生活的发展。

2．自由教育

蒙台梭利认为要建立一种合乎科学的教育，其基本原则必须是使儿童获得自由。在保证自由的前提下，应注意：①在自由的基础上培养纪律性；②通过独立达到自由；③在自由的练习活动中发展意志；④在自由的活动中培养社会性。

3．蒙台梭利式的教师

蒙台梭利认为教师是学生的引导者，教师必须深刻地认识自己，而且具有能够客观地行事与表达自己的能力；教师必须发展自己对儿童的观察能力。

二、蒙台梭利的儿童心理发展与教育思想的现实意义

蒙台梭利的儿童心理学思想冲击了传统的以灌输知识为主的教育模式，将人类的儿童教育事业推向一个崭新的阶段。

1．对教师提出要求

要求教师建立正确的儿童心理发展观与教育观，而不是单纯地掌握技巧技能。教师要尊重儿童，使儿童人格获得充分发展。教师要认清自己的地位，了解儿童的内心世界，学会观察儿童，真正把儿童当作活生生的独一无二的人来看待；努力去掉自我本位而专制的态度，以平易的态度去接近他们。

2. 为儿童提供有准备的环境

为儿童提供有准备的环境，即创设良好的物质环境以及民主、和谐、宽松、自由的氛围。蒙台梭利强调环境设置必须为儿童发展自我、激发儿童创造性提供机会，以集体、小组、个人有机结合的教育教学形式取代传统单一的集体教育形式，以成人作为儿童与环境的沟通者引导儿童独立地探索取代传统的一言堂，以混龄班为儿童独立探索建立人际关系取代以成人为中心而建立的被动的人际关系。

3. 根据儿童个别差异施教

蒙台梭利认为每个儿童都有自己的心灵，有一定的需要、潜能和敏感期，要因人施教。蒙台梭利把儿童的发展和人格的形成只看成儿童自己的内部力量的自然表现，这实际上减弱了环境和教育的作用，具有一定的片面性。

当代儿童发展心理学的新进展(扫右侧二维码)

当代儿童发展心理学的新进展

📖 **父母知识窗 2-1** 家长应该怎样与不同年龄的儿童进行交流(扫右侧二维码)

父母知识窗 2-1

本 章 小 结

本章介绍了儿童发展心理学各主要流派的代表人物和重要理论观点。

(1) 弗洛伊德精神分析理论注重本能，强调潜意识的作用，提出人格结构说；艾里克森不再过分强调弗洛伊德的本能论和泛性论，而是强调自我在人格发展中的决定作用，强调文化和社会因素对人格的影响。

(2) 华生的行为主义以行为为心理学的研究对象，使心理学消除其传统的主观性特点，取得与其他自然科学所共有的客观性；斯金纳受华生的影响提出操作性条件作用说，提出强化手段、程序教学；班杜拉综合了行为主义观点和认知派观点，认为儿童人格是由行为、个人认知因素和环境三者相互作用决定的，提出观察学习理论。

(3) 皮亚杰的发生认识论研究获取知识的心理结构，探讨知识发展过程中认知发生的机制，按思维发展划分儿童心理的发展阶段。

(4) 维果斯基提出文化—历史发展理论，强调人类心理的发展基本上受社会历史发展的规律所制约，认为人的心理是在教育的影响下，由低级心理机能向高级心理机能转化的过程，教育在儿童心理发展过程中具有主导作用。

(5) 蒙台梭利提出儿童具有吸收性心智，儿童心理发展具有敏感期，强调实施平等、自由的教育，强调因材施教。

(6) 儿童发展心理学的新进展体现在研究儿童青少年心理发展的"生态化"，重视终身发展的"生命全程观"。

思 考 题

1. 论述弗洛伊德与艾里克森心理发展观的异同。
2. 简述班杜拉的观察学习理论。
3. 结合实际阐述维果斯基的最近发展区。
4. 简述皮亚杰认知发展理论的主要观点。
5. 比较华生、斯金纳、班杜拉行为主义思想的差异及理论发展历程。
6. 简述蒙台梭利的心理发展观。

第三章 科学发展的理论依据——儿童心理发展的基本规律

学习目的及要求

通过本章的学习，了解关于心理发展的一因素说、二因素说和相互作用说，理解儿童心理发展的影响因素和儿童心理发展的形式，掌握儿童心理年龄特征的实质。

核心概念

心理发展的基本规律(the basic laws of psychological development)　心理发展的动力(causes of mental development)　心理发展的年龄特征(the age characteristics of psychological development)　遗传(genetic)　关键期(critical period)

心海畅游 3-1 社会环境在儿童心理发展中的重要影响

(扫右侧二维码)

心海畅游 3-1

在儿童发展心理学的研究中，人们首先必须回答许多基本的理论问题，例如个体心理发展过程中先天与后天的关系问题，教育对一个人的发展有什么作用，个体心理发展阶段如何划分，心理发展的内部机制是什么等。对此，不同的心理学家，形成不同的个体心理发展的理论。

我们认为个体心理的发展是有规律的。尽管人与人之间的心理发展有差异，但人的心理发展是有规律可循的，如有的人品德高尚，有的人行为恶劣；有的人聪慧、创造性强，有的人呆笨、墨守成规。为什么会有这些差异呢？哪些因素影响了个体心理的发展？遗传、环境、教育在个体心理发展中究竟起什么作用？心理发展具有怎样的连续性和阶段性？这些都是儿童发展心理学研究的基本规律。本章我们遵循朱智贤关于先天与后天、内因与外因、教育与发展、年龄特征与个别特征的关系理论来讨论心理发展的动因和年龄阶段性的理论问题。

第一节 关于心理发展动因的讨论

遗传与环境在心理发展中的作用问题，事实上是心理发展的动力、制约心理发展的因素问题。遗传与环境在心理发展中具有影响作用，它们之间以什么样的关系在心理发展中发挥作用的问题，一直是儿童发展心理学界古老而常新的争论焦点，也是心理发展基本理论中最具根本性的问题。随着时代的发展，儿童发展心理学家对这一问题的认识也在发生着变化。

一、一因素说

19世纪末，科学的儿童心理学正式产生，这时人们所关心的是儿童天性的问题，注意研究儿童心理发展的基本理论问题。对此，人们主要的看法是一因素说，即遗传决定论或环境决定论。

遗传决定论的代表人物是高尔顿(Gaulton)。高尔顿是英国科学家、探险家和差异心理学之父，他采用问答法研究意向的个别差异，创始智力理论，创造数学统计法用以研究个别差异。高尔顿是个遗传决定论者，1883年创立优生学，著有《遗传的天才》《人类才能及其发展的探讨》和《自然的遗传》。他调查了1768—1868年间的英国首相、将军、文学家和科学家共977人的家谱后发现，大多数名人出身望族，因而他断定，天才是遗传的。他认为遗传的力量超过环境的影响，即使一个人生长在最好的环境里，又肯努力奋斗，也不能成为名人，除非有优越的天赋。他从身高的情况推想，人体的其他一些特征应该是一样的，如脑重、神经纤维的数量、感官灵敏度，因而心理能力也应该是这样的。他还搜集了80对双生子的资料，用双生子比其他亲兄弟亲姐妹更相像来证明心理遗传，并把遗传决定论思想扩充到种族差异，认为黑人比白人智能低下。他提出的人工选择和改良人种的优生学等引起了长期争论。

以高尔顿、霍尔为代表的遗传决定论为一派，强调儿童心理的发展是先天不变的遗传的结果，认为个体的发展及其人格品质早在生殖细胞的基因中就决定了，发展只是这些内在因素的自然展开，环境与教育仅起引发的作用。高尔顿认为一个人的能力由遗传得来，它受遗传因素决定的程度同机体的形态和组织受遗传决定的程度一样。霍尔认为一两的遗传胜过一吨的教育。彪勒(Buhler Karl，1879—1963)认为儿童心理发展是儿童内部素质向着自己的目的有节奏地运动的过程，外界因素只不过起延缓和促进这个过程的作用，而不能改变这个过程。格式塔学派强调儿童心理发展取决于原有的先验格式。弗洛伊德强调存在于潜意识的性本能是推动儿童心理发展的动力。在我国有人说"龙生龙，凤生凤，老鼠儿子钻地洞"，就是遗传决定论的写照。

心海畅游3-2 高尔顿家谱调查(扫右侧二维码)

心海畅游3-2

一因素说的另一派是环境决定论，代表人物是华生。这种理论完全否定遗传的作用，否定儿童的主动性，否定儿童心理发展的内部规律，片面夸大、机械地看待环境和教育的作用，认为儿童心理的发展完全是受外界影响的结果，是环境决定的。华生认为所谓心灵特质的遗传实在没有可靠的证据。每年有很多儿童，本来是由良善的父母生于良善的家庭里，后来只因在教养上有了这样或那样的错误，而成为蛮横者、偷窃者、卖淫者了。还有很多儿童是由不规矩的父母所生，因为他们所处的环境，不能使他们成为别的样子，只好成为不规矩的人。

心灵小品3-1

华生关于环境和教育作用的描述

请给我十几个强健而没有缺陷的婴儿，让我放在我自己的特殊世界中教养，那么，我可以担保，在这十几个婴儿中，我随便拿出一个来，都可以训练其成为任何专家——无论他的能力、嗜好、趋向、才能、职业及种族是怎样的，我都能够任意训练他成为一个医生，或一个律师，或一个艺术家，或一个商业首领，或可以训练他成为一个乞丐或窃贼。

资料来源：林崇德. 发展心理学. 北京：人民教育出版社，2008.

二、二因素说

20 世纪中叶，人们提出二因素说。二因素说主张儿童心理的发展是由遗传和环境两个因素决定的，实际上是遗传决定论和环境决定论的混合体。施太伦(W. Stern)提出辐合说，他认为心理的发展是内在的品质及外在的环境合并发展的结果。武德沃斯(R. S. Woodworth)提出相乘说，他认为儿童心理的发展等于遗传和环境的乘积。格塞尔提出成熟势力说，他认为先天成熟和后天学习共同决定儿童心理的发展，成熟更为重要。二因素说既看到了遗传的作用，又看到了环境的作用，这无疑是对遗传决定论和环境决定论的进步，但它并没有克服机械性，没有看到个体的实践活动和个体本身在心理发展中的作用，没有看到在儿童发展中各种因素的辩证关系，其实质是调和论。

三、相互作用说

20 世纪三四十年代，人们提出相互作用说。相互作用说认为：遗传和环境相互作用影响着个体心理的发展。其代表人物是皮亚杰，他认为，遗传和环境两种因素呈相互依存关系，其中任何一种因素作用的性质、大小都依赖于另一种因素，它们之间不是简单地相加和会合，而是呈相互转化和渗透的关系。一个人的心理反应是他的遗传和他所经历的环境相互作用的结果。另一个代表人物是瓦龙，他认为，社会环境和个体的生物机构、遗传素质不断相互作用，促进了儿童心理的发展。机体生长由遗传决定，有其本身的遗传性，由于其生长打破了与周围环境的平衡，物种要实现其遗传，就要不断地生长，在此期间环境有影响，使之产生某些变化，最后的发展取决于显现性，即环境的调节。发展的程序取决于遗传，发展的速度、内容取决于环境等外部因素。儿童心理发展就是在这种外因和内因不断相互作用、不断矛盾和平衡的过程中进行的。艾里克森在修正弗洛伊德的性本能说的基础上，强调个体行为既是性心理的，又是认识的，注重自我与环境相互作用的心理社会机制。班杜拉认为，人的人格就是在行为、人的内部认知因素和环境相互作用下决定的。一个人行为的产生首先依赖于他对环境榜样的观察，同时也依赖于他自身对所观察到的榜样的认识，依赖于人活动的内部诱因，行为、个人认知因素、环境三者在相互影响的过程中发挥作用。

相互作用说看到了遗传、环境两种因素相互依存、相互转化、相互渗透的辩证关系，在一定程度上提出了两种因素各自的作用，是有意义的。

第二节　心理发展的动因

关于心理发展的动力、过程和影响因素等复杂的理论问题，不同的学派形成不同的理论观点。

一、遗传与生理成熟动因

(一)遗传的概念

遗传是指遗传物质从上代传给下代的现象。遗传物质是指亲代与子代之间传递遗传信息的物质,即脱氧核糖核酸(DNA)。在我们的每个细胞中都存在着 DNA 这种遗传物质。DNA 组成很小的单元,称为基因。大量的基因聚在一起形成杆状结构,称为染色体。人类是由于染色体里的基因的作用,把遗传物质由上一代遗传给下一代的。

遗传是一种生物现象,通过遗传可以传递祖先的许多生物特征。所谓生物特征,主要是指有机体的解剖生理特征,例如机体的结构、形态、感官和神经系统的特征等。其中对心理发展具有最重要意义的是脑的结构和机能特征。

🌐 **心海畅游 3-3** 幸福感的遗传性(扫右侧二维码)

心海畅游 3-3

(二)遗传的作用

遗传为个体心理发展提供了潜在的动力设备,提供了生物前提。遗传在与环境的相互作用中对儿童发展起着动因作用。

1. 遗传为儿童心理发展提供潜在的动力设备及其功能

人通过基因遗传给后代一个足以与外界环境发生反应的生理结构和机能,这个生理结构载有潜在的智能库,储存着潜在的动作图式,储存着对外界信息加工的潜能;同时,这个生理结构具有生物性动力,具有内驱力、好奇心以及需要、情绪的先天动因,它为个体心理发展提供物质前提。例如,先天耳聋的儿童难以产生听觉;生来双目失明的儿童难以产生视觉;先天缺乏大脑两半球的无脑畸形儿,常常只能活几个小时或几天,即使能多活一些时间,也一定会由于精神发育障碍而呈白痴状态。遗传为儿童心理发展提供了可能性。

2. 遗传因素变异或遗传病,可导致非正常人格或低能儿

(1) 墨森(Mosen)1990 年关于遗传工程学的研究表明,染色体结构异常,可导致智力落后和行为异常。人的染色体共有 23 对,其中 22 对染色体男女都一样,另外一对染色体男女不一样,女子是 XX,男子是 XY。有的孩子生下来,第 21 对染色体多了一个,即为唐氏综合征,是先天愚型。这类孩子智力有严重缺陷,样子呆傻,严重者生活不能自理,智商大部分为 25~45。

另外,克·宙奇(Ke Zeqi)1980 年的研究认为,男性反社会行为的某些形式,可能与性染色体中存在过多的 X 或 Y 有关。英国的研究发现,在专门机构收容疗养的病人中,表现出过分粗暴的或侵犯性犯罪行为的 XYY 男性,比其他男性要多 2~3 倍。这就告诉我们,在不良环境的激发下,染色体变异的人反社会行为的可能性更高一些。

(2) 对精神病人的研究表明,精神病患者的子女患病率比正常人的子女患病率要高,许多精神病患者生了孩子后,虽然把孩子交给别人抚养,但孩子仍然会患精神病。赫斯顿(Heston)、丹尼(Denny)对精神分裂症病人生的子女交给别人抚养和正常人生的子女交给别人抚养的情况进行了调查,其结果表明,寄养环境(托儿所、家庭)对这些儿童成年后的心理社会适应性并没有重大影响,这两组儿童在精神病的形成中表现出的差别主要是遗传造成的。

三个独立线索的研究，即家族研究、双生子研究和领养研究，都获得一个共同的结论：在基因上与精神分裂症患者相联系的人比基因上与精神分裂症患者没有联系的人更容易患精神分裂症。

(3) 对近亲结婚的研究。在生育时，父母的生殖细胞把基因传给下一代，如果有致病的基因，传给后代则发展成为遗传性疾病。研究表明，致病基因携带者婚配时，两个携带相同致病基因的携带者相遇的机会为1‰～1%，各种隐性遗传病的发生率很低，但是近亲结婚携带相同致病基因的可能性是1/8，这种婚配所生隐性遗传病儿童的机会大大增加。例如，父母都患有精神分裂症，其后代患病的风险就是46%，而一般人群中只有1%。如果父母当中有一方患精神分裂症，其后代患病的风险锐减到13%，同卵双生子同时患精神分裂症的概率是异卵双生子的 3 倍。近亲结婚所生子女先天畸形以及胎儿、新生儿死亡率比一般人高3～4倍，所以，直系血亲或三代以内旁系血亲不宜结婚。

3. 遗传因素影响着个体智力、能力的发展

人通过遗传可以获得潜在的智能库，这种潜在的智能库在与外界相互作用中被激活，由于每个人基因排列组合的差异，导致了对外界的敏感性和倾向性的差异、对外界信息刺激加工方法的差异，从而导致人的智力和能力产生差异。

(1) 对大脑的研究。任何受遗传影响的心理学特征上的差异或相似性必然反映为生物结构和功能上的差异性和相似性。研究表明，遗传因素决定大脑的结构形态和大脑皮层细胞群内配置、酶系统和生物化学变化的特点以及大脑皮层神经过程的特性，会直接影响着个体智力、能力的发展。大脑两半球的一侧优势研究表明，右脑发达的人形象思维能力较强、创造力较强，而左脑发达的人逻辑思维能力较强。行为遗传学家通过对大脑的研究来探究遗传基因对儿童的人格、社会性的影响，尽管由于研究技术的局限，研究还很不完善，但目前研究的成果已经可以说明，遗传基因影响着儿童人格、社会性的发展。

(2) 对同卵双生子的研究。遗传因素相同的同卵双生子，比起遗传因素不尽相同的异卵双生子，在智力品质的敏捷程度、灵活程度等方面更具相似性。林崇德比较了在类似或相同环境中长大的同卵双生子和异卵双生子的智力品质，其结果表明，思维的敏捷性、灵活性、深刻性，同卵双生子的相关系数大于异卵双生子的相关系数，遗传对智力品质的影响是显著的，越小的儿童表现越明显。"很可能是基因的规划使得环境促进了我们的基因特质，因而使遗传性变大。"普洛明(Plomin, 1997)的研究证明这样一个事实：被领养的孩子在智力方面与其亲生父母更具有相关性，而不是与养父母。这个事实进一步说明遗传性的作用。

4. 遗传通过气质类型影响着个体人格的发展

(1) 气质通过影响个体与环境的相互作用来塑造人格。气质影响父母的教养方式，从而影响儿童人格的形成。遗传因素为人提供不同的生物性力，从而导致人的体质与神经系统类型的差异，表现在能力的强度、速度、分配、转化和生成方面。这就使人的原始的气质有了差异，表现出气质的外部特质的不同，诸如感受性、耐受性、活动性、反应持续性、反应再生性、反应灵活性、反应规律性、反应速度和反应节奏等，这是儿童人格形成的生物基础。例如，专注性强的人容易注意力集中，耐受性弱的人容易意志力差。再如，在产房中，有的新生儿安静些，容易入睡；有的新生儿好动些，手脚乱动，哭叫不停。儿童的

这些先天的气质表现，会直接影响父母的教养方式。一个脾气暴躁的儿童，在等待母亲哺乳时，会大哭大叫，容易引起母亲的手忙脚乱，导致母亲对儿童态度不好，发展下去，儿童就易形成急躁的性格；反之，一个脾气温和的儿童，会较耐心地等待母亲哺乳，这样母亲就会高高兴兴、有说有笑地给孩子哺乳，长此以往，儿童就易形成温文尔雅的性格。尽管人的性格是后天形成的，但由于先天生理上的差异，因而在心理发展上也会有差异。

(2) 气质中反应性水平的差异影响人格的形成。反应性是气质中能量水平的一种行为特质，其生理机制决定刺激需求，个体为了满足这种刺激需求，经常会选择相应的情境和活动，坚持下去，就会形成一种习惯的行为方式，形成一种人格特征。研究表明，高反应性个体喜欢低刺激值的活动与环境，低反应性个体喜欢寻求具有丰富刺激的活动与环境。

上海师范大学卢家楣教授从气质的情绪特性，即从情绪兴奋的敏感性、强度、速度、变化、外显性以及易控性六个方面分析了四种典型气质类型的情绪特性，认为胆汁质的人情绪粗犷，多血质的人情绪丰富，黏液质的人情绪贫乏，抑郁质的人多愁善感，从一个新的视角对气质进行了研究。

气质类型的不同典型表现(扫右侧二维码)

气质类型的不同
典型表现

(三)生理成熟的作用

生理成熟制约着个体心理发展的年龄特征和个别差异。

🐟心海畅游 3-4 双生子爬梯实验(扫右侧二维码)

生理成熟是指生理发展，即个体生长发育的水平。它依赖于个体种族遗传的成长程序，有其发展的规律性。当某种生理结构和机能达到一定成熟水平时，如果环境给予及时相应的刺激，某种心理品质就会形成和发展。

心海畅游 3-4

例如，3～4 岁为幼儿气质发展的关键期，在个体发展中大脑的最简单皮质区(第一级区)没有什么重大发展，但是比较复杂的皮质区(第二级区和第三级区)却发展得非常迅速。这些从机能上来说最重要的面积，3～3.5 岁特别猛烈地增长，4 岁内抑制强度开始有明显的发展。3～4 岁幼儿神经过程的兴奋强度、抑制强度都有很大发展，幼儿对外界信息加工的能力、反应强度、自我调节水平及复杂的整合作用都有明显提高；4～5 岁幼儿自我控制能力开始迅速发展。5 岁为幼儿大脑发展的加速期；5～6 岁幼儿的分类能力、抽象概括能力得以发展，逻辑思维开始萌芽。

生理成熟速率对人的心理也会有一定的影响。马森和琼斯(P. H. Massen，M. C. Jones)曾对 33 位 17 岁男青年做了主题统觉测验(TAT)，其中 16 位是早熟者，17 位是晚熟者。研究结果表明，晚熟者更多地感到自己的不足，认为自己受人排挤和支配，依赖性强，容易与父母对抗。1987 年李丹研究指出，早熟者表现出独立、自信，在与人相处中能承担成人角色。

(四)遗传、生理成熟的作用依赖于环境和教育，并影响后者，与后者交互作用

遗传、生理成熟为个体心理发展提供可能性，但个体是否能够正常发展，还要看环境因素作用的性质与水平。例如，1990 年墨森研究指出有肺癌遗传史的人，患这种病的可能性比其他人大，如果这个人吸烟，患这种病的概率就会大大增加。

遗传、生理成熟通过对环境影响的调节和通过影响个体与环境的相互作用来制约个体

心理的发展。在一定程度上环境意义依赖于个体原始的气质。由于个体原始气质的差异，环境对不同个体易产生不同的效果，影响可能较强或较弱，影响的时间可能较长或较短，影响可能较恒定或不稳定。例如，对同一种惩罚，高反应性个体感受惩罚是一种很强的刺激，会引起行为较大的改变；低反应性个体却会感受为弱刺激，行为改变较小。个体原始气质还会直接影响父母的教养方式。例如，1998 年杨丽珠、杨春卿对"幼儿气质与母亲教养方式的选择"的研究结果表明：幼儿气质影响着母亲的教养方式，其中较高的适应性、积极乐观的心境、较长的注意稳定性，容易引发母亲良好的教养方式；而高反应水平、高活动水平、低适应性，则容易引发母亲的不良教养方式。

二、环境与教育动因

遗传为个体心理发展提供了可能性，而环境和教育是将这种可能性变为现实性的必要条件。1992 年，傅维利提出，对个体心理发展有影响的环境主要有四个方面，即社会环境、家庭、学校(幼儿园)和历史环境，这就是所谓的四维环境观。这些环境对个体的影响有的是显性的，有的是隐性的，个体在其中生活着、活动着，在与环境的相互作用中，形成各不相同的心理品质。

(一)社会环境的作用

1. 遗传和生理成熟给个体心理发展提供可能性，环境可将这种可能性变成现实性

(1) 只有人的遗传素质，没有人的社会环境是不可能形成人的心理的。众所周知，狼孩虽然有人的遗传素质，但离开人类社会生活，和狼生活在一起，依然不能产生人的人格，而只具有狼性。遗传素质只有在社会环境的激活下，才能表现出显现性。在人类历史上因为偶然或人为因素造成个体脱离人类生活的事件，已经印证了这一点。

心海畅游 3-5 印度"狼孩"的故事(扫右侧二维码)

(2) 一个人即使具有良好的遗传素质，也需要良好的环境和教育，才能使其成才。作曲家莫扎特、著名诗人普希金、多才多艺的达·芬奇是这样，我国著名的钢琴家郎朗的成长经历也证明了这一点。反之，如果没有良好的环境和教育，即使是"神童"，也只能成为庸人，王安石笔下的仲永就说明了这个道理。1999 年莫妮斯(J. A. Monass)和恩瑞哈德(J. A. Jr. EnRelhard)在对棋类、音乐或数学方面有特殊才能的儿童进行的研究发现，他们的天才离不开适宜的环境。他们生长在能促进他们的智力和动机发展，并对他们的成绩及时进行鼓励的环境中。1992 年伦科(M. A. Runco)和 1994 年阿尔伯特(R. S. Albert)研究指出，有创造性的儿童的家长通常都鼓励孩子进行智能活动，并能接受孩子的与众不同。他们还能迅速发现孩子的特殊能力，并请专家、教练或家庭教师辅导孩子，使孩子的特殊能力得到进一步发展。另外，1994 年西蒙顿(D. K. Simonton)研究发现，有的社会环境比其他一些社会环境更重视创造力，他们投入大量的人力、物力去开发创造潜能。

(3) 多数人的遗传素质相差不大，其智力发展之所以有差别，是环境和教育的结果。在心理、生理科学上，对伟大的科学家进行的研究证明，很多人在遗传上并不特殊，他们的成功主要是个人的努力以及环境、教育的影响。1994 年瓦尔德曼(I. D. Waldman)对百余名

心海畅游 3-5

跨种族收养的黑人儿童的追踪研究发现，这些儿童不论在童年期还是在青年期，IQ(智商)值都大大高于低收入非洲裔美国人的平均 IQ 值，且他们在学术成绩上的得分稍高于全国正常水平。另外，1990—1993 年，斯蒂文森(H. W. Stevenson)等进行了一系列研究，发现亚洲学生的学业成绩出色也与文化因素有关。一些跨文化研究发现，日本、中国的家长和教师对孩子学业的重视程度、对教育的卷入程度都比美国的家长要高。补偿性干预可以提高处境不利儿童的学习能力。

1982 年，林崇德关于双生子的研究说明了环境对心理形成的重要作用。林崇德运用系统性的个案分析，调查双生子对现实的态度。(详细内容扫右侧二维码)

双生子对现实的态度

2. 社会环境影响着个体心理发展的性质、内容和水平

(1) 社会生活、不同的生产方式影响着个体心理的发展。具体来说，环境包括自然环境和社会环境(社会生活)。我们讲的环境，主要是指社会生活。不同的社会生活对人的心理有很大的影响。例如，1985 年，美国心理学家曾在北京对某小学五年级学生做实验，让学生从"爱国主义、勇敢、金钱、漂亮、真理"中选择自己最喜爱的词，并排出顺序。我们的孩子喜欢爱国主义、勇敢、真理。美国心理学家问孩子们：为什么不把金钱、漂亮放在第一位呢？孩子们说："最美的东西是劳动人民创造的。我要用双手劳动，创造美好的一切。"他们听后非常惊奇地说，在西方测验，很多孩子喜欢金钱，在那里，孩子从小就受金钱熏陶。

(2) 社会文化影响着个体心理的发展。不同的文化，特别是文化中的价值观念影响着个体心理的发展。1995 年，杨丽珠、邹晓燕、伯根(D. Bergen)等人进行了中美学前儿童在游戏中的社交和认知类型发展的研究，研究表明中美学前儿童社会交往和认知能力发展进程具有一致性，游戏行为发展模式具有一致性，不同文化背景的儿童游戏模式和心理发展进程有共同规律。但是中美学前儿童游戏在方式和内容，以及社交、认知水平方面存在显著差异，表现出各自的特殊性。

研究表明，美方学前儿童个体、平行游戏多于中方，中方联系、合作游戏多于美方，美方实践游戏多于中方，中方象征、规则游戏多于美方。为什么会产生这些差异呢？

我们认为，这些差异主要是受不同文化因素影响所致。当代文化的发展趋势虽然是各民族不同文化相互吸收和借鉴，但仍然保持多元化的基本态势。就其形成社会主流文化核心的基本价值观念而言，中国与美国具有不同的文化特质，这些文化特质渗透在生活的各个领域，影响着家庭、幼儿园对儿童的教养方式与内容。美国人具有个人主义的价值观念，他们注重个人自由活动、自我实现。从相关资料可见，美方注重儿童独立性的发展，为儿童提供的活动场地大，大型活动器械多，实物多，孩子们活动的自由度大，他们自由玩耍，老师不强求一致，这样就导致了美国儿童个体、平行游戏多；美国具有实用主义价值观，他们讲究实际，重视生活技能的培养，例如，用面包学做点心，从如何抹黄油、如何装饰各种果仁，到成品包装，这就使美国儿童实践游戏多一些。中国人具有集体主义的价值观，表现在幼儿园注重培养儿童的群体性，强调在角色游戏中的合作，在合作中遵循着一定的规则。另外，中国人重权威的价值观念，使儿童更多按照教师的旨意去做，教师给儿童提供大量象征性玩具，让儿童在一起玩，模仿生活，故此中国学前儿童联系、合作、象征、规则游戏多，个体、平行游戏少。从录像资料可见，中美学前儿童游戏内容也有差异。例如，美国儿童在游戏中装扮狗的角色较多，而中国儿童在这方面就很少，这是由于中国和美国不同民俗所致。

(二)家庭的作用

家庭为个体心理开始形成提供最初的社会环境，为个体心理发展奠定基础。1991 年，史慧中等人对我国十省(市、自治区)幼儿所处家庭环境与幼儿个性发展水平的关系的调查结果表明：家庭不仅对散居幼儿的个性发展具有决定性的作用，而且对幼教机构中的幼儿个性发展的影响颇大，幼教机构的幼儿样本组在个性发展方面的家庭独自贡献量占总贡献量的比重为 70%。可见，幼儿心理形成的基础在家庭，那么，家庭各因素对个体心理究竟起什么样的作用呢？

📖 父母知识窗 3-1 什么样的家庭氛围益于孩子的心理健康
(扫右侧二维码)

父母知识窗 3-1

1. 家庭体系

家庭是个体最初接触的社会环境。儿童与父母和其他家庭成员间的关系，可以看作各部分相互作用的体系，家庭体系存在于一组更大的体系(邻里、社区和广阔的社会)之中，这些体系通过父母的价值观念、行为模式、教养方式以及对儿童的态度，直接或间接地影响着儿童。

📖 父母知识窗 3-2 家庭关系对孩子的影响(扫右侧二维码)

父母知识窗 3-2

2. 亲子相互作用

父母亲与子女在行为方式等方面总是相互影响、相互作用。研究表明，亲子关系对儿童心理发展影响极大。对儿童的行为反应，妈妈若能及时给予正反馈，如注视、微笑、一起玩耍，能够对自己孩子的需要、心境、行为反应给予理解，并及时给予爱抚和关照，达到母子同一性，儿童就易产生良好人格；否则，对自己的孩子冷淡、关注不够，或反应迟钝，或急躁粗心，就会造成儿童某些身心障碍。如果儿童失去母爱，得不到父母的亲近，就会造成儿童智力低下、语言障碍、冷漠孤独、性情粗暴、攻击性强、行为蛮横。2003 年，伯林(Berlin)等人发现回避型儿童的母亲相对于其他类型儿童的母亲在陌生情境中表现出更多的对儿童消极表达的控制。2001 年，弗雷德里克森(Fredrickson)研究认为，安全依恋促使一个人形成在沮丧时维持心理健康的能力并能拓宽他的洞察力等。由此可见，融洽的亲子关系能为儿童提供身体和情感的安全依赖，促使儿童与养护者形成安全的依恋关系，进而影响他对自己和他人的情感和期望，产生情绪动机功能。

3. 家庭结构

家庭中不同的人际交往与儿童的心理发展有密切的关系。我国目前家庭的主要结构有两种类型：一种为"核心家庭"，即两代人家庭；一种为"扩展型家庭"，即三代人(或四代人)家庭。两代人家庭与三代人家庭对儿童心理的影响是否一致呢？1990 年，吴凤岗等人就幼儿的独立性、自制力、敢为性、合群性、聪慧性、情绪特征、自尊心、文明礼貌及行为习惯九个方面，比较了两代人家庭和三代人家庭幼儿个性发展的差异。结果表明：①两代人家庭的幼儿个性发展水平高于三代人家庭的幼儿个性发展水平。②两代人家庭的幼儿个性的九种品质均要好于三代人家庭的幼儿。九种品质中，有七种存在显著差异，其中独立性、自制力、行为习惯的差异特别显著，而合群性和聪慧性则无显著差异。两种类型家庭的幼儿合群性、文明礼貌的发展水平都较高。③两代人家庭与三代人家庭的幼儿个性发展在 3 岁阶段并没有显著差异，但从 4 岁以后差异显著，并随年龄的增长而扩大。④3 岁幼儿除独立性外，其他各项中两代人家庭与三代人家庭均无显著差异，从 4 岁以后个性的诸品质差异性才明显地暴露出来，体现出不同家庭结构对幼儿个性形成和发展的制约作用。

一种特殊的家庭结构——单亲家庭，是由于父母离异、病故等原因造成只有父亲或母亲和孩子组成的家庭。单亲家庭对儿童的人际关系和心理发展容易产生消极影响。一般认为缺少母爱的儿童缺少同情心，性格孤僻、粗暴；缺少父爱的儿童情感脆弱，性格懦弱、内向。1990 年，张铁成研究认为，单亲家庭中的离异家庭儿童由于失去父(母)的爱和保护，缺少一定的交往，与核心家庭儿童相比情绪较压抑，不易应付周围多变的环境，往往焦虑、紧张、惧怕、畏缩、自卑、冷漠、孤僻、暴躁，并有攻击性行为。这种消极情绪、情感的变化大致经历六个阶段：①愤怒、痛苦阶段；②盲目乐观阶段；③流动出走阶段；④终日忙碌、闭门不出阶段；⑤渴望、思索阶段；⑥获得新生阶段。每阶段的顺序因人而异。但父母离婚的挫折并没有使所有的儿童消沉下去，他们中的大部分在经历痛苦磨砺之后，能够重新认识生活，培养独立精神，奋发向上。教育者要了解儿童在不同情况下心理变化的特点，锻炼他们的适应能力，使其健康发展。单亲家庭如果注意孩子的全面发展，其子女也能够出类拔萃。

📑 父母知识窗 3-3 缺损家庭如何教育孩子(扫右侧二维码)

父母知识窗 3-3

✍ 父母课堂 3-1

如何避免离婚对孩子造成伤害

第一，家长要明白结婚离婚的乐与痛是两个大人自己的权利与责任，孩子是无辜的。父母之间的冲突，父母的分开对孩子一定会造成伤害，可父母若正确处理，就可将这份伤害减弱，以至弱到不影响孩子人生的未来发展。所以，父母离婚时要做的第一件事就是必须清楚地让孩子明白，父母分开不是孩子的事，跟孩子无关。在这个问题上，一点点的玩笑都不可以开，只要有过一次，比如有人说(特别是父母)父母分开就是因为你不够好，这会在孩子内心产生非常大的伤害，甚至会成为孩子一生的伤疤。在这件事情的处理上，如实告知孩子，是最理智的做法。

第二，不要再责怪别人。家长是以一个成年人的身份走到恋爱、结婚、分手的每一步的，这些决定都是家长以一个成年人的权利和责任而做出的，你需要为这些决定负责。可能对方做了一些不该做的事，所以你们分手；可是在他/她做那些不该做的事的同时，你很有可能也没有做一些你需要做的。因此，双方都有责任。就算你看错了人，或者你认为被他/她骗，或者结婚时你不知道你真正需要的是什么，或者结婚后他/她的很多缺点才暴露出来，无论如何你需要对本人的观察、判断、分析以及做决定的这些能力与权利负责。所以，不要再责怪别人。当你坚持对方错了的时候，你就在维持一个受害者的心态。

一个受害者拥有充分的权利去抱怨别人，抱怨世界，停留在一个悲苦无力、伤痛的状态里。你是企图用一种毁灭本人未来机会的方式去惩罚对方，而这个惩罚在对方身上一点效果都没有。让过去的过去，不管对错，从中学到一些东西，让你下一次可以更懂得照顾自己，把事情处理得更好。这样，那段婚姻将会是你未来美好人生的一块踏脚石。

第三，孩子对父母的爱总是完全而且绝对的。父母活在悲痛里，孩子不能容许自己过得更好。孩子比你更痛苦，因为他有一半的心灵跟你已经分手的伴侣连接在一起。所以，当你只有一方的悲痛的时候，你的孩子却有双方的悲痛，还有那份矛盾与冲突。所以很多时候，离婚中孩子是最受伤的。反之，假如没有抱怨，没有在孩子面前指责已分开的伴侣，表现出积极、正面的态度，让自己建立一个新的人生，孩子就会放心了，孩子内心那份矛盾和冲突就能消除。你现在没有了悲痛，便能把过去放在过去的位置，面朝未来，轻松前进。这既是为了你自己的人生，也是为了孩子的未来。

第四，处理好与孩子的关系。每个人都一样，你有权利哭，你有权利失败，你有权利受伤，所以对孩子坦白地表示，婚姻结束你难过，你会哭，你感觉到挫折。当你这样坦然地面对挫败，同时没有指责任何人或事时，你就做出了一个榜样。你让孩子明白，一个人可以勇于承担人生里面的挫败与痛苦。这是内心力量的表现，孩子因此会对你更尊敬。

第五，告诉孩子，不管什么事情，爸爸永远都是你的爸爸，会永远爱你；妈妈永远都是你的妈妈，会永远爱你。爸妈之间的任何事情都与你无关，爸妈分开也绝对不是你的责任。

第六，不管什么原因，绝对不要限制孩子与前伴侣联系，这个是他俩之间的绝对权利。

一些家长企图限制孩子去见前伴侣，以对前伴侣进行报复：就算你有新的婚姻，你未来的伴侣不能、也不会代替你的前伴侣在孩子心中的位置。

摘自：李中莹. 亲子关系全面技巧, 2015.

4. 家长抚养方式

对婴幼儿采取什么样的抚养方式，对儿童心理的形成有很大的影响。西方人在谈中国婴幼儿养育方式及儿童心理发展时认为，中国很少像西方那样，让小孩子单独在一张床上或一个房间里睡觉，小孩子与父母同睡，经常被抱在母亲身边，与母亲之间经常有密切的身体接触，这一方面使他们获得充分的安全感，另一方面也使他们养成了依赖感。西方青年独立性较强，中国青年依赖性较强，这在早期的抚养方式上可以找到原因。

过去有些中国父母，孩子刚生下来，就用带子绑住他们的手脚，西方人认为，这一抚养方式象征着中国父母喜欢限制儿童运动。在成年早期"不许乱动""要听话"的训练，也会影响其日后的性格，因此，中国人与西方人比较起来，表现出"抑制""谨慎"的特性。

📋 父母课堂 3-2

青少年人格特点与父母教养方式的关系

父母情感的温暖、理解维度对于青少年人格的发展和形成有着至关重要的作用，父母的惩罚、严厉、拒绝、否认对青少年的几个人格维度的发展也有一定的作用。过多的惩罚、拒绝等不良教育方式易使子女形成内向、退缩的人格特点，并产生较强的逆反心理，不遵守规则和秩序。

青少年人格偏离与父母教养方式有较大的关系。反社会型人格偏离主要受到父母情感温暖理解因子和父亲惩罚严厉、父亲过度保护因子的影响，分裂人格偏离及被动—攻击型人格偏离主要受到父母情感温暖理解因子的影响。

可见，父亲的教养方式对子女的人格特点和人格偏离起到了更重要的预测作用。这也提示我们，母亲对于子女的作用更多地体现在依恋的建立上，而父亲的作用则更多的是一种榜样的学习作用。虽然依恋的积极建立对于青少年的人格形成有很大影响，但社会学习的榜样作用同样不可忽视。

资料来源：曲晓艳，甘怡群，沈秀琼. 青少年人格特点与父母教养方式的关系.
中国临床心理学杂志，2005，13(3)：288-290.

研究发现，家长在教育方式上有两个重要的行为维度：接受—拒绝和限制—允许。这两种行为维度构成不同的教养方式，而父母教养方式直接影响儿童心理发展。1967 年鲍姆林特(D. Baumrind)研究认为，权威父母对儿童既高度控制、提出合理要求，又积极鼓励儿童独立自主，尊重儿童人格，这样的儿童有能力，有责任心，独立性强，自信，善于控制自己，爱探索，喜欢交往；专制父母对儿童缺少理性控制，滥用家长职权，不尊重儿童的看法，较粗暴专制，温暖、慈爱少一些，这样的儿童有中等能力，独立性、自我控制能力弱一些，往往易忧虑，多疑，不喜欢和同伴交往；放任型父母对儿童随随便便，缺乏管教，任其发展，这样的儿童独立性差，依赖性强，不善于自我控制，遇事易紧张或退缩。因此，民主—权威型教养方式较好，而专制型、放任型教养方式较差。

5. 家长特征

班杜拉强调，人的人格是在观察学习过程中获得的，所以父母的政治态度、意识形态、思想作风、兴趣爱好、言谈举止、生活习惯、情绪状态、气质风度、性格特征、价值取向、思维方式、认知风格等对个体心理发展都有巨大的影响。有的父母和蔼可亲、通情达理、乐观洒脱，孩子也就善于与人交往；有的父母放荡不羁、行为野蛮、打架斗殴，孩子往往也蛮不讲理，攻击性强。离异的父母对其孩子的人格影响较大，西方有句话"不幸的婚姻产生不幸的孩子"。许多研究表明，离婚父母或分居父母的孩子的过失行为比正常父母的孩子更为普遍。1989 年，郑慕时等人对婴幼儿的研究发现，家庭环境与智能发育之间有极密切的关系，凡环境总分与智商偏高的儿童，大部分父母文化修养较高，喜欢看书，要求学习，重视儿童的教育。

父母知识窗 3-4 你是合格的父母吗？(扫右侧二维码)

父母知识窗 3-4

(三)学校(幼儿园)教育的作用

1. 教育的主导作用

学校(幼儿园)教育是由教育者按照一定的教育目的、一定的教育内容，采取一定的教育方法对个体施加有目的、有计划、有系统的积极影响的过程。实施教育的主要场所是学校和幼儿园。儿童的大部分时间都是在学校里度过的，一天 6 小时，每周 5 天，每年 36 周，这样算下来到高中毕业大约有 15 000 小时。2004 年劳拉·贝克(Laura E. Berk)研究指出，学校(幼儿园)教育对儿童个体心理的发展起着巨大作用，它影响着儿童的记忆、思维、问题解决以及社会道德认知能力的发展。教育对个体心理发展的这种主导作用充分体现出教育与发展的辩证关系，具体表现在以下几个方面。

(1) 个体心理的发展依赖于教育提出的要求和指出的方向，如果没有适合于个体心理发展的教育，个体心理就无法得到发展。个体心理发展是在个体不断积极活动的过程中，因社会和教育向个体提出的要求所引起的新的需要和个体已有的心理水平或心理状态之间的矛盾而产生的。如果社会、教育不向个体提出新的要求，个体新的需要就无法产生，他们的心理也就不能发展。

(2) 教育可以在不断使个体掌握知识技能的过程中，促进个体心理能力的发展。教育促进个体得到明显而稳定的发展，并不是立刻实现的，而是要经过两个阶段。首先是个体对知识的领会与掌握，也就是说领会是教育和发展之间的中间环节。但是经过教育和教学，学生对知识不见得能够立刻领会，从教育到领会是新质要素不断积累、旧质要素不断消亡的渐进性的量变和质变过程。

(3) 教育可以加速或延缓个体心理发展的进程。林崇德关于小学生运算思维品质培养的实验研究说明，小学生运算思维的智力品质可以通过教育来培养。许多优秀教师教育改革的实践说明，合理而良好的教育条件能够加速个体心理发展的进程。

(4) 教育可以使具有一般遗传素质的人成为科学家，使学习困难的学生变为优等生，使问题儿童成为生产能手，使遗传素质有缺陷的人获得一定的能力。总之，教育能使心理发展的可能性变成发展的现实性。

2. 学校(幼儿园)教育的影响因素

学校是一个复杂的社会系统，这种观点为研究提供了一个有力的视角。2004 年，劳拉·贝克研究指出，教师本身的特征、教师与学生关系效应、班级和学生社团规模等因素都包括在这个系统之内。

(1) 教师领导方式对学生的影响。经大量实验研究证实，教师的领导方式对班集体的风气有决定性影响，另外，对课堂教学气氛，学生的社会学习、态度和价值观、人格发展，以及师生关系均有不同程度的影响。

🌀 **心海畅游 3-6** 领导的类型、特征及学生的反应(扫右侧二维码)

(2) 教师人格特征对学生的影响。乌申斯基指出："在教育中，一切都应该以教育者的个性为基础，因为教育的力量只能从人的个性这个活的源泉中流露出来。"1989 年韩进之的研究指出："只有个性才能作用于

心海畅游 3-6

个性的发展和形成。"1990 年万云英的研究指出，教师性格、教师认知风格、教师价值观直接影响教育的效能。自我意识是个性的自我调节系统，教师能够意识到自己职业的价值，意识到教师工作的崇高，就会产生自豪感、光荣感、责任感，就会对工作充满自信，自我奉献，克服困难，把教育工作做好。职业动机是教师搞好工作的基本动力，教师只有热爱自己的工作，热爱学生，对教育产生极大的热情，对学生产生强烈的义务感，才能发挥出教师的巨大潜力。

教师作为影响学生发展的重要他人，其人格对学生的学业进步和社会性发展具有重要的影响。2000年，陈益、李伟的研究表明，小学教师的某些人格特征与学生的学业成绩有着较大相关性，具有良好人格品质的教师是学生效仿的楷模，潜移默化地影响着儿童人格的形成。

心海畅游 3-7 两类教师性格特征比较(扫右侧二维码)

1980年刘兆吉等人对120名优秀教师、模范班主任的优秀事迹材料进行了分析，从中归纳出他们一些典型的、有代表性的心理品质。邢少颖、贾宏燕(2002)的研究表明，优秀幼儿教师与普通幼儿教师相比，具有高聪慧性、高恒心、高独立性，其专业成就能力、创造力和在新环境中的成长能力高于普通教师。综合国内外研究和教学实践经验，我们认为优秀教师应该具有热忱关怀、真诚坦率、胸怀宽阔、作风民主、客观公正、自信自强、耐心自制、坚韧果断和热爱教育事业等优良心理品质，以便更有效地培养儿童良好的心理品质。

心海畅游 3-7

(3) 教师期望对学生的影响。1968年美国心理学家罗森塔尔(Rosenthal)等人做的著名的实验，所获得的"皮格马利翁效应"表明，教师对学生的期望、期待、热情关注是影响学生学业成绩和人格品质的重要因素。2005年郑海燕的研究表明，教师期望的改变对初中生总体自我价值感、个人取向的一般自我价值感及特殊自我价值感有显著影响，教师期望的改变对初中生逃避型自我取向及社会效能—同学、社会效能—老师有显著影响。

心海畅游 3-8 皮格马利翁效应(扫右侧二维码)

(4) 教师与学生的关系效应。学生与教师的相互交往，特别是教师对学生的态度是学生心理发展的重要成因。研究表明，幼儿园教师是否了解孩子们之间的相互关系以及每个孩子在这种关系中的处境，对这种关系采取什么态度，如何对待孩子们的冲突和调整他们的关系，是否具有同孩子

心海畅游 3-8

们打交道的能力，是否善于在日常工作中安排促进孩子们之间友爱的各种活动及与孩子们交往的性质等，对幼儿的心理有重要影响。教养员对幼儿的态度大致分为五种类型：①积极肯定型；②消极肯定型；③受客观影响的随意型；④消极否定型；⑤积极否定型。这五种态度对幼儿人格形成有不同影响。例如，1981年景瑞雪研究发现，在幼儿挑选小伙伴的游戏中，不被他人挑选的孤独型儿童的比率，在积极肯定型教养员所在的班组最低，随意型组略高，否定型组最高。在幼儿的交往愿望方面，积极肯定型教养员所在的班组相互选择性最高，其次是随意型组，否定型组最低。教养员对待孩子经常是粗暴的、强硬的、处罚的，幼儿就会攻击性强；教养员过分地夸奖儿童，会导致幼儿自夸、傲慢、粗暴。

那么，教养员应如何和幼儿交往呢？教养员要尊重幼儿，坦诚相待。要培养幼儿积极的自我意识，诸如自我感觉、自信心、自尊心等；赞赏幼儿的好奇心和创造性，培养幼儿的责任感，训练幼儿的良好行为，与幼儿产生亲密的感情，"亲其师，信其道"，幼儿愿意和教师交往，就会促进幼儿交往能力和社会情感的发展。幼儿也会在和教师的交往中，提高评价的能力，进而提高自我评价的能力，促进心理的发展。

(5) 教育教学组织方式影响着个体心理的发展。班级学生数量的不同，影响着学生个体心理的发展。那么何种规模的班级最有利于学生有效地学习呢？1994年布拉奇福德(Blatchford)和莫蒂莫尔(Mortimore)对美国田纳西州的76所小学的研究表明，较小规模的班

级更有利于儿童的学习和人格发展。学生越少，教师花在维持纪律上的时间就越少，而用来培养学生自我约束能力的时间就越多，学生之间的交流也就越积极，也越具有合作性。在小班中，无论是教师还是学生，对他们自己的学校生活都有较强的满足感。在学校教育的早期，也就是儿童需要成年人更多帮助的时期，小班级的学习效应最为明显。

史慧中研究发现，儿童自由取放玩具和图书的程度，对城市4～6岁幼儿人格成绩的影响突出；上厕所、喝水、看图书是否经常全班进行，对农村幼儿人格成绩的影响很大；自制玩具材料的数量对城市、农村幼儿园儿童都有较强的影响。这些变量对人格的影响趋势一致，即儿童可以自己独立选择玩具和操作的程度越高，人格得分就越高。

心海畅游 3-9 教室的空间安排(扫右侧二维码)

心海畅游 3-9

(四)历史环境的作用

环境对人的影响不仅是横向的，也是纵向的，历史纵深环境对个体心理发展有重要影响。历史环境包括个人发展史和社会历史。

1. 早期经验对个体心理发展的影响

研究表明，早期经验的获得对个体一生的发展具有重要作用。首先，胎内环境直接影响胎儿发育。胎儿已能对母腹内外的刺激有反应，母亲的营养、情绪、健康等直接影响着胎儿的发育。其次，生理学对脑的研究指出，从胚胎到2岁，脑基本发育成形，所以，早期经验对智力发展影响很大，早期经验能充分发挥大脑潜力。幼儿已具有140亿个神经细胞，如果采取措施使潜力得以充分发挥，可使现代人更聪明。从比较心理学研究来看，早期经验对动物生理、心理发展有很大影响。早期感觉剥夺可导致动物发育缺陷，环境丰富化可使动物发育良好。最后，儿童一出生，就需要与母亲或看护人相互交往，这种亲子之情是儿童最初的社会化情感。乳儿经常从父母亲那里得到抚爱，就会比较温和友爱，形成信赖感。如果乳儿失去母亲的积极关注与照料，母爱剥夺会对儿童心理产生直接不良影响。心理学家哈洛(H. F. Harlow, 1970)曾把出生不久的小猴单养在一个物质条件丰富的笼子里，但失去与母猴及其他小猴相互交往的机会，一年后发现，被隔离的小猴情绪不稳定、恐惧、畏缩、不合群、无探究行为、攻击性强。斯皮兹(P. A. Spitz, 1945)对孤儿院儿童的研究发现，这里的儿童虽然能得到充分的生理需求的满足，却得不到必要的亲子之情，他们呆痴、冷漠、孤僻、智力水平低。鲍尔比(J. Bowlby)对15～30个月的乳儿被迫离开母亲的分离焦虑现象的研究认为，乳儿与母亲分离，不仅直接引起乳儿失望反抗的苦恼情绪，而且容易导致病态人格的形成。

心灵小品 3-2

感觉剥夺实验

加拿大麦吉尔大学心理学家赫布(D. O. Hebb)和贝克斯顿(W. H. Bexton)等，进行了一个感觉剥夺的实验研究。实验者将被试置于专门的房间中，让被试躺在一张舒适的小床上，戴上半透明的眼罩以限制视觉；戴上纸板做的袖套和棉手套，以限制触觉；头枕在用U形泡沫塑料做的枕头上，空气调节器发出单调的嗡嗡声，以限制听觉。这样，将他的感觉基本剥夺了。经过几小时甚至更短的时间，被试就进入了无法忍受的恐惧状态，坚决要求停止实验。这说明，对周围世界的感觉对人的心理乃至生命有着十分重要的作用。

资料来源：王振宇. 心理学教程. 北京：人民教育出版社，2000.

2. 社会历史文化遗产对个体心理的影响

从历史发展的角度来看，任何现实环境不仅对当代人产生重要影响，而且对后代也会产生重要影响。现实的环境实际包含着众多以往社会环境因素的具有强烈历史沉淀意义的环境。儿童不可避免地要受到社会历史文化遗产的影响，关键在于我们如何选择优秀的人类文化遗产，使之有效地渗透到儿童的教育环境中，以培养儿童良好的人格。

(五)环境/教育与遗传/生理成熟交互作用

综上所述，环境/教育与遗传/生理成熟相互作用、相互依赖、相互渗透，遗传/生理成熟依赖并影响环境，同样，环境/教育的作用也受遗传/生理成熟的影响。例如，同样的教育，思维灵活性强的理解得就快，思维灵活性弱的理解得就慢。脾气暴躁的儿童往往遭到父母的批评和惩罚，而性情温顺的儿童往往得到父母的表扬和奖励。环境/教育在与遗传/生理成熟的交互作用中起一定作用，它可以影响遗传/生理成熟。例如，胎内环境的恶化，会导致新生儿遗传变异、生理不良，直接影响儿童的心理发展。胎儿烟酒中毒、药物中毒会引起胎儿发育迟缓、反应迟钝、先天不足，甚至畸形；放射线辐射会引起基因突变、染色体被破坏。特别是孕妇在怀孕六周以内，X 射线对胎儿的影响最为严重，会造成小头畸形，智力缺陷。孕妇过度焦虑，会引起胎内环境化学物质恶化，使胎儿畸形，智力低下。一定的饮食可以治疗由隐性基因引起的苯丙酮尿症。如果一个婴儿原始气质十分急躁，可是他的母亲不管孩子如何哭闹都能耐心对待，长此以往，母亲耐心的人格就会改造其子女的急躁脾气，使其形成良好的性格。

三、活动动因

遗传和生理成熟为儿童心理发展提供动力结构，提供生物前提和可能，它通过制约环境来影响个体心理的发展。环境/教育在与遗传/生理成熟的交互作用中，将遗传/生理成熟为个体心理发展提供的可能性变为现实性，从这种意义上说，它决定了儿童心理发展的性质、内容和水平。但环境/教育不是万能的，它们对个体心理发展的作用要通过个体的活动(包括社会实践活动)、主客体相互作用，以引起个体心理发展的内部矛盾来实现。正是通过活动，使两个原本对立的主体与客体达到统一。活动是个体心理发展的源泉和基本途径。

(一)活动是个体实现内化的过程

个体在活动(如扮演社会角色，学习社会规范、行为准则，承担社会职责)中将获取的各种信息转化为主体意识，又通过操作活动，将内化的主体意识具体表现出来，实现主体意识的外化，以此强化内化了的意识，并在高一层水平上进一步内化，这样儿童心理不断得到发展。例如，活动可以强化儿童的社会角色意识和社会角色规范。1987 年王玉英的研究认为，儿童的社会角色意识和社会角色规范首先是从家长、幼儿园老师那里接受的，是对现实生活的感受，儿童在角色游戏中将这种感受变成自己参与期间活生生的"实践"活动，他们按照自己所能理解的社会需要承担角色，把某种社会角色最主要的品质加以形象化，在游戏中生动再现各种不同角色行为，表现幼儿对角色及其规范的认同，并且逐渐将这种社会角色规范由外部的强制转化为内在品格的趋向。活动可以培养儿童的互相协作精神，以形成协作意识和集体意识，不断调整自己的不协作行为。活动可以促进儿童自我意识的形成。儿童在活动中通过对角色的评价认识他人，从而认识自己，自我评价的能力得以形成和发展。在活动中取得成功，自信心增强，自尊心提高；在活动中帮助弱者，同情心加强，责任感提高。当在活动中坚持完成角色任务、受到教师的好评时，儿童就会享受到因克制而带来的欢乐，自我能力就提高了。

(二)活动是个体产生内部矛盾的基本途径

活动是个体心理发展的内部矛盾与社会(环境)、教育的外部条件相互作用的中介，这是因为社会、教育对儿童的要求是通过儿童的活动提出的，个体通过活动与周围的社会生活条件发生关系，将从外界教化所获得的信息逐渐转化为个体心理内部新的需要，随着个体活动的发展，对个体的要求不断提高，个体就会产生一系列新的需要。例如，1989年杨丽珠对中小学生需要倾向性发展的研究发现，中小学生各年级的优势需要是在不断发展的，不仅在层次需要上有发展，在维度上的等级需要也有发展。发展的总趋势具有阶段性，而且由低向高发展。其中强度最大的前三种需要，小学阶段有相当的一致性，中学阶段也有相当的一致性。这主要是因为中小学生的活动不同，环境、教育向他们提出了特定的要求，这样中小学生就产生了特定的需要。个体只有在活动中，才能够产生反映客观要求的新的需要，而且这个新的需要与主体原有的心理水平发生矛盾，就构成了个体心理发展的内部矛盾。

个体心理的内部矛盾双方相互斗争、相互转化，在新的水平上达到新的统一，都是在个体活动中实现的。个体在活动中不断地掌握事物的特性和关系，掌握各种技能，掌握行为原则和社会规范，从而发展自己的心理水平。

四、心理内部矛盾动因

人的心理是客观现实的主观映象，个体并不是消极地、被动地、机械地接受外界刺激，而是能动地反映外界刺激。并非任何环境和教育都能在个体心理发展中起作用，环境和教育只有通过个体心理的内部矛盾才能起作用。个体心理的内部矛盾是儿童心理发展的动力(根本原因)。

(一)个体心理内部矛盾的内涵

1. 矛盾的一个方面——新的需要

新的需要是客观要求的反映。具体到儿童就是对一定的社会和教育不断地向他们提出新的要求(新的问题、新的任务)所产生的反映，因此绝不是客观事物在头脑中简单地移植，而是主体和客体相互作用的结果。需要反映和一般反映不同，需要是一种追求，或倾向某一事物，或与这种事物发生关系，产生一种体验，但必须有要求，当客观要求被儿童理解成为他的主观需要时，才能提高个体反映的积极性。所以需要是一种反映形式，是在一定生活条件下，即在一定社会和教育的要求或自身的要求下所产生的对一定客观现实的反映，是个体为生存、发展的欲求心理倾向，它是心理活动的动机系统。

2. 矛盾的另一个方面——已有的心理水平或心理状态

心理水平或心理状态是指已有的完整心理结构，是过去反映活动的结果，即在遗传素质和生理发展的基础上，在过去生活活动过程中形成的对社会生活条件、社会要求的反映。完整的心理结构是一个十分复杂的整体，包括心理过程，即认识、情感、意志过程的发展水平；个性倾向性、个性特征的发展水平；心理状态，即注意、态度等的水平。

心理水平不能都被看作保守的，它们有积极的特点，也有消极的一面。积极性与消极性的展现，主要是在其与需要组成矛盾后，是否能发展、朝什么方向发展和如何发展。

(二)个体心理的内部矛盾是儿童心理发展的动力

1. 内部矛盾的双方相互依存

个体心理上新的需要和已有的心理水平或状态是统一的、互相依存的，这就是说个体新的需要是在个体已有的心理水平上产生的，已有心理水平是新需要产生的基础。例如，幼儿园中、大班儿童认识 10 这个自然数，知道 10 的数序，又掌握了 10 的分解和组成，这时如果教师向儿童提出 10 以内的加减运算要求，儿童就会容易接受，并变成自己的需要。儿童有新的需要才能达到新的心理水平。例如，1 岁能说出一些词，但是如果缺乏教育，就不能产生相应的需要，也就不会有相应的心理水平。

2. 内部矛盾的双方相互对立

儿童新的需要总是与已有心理水平有矛盾，当新的需要产生时，已有心理水平无法满足，个体就要进行学习。例如，如果幼儿只掌握了 5 以内的加减运算，可是教师向他们提出，停车场原有 4 辆汽车，现在又要开进来 6 辆汽车，现在停车场有几辆汽车？这个新的要求，与个体原有心理水平发生矛盾，个体迫切想了解，于是就产生了掌握 10 以内的加减运算需要。这个新的需要与原有心理水平 5 以内的加减运算有矛盾，实际上这个新的需要是对原有心理水平的一种否定。

3. 内部矛盾的双方相互斗争、相互转化，在新的水平上达到新的统一，是促进个体心理发展的动力

当客观条件向儿童提出了新的要求，这种要求会变为儿童的需要。当这种新的需要与已有心理水平发生矛盾时，儿童的活动会促使矛盾双方相互斗争、相互转化，在新的水平上达到新的统一，此时，个体的心理得以发展。例如，前面提到的，儿童只会 5 以内的加减运算，如果教师提出 10 以内的加减运算，这个要求与儿童的原有心理水平有矛盾，儿童产生了对 10 以内加减运算的需要。于是，儿童就学习 10 以内的分解与组成，进而掌握了 10 以内的加减运算，在新的水平上达到统一，儿童的计算能力就有所提高。可见，教育不断提出要求，个体不断有新的需要产生，个体心理就不断地得到发展。

(三)个体心理的内部矛盾是主客体相互作用的产物

首先，个体心理的内部矛盾是个体心理发展的依据，即内因。如果没有个体心理的内部矛盾运动，个体心理就不会向前发展。

其次，个体心理的内部矛盾运动离不开外部条件。教育是最主要的外部条件，如果没有外因，就无法提供新的需要，也就不能有新的需要与已有心理水平的矛盾，个体心理也就不能发展。

外因通过内因而起作用。教育作为外因通过个体心理的内部矛盾来推动个体心理的发展，否则，教育这个外因就无法发挥它的作用。所以教育不能脱离个体的原有心理水平和个体新的需要，也不能超越个体心理发展的限度。个体的心理具有主观能动性，为了更好地促进个体心理的发展，教育提出的要求必须从个体实际出发，必须适合儿童的心理水平，才能激发儿童的兴趣，充分调动儿童的积极主动性。教育的要求，既不能过高也不能过低，只有那种高于学生原有心理水平且经过他们主观努力又能达到的要求，才是最适合的要求。教育要创设那种"心求通而未得，口欲言而未能"的问题情境，最大限度地引起儿童新的需要与原有心理水平的内部矛盾运动，只有这样，个体心理才能发展。

再次，个体心理的内部矛盾双方的斗争、转化和在新水平上的统一，是在儿童的实践活动中实现的。教育向个体提出新的要求，引起个体新的需要，这种新的需要与儿童原有的心理水平发生矛盾，要解决这个矛盾，必须通过儿童自身的实践活动，使个体新的心理水平与相应的需要达到统一。离开个体的活动，个体心理的内部矛盾运动就不可能达到统一，教育的外因也无法起作用，因此，活动是个体主客体相互作用的基本途径。

最后，环境和教育如何才能影响个体？个体自身的认知因素和自我意识在其中发挥了重要作用。认知因素是指先期获得的知识经验在内容或组织上的特征。由于人有认知能力，有主观能动性，能对外界信息加以认识，人才能有选择地接受外界信息，将外界的要求变为自己的需要。例如，教师教育孩子上厕所后要洗手，若孩子认识到上厕所后不洗手会生病，就会愿意接受教师的教育。教师在具体活动中训练孩子洗手，孩子就逐渐养成了上厕所后洗手的习惯，从而形成讲卫生的人格特征。

自我意识是个体人格发展的前提，也是儿童人格发展、成熟的重要标志。心理发展依赖于环境和教育，但是这种"他控性"需要自我意识的"自控性"内化，才能使其有效地对心理发展施加影响。自我意识制约着心理的发展，其中自我评价、自我体验、自我调控、自我完善，共存为统一整体，协调、组织、监督、校正、控制心理的发展。由此可见，儿童心理的内部矛盾是主客体矛盾运动的反映，是主体与客体相互作用的产物。

第三节 儿童心理发展的年龄阶段性

个体的心理发展具有阶段性，不同的阶段具有各自质的规定性和相对一致的年龄区间。各个阶段的质的规定性或各个阶段的特征是由个体在生理、认知、个性和社会化等各方面的发展水平所决定的。

一、个体心理发展的形式

个体心理的发展是一个连续建构的过程，是一个既有连续性又有间断性的过程，整个过程表现出若干个连续的阶段，不同阶段有不同的质的内涵，表现出个体不同的心理年龄特征。

在社会和教育的影响下，个体心理发展总是处在对立统一的矛盾运动中。在这种矛盾运动中，个体心理不断产生量的变化，在量变的基础上产生质的变化，质变中又包含着量变，许多小的质变常常成为大的质变的量变准备，在量变的基础上又产生质变，这个质变在新阶段上又发生量变，到一定程度又发生飞跃，产生新的质变……儿童的心理就是这样，在教育的作用下，在内部矛盾的推动下，由量变到质变、再到量变……不断地发展。这些不断产生的质变，使儿童心理的发展在某个阶段产生一些不同于其他阶段的特点，从而表现出阶段性。个体心理发展既有阶段性，又有连续性，后一阶段是在前一阶段的基础上发生的，是一个连续的矛盾运动过程。

二、个体心理年龄特征的实质

个体心理年龄特征是在一定的社会和教育条件下，在个体发展的各个不同年龄阶段中所形成的一般的、典型的、本质的心理特征。这里有两层意思，具体如下。

第一，个体心理年龄特征是指个体心理的年龄阶段而言，个体心理发展的各个阶段与年龄有一定的关系。这是由于个体的生理发展需要经历一定的过程，具有一定的方向性。个体掌握社会经验、社会行为规范的过程，以及个体的心理发展也有一定的顺序性，而且是不可逆转、不可逾越的。个体心理发展可划分为：乳儿期(从出生到 1 岁)、婴儿期(从 1 岁到 3 岁)、幼儿期(从 3 岁到 7 岁)、童年期(从 6 岁到 13 岁)、少年期(从 12 岁到 17 岁)、青年期(从 17 岁到 35 岁)、中年期(从 35 岁到 60 岁)、老年期(60 岁以上)。

第二，个体心理年龄特征是指某一阶段个体所具有的那些一般的、典型的、本质的特征。例如，乳儿是前言语思维，婴儿是直觉行动思维，他们的思维需要有具体事物在面前或者用手操作，才能够进行。幼儿是具体形象思维，语言、表象得以发展，教师讲故事，儿童可以用自己的表象来理解教师所讲的内容。童年期儿童是形象型抽象思维，少年期儿童是经验型抽象思维，青年初期儿童是理论型的抽象思维。再如，乳儿没有自我意识；婴儿开始有自我意识的萌芽，能够把主体与客体分开；幼儿自我意识各因素开始发生；童年期儿童自我意识得以发展，出现道德自我评价，自我评价开始出现批判性；少年期儿童自我意识又发生新的质变，开始关心自己是一个怎样的人，还能从内心品质方面评价自己；青年初期儿童自我意识发展趋于成熟，开始注重自己将成为怎样的一个人，自我评价较为全面，并且能够反观自我、调控自我、完善自我。

个体心理年龄特征虽然在某一年龄阶段有特定质的特点，但阶段与阶段间有交叉，后一阶段的一些特征在前一阶段末尾已开始萌芽，前一阶段的一些特征在后一阶段开始时常常还留有痕迹。如幼儿阶段末期已开始萌发抽象逻辑思维，童年初期仍存在具体形象思维特点。

三、个体心理年龄特征的稳定性和可变性

在社会和教育作用下，个体心理是在不断发展的。个体心理发展的各个阶段具有一定的稳定性和可变性。个体心理年龄特征的稳定性是指个体心理年龄特征在各个年龄阶段中发展的水平和特点具有相对稳定性和普遍性，阶段的顺序、每一阶段的变化过程和速度，大体是稳定的、一致的。这是因为在各个年龄阶段，个体生理机能的发展、社会和教育的

要求，以及个体在这一阶段中的主导性活动基本相同，心理发展只有量的差别，没有质的差异。个体心理年龄特征的可变性是指在个体发展的过程和速度上，彼此之间又可以有一定的差距。这是由于个体遗传素质不同，他们所处的社会环境、教育条件和活动的内容与方式不一样，社会和教育在个体身上起作用的情况不尽相同所致。

四、个体心理发展的关键期

所谓关键期，是指个体对环境(积极或消极)影响的敏感性增强的一段时期，在这段时间内发生的事情可能对此后的发展依然有着决定性的影响。

关键期中，在适宜的环境影响下，行为习得特别容易，发展特别迅速。这时如缺乏适宜的环境影响，也可引起病态反应，甚至阻碍日后的正常发展。心理学家曾广泛研究了儿童感觉、语言及其他方面发展的关键期，并研究了个体关键期的发展对日后发展的影响。

儿童心理发展的关键期问题的核心在于，儿童早期发展对毕生发展的关键意义。儿童早期发展是对个体长期发展影响最深远的阶段。这种观点包括：第一，个体早期发展的优劣，对毕生心理发展的质量具有重要影响；第二，儿童早期是独特的发展时期，婴幼儿身体、心理、社会性和情绪都经历了特有的发展历程；第三，儿童早期的发展变化既迅速又显著，这些变化是个体获得动作、交流、游戏和学习能力的标志；第四，个体发展的早期对环境改善和负面影响(如营养不良、情感剥夺)最为敏感，且早期不良教养的后果可能持续终身。

心海畅游 3-10

心海畅游 3-10 劳伦兹妈妈——有趣的追随(扫右侧二维码)

心海畅游 3-11 人生发展的四个"关键期"(扫右侧二维码)

心海畅游 3-11

本 章 小 结

本章主要论述了儿童心理发展的基本规律。

(1) 遗传为个体心理发展提供潜在的动力设备，提供生物前提。遗传在与环境相互作用中对儿童发展起着动因作用。生理成熟制约着个体心理发展的年龄特征和个别差异。遗传、生理成熟的作用依赖于环境、教育，并与环境、教育交互作用。

(2) 遗传和生理成熟只是给个体心理发展提供可能性，环境将这种可能性变成现实性。其中，社会文化，家庭教育诸如家庭体系、亲子相互作用、家庭结构、家长教养方式、家长特征等，学校、幼儿园教育等，以及历史环境都影响着个体心理的发展。

(3) 环境/教育与遗传/生理成熟交互作用。环境、教育对个体心理发展的作用要通过个体的活动、主客体相互作用，以引起个体心理发展的内部矛盾来实现。

(4) 个体心理的发展是一个连续建构的过程，是一个既有连续性又有间断性的过程，整个过程表现出若干连续的阶段，不同阶段有不同的质的内涵，表现出个体不同的心理年龄特征。个体心理发展的各个阶段具有一定的稳定性和可变性。

(5) 个体心理发展的速度、开始发生形成的时间以及成熟的时期是不同的。个体从出生到成熟的心理发展有关键的转变年龄，即关键期。

思 考 题

1. 比较在个体发展动因上的不同观点。
2. 简述遗传、环境、教育对个体发展的作用。
3. 简述家庭对个体发展的影响。
4. 简述教师对儿童发展的影响。
5. 什么是个体发展的内部矛盾？它的作用主要体现在哪些方面？
6. 怎样理解个体的心理发展是一个发展又间断的过程？
7. 怎样理解个体心理发展的可变性和稳定性的矛盾？

第四章　人生的开端——胎儿的发展

学习目的及要求

通过本章的学习，了解胎儿心理活动物质基础的形成及其对心理活动产生的影响；了解胎教的准确含义；掌握胎教基本知识，为指导胎儿心理卫生奠定基础。

核心概念

受精卵(合子) (fertilized egg)　胚种期(period of the ovum)　胚胎期(period of embryo)
胎儿期(period of the fetus)　胎教(prenatal influences)　围产期(rinatal period)　心理卫生
(mental hygiene)

俗话说："一年之计在于春，一日之计在于晨。"对于人类个体生命来说，一生中的春天是什么时候？生命从何时起步？教育从哪里开始最好？

心灵考场 4-1 请判断以下说法(扫右侧二维码)

心灵考场 4-1

第一节　人之初——胎儿的发展

生命从母亲受孕的那一刻就开始了。胎儿在母亲的子宫内发育成长，大约经过十个月。一个人发展的基础是在这十个月里打下的，而这十个月的发展又很容易受许多因素的影响。如果胎内发展期发生什么差错，可能对儿童造成严重的甚至是终身的影响。那么，胎儿在母体内的发育到底是怎样的呢？

一、生命之吻——合子的形成

很久以来，人们就在为揭开人类生命奥秘进行着不懈的努力。多年前，一位名叫伦纳特·尼尔森的瑞典人，从显微镜里看到一群精子拥挤在一个卵子周围。一刹那，一个精子开始突破卵子的胶状外套。于是，他马上把标本冷冻起来，放到电子显微镜下，拍了一张奇特的照片。在放大 30 万倍的情况下看去，精子就像一个巨大的蝌蚪，把头钻进了卵子的外壳。有人极为确切地把这个情形称为"人的生命之吻"。

我们知道，正常人体有两类细胞：一类是体细胞，是维持人体生命活动所不可缺少的，它占人体细胞的绝大多数；另一类是生殖细胞，是专门负责生殖繁衍的，它包括男性的精子和女性的卵子。

卵子是人体内最大的细胞。进入青春期之后，一个性成熟的女子约隔 28 天排卵一次。

排卵约在两次月经的中间，对月经规律的女子来说，相当于月经来潮前两周左右。排卵的过程是这样的：一个成熟的卵泡在两个卵巢之一中破裂，排出一个卵细胞，然后卵细胞沿输卵管向子宫移动。如果在排卵期性交，女子就有可能怀孕。

精子形似蝌蚪，是人体内最小的细胞。精子在男性生殖器官——睾丸中产生。男性进入青春期，睾丸便有了生精能力。一个成熟健康的男子，每月可产生几亿精子。

男子射精后，精子进入阴道，如同鱼儿在水中般向前游动，力图游过通向子宫的通道——子宫颈，进入输卵管。几亿个精子只有一小部分能获得成功，并且只有一个幸运者在短暂的机缘中在输卵管里和卵子相遇。精卵双方结合，融为一体，几个小时之内，这个精子开始解体，释放出遗传物质，卵子也释放出它的遗传物质，一个新的细胞核形成了，它同时享有父亲的精子和母亲的卵子提供的遗传信息。这个新细胞，叫作受精卵，它只有一个大头针针头的 1/20 大。这个小小的细胞含有密码，或者生化配方，使受精卵从一个单细胞发展成为一个有认知能力的人类个体。受精卵形成之后，其他精子则被女性体内的白细胞吞噬，成为牺牲者。

"受精"是专一的，具有排他性，卵子一旦和某个精子拥抱接吻，便不再允许第二个精子钻入。

受精后 36 小时内，受精卵开始迅速分裂，并沿输卵管向子宫移动，最后在子宫膜里形成胚胎。因受孕后子宫内膜不再脱落，因此月经不再出现了。

一般情况下，一个精了和一个卵子结合形成一个胚胎，但是有时会在一个时期内有两个、三个或多个成熟卵子同时受精成胎，或一个受精卵分裂成两个独立的个体，这就是人们常说的双胞胎、三胞胎、多胞胎。

成为受精卵，便揭开了生命的序幕，而个体生命的诞生还需要经过一个复杂而漫长的过程。

二、怎样生长——胎儿的生长阶段

当受精卵移入子宫时，已变为一个充满液体的圆球。这时的子宫温暖、有营养而且软绵绵的，很适合受精卵安家落户。受精卵落胎"着床"后，通过胎盘从母体获得养料和氧气，并排出废物。胎盘还能抵御外部感染，防止细菌侵入，是胎儿的"保护神"。

胎儿自受精卵的分裂发展为拥有 2000 亿个细胞的有机体，其间有精妙的过程，可分为三个阶段，即胚种期、胚胎期和胎儿期。

(一)胚种期

胚种期也叫卵细胞阶段，是指从怀孕开始，直到受精卵完全固着在子宫壁上的这段时期(也被称为受精卵期)。

当受精卵顺着输卵管到达子宫后，它通过有丝分裂分裂成两个细胞。这两个细胞和它们的子细胞继续分裂，在 4 天内形成一个包含 40～80 个细胞的球形结构体，或称囊胚。细胞的分化已经开始，囊胚的内层结构将形成胚胎，外层将形成各种组织结构，负责保护胚胎并向胚胎提供营养。

怀孕后 6～10 天囊胚抵达子宫，在囊胚的外层出现细小的绒毛。在囊胚到达子宫壁以后，这些绒毛将埋入子宫壁，与母亲的血液供应系统连接起来，这个过程叫"着床"。在怀孕 10～14 天内囊胚成功着床之后，它看起来就像附着在子宫壁上的一个透明的小水泡。

着床本身也是一个发育过程。所有的受精卵中只有一部分能够牢固着床，不能成功着床的原因要么是由于基因异常而不能发育，要么是由于被埋入一个不能维持其生长的地方并导致流产。总的来说，有将近 3/4 的受精卵不能成活，只有 1/4 可以进入到下一发展阶段。

一旦成功着床，囊胚的外层会迅速发展成四个主要的支持结构系统，它们负责保护并向发育中的各种器官提供营养。第一层是羊膜，是一种防水薄膜，其内充满了来自母体组织的各种液体。这层薄膜和其内羊水的作用是缓冲震动对发育中的机体的影响；调节温度，并提供一个无重力的环境，以便于胚胎的移动。第二层是漂浮在水性环境中的球形卵黄囊，它的作用是在胚胎自身能够产生血细胞之前为受精卵供血。卵黄囊被固定在第三层膜——绒毛膜上，绒毛膜围绕在羊膜的周围，最终变成胎盘的内层。绒毛膜是由囊胚发育而成的滋养层，附着在子宫组织之上，为胚胎提供营养。第四层膜是尿膜，它将形成胎盘的脐带。脐带是一种包含血管的软管，用来连接胚胎和胎盘，它本身没有神经，因此，出生时剪断脐带新生儿并不觉得痛。

胎盘是一种多用途的器官。胎盘自形成开始一直由母体和胚胎的血管提供养料，胎盘的细微绒毛可以作为一种屏障，阻止两者的血管混合到一起。这个屏障是半透明的，也就是说它允许一些物质通过，同时阻止另外一些物质通过。气体(如氧气和二氧化碳)、盐以及各种营养物质(如糖类、蛋白质和脂肪)分子足够小，能通过这个胎盘屏障。血细胞太大了，不能通过。母体的血液流入胚胎，和胎盘的脐带把氧气和养料输送到胚胎的血管中。脐带同时也把二氧化碳和代谢废物输送出胚胎，进入母体的血管，最终伴随母体的代谢废物一同被排出体外。很明显，胎盘在孕期发挥了关键作用，它负责代谢交换，从而维持胚胎的生存和发育。

🔊 **心海畅游 4-1** 胚种期的可能危险(扫右侧二维码)

心海畅游 4-1

(二)胚胎期

胚胎期从怀孕的第三周开始，到第八周结束。到第三周时，胎盘已经急剧分化成三个细胞层：最外层，即外胚层，发育成神经系统、表皮和毛发；中间一层，即中胚层，发育成肌肉、骨骼和循环系统；内层，即内胚层，发育成消化系统、肺、泌尿系统和其他重要器官，如胰腺和肝脏。

胚胎期的发育非常迅速。怀孕后的第三周，一部分外胚层发育成神经管，并很快发育成大脑和脊髓。到第四周时，心脏不仅已经形成，而且开始跳动，眼睛、耳朵和嘴也已经开始形成，将来形成胳膊和腿的雏芽也突然出现。怀孕后的第 30 天胚胎只有 6.3 毫米长，但是与受精卵相比，它的体积已经增长了 10 000 倍。有机体在其他任何时期的发展速度都比不上它在怀孕第一个月的发展速度。

在第二个月，胚胎每天生长 0.85 毫米左右，在外形上更像人了。一个原始的尾巴开始出现，但它很快就会被一些保护性组织围绕起来，并变成脊髓骨的末端，即尾骨。到第五周的中期，眼睛开始具有角膜和晶状体。到第七周，耳朵已经发育完好，胚胎已具有一个初步的骨架。四肢开始向身体四周发育，上臂先出现，接着是前臂、手和手指。双腿发育模式与上肢的发育相似，只是时间上晚几天。大脑在第二个月内发育迅速，在胚胎期的末期它开始支配肌肉的收缩。

在孕期的第七周和第八周，随着一种被称为"未分化的性腺"的生殖嵴的出现，胚胎的性发展开始进行。如果胚胎是一个男性，它的 Y 染色体上的基因会引发某种生理化学反应，未分化的性腺产生睾丸。如果胚胎是女性的话，未分化的性腺将不会收到上述指示，从而发育成卵巢。胚胎的循环系统现在开始发挥自身的功能，因为肝脏和脾脏开始从卵黄囊那里接过了制造血细胞的任务。

到第二个月结束时胚胎长度为 2.5 厘米多一点，重量不到 7.5 克，但是它已经是一个非常复杂的人类有机体了：7 个月以后婴儿出生时所应该具有的所有结构目前都已经形成，至少已初具雏形。从医学角度来讲，尚未出生的有机体不再是一个胚胎，而是一个胎儿；不是"它"，而是"他"或"她"；不是一团模糊的细胞，而是一个逐渐清晰、逐步成形的独一无二的人类有机体。

🌀 心海畅游 4-2 胚胎阶段的可能危险(扫右侧二维码)

(三)胎儿期

怀孕的后 7 个月，叫胎儿期，是一个快速发育期，各种器官也在逐步
精细化。

心海畅游 4-2

在孕期第三个月，此前形成的器官继续迅速生长并相互联结。例如，神经系统和肌肉系统之间的协调联结可以使胎儿在水质环境里进行许多有趣的动作——踢腿、握拳、蜷身，因为这些活动非常轻微，母亲通常感觉不到。消化和排泄系统也开始一起工作，使胎儿可以吞咽、消化营养物质以及排泄。随着男性睾丸分泌雄激素——负责阴茎和阴囊发育的男性激素，性别差异迅速发展。在没有雄性激素的情况下，女性外生殖器形成。到第三个月末，胎儿的性别可以通过超声波检测出来，而且其生殖系统已经包含未成熟的卵子或精子。在怀孕的 12 周以后，虽然胎儿只有 7.6 厘米长，重量不到 28 克，但所有细微的发展都已出现。

怀孕后的第四、五、六个月期间，胎儿继续以较快的速度生长——这段时间被称为妊娠中期 3 个月。在第 16 个星期的时候，胎儿长 20～25 厘米，重约 170 克，它可能会有一些动作，如吸吮拇指或踢腿，而且这些动作可能已经强大到为母亲所察觉。胎儿的心跳通过听诊器很容易听到，正在硬化的骨骼可以通过超声波检测出来。到第四个月末，虽然胎儿在子宫外根本无法成活，但它已开始呈现人类特有的外表。

🌀 心海畅游 4-3 胎动及其影响因素(扫右侧二维码)

在第五个月和第六个月期间，胎儿的指甲开始硬化，皮肤变厚，眉毛、睫毛和头皮上的毛发已经出现。第 20 周的时候，汗腺开始发挥功能，胎儿的心跳很强，把耳朵贴到母亲腹部就可听到。胎儿现在被一层白色乳酪

心海畅游 4-3

似的被称为胎脂的物质和一层被称为胎毛的纤细的身体绒毛所覆盖。胎儿皮脂可以保护胎儿皮肤，防止皲裂，胎毛有助于羊膜附着在皮肤之上。

到妊娠中期 3 个月结束时，胎儿的视觉和听觉已经开始发挥功能。我们通过对早产婴儿的研究可以了解到，怀孕后 25 周早产的婴儿就已对大钟声很警觉，对强光有眨眼反应。怀孕后 28 周，胎儿长 35～38 厘米，重约 900 克。

怀孕后的最后 3 个月，也被称为妊娠末期 3 个月，是胎儿发育的"最后阶段"，在这个阶段，所有的器官迅速成熟，为胎儿出生作准备。实际上，在怀孕后 22～28 周，胎儿达

到"成活年龄",它们在子宫外有可能生存下去。运用复杂的胎儿监控技术的研究表明,28~32周大的胎儿突然开始显示出有组织的、易于预测的心率活动周期以及粗大的动作和睡眠/觉醒活动,这可能预示着一旦早产,他们的神经系统的发育已经足以使他们成活。然而,许多这么早出生的胎儿仍需要氧气帮助,因为他们肺部细小的肺泡还不够成熟,自身不能膨胀和进行氧气与二氧化碳的交换。

到第七个月末的时候,胎儿重约1800克,长40~43厘米。1个月后,他已经长到46厘米,又重了450~900克。这些增加的重量大部分缘于胎儿皮下脂肪的增多,这些脂肪有助于把新生儿与气温变化隔离开来。到第九个月中期时,胎儿活动变慢,睡眠增多。胎儿已经变得很大,在梨形子宫的有限空间里最舒适的姿势是头朝下(子宫盆部),四肢蜷曲,呈所谓的胎儿姿势。在怀孕的最后1个月,母亲的子宫不定时地收缩和放松——调节子宫肌肉,膨胀宫颈,帮助胎儿把头放置到盆骨缝隙,从这里胎儿将被推出母体。随着子宫收缩变得越来越强、越来越频繁、越来越有规律,孕期即将结束。母亲现在处于生产的第一个阶段,几个小时以后她就要生产了。

🌐 **心海畅游 4-4** 胎儿阶段的可能危险(扫右侧二维码)

心海畅游 4-4

三、来到世上很不容易——围产期环境

围产期环境是指婴儿出生时所处的环境,它包括生产时母亲所用的药物、生产过程中的操作以及婴儿刚出生时的社会环境等的影响。围产期环境是一个非常重要的因素,可能影响婴儿的健康和将来的发展状况。

(一)出生过程

婴儿的出生过程可分为三个阶段。当母亲感到子宫以10~15分钟的间隔收缩时,第一产程开始。一般来说,初产妇第一产程持续8~14小时,经产妇持续3~8个小时。随着生产过程的进行,子宫收缩变得更频繁、更强有力。当胎儿的头到达宫颈口时,第二产程即将开始。

第二产程,也叫胎儿娩出期,开始于胎儿通过宫颈进入阴道之时,当胎儿身体露出母体时第二产程结束。这一阶段要求母亲通过每次的子宫收缩用力将胎儿推入产道。快的分娩可能需要半个小时,慢的分娩可能超过1个小时。

第三产程,也叫胎盘娩出期,历时仅为5~10分钟,子宫再次收缩以便从母体中排出胎盘。

(二)分娩过程中的药物治疗可能带给胎儿的危害

母亲在生产过程中可能使用某些药物,这些药物包括用来减轻疼痛的止痛剂和麻醉剂、使母亲放松的镇静剂,以及引发和增强子宫收缩的药物。很明显,使用这些药物的目的是希望母亲的生产过程更加容易,在难产情况下,这些药物的使用对挽救婴儿的生命往往是必不可少的。但是,生产过程中大剂量的药物使用可能带来一些意想不到的负面效果。

例如,分娩过程中大量使用麻醉剂会降低母亲对子宫收缩的敏感度,不利于把婴儿挤出子宫和产道,结果可能需要使用助产钳或真空抽取器才能把婴儿从产道中拖出。不幸的是,在个别情况下,由于胎儿的头盖骨很柔软,这些器具的使用可能导致头颅出血和大脑损伤。

生产和分娩中的药物也可能通过胎盘进入婴儿体内，如果剂量很大，可能导致婴儿易打瞌睡、注意力不集中。母亲使用大剂量药物的婴儿在出生的头几周笑得更少，被唤醒时容易发怒，难以喂养和安抚。一些研究者担心父母对付不了一些懒洋洋、易怒和注意力不集中的婴儿，难以与之建立依恋关系。还有一些研究者认为，大剂量地使用药物的母亲所生的孩子至少在出生的第一年内表现出生理缺陷和心理发展障碍，但有些研究者发现这些长期影响未能得到验证。

🌐 **心海畅游 4-5** 出生并发症(扫右侧二维码)

☞ **心灵小品 4-1**

心海畅游 4-5

分娩与心理健康

对每一位胎儿来说，"分娩"无疑对生命和健康是巨大的考验，每个人有生之日，最困难、最危险的旅行就是要通过那10厘米长的产道。一般而言，经由自然分娩的婴儿，比难产或剖腹产分娩的婴儿，易于顺利适应崭新的环境。手术分娩所使用的麻醉药品，会妨碍胎儿出生后的适应性，使新生儿体重不易增加；若分娩过程造成胎儿脑组织损伤或缺氧(缺氧持续18秒即足以置脑细胞于死地)，会扼杀或扭曲胎儿出生后的正常发展。临床研究显示：分娩过程困难的胎儿，长大后较神经质或焦虑；过于仓促的分娩(如催生分娩、短于2小时的分娩)，导致过早接触氧气，对婴儿智力发展有不良影响，学习困难也愈严重；在低智商的小学儿童中，有较多催生分娩的个案，并发现曾经历分娩困难的青少年组，表现较多的不良行为(如好动、急躁、不安静、语言缺陷、注意力不集中等)；父母对分娩困难子女的态度(如过度保护、埋怨、怀恨等)要比直接影响更重要；顺利分娩且痛苦较少的母亲，会以愉快的态度对待子女。

关于分娩过程对个人以后适应的影响，特提出下列心理健康的建议以供参考，以减少可能发生的不幸。

(1) 孕妇应定期产前检查，适时防治。

(2) 孕妇营养宜适度，不要过量或不足。若胎儿过大，会增加分娩困难。

(3) 给予分娩产妇情绪支持，减轻其紧张与焦虑。

(4) 分娩时尽量避免使用麻醉药物。

(5) 对产妇施行产前辅导，消除其对分娩的无知。

(6) 对分娩困难的产妇施行产后心理辅导，减轻其负面情绪。

资料来源：王敬群，邵秀巧. 心理卫生学. 天津：南开大学出版社，2007.

第二节　教育从胎儿开始——胎教

从什么时候教育孩子，用什么方法引导孩子，这是教育学家和父母都关心的问题。近年来，科学家从各方面进行探索研究，发现胎儿具有感觉、记忆和思维的能力，他们不只是子宫内的消极适应者，而是一个积极活动的过客。这就为胎教提供了科学依据。因此，对孩子的教育应当从孕期开始，教育的起点在胎儿。

心海畅游 4-6(扫右侧二维码)

心海畅游 4-6

一、何为胎教

所谓胎教，就是控制母体内外环境，免除不良刺激对胚胎或胎儿的影响，自觉提供有利条件，并且通过人为的活动，与胎儿沟通信息，对胎儿进行培养教育，使其身心得到健康和谐发展。

从距今 3000 多年的西周起到清末，我国历朝历代都有关于胎教的学说，内容十分丰富，并且许多是从实践中总结出来的，于今亦很有价值，如"畅情志、节饮食、远房事、戒酒浆"等。

科学研究已经证实，胎儿不是生活在真空中，自受精到出生一直直接和母体内环境进行相互作用。所以说孕妇与胎儿是一个统一体，二者相互关联。母亲的生理、心理、病理状态及饮食起居，对胎儿的生长发育都产生直接影响。因此，注重母体内外的环境就是非常好的胎教。

二、胎教的影响因素——母体内外环境

(一)母亲自身条件的影响

1. 母亲的年龄

母亲生孩子最安全的时间一般是 23～29 岁，因为母亲的年龄与胎儿或新生儿的死亡之间具有很明显的关系。与 20 多岁的母亲相比，年龄太小的母亲会碰到更多的婴儿并发症，更可能早产和生出低体重儿。

如果母亲在 35 岁以后生育会面临什么样的危险呢？由于大龄妇女怀孕时染色体异常的概率增大，导致自发性流产的概率升高。即使在孕期和婴儿出生过程中受到了良好的照料，大龄产妇出现并发症的危险也比较大。

2. 母亲的饮食

50 年前，医生通常建议怀孕的母亲每个月体重增加不要超过 900 克，他们认为整个孕期体重的增加量达到 6.8～8.2 千克就足以保证健康的孕期发育。但是，今天医生一般会建议母亲多吃一些健康的、高蛋白的、高能量的食品，在孕期的头 3 个月体重应增加 900～2300 克，以后每周大约增加 450 克，整个孕期增加 11～16 千克。为什么会发生这种变化呢？原因在于我们已经意识到孕期营养不良对胎儿是有害的。

调查表明，营养不良的母亲所生的婴儿在儿童时期会表现出一些认知缺陷，导致这些缺陷的其中一个原因是婴儿自身的行为。孕期营养不良的婴儿，如果在出生后饮食仍然不够的话，这些婴儿就会表现出对事物缺乏兴趣，被唤醒时易于发怒。这些个性品质可能导致婴儿与父母关系的疏远，使父母不能提供有趣的刺激和情感支持，而这些刺激和情感支持对婴儿社会性和智力发展具有积极影响。

当然，有些孕妇吃得很丰富，但是仍然没能摄取足够的维生素和矿物质来确保孕期健康。在母亲的饮食中加入小剂量的镁和锌将有助于提高胎盘的功能，减少许多出生并发症的发生。

研究者最近发现，富含叶酸的食物有助于防止唐氏综合征、脊柱裂、无脑畸形和其他神经元缺陷。丰富的叶酸对从受孕到孕期第 8 周这段时间特别重要，因为这段时间正是神经管形成的时期。但是，也并不是说这些矿物质和维生素补充得越多越好，因为维生素摄取得过多也会造成缺陷。因此，应在正确的医疗指导下，安全地补充维生素和矿物质。

(二)母亲疾病的影响

许多疾病能够穿过胎盘屏障，它们对胚胎或胎儿产生的伤害远远大于对母亲本人的危害。因为未出生的胎儿的免疫系统还不能产生足够的抗体来有效地抵抗各种感染。

1．风疹

医疗界在 1941 年注意到风疹这种致畸疾病。当时一位澳大利亚眼科医生格里格(Gregg)发现，许多怀孕期间患过风疹的母亲生出的孩子患先天性白内障。在他向医疗界提出警告后，医生们开始注意到怀孕的风疹病人所生的孩子总是有这种或那种缺陷，如盲、聋、心脏异常以及智力落后。风疹在母亲怀孕的前 3 个月危害最大。研究表明，在怀孕的前 8 周感染风疹的母亲中生出有缺陷的孩子的比率是 60%～85%，与之相比，母亲若在怀孕第 3 个月感染风疹这一比率是 50%，在怀孕第 13～20 周是 16%。眼和心脏的缺陷在怀孕前 8 周感染风疹时最为严重(因为此时是这些器官形成时期)，如果母亲在怀孕第 6～13 周感染风疹，新生儿一般会出现耳聋的现象。因此，医生认为，除非一个妇女患过风疹或接种了风疹疫苗，否则不应该怀孕。

2．其他传染性疾病

其他几种传染性疾病也是致畸因素，如表 4-1 所示。这些致畸疾病中较常见的是弓形体病，这种病是由一种寄生在动物身上的寄生虫引起的。一些孕妇可能由于吃了未煮熟的肉或者接触了感染此病的家猫粪便而感染这种寄生虫。虽然弓形体病在成人身上只表现为轻微的类似感冒的症状，但是如果孕妇在怀孕头 3 个月内感染此病，将对胎儿的眼睛和大脑产生严重的伤害。如果在怀孕晚期感染此病，则可能导致孕妇流产。孕妇可以采取一些预防措施避免自己被感染，如煮熟或煮透肉制品，彻底洗净接触过生肉的烹调工具，避免接触花园、宠物笼及其他可能存在猫粪便的地方。

3．性传播疾病

1)　梅毒

梅毒在怀孕的中、后期危害最大，因为梅毒螺旋菌在怀孕的前 18 周不能通过胎盘屏障。一般只需进行血检即可查出这种疾病，可以在梅毒损害到胎儿以前用药物对母亲进行治疗。若母亲未能得到及时治疗，则有可能导致流产或引起胎儿先天性的眼、耳、心脏或大脑缺陷。

2)　生殖器疱疹

生殖器疱疹病毒感染大多发生在生产过程中，往往是由于新生儿在通过产道时接触母亲的生殖器而被感染。导致生殖器疱疹的病毒有时也可能通过胎盘屏障使胎儿受到感染。

不幸的是，目前还没有药物可以治愈此病。感染这种病毒的后果相当严重：这种无法治愈的疾病会使 1/3 受感染的新生儿死亡，另有 25%～30% 的新生儿可能导致失明、出现大脑损伤和其他严重的神经疾病。基于这些原因，一般医生会建议患此病的母亲进行剖腹产，以免感染婴儿。

表 4-1　可能影响胚胎、胎儿和新生儿的常见疾病

疾 病		早 产	生理畸形	智力损伤	出生低体重 / 早产
性传播疾病	艾滋病	?	?	?	+
	生殖器疱疹	+	+	+	+
	梅毒	+	+	+	+
其他疾病	水痘	0	+	+	+
	霍乱	+	0	?	+
	细胞肥大病毒	+	+	+	+
	糖尿病	+	+	+	0
	流感	+	+	0	0
	疟疾	+	0	0	+
	腮腺炎	+	0	0	0
	弓形体病	+	+	+	+
	肺结核	+	+	+	+
	泌尿感染(细菌)	0	0	+	+

注："＋"表明有影响；"？"表明影响不确定；"0"表明没有影响。

3)　艾滋病

艾滋病是当今最让人们担忧的疾病。艾滋病即获得性免疫缺陷综合征，是一种发现时间不长、无药可治的疾病，是由人类免疫缺陷病毒(HIV)造成的。这种病毒攻击人类的免疫系统，使之易于受到其他疾病的感染，最终会使人致死。体液传播是 HIV 传播的必要条件，所以性交或共用针管注射毒品是感染艾滋病的主要途径。在全世界范围内，有超过 400 万名育龄妇女携带 HIV 病毒，并可能把病毒传给其后代。一般情况下，母亲通过以下途径把病毒传给婴儿：怀孕时，通过胎盘；生产时，当婴儿脐带与母亲分开时可能发生的血液交换；婴儿出生后，在哺乳过程中病毒可以通过乳汁传给婴儿。尽管感染途径很多，但只有不到 25% 的婴儿被感染 HIV 的母亲感染。如果感染 HIV 的母亲在怀孕时服用抗病毒药物 ZDV，婴儿被感染率可降低 70%，而且没有迹象表明这种药物会导致出生缺陷。

(三)母亲服用药物的伤害

1. 母亲服用某些药物

人们很早就开始怀疑孕妇服用的药物可能对未出生的孩子造成伤害。事实证明，一些对母亲的长期影响很小的较为温和的药物也被证明可能对发育中的胚胎或胎儿具有极端危险的影响。

1)　反应停(沙利度胺)

反应停这种用来缓解孕妇在怀孕头 3 个月经常发生的周期性呕吐的药物，一开始被认

为对人类毫无伤害，但当有上千名妇女在怀孕头 2 个月服用了反应停而生出有可怕的生理缺陷的婴儿时，人们才意识到这种药物对胎儿的危害。这些婴儿通常出现眼、耳、鼻、心脏严重畸形，许多还表现为短肢畸胎——一种结构畸形，四肢全部或部分缺失，手脚可能像鳍状肢一样直接与躯干连在一起。

不同的缺陷与孕妇服用反应停的时间有直接关系。如果孕妇在怀孕 21 天左右服用反应停，她们所生的孩子可能没有耳朵；如果在怀孕 25～27 天服用，她们所生的孩子可能胳膊发育不全或没有胳膊；如果在怀孕 28～36 天服用，生出的婴儿可能下肢发育不全或没有下肢；如果在怀孕 40 天以后才服用，通常对婴儿没有影响。也有许多服用反应停的孕妇生出的孩子没有明显的缺陷，这表明不同个体对致畸物质的反应具有非常大的差异。

2) 其他常见的药物

大剂量的阿司匹林与胎儿生长受阻、动作控制较差及婴儿死亡有关，甚至还可能导致死胎。孕妇在妊娠末 3 个月服用布洛芬会延长分娩过程，增加新生儿肺部高血压的危险。一些研究表明，大剂量饮用咖啡因(即每天超过四杯软饮料或咖啡)与早产和出生低体重等并发症有关。

还有几种处方药也会给胎儿的发育带来轻微的危险。例如，一些抗抑郁药中含有锂，如果孕妇在怀孕头 3 个月服用此药物，可能造成婴儿心脏缺陷。包含激素的药物也可能影响发育中的胚胎或胎儿。例如，口服避孕药包含雌激素，如果妇女在不知道自己怀孕的情况下服用这种避孕药，未出生的胎儿出现心脏缺陷和其他轻微畸形的概率就会增大。

一种可能具有严重的长期影响的人工合成类性激素是己烯雌酚(DES)，这种药物在 20 世纪 40 年代中期到 1965 年间被广泛用于防止流产的处方药中。这种药似乎很安全，服用过这种药的孕妇生的孩子各个方面看起来都很正常。1971 年，内科医生宣布，那些服用过此药的孕妇生的女孩(被称为 DES 女孩)到 17～21 岁时有生殖器发育异常的危险，并有可能患一种罕见的宫颈癌。患这种癌症的概率并不是非常高，迄今为止只有少于 1% 的 DES 女孩患这种宫颈癌，但她们比其他女性更有可能流产或早产。DES 男孩怎么样呢？尽管没有确凿的证据表明在胎儿期接触到 DES 会导致男孩患癌症，但是一小部分 DES 男性会有轻微的生殖器缺陷，不过他们仍然具有生育能力。

绝大多数服用阿司匹林、咖啡因、口服避孕药和 DES 的妇女生出的婴儿都非常正常。在恰当的医疗指导下，用药物来治疗母亲的疾病对母亲和胎儿来说通常是安全的。但是新开发的药物经常在无充分试验以表明其无致畸效果之前就被使用，而且许多对成人无害的药物也可能导致婴儿的先天缺陷，这一事实使许多母亲认识到在怀孕期应该限制或减少所有药物的使用。

2. 母亲服用成瘾物质

美国的研究表明,如果母亲每周服用成瘾物质(像大麻、可卡因和海洛因等)2～3 次的话，她所生出的孩子在出生的头一两周经常会表现出颤抖、睡眠失调、对环境缺乏兴趣等现象。虽然还没有证据来证实大麻的长期影响，但是这些行为失调可能不利于婴儿以后的发展。

虽然海洛因、美沙酮和其他成瘾麻醉药看起来不会使婴儿产生整体性生理畸形，但是使用这些毒品的妇女比未使用者更容易出现流产、早产或婴儿出生后立即死亡的现象。在那些一出生就因母亲使用过毒品而瘾的婴儿中，有 60%～80% 的婴儿出生后的第一个月通常较难。由于出生后不能再接触毒品，上瘾婴儿会出现呕吐、脱水、痉挛、极度易怒、吸吮乏力、高声啼哭等退缩症状，不安、发抖、睡眠失调等症状可能持续3～4个月。但是长期研究发现，对海洛因或美沙酮成瘾的婴儿到 2 岁时发育正常，因此，早期接触毒品很可能并不是导致其中一些孩子发育不良的主要原因，漠不关心的父母教养方式更可能是罪魁祸首。

如今，人们最关注的是与可卡因的使用有关的危害，特别是"快克"可卡因的使用。这是一种比较廉价的方式，它是将大剂量的可卡因通过肺部吸入。吸入可卡因与多种生理缺陷有联系，但是很难证明是否可卡因本身导致了这些生理畸形，因为吸食可卡因的母亲一般营养不良，并同时服用像酒精这样的致畸物质。人们已经发现，可卡因使母亲和胎儿血管收缩，因此提高了胎儿的血压，阻碍养料或氧气流过胎盘。因此，吸食可卡因的母亲，尤其是吸食"快克"可卡因的母亲，经常会流产和早产。与使用海洛因和美沙酮的母亲所生的孩子一样，吸食可卡因的母亲所生的孩子经常会表现出发抖、睡眠障碍、对周围环境注意缓慢以及被唤醒时易怒等倾向。

一些研究者认为，可卡因婴儿表现出来的令人不愉快的行为妨碍了婴儿与照料者之间正常情感纽带的建立。有研究发现，大多数接触可卡因的婴儿在出生第一年不能与主要的照料者建立安全的情感纽带。还有一些研究表明，接触可卡因的婴儿与没有接触可卡因的婴儿相比从学习活动中获得的乐趣更少，到 18 个月时他们的智力发展方面也表现出明显的缩减。这些不良后果既可能与婴儿前期接触可卡因以及由此带来的消极情绪行为有关，也有可能是由于滥用毒品的父母同时使用一些致畸物质(如酒精或吸烟)，或者与这些婴儿可能获得父母更少的照料和刺激有关。人们需要进一步地研究，以澄清相关问题并正确评定可卡因对各个方面发展的长期影响。

🌐 **心海畅游4-7**影响(或可能影响)胎儿或新生儿发育的部分成瘾物质和治疗药品(扫右侧二维码)

心海畅游 4-7

(四)母亲酗酒、吸烟的伤害

1. 母亲酗酒

母亲酗酒很容易产下患有所谓胎儿酒精综合征(FAS)的婴儿。

FAS 婴儿最显著的特征就是一些生理缺陷，例如头小畸形、心脏畸形，以及肢体、关节、面部畸形。FAS 婴儿有可能表现出过度兴奋、多动、富有攻击性、身体震颤等，他们比正常婴儿更小、更轻，生理发展晚于同龄的正常婴儿。大多数出生时具有 FAS 症状的个体在童年期和青少年期的智力低于平均水平，他们中 90%以上的个体在青少年期和成年早期会表现出较多的适应问题。

在不伤害胎儿的前提下，母亲可以喝多少酒？可能比你想象的要少得多。请记住致畸物质的剂量法则：当酒精量最高时——也就是说母亲是一个地地道道的酒鬼时，FAS 婴儿的症状最为严重。即使是中度的"社交饮酒"(每天 30～90 克)，也可能导致某些婴儿的一系列不太严重的问题，这被称为胎儿酒精效应(FAE)。这些效应包括生理发育受阻、轻微的生理畸形、较差的动作技能、注意力不集中和智力表现低下。当母亲偶尔狂饮，每次喝 150克甚至更多时，胎儿患上 FAS 的危险性最大。与不饮酒的母亲相比，即使那些每天饮酒少于 30 克的母亲，她们所生的婴儿的智力发展也稍微落后。对 FAS，没有一个明确的关键期，怀孕前期饮酒与怀孕后期饮酒同样危险。1981 年，美国外科医生协会总结说，任何数量的饮酒都不是绝对安全的，建议怀孕的母亲一点儿酒也不要喝。

2. 母亲吸烟

吸烟会增加自发性流产或新生儿死亡的危险，并且是胎儿发育缓慢和出生低体重的主要原因。吸烟时吸入的尼古丁和二氧化碳不仅被输送到母亲的血管中，还会被输送到胎儿的血管中，从而损害胎盘的功能，特别是影响氧气和养料向胎儿的输送。母亲每天吸烟越多，自发性流产和生低体重婴儿的危险就越大，很明显这些事件是有关联的。如果父亲吸烟，新生儿体形也可能因此小于正常水平。为什么呢？因为母亲和吸烟者住在一起，是"被动吸烟者"，她所吸入的尼古丁和二氧化碳能阻碍胎儿的发育。

研究发现，那些母亲在怀孕期间吸烟或父母一直吸烟的孩子的体形往往小于正常水平，他们更易患呼吸道疾病，到了儿童早期，其认知操作水平要低于那些父母不吸烟的同伴。对于吸烟者的孩子与不吸烟者的孩子之间的差异的研究表明，这些差异一般都比较小，而且一旦控制了母亲酗酒和使用其他药物的影响，这些研究往往很难发现差异。尽管如此，已经有足够的证据表明孕妇吸烟可能会危及胎儿。基于这些原因，如今医生一般都会建议怀孕的妇女和她的伴侣戒烟，如果不能长期坚持，至少应在妇女怀孕期间停止吸烟。

(五)母亲情绪状态的影响

大多数母亲对怀孕感到快乐，但有些则不然。母亲的看法和怀孕时的感觉是否对胎儿有影响呢？

事实上，母亲怀孕时的心情的确可能对胎儿有影响，至少在一些个案中表现如此。当母亲的某种情绪被激起时，她的腺体会分泌作用非常大的激素，如肾上腺素。这些激素可以通过胎盘屏障，进入胎儿的血管，提高胎儿的动作活动水平。短暂的压力性事件，如跌倒、恐怖经历或吵嘴一般对母亲和胎儿没有什么危害性的影响。但是，长期的、严重的情感压力可能阻碍胎儿生长发育，导致早产、婴儿低体重和其他出生并发症。一些研究者发现，处于高度压力下的母亲所生出的孩子可能过于活跃、易怒，饮食、睡眠和排泄习惯没有规律。对恒河猴的实验也表明，母猴压力与小猴出生低体重或行为失调之间有因果关系。

情感压力是怎么阻碍胎儿生长、导致婴儿出现各种问题的呢？长期压力与发育迟缓和低体重之间的联系可能暗示着压力会对激素分泌产生影响，从而阻碍血液向大肌肉的输送以及氧气和养料向胎儿的输送。压力也可能弱化母亲的免疫系统，使母亲和胎儿更容易受到传染性疾病的影响。处于情感压力下的母亲更有可能营养不良、吸烟、酗酒和吸食毒品，这些因素都可能阻碍胎儿的生长发育，导致婴儿出生低体重。母亲在怀孕期间所经受的某些压力在婴儿出生后仍然可能存在，从而降低了她对婴儿需求的敏感性，再加上婴儿本身就易怒，不易对逗弄产生反应，这些可能使得婴儿的问题行为长期存在。

(六)父母亲所处环境的影响

1. 辐射

1945 年原子弹在日本爆炸后不久，科学家们开始意识到辐射的致畸影响。在爆炸现场 800 米之内的孕妇生出的都是死胎；距离爆炸现场 2000 米的孕妇中有 75%的孩子严重残疾，不久就死去了；那些活下来的婴儿通常智力落后。

没有人能准确知道多大数量的辐射才会对胚胎或胎儿具有危害作用；暴露于辐射之中的婴儿即使出生时看起来正常，以后出现并发症的可能性也不能被忽视。因此，医生往往建议孕妇除非迫不得已，不要进行 X 射线检查，尤其是子宫和腹部更要避免 X 射线辐射。

2. 化学物质和污染

怀孕妇女在日常生活中不可避免地会接触到各种潜在的有毒物质，包括有机染料和颜料、食品添加剂、人工合成的甜味剂、杀虫剂和装饰产品，其中一些已被确知对动物具有致畸作用，更多可能有危险的化学添加物的作用仍有待确定。

在我们所呼吸的空气和饮用的水中也存在污染物质。例如，孕妇可能暴露于高浓度的铅、锌、汞和锑之中，这些污染物质通过工业过程排放到空气和水中，也可能存在于家用油漆和水管中。这些重金属对成人和儿童的生理和心理健康具有伤害作用，并对发育中的胚胎或胎儿具有致畸影响(导致生理畸形和智力落后)。PCB(多氯化联二苯)也是一种危险的化学污染物(现在法律已经禁止使用，以前曾被广泛应用于塑料和复写纸的生产中)。雅各布森和他的同事发现，即使由于母亲食用被污染的鱼，从而接触到低水平的 PCB 物质，也能导致新生儿体重低于正常水平，其反应性和神经成熟也比未吃被污染的鱼的母亲所生的婴儿低，这些儿童 4 岁时在短时记忆和言语推理能力测试中表现仍然很差，其缺陷程度与他们在出生前所接触的 PCB 物质量呈正比。

父亲暴露于含有毒物质的环境中也可能影响所生的孩子。对各种职业的男性的研究表明，长期暴露于辐射、麻醉气体和其他有毒化学物质之中可能损害父亲的染色体，增加胎儿早产或出现各种基因缺陷的可能性。如果父亲严重酗酒或使用毒品，即使母亲不喝酒，也不使用毒品，他们也有可能生出一个低体重儿或有其他缺陷的婴儿。为什么呢？原因可能是某些物质(如可卡因、酒精、PCB 和其他有毒物质)可以直接影响活着的精子细胞，或者导致其发生变异，从而导致从母亲怀孕的那一刻开始，孕期发展就处于危险之中。总的来说，研究表明：环境中的有毒物质可能影响父母双方的生殖系统，母亲和父亲都应该尽量避免接触致畸物质。

三、"胎儿能接受胎教"——胎儿的活动和能力的发展

胎儿并非像人们想象的那样消极、被动。胎儿是个活生生的个体，持续不断地与环境接触，大脑迅速发育，从而控制各种感觉器官。最近对新生儿的研究显示，所有的感官在怀孕期间已经开始起作用了。

(一)出生前感觉器官的丰富发展

(1) 触觉。皮肤是第一个也是最重要的感觉器官，大约在怀孕后 7～8 周完成。触觉是胎儿本身接触环境的第一个也是最重要的信息来源。胎儿生活的四周被羊水包围着，他的活动、脐带、小手接近嘴巴的种种现象，很明显地表明，触觉是不断被刺激且和环境有关的。它是沟通的渠道。

触觉也是一种相互作用。法兰斯·维德曼(Frans Veldman)是触觉沟通研究机构的创始人，他建议父母用手触摸母亲的腹部，尽力使它有一点压力，从第 4 个月开始，可以注意到胎儿的反应。这个活动应每天进行，以唤醒父母对子宫内活生生的胎儿的敏感度以及胎

儿的"产前情感依附",这是建立出生后情感关系的基础。

(2) 嗅觉。嗅觉在怀孕第 2 个月就能起作用。很多物质(来自母亲的食物)传入羊水中,这些物质能产生嗅觉记忆,以后可能促进在断奶时期接受这些食物。

(3) 味觉。味觉在怀孕第 3 个月开始积极活动。甜或苦的东西进入羊水后,胎儿会吞咽或做苦相、移动身体,显示胎儿认得各种不同的味道。这些都会促进胎儿在环境中对食物的接受。

(4) 听觉。耳朵在怀孕第 2~5 个月发育完全,由音叉所传导的声音会引起胎儿心跳加速。一位实验人员曾报道说,胎儿在听到两块木板的拍打声时会跟着转动。另一项研究发现,在妊娠第 13 周的时候,在母亲腹部附近响起铃声,便会引起痉挛性的胎动。这些活动和乳儿期所观察到的称为莫罗反射的惊跳十分相似。胎儿时期大量的听觉刺激是很重要的,包括内部和外在的声音。若干内部的声音一天 24 小时产生(母亲的心跳和呼吸),而其他的声音随生活环境的不同而不同,如父亲的声音、音乐声、交通声音等。

胎儿会吸收母亲特殊的语言特征——语调,这就是说胎儿已经在开始学习语言了。法国的彼特维(Pithiviers)和音乐家玛莉(Mary)指导孕妇经常听或唱所谓的母性歌曲。研究表明,声音不但由胎儿耳朵接收,而且他的整个身体都会接纳声音。这就是说声音震动能提供活力,协助维持神经与生理的平衡。深沉的声音可以被腿部所感觉,高兴的声音主要被胸部、手臂与头部所感觉。"心理语音"的实验已经证实,在出生前接受这种刺激的胎儿,出生后腿部和手的动作发展得很好。

和胎儿说话很重要,唱歌给他听也同样重要,这种刺激会给胎儿的大脑及全身传递信息。同时,母亲也能从歌唱中强化横膈膜以及所有胸部和骨盆的肌肉,这些肌肉的强化可使生产的过程更顺利。

(5) 视觉。眼睛在怀孕第 4 个月就具备了。子宫并不像人们想象的那么黑暗,它会随着气候和母亲的生活方式而有很多变化。

(二)胎儿自己的经验

胎儿时期,通过各种感官的丰富发展,胎儿开始建立自己的"身体图像"。所谓"身体图像",即我们用触觉和自我观察,发展身体图像,使我们不断对体重、温度、位置和身体体积保持灵敏的信息。身体图像的知觉帮助我们界定自己的位置,我们能够开始把自己的身体从外在环境中区分开来。胎儿身体图像发展是通过感知羊水的体积、脐带的大小和位置来实现的。胎儿通过四肢运动(特别是手的运动),感受子宫壁的存在,从而获得子宫内的各种不同的经验。

人类在空间的活动,从胎儿时期开始,这种活动对达到必要的分离具有很大的帮助。胎儿越能感受他自己与环境有所不同,往后就越能在分享的环境中成为一个独立的个体。

(三)胎儿的意识状态

人至少经历两种不同的意识情境或状态:"睡眠"或"清醒"。睡眠时,我们会做梦。做梦时,眼球快速转动,称为快速眼动(REM)睡眠。几乎 25%的睡眠时间花在做梦上,每90 分钟出现一次 REM 周期,每次持续 15~20 分钟。

这些不同的意识状态如何影响胎儿呢?

一项使用精密装置的研究显示,REM 睡眠始于怀孕第 7 个月的末期(第 28~30 周),约在第 32 周胎儿花 70%的时间处于这个状态。到怀孕末期，REM 睡眠期约占 50%，其余则为无梦睡眠和清醒状态。为什么胎儿花这么多的时间做梦呢？REM 睡眠期是已经完成的神经系统的内在刺激作用。在这种状态下，胎儿的眼部肌肉、心脏和其他器官剧烈活动，血压也升高，此外，呼吸作用和呼吸运动加速进行(不需要消化羊水)，这些都是在为出生后立即需要的呼吸方式作准备。胎儿梦到些什么呢？至今仍是个值得探讨的问题。

(四)出生前的准备

怀孕第七个月，胎儿发展的程度使其离开母体也能存活，正是在这个时候，胎儿开始打点行囊。

(1) 胎儿开始积累来自母体的抗体，以抵制外界细菌和病毒。

(2) 胎儿头部向下转动。

(3) 在皮下储存相当的脂肪，以适应外界环境中温度的变化。

(4) 胎儿动作变得较激烈且频繁，子宫容量在怀孕末期成长迅速。这些都使母亲的注意力集中在胎儿身上，提醒母亲，胎儿快出来了，她必须准备好迎接她(他)。

(5) 胎儿的睡眠状态变得更类似母亲的日夜节奏，准备出生后白天黑夜的节律。

胎教是近年来国内外研究的热点。由于胎儿领域受到心理学家的关注，因而形成了一个新分支——胎儿心理学。胎儿心理学对将要成为父母的人而言，几乎从受孕开始就从生物因素、心理因素两大方面来帮助胎儿成长，设法为胎儿发展提供更好的环境，立即开展亲子教育。这对于提高整体民族素质是很重要和必要的，因为先天素质的优劣将影响儿童心理发展的速度、水平和特点。有的研究还表明，呆傻儿童 50%以上是先天因素造成的，因而保证胎儿有正常发育的条件和环境是非常重要的。

心海畅游 4-8

🌐 **心海畅游 4-8** 胎儿期的心理健康(扫右侧二维码)

🐚 **心灵考场 4-2** 预防出生缺陷——对未来父母的核查表

(扫右侧二维码)

心灵考场 4-2

本 章 小 结

儿童出生前是从一个受精卵(即合子)发展而来的。尽管这个合子是否会成为一个新的生命，要受各种条件的制约，但毕竟这种可能性是具备的。

(1) 胎儿自受精卵开始到出生在母体内经历三个阶段，即胚种期、胚胎期和胎儿期。孕期通常是 40 孕周(约 280 天)。

(2) 胎儿心理机能形成主要表现在感觉(视觉、听觉、触觉、嗅觉、味觉等)形成、经验和意识状态等几个方面。

(3) 胎教就是注意遗传、环境和母体三方面因素对胎儿生理和心理发展的影响。其实质是在产前对胎儿的大脑、神经系统及各个生理系统的发育进行积极的环境干预，其目的是促使胎儿的正常发育。

思 考 题

1. 简述胎儿在母体内发育的三个阶段。
2. 简述分娩过程中的药物治疗可能带给胎儿的危害。
3. 什么是胎教？简述影响胎儿发育的母体内外环境。
4. 简述胎儿的活动和能力的发展。

第五章 感知觉、动作、依恋发展的关键期 ——婴儿心理的发展

学习目的及要求

通过本章的学习，了解新生儿生理发展的规律，掌握新生儿无条件反射和条件反射的发展情况；了解婴儿期动作发展的规律和活动的类型，理解婴儿期感知觉、注意、记忆、思维的发展过程和规律；掌握婴儿言语的发展规律，并能够指导照料者对婴儿开展相关语言训练；掌握促进婴儿个体发展的方法，帮助婴儿身心全面健康发展。

核心概念

新生儿(neonates) 习惯化范式(habituation paradigm) 优先注视范式(preferential looking paradigm) 社会化(socialization) 分离焦虑(separation anxiety) 社会性参照(social referencing) 依恋(attachment) 自我意识(self-consciousness)

心灵考场 5-1(扫右侧二维码)

心灵考场 5-1

婴儿的年龄范围是 0～3 岁。这个时期的儿童生理和心理发展都非常迅速，是人生发展的第一个非常重要的时期。

第一节 新生儿的发展

医学上，根据新生儿的胎龄或出生时的体重，把新生儿分成几种类型。按胎龄分类，可以分为：足月儿(胎龄在 37～42 周)、早产儿(胎龄少于 37 周)和过期产儿(胎龄多于 42 周)。按出生时的体重分类，可以分为：正常体重儿(出生时体重在 2500～4000 克)、低体重儿(少于 2500 克)和超重儿(体重在 4000 克以上)。在这里，我们讨论的是正常新生儿，即胎龄在 37～42 周、体重在 2500 克以上、身长在 42 厘米以上者。

一、应激与适应——生存环境的巨大变化

法国产科医师费德里克·拉伯叶(Frederick LeBoyer，1975)曾经把出生过程描述成"无知的痛苦"。出生过程对婴儿来说的确是一场严峻的考验，但很难称得上是痛苦的过程。艾登·麦法兰(Aiden MacFarlane，1977)通过对许多新生儿的仔细观察注意到大部分新生儿相当安静，第一声啼哭后的几分钟就开始适应了周围的环境。因此，出生过程对婴儿来说是一种具有适应性的应激。婴儿不但分泌出活性的应激激素，也为保持清醒状态做好了呼吸准备。同时，一个新的生活空间也展示在婴儿面前。表 5-1 所示为胎儿期与新生儿期生活

的对照。

表 5-1　胎儿期与新生儿期生活的对照

发展阶段	胎儿期	新生儿期
环　境	羊膜水	空气
温　度	相对恒定	随大气而变化
刺　激	最低限度	各种刺激促使所有感官活动
营　养	依靠母体的血液	依靠外来养料和消化系统的功能
氧气供应	由母体血液通过胎盘输入	从新生儿的肺部输入肺血管
代谢排泄	通过胎盘排出	由皮肤、肾、肺和消化道排出

资料来源：黛安・E. 帕普利，萨莉・W. 奥尔兹. 儿童世界(上册). 华东师范大学外国教育研究所，译. 北京：人民教育出版社，1981.

　　除了上述生存环境的改变外，我们还要注意婴儿围产期的环境。围产期环境是指新生儿出生时所处的环境，包括分娩时母亲所用药物、分娩过程中的操作以及婴儿刚出生时的社会环境等的影响。围产期环境是一个非常重要的因素，可能影响婴儿的健康和他/她将来的发展状况。

　　婴儿的出生过程并非总像我们想象的那样顺畅，有三种出生并发症可能对婴儿的发展产生消极影响——缺氧症、早产和低体重。研究显示，出生并发症的严重程度与发展的速度明显相关，出生并发症越严重，婴儿的社会性和智力发展越滞后。这些影响对于他们的父母和他们自己都是一场严峻的考验。从已有的研究数据来看，这些并发症可能是由于生理因素、心理因素以及社会因素等多种因素影响造成的。通过大量的研究，研究者已经为避免并发症的发生提出了一些相应的预防措施。但是，干预工作并不能完全避免这些生育危险的发生，一旦这些问题发生，有些破坏性的后果可能是不可逆转的，如因风疹致盲的婴儿将不可能重见光明。同时，孕期和出生并发症可能留下持久的创伤，特别是这些损伤非常严重时。

　　研究表明，出生后成长环境的影响也很显著。沃纳和史密斯(Werner & Smith)等人的追踪研究表明：如果是在支持性的、刺激丰富的家庭环境中成长，而且至少有一位照料者给予无条件的爱的话，大多数孩子将会表现出一种很强的"自我修正"倾向，并最终克服出生缺陷。

🌀 **心海畅游 5-1** 阿普加量表(扫右侧二维码)

心海畅游 5-1

二、很弱小，但潜力巨大——新生儿生理发展特征

　　伴随着婴儿的第一声啼哭，一个皱巴巴、红皮肤、大约 50 厘米长、重 3～3.5 千克、浑身上下裹着一层黏糊糊的东西的小生灵向世人宣告了他/她的到来。虽然他们看起来不是那么惹人喜爱，但是他们的外表在头几个星期里会发生非常迅速的改善。从解剖生理方面来看，柔软、娇弱是这个时期新生儿的突出特点。

(一)身体的发展特征

一般标准的新生儿，身长约 50 厘米，体重为 3.5 千克左右。男婴往往比女婴略为长些，也略为重些。婴儿出生时的体重会随着母亲生育次数的增加而增加。有一项研究表明，出生时的体格可以粗略地预示以后的体格。一项研究发现，在 13 岁的儿童中，出生时体重较重的人比出生时体重较轻的人长得高和重，腰围和胸围也比较大。

在最初的几天中，婴儿体重下降 10%，这主要是由于体液的损耗。大约从第 5 天起，他/她的体重开始回升，大约在第 10～14 天内，又恢复到出生时的体重。

新生儿很少有皮肤色素沉着。但是他/她也确实略呈粉红色，因为他/她那薄嫩的皮肤刚够盖住在微小的毛细血管里流通的血液。新生儿身上的绒毛很多，因为他/她的胎毛尚未完全脱落。在几天之内，胎毛将全部脱落。

新生儿的头部占身长的 1/4，显得比较大。新生儿的头部还被挤长了，而且有些畸形，这是由于出生时逐渐"变形"，以利于通过骨盆而造成的。他的头部暂时变形是可能的，因为他的头盖骨还没有接合，他的头部六块颅骨还没封闭，存在缝隙，由一层像粗帆布那样坚韧的薄膜覆盖着，称为"囟门"。这些头盖骨要再过 18 个月才能完全接合。由于鼻子的软骨也是韧性的，因此，婴儿通过产道后，在几天内鼻梁看上去是扁平的。

新生儿的内脏器官发育还不太成熟，呼吸弱、心跳快，消化与体温调节机能还不完善。

因此，新生儿需要成人特殊的关怀和照顾。如果年轻的父母们能够事先学习如何科学地育儿，那么在面对这一新的家庭成员时，他们就可以更加轻松愉快地享受为人父母的喜悦之情，同时也可以帮助他们的宝宝顺利地度过人生第一个重要成长阶段。

✎ 父母课堂 5-1

如何预防产后抑郁症

谢丽的宝宝出生两周后，她意识到自己有些不对劲。她现在总是极为易怒、疲乏、爱哭、沮丧，她对此迷惑不解："我这是怎么了？我为什么总是不高兴？"

有两种较普遍的情况：产后忧郁和产后抑郁症。据估计，50%～80%的妇女会出现产后忧郁的情况。这是一种在分娩后的轻度抑郁，通常发生在产后 24～48 小时，又称为"第三天忧郁"，其特点是想哭、睡眠无规律、紧张、生气、容易起急。对绝大多数女性来说，这些反应是正常的，是婴儿降生后调整过程的一部分。忧郁通常很短暂，也不是很严重。

对于某些女性，产后忧郁的时间可能持续更久，成为产后抑郁症的开端。多达 12%的女性在分娩后会出现中度抑郁，一般开始时间在产后 3 个月之内。产后抑郁症的典型症状是情绪不稳定、失望和不满足感，母亲无法照料新降生的宝宝。这种抑郁可能持续 2 个月到 1 年。产前的压力和焦虑，以及对抚养孩子的消极态度，都会增加出现产后抑郁的可能性。激素的改变可能也是原因之一，因为雌激素水平在分娩后会下降，从而改变人的心境。

如何预防产后抑郁症呢？患该症的女性容易觉得自己不能得到丈夫及家人的支持，因此，得到社会支持是一个重要因素。在临床前，对准父母们进行有关产后抑郁症和相互支持的价值观教育，将有助于预防产后抑郁症。一个具体方法就是为上班族父母提供足够的产假，使他们有时间在一起，并建议其他家人多提供帮助，以降低产后抑郁症发生的风险。

🎐 **心海畅游 5-2** 婴儿的发展原则(扫右侧二维码)

(二)大脑和神经系统的发展特征

心海畅游 5-2

人类个体发育在某种意义上重复着物种进化的过程，从胚胎到成熟、从婴儿到成人，个体生长也是由神经系统和脑的发育所决定的。个体身体各系统的生理功能，按其成熟的自然规律由神经系统的成熟和规律所支配，个体心理的发展也受神经系统和脑的成熟和规律的制约。

在人类生命早期，大脑就以一种惊人的速度生长，在母亲怀孕的第 6～7 个月时，胎儿已具备了脑的基本结构，只是直至出生时，脑和神经系统的发育还不完善。从母亲怀孕的第 7 个月开始到 1 岁期间，大脑每天增重 1.7 克。新生儿的脑重大约已有 300～390 克，相当于成人脑重的 1/4(成人脑重约 1400 克)，神经元已经超过 1000 亿个，皮层面积增长到占成人脑的 42%，大多数沟回均已出现。

🎐 **心海畅游 5-3** 神经元(扫右侧二维码)

心海畅游 5-3

尽管估计的数值总在变动，但婴儿出生时的神经元一直在 1000 亿到 2000 亿这个范围之间。为了达到这个巨大的数目，神经元在出生前就以惊人的速度进行分裂。一些观点认为在产前发展中，神经元就以每分钟产生 250000 个神经元细胞的速度进行分裂。

大脑重量的增加是一个相当粗略的指标，对于大脑如何发育以及影响其他方面的发展等问题，我们还需要从新生儿大脑和神经系统的发育特征来研究。

新生儿神经细胞的体积比较小，神经元结构比较简单，神经纤维短而少。同时，新生儿神经系统的忍受性很差。新生儿每天要经历六种觉醒状态(见表 5-2)。在出生后的头 1 个月，新生儿能很快从一种状态变为另一种状态，母亲喂奶时要经常看看刚刚还清醒的婴儿是不是睡着了。新生儿 70%的时间(每天 16～18 小时)处于睡眠状态。从出生前的最后 2 周到出生后头 2 个月的时候，新生儿至少有一半的睡眠时间处于快速眼动睡眠状态(这是一种不规则的活跃睡眠状态)，但是这种睡眠状态在最初几个月里又会迅速减少，所以很少有婴儿在养成规律性睡眠方面遇到问题，除非他们神经系统某个方面出现异常。

新生儿的大部分神经纤维还未髓鞘化，具体表现有，新生儿的兴奋易泛化，对外界事物较难做出精确的反应，如身体的一个部位受刺激，就会引起全身性的动作反应；神经系统的调节功能也很差，表现为动作混乱、没有秩序，有些新生儿两只眼球的运动也不协调，有时一眼看左，一眼看右。另外，呼吸、心跳、肠胃活动也不规则。

此时，大脑的所有部位以不同的速度迅速地生长。出生时，发育最好的区域是脑的低级中枢(皮层下)，这些中枢控制着觉醒、新生儿反射和其他生命所必需的功能，如消化、呼吸和排泄。另外，大脑最先发育成熟的部位是初级运动中枢，它控制着婴儿的视觉、听觉、味觉和嗅觉。因此，新生儿能够对外界刺激做出反射，具有感知运动能力，是因为新生儿只有这些感觉和运动区域功能良好。

婴儿出生时大脑就已经开始"分工"了，最早期的表现就是新生儿仰卧时头部向单侧倾向。研究者发现大多数新生儿仰卧时向右翻，而不是向左翻，这些婴儿以后也倾向于用右手够物体。但这不意味着大脑已经完全分化，而是随着年龄的增长大脑的偏侧化倾向才会表现得越来越强。

表 5-2　新生儿的觉醒状态

状　态	描　述	每天持续时间(小时)
有规律的睡眠	婴儿是安静的，合眼一动不动；呼吸慢而均匀	8～9
不规律的睡眠	婴儿的眼睛是闭着的，但是可以观察到眼球在眼皮底下转动(这种现象被称作快速眼动)；婴儿对外界的刺激会惊厥或做痛苦状；呼吸可能不均匀	8～9
瞌睡	婴儿时睡时醒，眼睛时睁时闭	0.5～3
警觉性安静	婴儿的眼睛睁得很大、很机灵，主动搜索周围环境；呼吸平稳；身体相对不活跃	2～3
警觉性活跃	婴儿眼睛睁着，呼吸不均匀，可能变得烦躁，表现出各种突然的、弥散性的活动	1～3
啼哭	哭得很急，可能很难制止，伴随着高水平的动作活动	1～3

资料来源：罗伯特·费尔德曼. 发展心理学——人的毕生发展.4 版. 北京：世界图书出版社.

虽然新生儿的大脑发育比胎儿期时更为成熟，但他们为了适应变化了的环境，主要还是依靠低级中枢实现的本能活动——无条件反射。

三、出生就有的能力——新生儿的无条件反射

如今我们已经知道新生儿已经为生活做好了充足的准备，他们出生时已具有的能力——一整套有用的无条件反射系统就是有力的证据之一。一些反射的出现与消失也是新生儿神经系统正常发育的证明。

反射是指对刺激的一种自发和自动的反应。无条件反射是指一种在未经学习的情况下就能对刺激引起某种特定反应。新生儿有十多种无条件反射。心理学家对新生儿无条件反射进行了分类，将其中比较精细和复杂的无条件反射称为"生存反射"(Berne，2003)，将另外一些不像生存反射那样对新生儿有用的无条件反射称为原始反射，如游泳反射、抓握反射、巴宾斯基反射以及行走反射等。正常情况下许多原始反射在几个月内就会消失。但是对发展学家而言，这些原始反射是诊断婴儿神经系统发展的重要指标。

🔵 **心海畅游 5-4** 生存反射(扫右侧二维码)

具体来说，新生儿的无条件反射有以下几种。

(1) 无条件食物反射。这种反射包括觅食、吸吮、吞咽反射。当乳头或类似乳头的东西碰到新生儿的面颊或嘴唇时，他就会转头张嘴，做吸吮动作；食物进入口里就会咽下去。

心海畅游 5-4

(2) 无条件防御反射。如眨眼反射就属于此类反射。当强光刺激眼睛时，新生儿会自动闭上眼睛或将头转向背光处；当刺激物触及眼睑或睫毛时，新生儿头向后仰并眨眼。打喷嚏、呕吐也是无条件防御反射。

(3) 无条件定向反射。当新异刺激(如大的声音和鲜艳的物体)出现时，新生儿会自动把头朝向它或停止正在进行的活动，好像在探究"这是什么?"，这便是无条件定向反射。

生存反射不仅能保护新生儿避免不良刺激的伤害，帮助他们满足基本需要，而且这些反射对他们的照料者也有非常积极的影响。

人类的生存能力是以大脑的巨大进化和心理、智慧功能的高度发展为前提的，但脑的活动本质和适应功能是在有机体与环境的相互作用中得到发展和体现的。新生儿的大脑在胎儿期不可能完全成熟，身体各系统发育的最终完成，特别是脑和神经系统发育的最终完成，是在出生后与环境相互作用中实现的。这也就意味着新生儿的先天反射功能对他们的生存已不存在独立的、绝对的意义。

四、学习从现在开始——条件反射的出现

(一)新生儿的经典条件反射

经典条件反射是新生儿的一种学习方式。在经典条件反射中一个中性刺激最初伴随着有意义的非中性刺激出现，反复几次之后，这个中性刺激就能够引起那些原本只能被非中性刺激引起的反应。Lewis Lipsitt 和 Herbert Kaye(1964)将一个中性声音(条件刺激)跟奶嘴(能引发吮吸行为的非条件刺激)匹配起来呈现给刚出生 2~3 天的新生儿。经过数次反复的条件作用之后，即使奶嘴不出现，新生儿只听到这个中性声音也会表现出吮吸行为。显然，一个原本不能引发吮吸行为的刺激物(声音)引发了新生儿的吮吸行为，因此，这是一种经典条件反射。

新生儿最先形成的条件反射，都是在无条件反射的基础上建立起来的。随着新生儿的成长，条件反射可以在已经巩固了的条件反射的基础上建立起来。新生儿经典条件反射的特点为：刚出生几周的新生儿的经典条件反射有很大的局限性，条件作用只可能在那些关系到生存的生理反射上发生作用，如吮吸；由于新生儿的信息加工速度非常慢，他们比年龄大的婴儿需要更长时间才能形成经典条件反射。

尽管有早期信息加工速度的局限，但经典条件反射确实是新生儿的学习方式之一，他们借此来标识在中性环境中哪些事情是同时发生的，并且可以学到很多重要知识，如奶瓶和乳房能提供乳汁，或者知道一些人(主要是抚养者)能给自己温暖和抚慰。

(二)新生儿的操作性条件反射

操作条件反射是指学习者首先表现出某种反应(操作外界环境)，然后将这种行为与其导致的愉快或不愉快的后果相联系。这种反射对人类发展有着重要的意义，因为我们更倾向于重复那些能产生令人高兴的结果的行为，抑制那些导致不良后果的行为，这对我们进一步学习辨别客观事物会很有帮助。

研究者发现，婴儿甚至早产儿都容易受到操作性条件反射的影响。同经典条件反射一样，新生儿表现出成功的操作性条件反射多局限于极少数有重要意义的自己能控制的生理行为上(如吮吸、转头)。另外，受信息加工速度非常慢的制约，他们的学习速度很慢，因此，教出生 2 天的新生儿学习朝右转头这个动作，当他们做对时就给他们喝乳汁的实验显示，他们平均需要经过 200 次尝试才能成功，而大一些的婴儿学习的速度就会快很多。随着新生儿的生长，他们对操作性条件反射越来越敏感。

第二节　婴儿心理的发展

婴儿期是一段非比寻常的时期，这个时期的孩子们正逐渐融入他们周围的世界。心理学家们考察了婴儿多个方面的发展情况，并试图解释这其中的很多问题。

一、"长得很快的时期"——婴儿生理的发展

短短 1 年，婴儿就摆脱了新生儿时期孤立无助的状态，并发生了很大的变化。婴儿将会伴随着成长掌握更多活动的技能，并逐渐走向独立。让我们看看导致这种成长变化的直接因素——婴儿生理的发展。生理发展是指婴儿身体和神经系统在形态、结构及其功能方面的生长发育过程。

(一)身体发育

婴儿期是个体成长的快速期。婴儿身体各部分呈现出不同的增长速度，导致婴儿的体形发生了变化。正如上一章提到的，新生儿的头部约占整体的 1/4，到了 24 个月时，婴儿的头部仅占整体的 1/5。

到 6～7 个月的时候，其成长发育到了一个新的里程碑，新生儿开始长牙。长牙是一个渐进的过程，从只有光秃秃的牙床到满嘴白亮的牙齿，这个过程大约需要 3 年时间。对于婴儿和照料者来说，乳牙出牙的过程是极为痛苦的。婴儿可能会因为长牙的不适感而表现出烦躁不安、脾气暴躁。

这个时期伴随着大肌肉的发展，婴儿逐渐能独立行走，活动范围增大，运动量增加，骨骼也在迅速成长。

(二)神经系统的发展

在生命的早期，大脑就开始飞速地生长。母亲怀孕的最后 3 个月和婴儿出生后的前两年被称为大脑发育加速期。

1. 婴儿大脑的形态发展

从母亲怀孕的第 7 个月开始到 1 岁期间，大脑每天增重 1.7 克。1 岁脑重 900 克；2 岁脑重增至 1000～1150 克，约占成人脑重的 75%。此后增长速度减缓。

脑细胞发育逐渐完善，大脑皮质层次扩展，神经纤维继续加长，突触数量增多。神经纤维髓鞘化进程加快，从最早髓鞘化的感觉神经向运动神经发展。大部分神经纤维将在 2 岁前完成髓鞘化进程，少部分髓鞘化较晚，如网状结构、丘脑非特异投射系统和脑皮质的联合束，要延续到更晚的阶段才能完成。从脑部整体功能来看，保证婴儿生理功能等维持生命的部位在早期已经形成，而负责高级心理过程如思维和推理之类的部位，将会在稍后的阶段完成。

在生命的头两年中，婴儿的神经网络逐渐变得复杂，并互相联结。

2. 婴儿大脑的机能发展

婴儿大脑的形态发展，为其脑机能发展提供了重要的物质基础。婴儿大脑是按照基因

结构的顺序而发展的，遵循着头尾原则和远近原则。婴儿出生时大脑两半球还不能正常发挥功能，皮质处于弥散状态。

皮质抑制机能发展是婴儿神经系统发展的主要表现。在整个婴儿期内，皮质抑制机能与仍占显著优势的皮质兴奋机能将会越来越趋于平衡。这有助于改善皮质对皮下的控制调节作用，神经系统更加集中，有利于对外界事物进行分析综合，从而进一步促进婴儿心理过程的发展。但由于抑制过程远远弱于兴奋过程，它们之间的这种不平衡将会导致婴儿情绪容易激动，注意力不集中、不稳定，易受外界刺激影响，不能长时间从事一种活动。

大脑两半球单侧化是婴儿期大脑分化发展的重要标志。大脑单侧化就是在其大脑某个半球建立特定功能的过程。例如，左利手和右利手倾向在 2 岁时就已经建立起来了。到 3 岁时，90%的婴儿表现出了大脑的不对称性。随着婴儿的成长，这种大脑单侧化倾向将导致大脑两半球的更大差异。

🌐 **心海畅游 5-5** 大脑的单侧化(扫右侧二维码)

心海畅游 5-5

3. 大脑的可塑性——后天环境与大脑的发展

大脑的可塑性是指发展中结构或行为随着经验改变的可修改程度。婴儿脑的大小和功能都受后天经验的影响和制约。心理学家们仍在探讨极度贫乏或丰富的环境将如何影响儿童的未来发展的问题，多数学者认为养护者通过很多简单的方式，如搂抱婴儿、对婴儿说话和讲故事，或者和婴儿一起唱歌、玩耍都会为婴儿提供具备丰富刺激的环境，将会促进婴儿大脑的健康发展。

心灵小品 5-1

可怜的珍妮

1970 年，美国发现一名环境被严重剥夺的 13 岁女孩珍妮。珍妮出生时很正常，但从出生后的第 20 个月开始被暴虐的父亲监禁在小屋里，从此与世隔绝，直到 13 岁才被解救出来。在随后的 8 年里，科学家对她进行了系统的研究和教育。结果表明，珍妮由于早期环境剥夺，大脑的发育受到了严重的永久性的伤害，已无法完全恢复。

发展中的大脑是十分容易受损伤的。珍妮的环境剥夺从早期长达 11 年之久，是一个极端的例子。在大量的临床病例中，婴幼儿被"环境剥夺"引起的不良发育情况很多，如语言、行走能力低下，但像珍妮这样严重的病例很少见。

大脑可塑性的另一种表现就是大脑的可修复性。婴儿脑损伤后，大脑可以通过某种类似学习的过程而获得一定程度的修复。但这种神经细胞的修复或者说是补偿效果只有在早期发现、早期补救才有可能。婴儿期获得性失语症引起的言语能力丧失，大脑右半球可能产生代偿性作用。在儿童 5 岁以前，大脑任何一侧的损伤都不会导致永久性语言能力丧失，因为语言中枢可以由另一半球很快地起代偿作用，从而得以功能修复。

二、心灵才能手巧——婴儿动作、活动的发展

婴儿动作的发展一开始就和动物动作的发展采取了完全不同的路线。动物降生不久，

动作能力就发展得很好，可以自由行动起来。人类幼儿在出生后的几个月中仅有两种身体活动，一种是在人类种族进化过程中遗传下来的吸吮、觅食、抓握等一系列反射动作；另一种是一般性的身体反应活动，如蹬腿、挥臂、扭动躯干等。一般性身体反应活动是婴儿自发的，既无目的，也无秩序，身体活动所涉及的躯体部分极广，这些自发性的舞动是日后动作发展的基础。

(一)婴儿动作的发展规律

婴儿动作的发展是在脑和神经中枢、神经、肌肉控制下进行的，因此儿童动作的发展和儿童身体的发展、大脑和神经系统的发展密切相关。儿童身体的发展有先后次序，儿童动作的发展也表现出一定的规律。

1. 从上至下

儿童最早发展的动作是头部动作，其次是躯干动作，最后是脚的动作。儿童最先学会抬头和扭头，然后是翻身和坐，接着是手和臂的动作，最后才学会腿和足的运动，能直立行走和跑跳。任何一个儿童的动作发展总是沿着抬头—翻身—坐—爬—站—行走的方向成熟的。

2. 由近及远

婴儿动作发展从身体中部开始，越接近躯干的部位，动作发展越早，而远离身体中心的肢端动作发展较迟。以上肢动作为例，肩头和上臂首先成熟，然后依次是肘、腕、手、手指的动作。下肢动作也是如此。

3. 由粗到细，或者说由大到小

生理的发展从大肌肉延伸到小肌肉，因此婴儿先学会大肌肉、大幅度的粗动作，以后才逐渐学会小肌肉的精细动作。新生儿只会弥漫性的"臂挥腿舞"。4～5个月的婴儿要取面前放着的玩具往往不是用手，而是用手臂甚至整个身体。随着神经系统和肌肉的发育，加之儿童大量的自发性练习，动作逐渐分化，儿童开始学习控制身体各个部位小肌肉的动作。他们在身体某部分受到刺激后能控制仅由有关部分做出相应的动作反应，而抑制身体其余部分的动作，使反应更加专门化。儿童用手握铅笔自如地一笔一画地写字，往往到6～7岁才能做到。

(二)婴儿动作的发展情况

婴儿动作的发展一般分两个部分，一个是粗大动作技能的发展；另一个是精细动作技能的发展。

1. 粗大动作技能的发展

出生后第1年，婴儿在控制自身运动和动作技能方面有了巨大进步。相对于其他幼年动物在出生后不久即可跟随母亲觅食并做到食物自给而言，人类婴儿处于不利境地。但是，婴儿不能自己移动的状态并不会持续很长时间。到第1个月结束时，大脑和颈部肌肉已经足够成熟，大多数婴儿已达到自己动作发展的第一个里程碑——俯卧时可以抬起下巴。不久以后，如果有人扶着，婴儿可以抬起自己的上半身、伸手够物、翻身以及坐立。

在 1 岁半以前，不是每个婴儿都能直立行走。此时成人给予特别的帮助和适当的行走训练，很快婴儿就可以到处走动了。在将满 2 周岁时，儿童能掌握行走的技巧，在平坦的道路上能够自如地行走。独立行走是婴儿发展的一个重要里程碑。

大多数婴儿的动作发展遵循顺序发展的模式。尽管儿童发展的一般顺序相似，但在出现某一能力的年龄上个体间存在着很大的差异。

📖 **父母知识窗 5-1** 让人头疼的学步车(扫右侧二维码)

父母知识窗 5-1

2. 精细动作技能的发展

出生后第 1 年，婴儿的精细动作技能也得到了很大的发展，特别是自主够物动作和手的操控技能的发展。

1) 自主够物动作技能的发展

在第 1 年里，婴儿够物和操控物体的能力发展得特别迅速。婴儿学会整合手部和手臂动作所需的时间，要比学习腿部动作来得久。不过就像踏步模式，婴儿的抓握反射动作是与生俱来的。婴儿的小手可以紧握，但是无法放开。至于伸手拿东西则需要更好的协调能力。伸手拿东西是婴儿身心发展的重要里程碑，婴儿通过手部运动来与世界进行积极互动。婴儿最初的前够物动作协调性很差。2 个月时婴儿的够物技能和抓握技能甚至出现了退化，先天的抓握反射消失，前够物动作发生的频率也在下降，但是这预示着自主够物行为的出现。3 个月或更大的婴儿在伸展胳膊并在空中纠正动作时表现出了新的能力，动作的精确性逐渐提高，他们逐渐可以准确地抓握物体。在够物动作方面，婴儿不但表现出明显的个体差异，同时也表明够物动作技能并不是一种简单的程序运行过程。

2) 手的操控技能的发展

4～5 个月大的婴儿一旦能够很好地坐着，就开始向内侧够物，用双手抓握感兴趣的物体，探索活动也将不断变化。他不是简单地拍打和抓握物体，而是把物体在两手之间灵活地进行转换，或者用一只手握住物体，用另一只手拨弄物体。实际上，手指活动可能是 4～6 个月大的婴儿获得有关物体信息的最主要手段。

6 个月之后，婴儿手指的技能有了较大提高，他们在根据所探索物体的性质进行有针对性的动作活动方面变得相当老练。精细动作技能的复杂性在继续发展。11 个月大时，婴儿能够从地上捡起小弹球之类的物体——照料者尤其需要注意这些物体，因为这些物体接下来很可能会被婴儿放进嘴里。快 1 岁时，婴儿开始用拇指和食指捏物体和把玩物体，即钳形抓握——拇指和食指形成一个圈，像钳子一样。钳形抓握使婴儿从一个摸索者变成了一个技能熟练的操控者，不久就可能掌握抓虫子、拧把手开门、拨打电话号码等动作，并由此发现自己能用新获得的灵巧的双手技能达到任何想要的结果。

🌐 **心海畅游 5-6** 婴儿手的动作发展顺序、婴儿期儿童精细动作——适应性的发展(扫右侧二维码)

心海畅游 5-6

(三)早期动作发展对婴儿心理发展的意义

一旦婴儿获得了够取和抓握感兴趣物体的能力，特别是在他能够通过爬行或行走来探索这些物体以后，他们探索世界的活动会越来越丰富。这对促进他们的发展有着重大的意义。动作的发展，使婴儿从躺着的姿势"解放"出来，同时逐渐摆脱成人的怀抱，接触客观事物由被动向主动发展，开始练习自己的活动。因此早期动作的发展对婴儿心理发展具有重要意义。

(1) 动作发展是婴儿心理发展的源泉或前提，也是婴儿心理发展的外部表现。

婴儿运用已有的动作模式和感知觉对外界刺激作出反应，获得对环境的最初的知识。没有动作，婴儿心理就无从发展。同时，婴儿动作的发展也反映着心理的发展水平，通过对动作发展的研究，可以了解婴儿心理发展的内容和程度。

(2) 动作的发展促进婴儿认知能力的发展，为初步思维活动作准备。

自主爬行和行走可以使婴儿更好地注意到视动现象——婴儿对视觉范围内物体移动以及前后变化的知觉。婴儿翻身、爬行、走动，以及伸手够各种物体、抓握的过程中，形状知觉、距离知觉、深度知觉都能得到发展。空间知觉是由运动觉和视觉的联系来实现的，行走动作为这种联系的形成准备了条件。多方面接触物体的过程，也引起婴儿思维活动的产生。

(3) 动作的发展使婴儿心理得到极大满足，这种积极的心理状态又将推动婴儿更积极地去探索新的天地，接触更多的新事物，以得到更大的心理满足。

(4) 动作的发展为有目的活动(游戏和早期学习)准备条件。

随着婴儿成长，游戏将逐渐成为他们活动的主要内容。他们将在游戏中学习运作和发展各种技能，而且在不断地探索了解外部世界。

(5) 动作的发展促进婴儿的独立性。伴随着动作技能的提高，婴儿探索世界的范围将逐渐扩大。这不但能帮助他们深入了解这个世界，也让他们不断地提高独立应对问题的能力。

(6) 动作技能的发展是婴儿健康发展的重要标志，同时动作技能的发展加深了婴儿与父母之间的情感体验，促进了婴儿社会性和社会交往能力的发展。

父母通常会为婴儿不断出现的动作技能感到高兴，这些动作技能不仅说明婴儿的发展是正常的，而且还使得那些令人愉快的社会互动(如拍手、追逐、捉迷藏)成为可能。同时，婴儿与周围人的交往从依赖、被动逐渐向具有主动性转化。动作的发展可以诱导婴儿社会交流能力的发展。

总之，人类发展是一个整体的过程，动作技能的发展对其他方面的发展有非常显著的影响。

父母知识窗 5-2 做好婴儿动作训练，避免感觉统合失调
(扫右侧二维码)

父母知识窗 5-2

心海畅游 5-7 您的孩子感觉统合失调吗？(扫右侧二维码)

心海畅游 5-7

父母课堂 5-2

感觉统合失调的家庭训练疗法

感觉统合学习贯穿人的一生，每个孩子都需要。感觉统合不足的孩子在幼年时也许症

状不明显，可是到了学龄期，在学习能力方面就可能会显得有些笨拙、人际关系敏感、社交能力差、害羞、退缩、心理素质差，等等，这些现象往往造成高智商、低情商、低成绩，让家长和教师非常操心。在儿童成长过程中许多不满意的事可以重做，唯有感觉统合不足的现象不能，因此，如果错过了孩子的最佳训练时机将遗憾终身、无法弥补。

感觉统合训练：最佳预防期为0～6岁，最佳调整矫正期为7～11岁。

有些家长因为工作忙碌没有时间带孩子去感觉统合训练馆，那么在家也可以进行一些简单的训练。

1. 爬行

七八个月大时，孩子应该慢慢学会爬行，通过不断努力地抬头、仰脖子，来锻炼前庭觉。向前爬行的过程对孩子来说也是一个探索的过程，能够提高孩子的手眼协调、视听能力。因此，家长应鼓励孩子多爬行。例如：妈妈躺在地上，让孩子慢慢爬上妈妈的身体；或者妈妈手脚着地弯成拱形，吸引宝宝从底下爬过去。

对于一些本身不爱爬行的宝宝，家长可以采取一些诱导措施。例如：把孩子放在小被子上，拉着他(她)的两条腿慢慢向后拖，并在孩子眼前放上色彩鲜艳或者能发出声音的玩具，吸引宝宝的注意力，引导他(她)抬头、逐渐向前爬行。

2. 唤醒触觉皮肤

见到陌生人就哭、抵触新环境的孩子往往属于触觉过分敏感，家长可以通过简单的方法来唤醒孩子的触觉皮肤，以缓和这种敏感的状况。例如：利用吹风机，调到微风挡，缓缓吹孩子的皮肤；用软刷子轻刷孩子的身体；拿梳子轻轻敲击孩子的皮肤等。

3. 左右脑平衡发展

家长可以多做以下训练以使小孩左右脑平衡发展。这些训练方法在家中就可以做，简单易行。

(1) 准备一块宽10厘米、长2米的木板，让孩子在上面走，锻炼小孩的胆量和平衡能力。也可在室外，让孩子走马路沿、花池沿。

(2) 教小孩玩羊角球。可以先让他骑坐在球上蹦。如果他蹦烦了，没有新鲜感，可以和他玩捉迷藏的游戏，让他蹦着去找你、去捉你。

(3) 教小孩平躺在垫子上，胳膊伸直，在垫子上滚，每天一次，每次滚5分钟为宜。这个方法用于提高小孩的注意力。

(4) 让小孩趴在地上，头抬起来，双手抱一个球，向墙上推球，再双手接球。每天让孩子做100个。

以上几点可以利用零星时间做，坚持每天做，会收到好的效果的。

资料来源：刘梅. 儿童问题的心理咨询及行为矫正. 北京：九州出版社，2002.

(四)婴儿活动的发展

随着运动能力的增强，婴儿在动作发展的基础上，在言语的帮助下，逐步从简单的动作过渡到有目的的活动，开始出现最基本的生活活动和最初的游戏活动。

1. 最基本的生活活动

婴儿伴随着粗大动作技能和精细动作技能的提高，其独立行动的倾向越来越明显。婴儿后期已能做一些自我服务的简单活动，比如自己吃饭、喝水、洗手、小便等。虽然这些生活技能还需要在大人的看护下进行，并且经常失误，但这并不影响婴儿对掌握这些重要技能的热情。婴儿在运用工具方面也有了很大提高，开始模仿成人运用工具的活动，如模仿成人给洋娃娃喂饭等。

2. 最初的游戏活动

婴儿最初的游戏活动水平还很低，其中模仿性游戏和象征性(假装)游戏是婴儿最主要的两种游戏形式。

模仿性游戏就是在摆弄实物的动作中加进了一些情节，使模仿性动作具有了游戏的性质，如用匙喂娃娃、拿成人的物品模仿成人的动作等。这种游戏具有复制性和模仿性，几乎没有想象的成分。虽然这是一种带有一定目的性的复杂动作组合，但这目的性很差，不稳定，离不开实物，一旦离开实物游戏即停止；游戏内容简单、贫乏而不连贯，游戏的主题和角色也不明确。

随着婴儿游戏水平的发展，到18~24个月时，他们能按一个有意义的顺序做出多种假装活动。与同伴玩时，还能协调自己的活动，他们相互模仿做一些社会性游戏。到3岁时出现想象成分。例如，这时你递给他手绢，让他把嘴上假想的食物残渣擦掉，他会很乐意地配合你。

父母知识窗 5-3 怎样对婴儿进行智力测验？(扫右侧二维码)

父母知识窗 5-3

三、怎样认识世界——婴儿认知的发展

认知是大脑反映客观事物的特性与联系，并揭露事物对人的意义与作用的心理活动，是全部认知过程的总称。它包括感知、注意、记忆、思维和言语等方面及其发展过程。

认知发展是指个体认知结构和认知能力的形成及其随年龄和经验增长而发生变化的过程。儿童的认知发展受到遗传素质、生活经验、环境刺激及教育背景等因素的综合影响，并依赖于其原有的认知结构和发展水平。由于婴儿出生后没有语言，无法准确地表达自己的体验，因此对婴儿早期认知发展的研究，一直有很多局限性。

(一)研究方式的突破

1. 传统研究方法的限制

我们对婴儿很难进行心理观察。首先，从新生儿离开医院的时候起，直到三年左右以后他跨进幼儿园的那天为止，研究人员较难接近他。他往往安宁舒适地独自在自己的家里生活，而不是像研究人员希望的那样聚在一起便于观察研究。其次，即使召集到一些三岁以下的儿童来进行研究，研究人员还是会遇到困难。对年龄大一点的儿童可以使用传统的方法，如谈话、绘画等，而对既听不懂别人谈话而自己又不会说话的婴儿来说，研究起来就比较麻烦。多年来，由于上述原因导致对3岁前儿童认知研究的空白。

2. 研究方法的创新

许多研究人员用传统的和创新的方法对测定婴儿各种能力的途径进行了探索，多数研究人员沿着四条基本的研究途径前进。这四条途径是：仔细观察婴儿并注意其行为；认识婴儿有不同的情绪，即状态，在这些状态下，他们的行为是可以预测的；观察婴儿对一些特殊刺激的反应，这可以使我们看到他们确实具有感觉和知觉的能力；观察他们如何适当地使用动作反应，这些反应预示他们的学习能力。其中习惯化范式和优先注视范式等是揭示婴儿感知能力的关键性研究方法。

1) 习惯化范式

习惯化范式包括习惯化与去习惯化。习惯化是指婴儿对多次呈现的同一刺激的反应强度逐渐减弱，乃至最后形成习惯而不再反应。去习惯化是指在习惯化形成之后，如果换一个新的不同刺激，反应又会增强，这就是去习惯化。习惯化和去习惯化整个过程合称为习惯化范式。通过这种研究方法能够揭示以前无法了解的早期感知能力。婴儿在这个时期具有的感知能力，对他们的心理发展有重要意义：婴儿早期能辨别新旧不同的刺激，使他们在复杂的环境中能进行选择性反应，以利于适应环境；他们把注意力移向新事物，利于扩展经验，学习新知识。

图 5-1 表明了婴儿对视觉刺激所形成的习惯化及去习惯化的情况，说明婴儿不仅能区分两种不同的刺激，而且对先前呈现的刺激能记忆，这为分类的进行创造了条件。

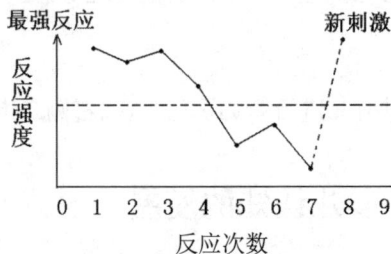

图 5-1　婴儿对视觉刺激的情况

2) 优先注视范式

优先注视范式也称刺激偏爱程序，这种研究方法以注视时间为指标，它是通过一个特殊的观察小屋呈现刺激、观察反应并记录注视时间。通过研究发现，婴儿早期就能够察觉刺激源。根据对不同刺激物注视时间的长短，还发现他们能够区别不同的刺激物，且对某种图形产生偏爱，如鲜艳的色彩、运动的物体、物体轮廓线密集的地方或黑白对比鲜明处、正常人脸、曲线或同心圆图案。注视偏爱可进一步说明新生儿可能生来就具有某种排定的程序——偏重注视某些轮廓和图形。这些轮廓和图形承载的信息量较大，表明他们对所接触的外部事件具有选择性。

另外，研究人员还运用自己的想象力去设计研究婴儿的新方法，他们利用新技术(如录音、录像、红外照相术和计算机等)来揭示婴儿世界的奥秘。近年来，通过行为研究，已揭示了儿童生活中许多方面的比较准确的情况。通过这些实验方法，我们能更确切地了解儿童在身体和心理方面的活动能力，了解他们个性的形成方式。

(二)婴儿感知觉的发展

初来这个世界，儿童通过感知觉探索周围的事物，感知觉的良好发育将为宝宝今后的认知发展打下良好基础。

感知觉虽然是宝宝最初级的认知本领，但决不能忽视它的重要性。感知是儿童所有认知活动的开端。人的认知过程如同信息的接收、编码、储存、提取和使用的过程。在这个过程中，信息的输入是第一个也是最基本的环节，人们接收信息就是靠感知觉来进行的。感知觉虽然是较低级的认知活动，但没有感知觉，就谈不上记忆、思维、想象等高级的认知活动。也就是说，感知能力发展得越充分，记忆储存的知识经验就越丰富，思维和想象发展的空间和潜力也就越大。

1. 婴儿视觉的发展

从新生儿出生开始，就让每个见到他的人都感觉到自己被他注视着。实际上至少在近距离范围内，婴儿可以识别很多物体。Alan Slater 将新生儿与成人的视敏度作了比较，婴儿的视敏度和成人的相差很多，这就意味着婴儿与很多视力不太好的成人不戴眼镜时有着同样的视敏度。另外，婴儿的视野也要狭窄得多。对于0～5个月的婴儿来说，当客体位于中线左右25°到30°内、视线上下10°内，并且距婴儿距离小于90厘米时，婴儿最有可能看到该客体。此外，有高对比度的刺激较易引起婴儿的注意。如果说这些发现听起来意味着婴儿的反应性差，那就错了，这是每一位母亲都知道的。婴儿似乎对面孔特别感兴趣，有人认为婴儿可能先天具有对面孔作出反应的能力。Alan Slater 告诉我们，两个月的婴儿通常都能区分颜色，这说明他们在使用锥体细胞感受器，尽管尚不清楚婴儿是否使用所有三种类型的锥体细胞。

1) 颜色视觉

在婴儿视知觉方面，婴儿期颜色知觉发展迅速。我国心理学者对1.5～3岁的婴儿进行了大量的颜色感知能力测试，结果显示：在同色配对方面，1.5岁儿童同色配对的能力很低，只有个别儿童能进行一两种颜色的配对；2岁儿童约有20%能配对；2.5～3岁儿童几乎100%能配对(见表5-3)。

2) 颜色爱好

1.5岁儿童未发现明显的颜色爱好。2～3岁儿童对颜色爱好的平均顺序是：红、黄、绿、橙、蓝、白、黑、紫，表现出明显的对鲜艳颜色的喜爱。

表5-3 3岁前儿童同色配对正确率

%

年龄/岁	红	白	黄	黑	绿	紫	蓝	橙	平均
1.5	6.6	3.3	—	3.3	3.3	—	—	—	2.0
2	30.0	33.3	26.6	23.3	2.0	16.6	10.0	13.3	21.6
2.5	100.0	96.6	100.0	100.0	93.3	93.3	96.6	86.6	95.8
3	100.0	100.0	100.0	100.0	100.0	100.0	100.0	93.3	99.1

资料来源：张增慧.1.5～3岁儿童的同色配对、颜色爱好及颜色命名的研究. 心理学报，1984，1.

3) 颜色命名

婴儿颜色命名的能力较差。1.5 岁儿童不能正确命名任何颜色；2 岁儿童有 40%会进行颜色命名，但正确率仅为 7.9%；2.5 岁儿童有 80%会进行颜色命名，但正确率只有 25%。

2. 婴儿听觉的发展

婴儿 1 个月左右能表现出明显的听觉集中。出生 27 天的孩子吃饱后躺着哭，但听到熟悉的人说话就会安静地入睡；42 天的孩子听到歌声或说话声就会停止哭；2 个月的孩子听到提琴声会停止吃奶倾听；3～4 个月时听到轻快柔和的声音能将视线或头转向声源表示愉快，而对强噪音做出不愉快的表示；4～5 个月时，能分辨出母亲的声音；8～9 个月时开始分辨各种声音，并做出不同的反应。

3. 婴儿嗅觉和味觉的发展

如果婴儿闻到臭鸡蛋味时他们会怎么做？就像成人一样，皱起鼻子，看起来非常不快乐。婴儿 1 个月后经历多次经验可以形成由香味引起的食物性条件反射；2～3 个月能对两种不同气味进行分辨；4 个月能稳定地区别好闻与难闻的气味，他们好像特别喜欢甜食，如闻到散发着奶香的牛奶时会将头侧向奶瓶，并露出笑容，当闻到有酸味的醋时开始皱鼻子，接着就将头左右躲避并发出不耐烦的叫声。

婴儿对味觉的差异比较敏感，遇到与习惯了的滋味有区别的食物，立刻就能辨别出来。有数据显示：婴儿 3 个月时味觉对食物的液体状态能分辨，1 岁以内能精确分辨同一味道的不同浓度，如能分辨含盐量为 0.2%和 0.4%的盐水，能分辨含糖量为 1%和 2%的糖水。他们还会显示出当他们还是胎儿时因母亲的饮食而形成味觉偏好。例如，一项研究发现孕期常喝胡萝卜汁的孕妇，她们的婴儿对胡萝卜的味道有一定的偏好。因此，从孕期起，母亲应注意自身的饮食习惯，以免婴儿养成只喜欢某种食物而反感其他食物等不良饮食习惯。

4. 婴儿触觉的发展

如何使哭闹、焦躁的婴儿安静下来呢？轻柔的抚摸或是将他轻轻地抱起来都是很不错的办法。对于新生儿来说，触觉是高度发育成熟的感觉系统之一，它也是最先发育的感觉系统之一。婴儿在出生时已有一些基本反射，如定向反射，需要他们对触摸敏感——他们必须能在嘴巴周围感知触觉，以便自动找到乳头吃奶。

婴儿感受触摸的能力的提高对他们努力探索世界是特别有帮助的。触觉是婴儿获取有关世界信息的一种方式。同时，触觉对婴儿未来的发展起着重要的作用。有研究显示，轻柔地按摩可以刺激婴儿大脑特定化学物质的产生，从而促进成长；定期按摩还会对一些症状有治疗作用，如接受按摩的婴儿更加活跃，对刺激的反应更快；另外，接受按摩的早产儿比未接受按摩的早产儿存活的概率更大，而且能更早地离开医院。

5. 婴儿图形与形状知觉的发展

婴儿从出生起就表现出明显的视觉偏好。发展心理学家罗伯特·范茨(1963)发明了一个经典的测试。他建造了一个小隔间，婴儿可以躺在里面看到上方成对的刺激。范茨通过观察婴儿眼睛里反射的物体来判断他们正在看什么。他的工作推动了关于婴儿视觉偏好的大量研究，其中大多数研究说明一个重要的结论：婴儿天生对某些特殊刺激有偏好。例如，出生几分钟的婴儿对不同刺激的特定颜色、形状和结构有偏好。他们喜欢看曲线胜过直线，喜欢三维图形胜过二维图形，喜欢人脸图形胜过非人脸图形。这种能力可能反映了大脑中存在高度专门化的细胞对特定的模式、方位、形状和运动方向进行反应。

6. 婴儿深度知觉的发展

深度知觉是非常有用的视觉能力，它能帮助婴儿获得有关高度的知识，以避免从高处跌落。在由埃莉诺·吉布森和理查德·沃尔克所做的经典实验中，将婴儿放置在一个盖着很厚玻璃的桌子上，玻璃下面是彩色方格布，方格布的一部分直接贴着玻璃，另一部分隔开几英尺，这样，爬过桌子的婴儿就会感觉有掉下去的危险。实验结果显示：6～14个月大的婴儿不会通过"视崖"。如图5-2是"视崖"实验中的一幅照片，母亲试图让婴儿爬过深的一侧到自己的跟前，婴儿却拒绝爬过来。这说明在这个年龄段，大多数婴儿的深度知觉能力已经成熟。但这个实验并没有明确指出深度视觉何时出现，因为只有在婴儿学会爬行后才能施测。但在其他实验中，实验者把2～3个月的婴儿俯卧在地板和"视崖"上，实验结果表明婴儿在这两个位置上心率不同。

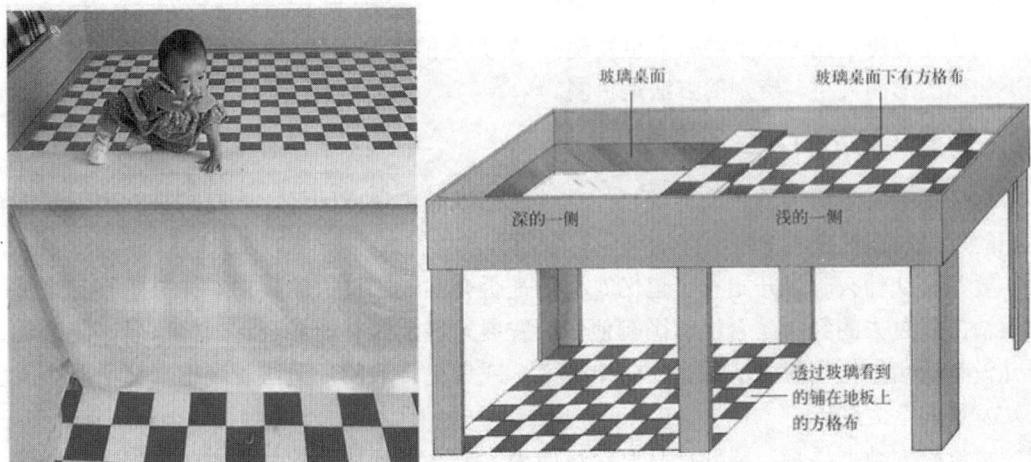

图 5-2　婴儿深度知觉实验

7. 婴儿知觉恒常性与客体永久性的发展

知觉恒常性是指一个物体尽管由于移动而距离不同，它传递到人眼中的感觉改变了，但它仍以同样的形状和大小保留在人脑中，知觉没有变。知觉恒常性，是由于婴儿过去经验而使知觉完善化的结果。最新研究指出，直到婴儿3～5个月，在双眼视觉(即立体视觉)有了更好的发展基础上，能够对物体的空间关系做出准确推论后，才开始具有大小恒常性。还有研究指出大小恒常性的发展除受双眼视觉影响外，也受运动线索的影响。

客体永久性是知觉恒常性的进一步发展，它指客体从视野中消失时，婴儿知道这客体仍然存在。在婴儿理解客体永存的概念之前，他不会搜寻刚刚在其眼前被藏起来的物体，直到8～12个月时才有这种能力。如和婴儿做"藏猫猫"游戏时，你藏起来，他还用眼睛到处寻找。这个概念是由皮亚杰提出的。

8. 婴儿空间知觉的发展

空间知觉是人脑对物体大小、形状、方位、距离等空间特性的反映。3 岁儿童空间知觉的发展主要表现在大小知觉的发展方面。

杨期正等(1981)测试了托儿所和幼儿园儿童辨认物体大小的能力。结果表明(见表 5-4)：18~24 个月的儿童已能按成人的语言指示选择物体大小，正确率从 20%上升到 60%；28 个月的儿童，大小判断能力明显上升，正确率达 88%；3 岁时达到 100%，并能果断地辨别，而且能正确地用语言说明物体的大小。

表 5-4　1~3 岁儿童捡出大小球的正确百分率

单位：%

年龄(月份)	18	22	24	28	32	36
能按语言指示选择大小物体	20	48	60	88	96	100
能用语言说明大小物体	0	28	40	80	88	100

资料来源：杨期正，等. 婴幼儿辨别物体大小能力发展的初步研究.心理科学通讯，1981，2.

关于儿童辨别图形大小的研究也发现，3 岁儿童能辨别形状相似图形的大小，但不能辨别不相似图形的大小。辨别的方法是目测。

(三)婴儿记忆的发生和发展

记忆是指对经历过的事物能够记住，并能在以后再现或回忆，或在它重新出现时能再认识的过程。记忆在人的生活和活动中有着巨大的意义。

婴儿是从什么时候开始有了记忆？他们是否会回忆起过去的事情？如果想不起来过去的事情，那过去的经历是否能够影响他们的发展？显然婴儿能够记住一些信息，因为如果婴儿没有记忆，他们就无法说话、认出他人，或者更一般的，无法表现出贯穿于整个人类认知发展的巨大进步。

大量研究数据显示，婴儿已具有记忆能力，婴儿能够从旧的刺激中区分出新刺激，这就说明他们一定有关于旧的刺激的记忆，但这对我们研究关于年龄与记忆能力的关系以及记忆本质的变化没有太大的帮助。

7~8 个月的婴儿开始认生，这是婴儿再认的表现。1 岁左右婴儿记忆的发展，显著地表现在社会性认知上，婴儿可以在整体上区分熟悉人和陌生人，这显然是视觉记忆表象，同时也是回忆的一种表现。对于 1~1.5 岁婴儿进行的传统掩藏——寻找测验中，如在孟昭兰(1985)的实验中，1.5 岁婴儿被试在视觉排除条件下从不同位置找到玩具只要经过几次的尝试错误就可以实现。2~3 岁婴儿记忆的发展主要表现在回忆的发展方面。延迟模仿在此年龄大量出现，标志着儿童回忆能力逐步走向成熟。延迟模仿是指先前经验在延迟一定时间后出现对该经验的模仿行为。例如，按压一个键使小玩具发出响声，在 24 小时之后呈现小玩具时被试再现了按键行为(Meltzoff，1988)。皮亚杰认为这一能力产生在 18~24 个月。后来国外的有些研究证实，24 个月的婴儿已获得了稳定的延迟模仿能力。1~3 岁婴儿陆续出现情境记忆、词语理解记忆与图形符号记忆。

父母知识窗 5-4 如何对 3 岁前的孩子进行记忆训练?

(扫右侧二维码)

父母知识窗 5-4

(四)婴儿注意的发展

心理学家研究发现,注意不是独立的心理过程,而是感觉、知觉、记忆、思维等心理过程的一种共同特征。它分为无意注意和有意注意。无意注意是指没有预定的目的,也不需要意志努力的注意;有意注意是有目的的、需要意志控制的注意。总的来说,3 岁前的婴儿以无意注意为主,但同时也是由无意注意向有意注意发展的关键时期。发展规律如下。

新生儿:具备了一定的注意能力,在觉醒状态时可因周围环境中巨响、强光等刺激而产生无条件的定向反射。

2~4 个月:由于条件反射的出现,已能比较集中地注意人的脸和声音;看到色彩鲜艳的图像时,能比较安静地注视片刻,但时间很短。除了强烈的外界刺激,凡是能直接满足婴儿需要或与满足需要相关的事物都能引起他们的注意,如奶瓶、妈妈等。

5~6 个月:婴儿能比较持久地注意一个物体,但注意极不稳定,对一个现象集中注意只能保持几秒钟。

7~8 个月:婴儿开始对周围色彩鲜明、发响、能活动的东西产生较稳定的注意,这是有意注意的萌芽。

1 岁左右:有意注意开始出现。但这种处于萌芽阶段的有意注意,是极不稳定的。此时,婴儿能凝视成人手中的表超过 15 秒。

2 岁左右:由于活动能力的增长、生活范围的扩大,婴儿开始对周围更多的事物发生兴趣。这个时期的婴儿有意注意有所发展,逐渐能按照成人提出的要求完成一些简单的任务。

3 岁左右:开始对周围新鲜事物表现出更多的兴趣,能集中 15~20 分钟的时间来做一件事,有意注意进一步发展,但还是以无意注意为主。

1 岁以后婴儿发展的重要特征是语言的掌握。婴儿的言语活动有助于记忆的发展和表象的形成,以及受意识支配的有意注意的出现。首先,言语活动支配着注意的选择性。言语活动能力将婴儿吸引到听故事、看电视、看书等活动上,这为婴儿的学习和记忆奠定了良好基础。其次,婴儿期出现了稳定的客体永存性反应。婴儿能够根据成人指定的任务开展活动(如寻找物体),这是有意注意的良好开端。

(五)婴儿直觉行动思维的出现——用动作解决问题

按皮亚杰的理论,婴儿期的思维处于感知运动阶段,其典型特征就是直觉行动思维。直觉行动思维是指其思维活动离不开儿童自身对事物的感知,也离不开儿童自身的动作。即婴儿思维依靠动作进行,而不能离开动作在动作之外思考,只能反映动作所触及的事物。婴儿直觉行动思维具有如下特点。

(1) 直观性和行动性。动作是思维的起点;动作是解决问题的手段;动作有某种交往功能。

(2) 间接性和概括性。能初步比较和区别物体的特性,遇到类似情境可以采用同样的行动。

(3) 缺乏对行动结果的预见性和计划性。

(4) 思维的狭隘性。思维活动仅限于同感知和动作联系的范围，思维内容具有狭隘性。

(5) 思维与语言开始联系，开始出现形象性特点。

婴儿在解决问题的活动中已具有这些方面的特征。如球滚到床下，他会用小棍棒拨；东西放在高处，他会站上台阶去拿；他们把各式各样的鞋都叫"鞋鞋"，把各种东西都叫"玩玩"等。可见婴儿思维已经产生了。但这时的思维，仅是人的思维的低级形式。

四、天生就可能说话——婴儿言语的发展

语言在儿童认知和社会性发展过程中起着主要的作用。语言是儿童心理发展过程中获得的最复杂的符号系统。这样的符号系统是以语音为载体、以词为基本单位、以语法为建构规则而组织起来的符号系统。言语是婴儿心理发展过程中最重要的内容之一，这不仅因为言语是人类心理交流的重要工具和手段，而且因为言语在婴儿认知和社会性发生发展过程中起着重要作用，对其以后的心理发展有着深远而重大的影响。

1. 言语的获得理论

长期以来，许多学者都在探索有关婴儿为什么能学会语言、怎样学会语言的理论。很多语言学家对这一问题至今仍意见不一。根据环境和遗传难以分割的相对影响，这方面的主要理论可以分成四大类——行为主义、文化相对论、相互作用论和预先形成论。

1) 行为主义的言语获得理论

行为学家是环境论者，其代表人物是斯金纳、班杜拉和布鲁纳，主要有强化说和社会学习说两类。强化说以操作条件反射的操作行为和正、负强化等概念来解释言语的获得。他们认为学习语言是通过操作式条件反射过程来进行的。由于家长和教师都是有选择地对婴儿的发声进行强化，因此他们就塑造了言语行为。父母通常对婴儿的咿呀学语总会感到高兴，对着婴儿咿呀作答，这样就强化了婴儿学语。社会学习说认为儿童学习言语是通过模仿成人而获得的，强调模仿作用，后又提出"选择性模仿"的概念。

2) 文化相对论和文化决定论的言语获得理论

这两种人类学的研究方法注重行为多于注重环境，其代表人物是萨皮尔和沃夫。这两种方法强调文化在语言习得中的作用，并不重视个别差异和遗传因素。赞成这种理论的人认为儿童天生具有学习素质，但学习语言是出于社会需要。根据对那些并不专门教育儿童运用语言的文化社会(不像我们的社会那样教育儿童运用语言)所进行的实地观察，他们得出结论，儿童是自然而然地学会语言的。

这些理论强调各种语言之间的差别，并不强调类同之处。萨皮尔(1921)认为，每一种独特的语言体系都是自成一格的，要用另一种语言来阐述一个语言集团中占统治地位的文化主题，那是困难的。沃夫(1956)认为，我们学习的特定语言影响我们的心理过程，所以讲各种不同语言的人观察世界和进行思维的方式是各不相同的。

3) 相互作用论的言语获得理论

这一思想体系可以用皮亚杰的理论来说明。皮亚杰认为语言发展是通过遗传、成熟和接触环境等相互作用而引起的，儿童学会语言不是因为父母的强化，而是因为他们生来就有习得语言的能力和要求。语言是人的发展所不可缺少的组成部分。

儿童约在两岁的时候，就开始把语声与周围的实际事件、人和情况联系起来。他们发

展了用某些词来表明某些人或物的表象系统(也称符号系统)。这种系统是进一步发展认知的基础，言语和思维的发展是平行而又相互联系的过程。根据这一理论，"言语是与儿童的逻辑思维能力、判断能力以及推理能力同时发展的，言语反映了这些能力在各个阶段的发展情况"(豪斯顿，1971)。

4) 预先形成论和预先决定论的言语获得理论

根据在当代语言学家中最为流行的理论，人类具有一种天生的、生物的言语素质。言语不需要训练就会自然而然地产生，就像婴儿走路一样。这些观点是以对言语习得的普遍趋势所进行的许多调查研究结果为依据的。

所有正常儿童都能学会自己的本族语言，不管这种语言有多么复杂，他们都能在 4～6 岁的时候掌握语言的基本内容。在各种文化社会中，儿童学习语言的过程和情况都非常类似。他们都要经历掌握言语以前和掌握言语以后的讲话阶段。他们一开始同样都讲一个词或两个词的短句，用同样"电报式"的讲话，对量词、介词和代词一无所知。既然儿童习得言语和他们的语言结构对各种语言来说都有共同之处，那么一定会有能使儿童形成语法，也就是规则体系的天生的智力结构。

预先形成论者和预先决定论者的观点在几个方面对行为主义进行了挑战。首先，他们认为，我们能够不断地创造新的、更长的句子。就这一点来说，语言知识是没有穷尽的，通过简单的操作式条件反射来学会我们所能表达的全部语言是不可能的。其次，幼儿并不模仿成人的讲话。即使他们试着模仿，最典型的是他们也只能模仿某些单词，对词类就不加注意。很显然，"幼儿说的话，有许多可能是反映了他们在那个阶段的内在语法，而不是别人的讲话"(豪斯顿，1971)。这些事实加上言语中共同性的东西，说明学习言语的神经机制是可以遗传的，如果言语本身不能遗传的话。

2. 婴儿言语的发展

婴儿在表达完整句子之前，经历了几个界限明确的言语发展阶段。随着婴儿语言运用能力的提高，婴儿将进入最高级的符合语法的讲话阶段。各国儿童在学习语言的时候，都要经历几个相同的、基本的、界限明确的阶段。

1) 言语的发生

① 反射性发生阶段。新生儿出生的第一个行为表现就是哭。最初的哭是婴儿开始独立呼吸的标志，是对环境的反射反应，或者是由生理需要而引起的对任何身体不适的自然的反应。如当饥饿、口渴时，就会全身抖动、加深呼吸，引起生理上的哭叫反射。1 个月以内的新生儿的哭声是未分化的。

1 个月后，婴儿的哭声逐渐带有条件反射的性质，出现了分化的哭叫声。婴儿发出除哭声之外的第一个声音，出现在 2 个月的时候，此时婴儿可以发出类似元音的声音，我们叫它咕咕声。这些咕咕声可能在给婴儿喂奶之后听到，这时的婴儿清醒、警觉，又或者是心满意足。这些声音都是反射性的、零乱的，对于婴儿来说不具备信号意义。由于这个阶段的婴儿尚未长牙，因此也就没有齿音。

② 咿呀学语阶段。到 4～6 个月的时候，婴儿的发音中增加了辅音，我们称它为咿呀声。婴儿重复着"ma-ma-ma"或者"pa-pa-pa"这样的元音 / 辅音组合，听起来像词语，但不传达意义。有趣的是，父母耳聋并用手语交流的耳聋儿童，他们自己会用手表示咿呀，他们尝试用手势，就像听力正常的婴儿尝试用声音一样(Petitto & Marentette，1991)。在婴儿

6个月的时候，全世界儿童(甚至是耳聋儿童)的发音听起来都很相似。研究发现，早期的咿呀声在很大程度上受到大脑和控制言语清晰度的肌肉成熟度的影响(Hoff-Ginsburg，1997)。其实这些声音对婴儿毫无意义，他们是以发音当作游戏而得到快慰。此时，婴儿能发出的声音很多，不限于他自己母语的声音。

婴儿约自第9个月起，咿呀语出现高峰。已能重复不同音节的发音，还能发出同一音节的不同音调。随着咿呀声的发展，10～12个月的婴儿经常会在特定的情境发出特定的声音。到第1年末的时候，他们能将自己咿呀声的语调和听到的语言的音质匹配起来，听起来好像他们在讲听到的那种语言。

从咿呀学语期开始，婴儿在发音方面需要经过两个相反的过程：一方面要逐步淘汰环境中用不着的声音；另一方面，学会越来越多本民族语音。到1岁左右，多数儿童开始说出第一个能被理解的词，这时咿呀语的出现率开始下降。咿呀语的作用并不在于儿童通过咿呀语掌握特殊的感觉运动技能，也不在于能具体地发某个语音以便以后使用，而是通过咿呀语，学会调节和控制发音器官。这是以后真正的语言产生和发展所必需的。

2) 婴儿对语言进行理解和沟通的准备

① 语音知觉。胎儿期就有了听觉。新生儿好像天生就对人类的言语反应敏感。当你同新生儿讲话的时候，他经常会睁开眼睛，盯着你，有时还会发出声音。出生3天的婴儿已经能辨认出母亲的声音，且与陌生女性的声音相比，更喜欢母亲的声音(DeCasper & Fifer，1980)。新生儿听到言语录音比听到器乐或其他有节奏的声音时吮吸要快些(Butterfield & Siperstein，1972)。所以说，婴儿能够把言语和其他声音模式区分开，而且，他们从一开始就特别关注言语。

1个月的婴儿能够和成人一样辨认辅音，例如，ba、da和ta；2个月的婴儿甚至可以识别出不同人用不同的音调或强度说出的发音相同的特定音素。事实上，年龄很小的婴儿能够比成人辨认出更多种类的音素，因为成人已经失去了辨别那些对母语来说并不重要的音素差异的能力。

② 词语理解。成人同处于前言语阶段的婴儿讲话的时候，会使用语调较高的儿童指向言语，以吸引婴儿的注意。为了表达不同的信息，成人会有规律地变换语调。升调用来重新吸引正在东张西望的婴儿的注意，而降调常用于安慰或唤起忧郁婴儿的积极情绪。使用这些语调通常能够成功地影响婴儿的心情或行为(如微笑、眼睛发光)。2～6个月的婴儿，常常会用与刚刚听到的语调相匹配的声音进行回应(Masataka，1992)。可见，前言语阶段的婴儿不仅可以区分不同的语调模式，而且可以很快识别出某些语调所具有的特定意义。

8～9个月时，婴儿已开始表现出能听懂成人的一些话，并做出相应的反应。9个月的婴儿开始对更小的言语单位变得敏感，他们喜欢听与养育者所讲的那些音节内重音模式及音素组合相匹配的言语。从第10个月开始，婴儿逐渐懂得一些简单的词的意义，这是在词的声音与物体或动作相联系的基础上，逐渐过渡到对词的意义发生反应，这时对相似的词不再发生相同的反应，而开始对词的意义发生反应，即开始懂得词义了。1岁婴儿听懂的词有10～20个，可以说出的词还很少，而且说得往往不清晰，但这是婴儿与成人语言交际的开端。

3) 言语的形成过程

婴儿期的言语发展大致可分为三个阶段，即单词句、双词句和完整句。

①　单词句(1～1.5岁)。1岁左右的婴儿在理解成人语言的基础上，可以通过一个简单的词来与成人交流。如常常喜欢用单词或简单句表达自己的想法，如"糖糖""蛋蛋……要"。1岁的时候，会指着饼干、玩具、橡胶奶头说"拿"，他父母把这个命令正确地解释为"把那个给我"或"我要那个"。因此，他用一个词表达了完整的思想，虽然听他说话的人可能不一定能够推测出他表达的完整思想到底是什么。当听婴儿说话的人把他的单词句加以扩充时，他便会听到一些新词，这些新词最后会充实他的词汇。

研究指出，10～15个月间，婴儿每个月掌握1～3个新词；到15个月左右，他们就能以这些所掌握的词汇，说出一些单词句。随后婴儿掌握新词的速度明显加快。根据李石君的研究，1.5岁儿童的词汇量为70个。

②　双词句(1.5～2岁)。婴儿在两岁左右的时候，会把两个或两个以上的单词串联在一起组成句子。如果他想自己吃饭不要旁人喂，他会傲慢地说"妈妈离开"。当他吃完饭后，他会得意地说"吃光光了"。当他看到父亲穿外套时，他会说"我也去"。在哭叫的时候，他会看着母亲说"宝宝哭了"，接着又大哭起来。这些最早的双词句是由名词和动词组成的，其他词类是没有的。虽然这些句子还远远谈不上合乎语法，但它们的确起到了交流信息的作用。

③　完整句(2～3岁)。2岁以后，婴儿可以运用合乎语法规则的完整句更为准确地表达思想。3岁左右的时候已能自如地运用语言，并且已经掌握1000个左右的词语。婴儿会讲由各种词类组成的较长的句子，他能很好地理解语法规则，他的词汇和句子结构的复杂性正在迅速不断地增加。

已有大量的研究证明，2～3岁是言语发展的关键时期。到3岁时，儿童已掌握了最基本的词汇、词类和最基本的句型，所说的话也基本上符合语法。可以说此时婴儿已经掌握了最基本的语言。

◎ 心灵小品 5-2

20个月的小豪"不说话"

小豪20个月大了，他已经能够很好地独立玩套杯，能够完成比较复杂的拼图，能够专心致志地听妈妈讲故事，但是，他还不会说话。这急坏了小豪的父母，因为别的孩子到这个年龄，都能够说些简单的词语了。

20个月左右还不会说任何话，或者到了2岁还只会说不超过50个字词的孩子，通常被认为是开口晚的孩子。1～2岁的孩子中，这样的孩子大约占10%。这些孩子中，通常有一半渐渐地能够跟上同龄人的语言水平。

专家指出，这类孩子大多具备以下特征：

(1) 大多是男孩子。男孩子相对女孩子说话较晚。这可能是由于，在学习新的技能时，男孩子会更加专注，这便需要耗费他们许多的精力。

(2) 早产儿。早产的孩子在各方面发展都会比较缓慢，他们需要时间逐渐追赶上同龄的孩子。

(3) 双胞胎。一些专家认为，双胞胎之间有着很好的默契，他们能够用非语言的方式交流得很好，这便导致他们在使用语言方面发展得比较晚。

(4) 有能言善道的兄弟姐妹。如果一个孩子,他的生活环境中有一个比他年长又能言会道的孩子,他可能会觉得自己没有必要说话,这样无形中拖延了他开口说话的发展进程。对于这些开口晚的孩子,父母应该用直截了当的语句来和他对话,不要总使用问句来激发孩子回答。向孩子示范如何说话,是教会他们说话的最有效的方式。

除此之外,孩子晚开口还有可能是由于听力上和认知上的问题,父母一定要多加留意,及时带孩子去医院做相关的检查,切莫由于忽视而耽误了孩子的治疗。

资料来源: 刘梅. 儿童问题的心理咨询及行为矫正. 北京: 九州出版社, 2002.

4) 影响婴儿言语发展的因素

我国学者根据儿童言语发展的特点指出,婴儿言语的获得与发展受以下几方面因素影响。

① 生理基础。儿童的视觉器官眼睛、听觉器官耳朵以及发音器官声带、舌头、嘴唇等发育是否正常,对于语言的发展起着决定性作用。如果是生来就聋的孩子,从小就听不到外界的声音,是不可能说话的。

② 智力因素。语言的发生与智力水平的高低有着密切的关系,心理学家常常根据儿童说话能力的发展来大致推测儿童的智力水平。如果一个人的智力发育迟缓,对事物的认识能力差,则他的语言发展也就必定迟缓。

③ 情绪。由于强制练习、周围人的批评与嘲笑、父母缺乏关爱等所造成的不安情绪,都可能限制儿童语言的发展。

④ 语言环境。孩子掌握语言是从模仿成人的发音开始的。如果婴儿出生后就脱离语言的环境或大人很少和小孩说话,那么,孩子很可能就不会说话,或者说话晚,或者说话的能力较同龄儿童差。另外,电视、画册等周围的环境等对儿童的语言发展也都有影响。双胞胎儿童如果只限于两个人的世界,语言发展就容易推迟;独生子女与年长者交往较多,他的语言发展速度就很快。所以,语言环境对儿童语言的发展起着非常重要的作用。

⑤ 社会、文化、经济条件。社会文化生活较丰富的孩子语言发展快;在孤儿院度过幼儿时期的孩子,其语言的发展较迟缓;农村儿童比城市儿童一般也要迟些。

⑥ 性别差异。一般来说,女孩子比男孩子的语言能力发展要快些。

父母知识窗 5-5 父母如何促进儿童语言发展?(扫右侧二维码)

父母知识窗 5-5

第三节 "我"要变成社会人——婴儿个性和社会性的发展

婴儿一出生从生物个体向社会个体发展的过程,就是社会化过程。这个过程包括人格形成和社会性发展两方面。婴儿的社会化是指个体与社会环境相互作用中掌握社会行为规范、价值观念、社会行为技能,以适应社会生活,成为独立的社会成员的发展过程。社会化的过程就是人格形成和社会性发展的过程。儿童发展心理学家重点关注婴儿的气质、婴儿基本情绪的发展、婴儿的社会性依恋、婴儿自我的发展等问题。

一、我们天生不一样——婴儿的气质

(一)婴儿的气质类型

气质，通常称为脾气或性情。它是人格的生物和情绪基础。气质类型是指表现在人身上的一类共同的或相似的心理活动特性的典型结合。近年来，许多学者都提出对婴儿气质类型的划分。

1. 按活动特性划分

研究者(巴斯等)根据婴儿对活动的倾向性和行为特性，将其气质划分为情绪性、活动性、冲动性和社交性四种类型。

(1) 情绪性。这类婴儿的情绪反应突出，负面情绪反应占优势，多表现为愤怒、悲伤和恐惧。有的主导情绪是愤怒，有的则是悲伤。

(2) 活动性。这类婴儿表现为积极探索周围环境，乐于从事运动性游戏。其中，有一些婴儿活动性很强，较多攻击性行为；另一些则喜欢从事富有刺激性和探索性的活动，很少有攻击性。

(3) 冲动性。这类婴儿，他们的情绪反应强烈，极易冲动，不稳定而又多变，缺乏情绪和行为的自我控制。

(4) 社交性。这类婴儿具有强烈的社会交往要求，积极主动地与他人接触和交流，与人交往很容易变得"自来熟"。

2. 托马斯-切斯三类型说

近年来，三类型说最受重视。托马斯和切斯通过一项"纽约纵向追踪研究"的结果，把多种划分气质类型的维度归纳为五种，即节律性、适应性、趋避性(积极探索或消极被动)、典型心境(情绪状态)与反应强度。这五个维度与亲子关系、社会化、行为问题密切相关。按这几种维度的不同组合，把婴儿气质划分为三种典型的类型。

(1) 容易抚养型。生活有规律，节奏明显；容易适应新环境；主动探索环境，对新异刺激反应积极；愉快情绪多；情绪反应适中。

(2) 抚养困难型。生理节律、生活规律性差；难以适应新环境；对新异刺激消极被动；缺乏主动探索周围环境的积极性；负性情绪多；情绪反应强烈。

(3) 发展缓慢型。对环境变化适应缓慢，对新鲜事物反应消极，对新异刺激适应较慢；情绪经常不愉快；心境不开朗。但是在没有压力的情况下，他们会对新异刺激缓慢地发生兴趣，在新情境中逐渐活跃起来。这类儿童随着年龄的增长，特别是随着成人的抚爱和良好的教育作用会逐渐发生变化。

(二)婴儿气质的稳定性特征

婴儿气质的稳定性特征如下。

第一，在出生后第一年，婴儿气质的稳定性呈连续增长的模式。随着婴儿机体的迅速发育，气质的生物学基础不断加强和巩固，从而气质的稳定性逐渐增强。

第二，气质的稳定性是中等程度的稳定性。某些气质特征受环境影响而发生变化，但是那些具有极端气质特征的人则很难改变。

(三)婴儿气质的可控性和可变性及其与教养的关系

婴儿气质的可控性和可变性是指婴儿的气质在它与环境的相互作用中是可以控制和改变的。这里强调的气质的可变性主要是指遗传因素所决定的不良个性心理特征可以在一定程度上得以防止和纠正，也可以利用环境的影响促进良好气质的发展倾向。

1. 婴儿气质对早期教育的影响

婴儿气质对早期教育的影响主要体现在不同气质类型的婴儿对早期教育的适应性和要求的不同。儿童从来都不是环境影响的被动接受者，他们总是以个人的独特的方式作用于环境，以自己的特有的气质特征吸引父母的注意，影响父母的教育方式，从而激起人们对婴儿作出不同而又与婴儿的需求相适应的反应。

2. 早期教育对婴儿气质的影响

早期教育对婴儿气质的影响取决于早期教育的要求是否与婴儿的气质特征相符合。国外学者提出婴儿早期教育的"拟合优化模式"，用以描述环境因素与气质的互动作用。优化模式包括创设良好的抚养环境，区别并了解婴儿的气质类型和特点，以符合其气质发展需求的方式，鼓励并促进婴儿表现出更多恰当行为。这样，即使孩子先天具有不良个性心理特征和消极行为，只要父母能以优化的教育积极而又正面地引导孩子，为他创设一个良好的、和谐的家庭环境，婴儿的适应障碍就会随着年龄的增长而降低。如果教育方式与婴儿气质不一致，被称为拟合劣化，这会促使孩子产生抵抗性，增加他与环境的矛盾和冲突。如果教育和气质两者间冲突十分严重，会使婴儿陷入进退两难、无所适从的境地，从而导致行为问题和发展障碍。

二、我天生就有情绪——婴儿情绪的发展

情绪是心理生活中的一个非常重要的部分。它像空气一样围绕着我们，伴随着我们的行动、学习和思考。儿童有着十分广泛的情绪反应，且这些反应随年龄增长会发生有规律的变化。儿童生来就有多种情绪吗？儿童的情绪是如何变化的？情绪又是如何获得的？情绪如何实现社会化？婴儿是否可以像成人一样体验和表达出快乐、悲伤、恐惧和愤怒等情感呢？现在已有可靠的证据显示，很小的婴儿也可以表达他的情感。

研究显示，婴儿的许多基本情绪都是先天的，并且随着个体的成熟、生长而逐渐显现。基本情绪的产生既有一般规律，又存在个体差异。婴儿最初的情绪反应有好奇、痛苦、厌恶和满足。伊扎德指出婴儿其他的情绪有惊奇、伤心、初步的微笑和兴趣等。婴儿情绪出现的基本顺序见表5-5。

表5-5　婴儿情绪出现的基本顺序

情绪类别	最早出现时间	诱因	经常出现时间	诱因
痛苦	出生后1～2天	机体生理刺激	出生后1～2天	机体生理刺激
厌恶	出生后1～2天	不良味觉刺激	出生后3～7天	不良味觉刺激
微笑反应	出生后1～2天	睡眠中机体过程节律反应	1～3周	触及面颊

续表

情绪类别	最早出现时间	诱因	经常出现时间	诱因
兴趣	出生后4～7天	适宜光、声刺激	3～5周	适宜光、声或运动物体
愉快(社会性微笑)	3～6周	高频语声和人的面孔刺激	2.5～3个月	人面孔刺激或面对面玩耍
愤怒	4～8周	持续痛刺激	4～6个月	身体活动持续受限制
悲伤	8～12周	持续痛刺激	5～7个月	与熟人分离
惧怕	3～4个月	身体从高处突然降落	7～9个月	普通人或新异性较大物体刺激
惊奇	6～9个月	突然受到新异刺激	12～15个月	突然受到新异刺激
害羞	8～9个月	熟悉环境中陌生人接近	12～15个月	熟悉环境中陌生人接近

资料来源：孟昭兰. 婴儿心理学. 北京：北京大学出版社，2005.

(一)婴儿情绪的发展

婴儿最初的情绪反应多是先天性的，是遗传本能，且与生理需要是否满足直接相关。随后，在生理成熟和后天环境的作用下，情绪不断分化。

1. 婴儿微笑的发展

婴儿的笑是第一个社会性行为。通过笑，可以引出其他人对他积极的反应。与情绪体系本身一样，笑也有一个发展过程。不少心理学家，如鲍尔比(J. Bowlby，1969)、斯罗夫(L. A. Sroufe)和瓦特斯(E. Waters，1976)，研究了婴儿微笑所经历的几个过程。

第一阶段：自发的微笑(0～5周)，又称内源性或反射性微笑。这个阶段婴儿的微笑主要是用嘴作怪相，这与中枢神经系统活动不稳定有关。笑的时候，眼睛周围的肌肉并未收缩，脸的其余部分仍保持松弛的状态。对于这样一种微笑，早在1882年普莱尔就把它称作"嘴的微笑"，以示与后来产生的社会性微笑相区别。这种早期的微笑可以在没有外部刺激的情况下发生，是自发的笑或反射性的笑，在睡着时表现得最普遍。如果我们抚摸婴儿的面颊、腹部或者发出各种声音，也能引起婴儿的微笑。由于这种早期的微笑为各种广泛的刺激所引起，因而还称不上真正的"社会性"微笑。女婴自发微笑的次数比男婴多。

第二阶段：无选择的社会性微笑(3、4周起)。这种微笑是由外源性刺激引起的。虽然这个时候婴儿还不会区分那些对他有特殊意义的个体，但是人的声音和人的脸特别容易引起他们微笑。有些心理学家曾观察到这个阶段婴儿在微笑时十分活跃，眼睛明亮，眼睛周围的皮肤也伴之皱起，可是持续的时间相当短。大约到第5周时，婴儿开始对移动着的脸微笑。到第8周时，会对不移动的脸发出持久的微笑。这种发展标志着有选择性的社会性微笑的开始。这时候婴儿对陌生人的微笑与对熟悉的照顾者的微笑没有多少区别，只是对熟悉的人的微笑比对陌生人的微笑多一点。这种情况持续到6个月左右。婴儿见到熟悉的脸、陌生的脸，乃至假面具都会笑。

第三阶段：有选择的社会性微笑(5、6个月)。随着婴儿处理刺激内容能力的增加，他能够认出熟悉的脸和其他的东西，开始能对不同的个体作出不同的反应。婴儿对熟悉的人会无拘无束地微笑，而对陌生人则带有一种警惕的注意。这时的婴儿已经很能笑，尽管笑得很短暂，转瞬即逝。婴儿的照料者这时常常会高兴地说："孩子会嬉笑了。""他会看着我笑了。"这种微笑增加了婴儿与照顾者间的依恋之情。

大约在4个月时，婴儿开始发出笑声。最初可能是对挠痒痒等身体刺激的反应，后来的笑声更多的是对社会性刺激、某种社会情境的反应，如观看别的儿童的活动或笑时。也有人认为婴儿的笑可能是为了释放紧张情绪(Sroufe，1996)。

不少人的研究表明，儿童到了2岁时，已能够有目的地使用微笑表达他们积极的情绪，对其他的情绪表达也很敏感(Wolf，1963；Carvajal & Iglesia，2000；Messinger，2002；Carver，Dawson & Panagiotides，2003)。

2. 婴儿啼哭的发展

哭是新生儿与世界交流的最重要的方式。第一声哭声证实婴儿肺里已充满空气，可以开始独立呼吸了。同时，哭声也为我们提供了新生儿中枢神经系统的信息。在婴儿学会语言之前，哭声是表达需要的唯一方式。初生婴儿有多种不同模式的哭声。研究表明，所有婴儿啼哭的规律都是相同的。有的研究者历时4年，对3000多个不同人种的婴儿的各种哭声进行了研究，并利用数字信号处理器对哭声的频率进行了分析和处理，总结出婴儿啼哭的5种原因：饥饿、瞌睡、身体不佳、心理不适、感到无聊。

婴儿的哭自出生就有，且较早出现分化。沃尔夫(Wolf，1969)对婴儿哭叫的磁带录音进行了分析，发现至少有四种哭叫表达了不同的情绪。第一种是"有节奏的哭"，大部分母亲能分辨出这哭声通常反映没有什么严重问题发生；第二种是"生气的哭叫"，声调明显突出；第三种是"痛苦的哭叫"，典型的特征是先号啕大哭较长的时间，紧跟着是屏住呼吸；第四种是"饥饿的哭叫"，照料者很容易对此作出反应。

婴儿最初的哭声多属于生理反射性的哭，进而有不适宜的环境刺激引起的应答性的哭，再进一步便出现主动的操作性哭泣。后一种哭是从经验中学到的，是社会性的哭。

父母知识窗 5-6 父母如何应对婴儿的啼哭？(扫右侧二维码)

父母知识窗 5-6

3. 婴儿恐惧的发展

婴儿的恐惧是一种消极的情绪，这种情绪体验会引起婴儿的紧张感，造成逃避和退缩。经常有恐惧情绪，可导致儿童形成怯懦的人格特征。婴儿的恐惧可分为以下几种。

(1) 本能的恐惧：这是一种自出生就有的反射性反应。这种恐惧多半由于大的声响、突然位置变化以及疼痛等因素引起。

(2) 与直觉和经验相联系的恐惧：这是一种由不愉快或痛苦的体验(被开水烫过、被猫抓过)所引起的惧怕反应。

(3) 怯生：这是一种由于陌生人接近而引起的恐惧反应，这种恐惧大约在婴儿6～8个月时出现。这种情绪也称为陌生人焦虑。

过去有一段时期，人们认为怯生是一种不可避免的、普遍存在的现象。但许多研究表明怯生与依恋不同，它既不是不可避免的，也不是普遍存在的。对陌生人的害怕取决于诸多因素，包括陌生人的行为特点、儿童所在的环境、儿童发展的状况，等等。

怯生不是突然发生的，它与微笑一样有一个逐渐显露的过程。

(4) 预测性恐惧：这是一种由想象引起的恐惧，如害怕黑暗，害怕"狼外婆"。

📄 **父母知识窗 5-7** 父母如何预防儿童的恐惧? (扫右侧二维码)

父母知识窗 5-7

(二)情绪对婴儿生存和发展的意义

1. 情绪是婴儿早期适应环境的首要心理承担者

婴儿出生后，在成人的抚养下才能生存。婴儿的生存需要各种物质条件和安全环境。成人的供给与婴儿的需求要协调一致，需要双方之间的密切沟通。在婴儿早期，这种沟通不可能是语言，而是感情性信息的应答。婴儿对环境的需求通过相应的情绪发出信号，这种主动的情绪信号是先天的情绪感应能力，具有天然的信息通信作用。婴儿的种种需求是通过情绪信息在母婴之间传递的。

激发母婴之间互动，良好的应答和互动作用使婴儿身体得以健康成长，心理得到发展，从而体现出情绪对婴儿生存和发展的适应性价值。

2. 情绪是激活婴儿心理活动和行为的驱动力

情绪本身具有驱动性。婴儿具有自生长、自发展的内驱力，这种内驱力可以分为如下两个层次：

(1) 本能性的驱动力。这是生理性需求使有机体摄取食物和回避危险。

(2) 心理生活型驱动力。单纯本能性驱动力的驱动作用，不足以实现和满足婴儿的需求，需要以情绪这种心理反应能力，把婴儿的内在需求以情绪为信号表现于外，传递给成人，才能更好地满足其基本需求。在婴儿社会化进程中，情绪的心理社会性驱动作用不断增强。随着婴儿的成长，情绪的作用进一步在社会意义上支配、控制并调节着婴儿的行为。所以，情绪对婴儿心理和社会行为发展具有重要的驱动作用。

3. 情绪的社会性参照功能

情绪的社会性参照功能是指情绪的信号作用和人际交往功能。这是婴儿情绪社会化的重要现象和过程。情绪的社会参照作用表现在两个方面：一是婴儿对他人情绪的分辨；二是婴儿如何利用这些情绪信息来指导自己的行为。

当婴儿处于陌生的情境时，他们会犹豫不决。这时他往往会从母亲的面孔上搜寻表情信息，以帮助自己确定应采取的行动。这对婴儿来说，是一种复杂的心理活动能力。研究表明，这种努力要经历一个逐渐的发展过程。

这种情绪功能在婴儿长到七八个月时才发生。之后，随着年龄的增长而不断提高。

社会性参照能力对婴儿的发展具有非常重要的意义：使婴儿能够通过他人的表情信息解读他人的心理倾向，并据此来决定自己的行为；使婴儿获得安全感，利于调整自己的行为；促使婴儿对新异刺激进行探索；有助于亲子情感交流、丰富婴儿的情感世界。

🌊 **心海畅游 5-8** 健康情绪的特征(扫右侧二维码)

心海畅游 5-8

三、我愿意和妈妈在一起——婴儿依恋的发展

依恋是指婴儿和主要抚养者(通常是母亲)之间形成的一种正性情绪联结。当婴儿体验到对这个特定的人有所依恋时,和她(他)在一起便能使婴儿感到愉快;当婴儿感到难过时,只要她(他)出现婴儿便会得到安慰。在婴儿期,依恋的形成对其社会性发展具有非常重要的意义,这种依恋的本质会影响婴儿长大后如何与其他人建立关系。

(一)依恋的发展阶段

对于婴儿依恋发展阶段的划分,国内外有多种观点,这里介绍几种主要的阶段划分方式。

1. 鲍比尔、埃斯沃斯等人的划分

鲍比尔、埃斯沃斯等人将婴儿依恋发展分为三个阶段。

(1) 无差别的社会反应阶段(0~3 个月):对一切人都不加区别地进行反应。

(2) 有差别的社会反应阶段(3~6 个月):对母亲有偏爱,对熟悉的人和陌生人有不同的反应。

(3) 特殊情感联结阶段(6 个月~3 岁):对母亲产生特别的依恋,形成了专门的对母亲的情感联结。

2. 施卡福和埃莫森的划分

施卡福和埃莫森认为婴儿在同照料者形成密切关系时要经历以下几个连续阶段。

(1) 非社会性阶段(0~6 周):很多社会或非社会信息都可能引发偏好反应,很少表现出抗拒行为。

(2) 未分化的依恋阶段(6 周~6、7 个月):婴儿对人类更为偏好,但是还未能进一步分化,似乎对任何人(包括陌生人)的关注都感到快乐。

(3) 分化的依恋阶段(7~9 个月):婴儿在与某个特定个体(一般是母亲)分离时开始表现出抗拒行为。施卡福和埃莫森认为,这些婴儿已经建立起最初的真正的依恋。安全依恋的形成促进了探索行为的发展。

(4) 多重依恋阶段(9~18 个月):有一半的婴儿在形成最初的依恋几周内,和其他人,如父亲、兄弟姐妹、祖父母甚至某个固定的看护人建立起依恋关系。

3. 朱智贤的划分

我国学者朱智贤将婴儿期的依恋分成四个阶段:前依恋期、依恋建立期、依恋关系明确期、目的协调的伙伴关系期。

(1) 前依恋期(出生至 2 个月):新生儿对所有的人都做出反应,但不能对他们进行区分,没有对特殊人的特殊反应。在出生时,他们用哭声唤起别人的注意,似乎他们懂得,成人绝不会对他们的哭置之不理,而必须同他们进行接触。随后,他们用微笑、注视和咿呀语同成人进行交流。这时的乳儿对于前去安慰他的成人无选择,所以此阶段又叫无区别的依恋阶段。

(2) 依恋建立期(2 个月至 7~12 个月):婴儿对他人的社会性反应强度增加,对熟悉的人有特殊友好的关系,能从周围的人中区分出最亲近的人,并特别愿意与之接近。这时的

婴儿仍然能够接受比较陌生的人的关照，也能忍耐同父母的暂时分离，但是带有一点伤感的情绪。

(3) 依恋关系明确期(7～12 个月至 24 个月)：婴儿对特殊人的偏爱变得更强烈。婴儿将母亲或看护人作为一个"安全基地"，并以此为出发点去探索周围世界；当有安全需要时，返回看护人身边，然后再进一步去探索。此阶段的婴儿还形成了分离焦虑和陌生人焦虑。

(4) 目的协调的伙伴关系期(24 个月以上)：2 岁以后，婴儿能较好地理解父母的愿望、情感和观点等，同时能调节自己的行为。

(二)依恋的类型

埃斯沃斯根据"陌生情境"实验程序，将依恋划分为三种类型：回避型(占 20%)；安全型(占 60%～65%)；矛盾型(占 15%)。三种依恋类型具有如下行为特征。

1. 回避型

这类婴儿经常对母亲很少理会，很少关心母亲是否离开，多数时间自己玩耍；当母亲回来时主动回避与母亲交往，抱他时会挣脱或身体移开、目光转移，平静地回到自己的玩耍中去。对待陌生人甚至比对待母亲的回避还要少一些。这类婴儿似乎对母亲没有形成亲密的感情联系。对这种现象有如下两种解释：

(1) 他们的母亲对婴儿的感情需要不敏感，或缺乏温情、表情呆板，因此婴儿发出的感情信息经常受到冷遇。久而久之，婴儿对母亲的感情也变得淡漠，或为了避免缺少温暖回报的痛苦而采取了冷淡的防御措施。从一定意义上讲，回避行为所表示出的冷漠感情对婴儿个性的成长是不利的，会使婴儿日后难以形成热情、开朗、乐观的性格。

(2) 由于母亲外出工作，婴儿由多人抚养，从而没有形成对母亲或某一特定的人的依恋。例如，调查表明，从小生活在全托机构中的婴儿，与多个护理人员接触，这些护理人员对待婴儿的方式、敏感性、爱心均不同。婴儿尽管会寻求对最亲近他的那位护理人员的依恋，但由于护理人员频繁地轮换和不够细心周到地照顾，一般来说，长住(几年之久)的孩子在性格上往往打下淡漠的烙印。

2. 安全型

这类婴儿与母亲在一起时，喜欢与母亲接近，但并不总是靠在母亲身边，而是放心地玩耍。他们时常观望母亲、对母亲微笑或与母亲远距离交流，寻求母亲与他们一起玩耍。母亲离开时，他们一般表现出不同程度的痛苦；当母亲回来时，他们会立即接近母亲，寻求抚慰，并很快恢复平静、继续玩耍。对陌生人作出不同程度的警觉与怕生，但有时也能试图接近和表示友好。依恋安全感的建立是这种母婴之间和谐关系经常受到强化的结果。母亲的敏感性表现在当婴儿需要时及时帮助和安慰他们，鼓励他们独自玩耍，鼓励并示范对陌生人表示友好，让婴儿对母亲离开有心理准备，并且从不欺骗他们。

3. 矛盾型

这类婴儿对母亲离开十分警惕，母亲离开后极端痛苦，但当母亲返回时表现出矛盾情绪：他们一方面寻求与母亲接触，另一方面在母亲亲近时又生气地拒绝，要花相当长的时间才能平复下来；此后将更加贴近母亲，生怕她再离开。他们在陌生环境中哭得最多、玩耍最少；对陌生人难以接近，社会适应上表现消极。这类婴儿没有建立起依恋安全感，是典型的焦虑型依恋。这类孩子的母亲对他们的感情依恋要求的反应往往并不一致，她们有时对孩子很亲近，有时突然"不告而别"或欺骗孩子，不履行诺言；当孩子因此而十分痛苦和反抗时，又十分粗暴地对待孩子。母亲反复无常的态度使孩子惶恐不安；他们对母亲无信赖感，不能预期在他们需要时，母亲能够到来；不敢离开母亲，也较少独自玩耍。这类孩子如遇到极端情况，将变得多疑、紧张而脆弱。

许多研究证明，对1~1岁半婴儿所作的依恋类型评定，在社会交往和认知探索等方面至少在被试到5~6岁之前可起着预示的作用。这表明，依恋关系一旦建立，即具有相当的稳定性。尽管依恋具有从母婴双方带来的某些先天影响，但依恋基本上是在社会交往中建立的，是婴儿社会化过程中出现的一种独特的现象。只要父母对自己孩子的气质特征和依恋类型有足够的认识，主动克服自身育儿弱点和改善抚育方法，极端的和严重的情况是可以避免的。

在我国目前的社会条件下，出现了另一特殊情况：母亲外出工作，独生子女由家庭其他成员照顾，如祖父母，他们同样受到细心呵护，于是，他们依恋的对象不一定是母亲。刘芳、胡平等人的研究发现，中国回避型婴儿的行为与埃斯沃斯提到的典型现象有些不同。这类婴儿在测验中对母亲冷淡而回避，但他们往往对母亲发出远距离微笑而毫无负性反应。同时，这些婴儿的家庭成员不存在对婴儿粗暴、冷漠、厌恶等情况。因而刘芳和胡平把这类婴儿命名为"平淡型"。她们之所以取这样一个中性的名称，是因为她们尚不能肯定这类婴儿在依恋上的表现是否有负性效果，对他们以后的成长会有什么影响尚需追踪研究。

心海畅游5-9 母婴依恋类型的检测(扫右侧二维码)

心海畅游 5-9

(三)依恋对儿童心理发展的影响

对婴儿社会性发展的大量研究，使得人们越来越关注依恋对婴儿心理发展的作用。早期研究都十分强调婴儿早期经验对个体发展的重大作用。因此，在依恋发展中，研究者十分强调早期母婴之间的安全关系。一般认为，母亲是婴儿生活环境中的核心因素。1岁前婴儿肌体较弱，母亲不仅是婴儿一切生理需要的直接满足者，而且是婴儿与客观世界的"中间人"——心理需要的直接满足者。

1. 早期社会性依恋对日后人格特征的影响

安全型依恋的孩子在成人后具有高自尊，往往享有信任而持久的人际关系、善于寻求社会支持，并具有良好的与他人分享感受的能力。

心海畅游5-10 恒河猴社会性剥夺实验(扫右侧二维码)

心海畅游 5-10

1945年，有人调查南美洲一家孤儿院的孤儿(出生后3个月离开母亲)，尽管营养、保健条件很好，但孩子显得呆痴、孤僻、智商很低，原因就是缺乏与成人(母亲)的交往。

研究表明，剥夺母子交往对儿童心理发展有如下损害：①失去爱与被爱的权利；②失去与客观世界联系的"中间人"；③周围环境成了没有应答的"死环境"；④缺乏母子身体接触，使情绪中枢发育不良，导致儿童情感障碍。

2. 早期社会性依恋对婴儿情感和智力发展的影响

婴儿经常从父母那里得到抚爱，自身就会比较温和友爱，形成信赖感。如果婴儿失去母爱，得不到母亲或看护人的亲近，那么婴儿的心理发展将会受到极大的摧残，造成婴儿智力低下、性情粗暴、行为野蛮。

美国有位医生曾对有母爱的托儿所婴儿和条件较好但缺乏母爱的孤儿院婴儿进行过调查。初测托儿所婴儿智商为101.5，孤儿院婴儿智商为124。一年之后再测时，托儿所婴儿智商为105，孤儿院婴儿智商为72。为什么孤儿院婴儿智商下降如此之快？其原因就在于托儿所的婴儿每天和母亲见面，嬉笑玩耍，而孤儿院却仅有少数的保育员，婴儿缺乏必要的母亲方面的刺激和人际间的必要接触。有人认为婴儿缺乏母子交往(包括与成人交往)，在概念形成、推理及抽象思维方面较差，并容易导致语言障碍，而且很难克服。

3. 早期依恋类型对个体内在工作模式形成的影响

根据年幼儿童的依恋状况可以确定个体内部工作的基本模式。婴儿是否依恋母亲以及依恋的质量如何，会直接影响婴儿的情绪情感、性格特征、社会性行为和与人交往的基本态度的形成。可见，依恋对婴儿整个心理发展具有不可忽视的作用。

心海畅游 5-11 南京饿死女儿的母亲的成长经历(扫右侧二维码)

心海畅游 5-11

要正确认识早期依恋对儿童心理发展的影响。早期经验及其在人的整个一生心理发展中的作用受一系列因素制约，它和婴儿自身的特点、所涉及的心理和行为领域、早期经验发生的时间、经验本身的性质和种类、儿童以后的生活经验等都有关系。不能笼统地肯定早期经验对所有儿童心理发展的各个方面都产生永久的、不可改变的影响。

许多研究表明，如果把早期成长条件受剥夺的儿童转移至新的环境，为他们提供良好的条件，他们的心理发展也会随之发生明显的变化，以至恢复到正常的水平，早期经验的影响并非完全不可逆转。

心海畅游 5-12 旧枕头、大拇指与安全毯子(扫右侧二维码)

(四)良好的母亲教养方式，促进安全型依恋的形成

心海畅游 5-12

依恋是在婴儿与母亲的相互交往和情感交流过程中形成的。母亲的教养方式对婴儿的依恋类型具有一定的预见性，良好的教养可以促进积极依恋的发展。衡量母亲对婴儿的教养方式好与否，可以从三个方面来考虑，即反应性、情绪性和社会性刺激。

(1) 反应性。指母亲经常能正确理解婴儿所发信号的意义所在，并能予以积极的应答和反馈。所以，要求母亲对婴儿发出的任何信号(哭、笑等)都给予及时的反馈。

(2) 情绪性。母亲经常通过说、笑、爱抚等方式，与婴儿进行情感交流，以满足婴儿的需要，产生积极的情绪体验。

(3) 社会性刺激。通过互相模仿、亲子游戏、共同活动等生活性互动以及通过丰富环境，母亲不断调整自己的行为，以适应婴儿活动节律和婴儿的生活活动需求。

四、婴儿的人际关系

1. 婴儿与父母的关系

婴儿主要是同照看者发生关系，而一般主要照看者是父母。

(1) 母婴同步性。母亲和婴儿之间彼此不用语言，却能很好地协调起来。当婴儿需要母亲的时候，母亲似乎总是正在等待着他的到来。这种紧密协调的相互作用状态被称为母婴同步性。研究表明，母婴之间实际存在着"交谈"关系，在许多方面相似于成人间的对话，只是婴儿不会用词而已。直到婴儿几个月时，这种母婴之间的协调活动仍然保持着。但这时的交流有了新的内容和形式，婴儿开始主动影响母亲，友善地同母亲微笑，注视母亲并咿咿呀呀地说话。这样，母婴之间实际上彼此强化着他们的关系。

(2) 父婴交往。在对婴儿的影响方面，父亲和母亲确实有很大差异。

第一，接触交往时间少。父亲在与婴儿接触、交往的时间上明显少于母亲。研究(Belsky & Volling，1984，1986)发现，婴儿1个月、3个月、9个月时，父亲比母亲与婴儿的交往少。母亲给婴儿提供更多的刺激，做出更多的反应，提供更多的积极情感表达，为婴儿提供更多的日常照料；而父亲只在与儿童一起看书和看电视的时间上超过母亲。

第二，父亲并非不敏感、不能干。父亲参与婴儿照料少，与婴儿接触少，并不意味着父亲在接触、照料婴儿方面不如母亲。研究表明，父亲无论在敏感性还是在实际操作表现上都可以和母亲一样成功。研究(Parke & Sawin，1980)表明，父亲在喂奶情境中对婴儿发出的不适信号表现了同母亲一样明显的敏感性。父亲对婴儿的其他信号，也同母亲一样敏感和具有反应性。因此，尽管父亲在直接照料、接触孩子上花的时间少，但同母亲一样对婴儿敏感、关心和有责任心，有能力承担婴儿的日常照料工作和进行有效的互动。

第三，父婴交往在内容、方式、游戏的性质上的特点。父婴交往在内容、方式、游戏的性质上同母婴交往有很多不同。首先，在交往的内容上，父亲更多的是与婴儿游戏，而母亲则不仅与婴儿游戏，更多的是照顾婴儿。其次，在交往的方式上，父亲主要通过身体运动的方式，母亲更多地通过语言交谈和身体接触。最后，在游戏的性质上，父母亲也有显著不同。近年来一系列关于父母同婴儿游戏的性质的研究，发现他们在风格、特征上有显著的差异。大量的研究(Yogman，1980)表明，母亲与婴儿视觉游戏占31%，而父亲这种游戏只占19%；父亲与婴儿肢体游戏、触觉游戏占70%，而这类游戏只占母婴游戏的4%；父亲比母亲更倾向于玩大的，不使用玩具的身体游戏，更多地进行大动作、激烈的、强烈刺激的身体游戏，以及新异、不寻常的共同操作与探索的游戏活动。

2. 婴儿的同伴交往

婴儿早期的交往行为似乎遵循着一个固定的程序，并且经历了逐渐由无到有、由简单到复杂、由低级到高级的发展变化过程。第一次"同伴"的出现是在婴儿2个月左右，其他一切社会性行为都是在此基础上发生的。社交性触摸大约在婴儿3～4个月时出现。同伴间的相对微笑和发声在6个月左右的婴儿身上才能观察到。6～8个月的婴儿通常互不理睬，只有极短暂的接触，如看一看、笑一笑或抓抓同伴。

同伴交往显然要求一定的环境条件。如果独生子女在3岁时还未入幼儿园，对同伴交往行为系统的建立有不利影响。他们没有经历同伴交往的上述历程，对同龄伙伴不熟悉，不会与之相处。研究表明，亲子之间良好的依恋关系对同伴交往有正性影响。父母与他人的交往行为会为婴儿提供榜样。埃斯沃斯曾指出，安全依恋给婴儿注入自我肯定感，自我肯定状态有助于婴儿与他人交往和掌握交往技能。父母如果注意创造与婴儿之间的平等交流、和谐共处与分享苦乐的条件，使婴儿在交往中增长平等意识，能在一定程度上弥补婴儿早期缺乏同龄伙伴的缺陷。

总之，在第一年期间，婴儿大部分的社交行为是单方面发起的，一个婴儿的社交行为往往不能引发另一个婴儿的反应，随着婴儿年龄的增长，社会活动范围日益扩大，同伴交往或迟或早总要发生。同伴关系越早发生，对婴儿社会意识、他人意识的萌生越有好处。

五、人生发展的关键——自我意识的萌芽

自我意识是个人作为主体的我，对自己以及对自己与他人的关系的认识。婴儿自我意识的发展是婴儿从自然人向社会人转化的一个具有关键意义的标志。自我意识是意识的一种形式，是关于作为主体的自我的意识，特别是关于人我关系的意识，例如：自我感觉、自我评价、自我监督、自尊心、自信心、自制力、独立性等。这是人的个性特征的重要标志之一，同时也是人类意识区别于动物心理的重要标志之一。

要想知道婴儿从什么时候开始认识自己与他人的不同并不容易。因为婴儿不会用语言告诉我们，人们只有通过推断来解释婴儿的自我意识的发展。虽然研究的难度很大，但这并不影响研究者们的热情，他们在婴儿自我意识方面开展了大量的研究。

哈特(1983)总结大量的相关研究，提出了一个婴儿主体我与客体我的发展体系。他把婴儿自我认知的发生分为五个阶段，前三个阶段为主体我的发展，后两个阶段为客体我的发展。第一阶段：5~8个月，婴儿显示出对镜像的兴趣，但他们对自己的镜像与对其他婴儿形象的反应没有区别，此时婴儿还没有萌生自我意识。第二阶段：9~12个月，婴儿显示了对自己作为活动主体的认识，他们主动地以自己的动作引起镜像中的动作。这个阶段产生了初步的主体我。第三阶段：12~15个月，婴儿已会把自己与他人分开，主体我得到明确的发展。第四阶段：15~18个月，婴儿开始把自己作为客体来认识，反映了在客体我水平上的自我认知。第五阶段：18~24个月，婴儿已具有用语言标示自己的能力，已经能意识到自己的独特特征，能从客体(如照片)中认识自己，用语言标示自己。这表明已具有明确的客体我。哈特关于婴儿自我认知发生过程的模式，为我们提供了许多有益的线索。但我们也应注意，主体我和客体我的发展不是截然分开的，在整个婴儿期，主体我、客体我都在稳步地发展着。

我国心理学界认为儿童出生的第一年，不能将自己与环境相区别，甚至不知道手、脚是自己身体的一部分，因而常常可以看到七八个月的孩子咬自己的手指、脚趾，有时会把自己咬疼而哭叫。逐渐地，儿童知道了手、脚等是自己身体的一部分，这就是自我意识的最初形式(自我感觉)或准备阶段。

1岁左右，婴儿能将自己的动作与动作的对象区分开来，这是自我意识出现的最初表现。如常见到1岁左右的孩子不小心将手里的玩具弄掉，成人马上捡起递给他，之后他会有意地把玩具反复扔到地上，看见成人去捡时，他会非常高兴，似乎从中获得了极大的乐趣。

自我意识的进一步形成是与有关自我的词的掌握相联系的。出生的第二年知道自己的名字，把自己叫作"宝宝"。这时儿童只是把名字理解为自己的代号，遇到别人也叫相同

的名字时就会感到困惑。2～3 岁儿童开始把自己当作主体来认识，突出的表现是从称呼自己的名字(如"宝宝吃苹果")变为用"我"这一代名词来称呼自己(如"我吃苹果")。这一变化是儿童自我意识发展过程中的一个重要转折，也可以说是自我意识发展的第一个飞跃。

第四节　婴儿期的心理问题和心理卫生

婴儿出生后，即不断接受外界环境的影响和刺激，不断地形成条件反射，这标志着心理活动的萌芽与发展。婴儿应对这些外界环境的刺激与压力的能力有很大差异，因此婴儿在成长中会遇到一些心理卫生问题。人的发展是一个连续的过程，前一阶段的发展对后一阶段的发展有很大的影响。如果我们忽视婴儿的异常行为，势必会影响儿童未来的成长。因此，婴儿期的心理卫生问题是不容忽视的。

父母知识窗 5-8 如何促进孩子的早期发展？(扫右侧二维码)

父母知识窗 5-8

一、婴儿期常出现的心理问题

目前，因父母教育不当等原因，学龄前儿童的心理问题不断增多。一份最新统计数据表明，学龄前儿童的心理疾患已从 20 世纪 80 年代的 1.5%上升到现在的 6%。很多案例表明，学龄前儿童的心理问题其实早在婴儿阶段就已经埋下隐患。

从婴儿期到学龄前时期的心理问题，如果没有得到有效、及时的矫治，就会引发精神上的疾病，后果不能低估。

婴儿期较为常见的心理行为问题，主要有认生、咬手指、吮吸手指、口吃、梦魇、儿童厌食症、退缩行为、依赖行为、分离性焦虑、感统失调、孤独症、发育迟滞(生长、智力、言语等)等等。这里介绍几种易被成人忽视的心理问题。

(一)认生

几乎每个婴儿在 1 岁左右都经历过所谓的"认生期"。大部分爸爸妈妈遇到这个问题时都会感到非常诧异，为什么孩子突然性情大变，而且经常会有过激的反应？来自德国曼海姆大学的教育学专家 Christiane 博士，通过观察发现："宝宝的认生期是随着他的成长而自然产生的，很可能在一夜之间认生期就到来了。"婴儿认生主要是由于他的心理发育所致。

认生(也称怯生)是指婴儿对不熟悉的人表现出一种害怕的反应。例如：有的婴儿见到陌生人会表现出严肃、紧张的神态，或试图回避、躲藏；有的婴儿甚至表现出严重的恐惧，尖声哭叫、挣扎着要离开现场等。这些都是婴儿认生的表现。

对此，父母采取了不同的态度来对待。有的父母认为婴儿认生是天生的、自然的、不可避免的现象，因而听之任之，或故意让孩子避开陌生人；有的父母则为此着急，认为一回生，两回熟，强迫婴儿接触陌生人。

1. 认生发展过程

4 个月之前：这么大的婴儿不会认生。他们对一切新奇的事物，包括对陌生人，都会表现出极大的兴趣，对任何人的引逗都会报以喜悦与微笑。

4～5 个月：他们对陌生人会出现"警惕地注意"现象。他们会来回地注视、比较陌生人与熟人(主要是母亲)的面孔，对陌生人的脸注视的时间会更长些。

5～7 个月：在陌生人面前婴儿会出现较明显的严肃、紧张的神态。

7～9 个月：有些婴儿面对陌生人会有苦恼、哭叫、回避等较强烈的情绪反应。

心理学的研究表明，并不是所有的婴儿都有认生表现，婴儿的认生有一个逐渐显现的过程。上述情况说明，婴儿起初并不认生，婴儿的认生更多的是在后天环境的影响下逐渐发展起来的。认生期为何会在这个时期出现，到目前为止还解释不清楚。科学家们猜测，早年对陌生人的恐惧可能对孩子的生存很重要。

2. 认生的解决办法

虽然认生对于婴儿的生存也有积极的意义，可以保障其生存的安全问题，但是认生毕竟阻碍了婴儿与外界的人际沟通，对以后的成长也很不利。婴儿认生的问题，父母可以通过以下几种方法来解决。

(1) 多带婴儿去户外活动。在宝宝 3～4 个月以前还不懂得认生的时候，父母可以有意识地带婴儿去户外，比如去社区广场、花园绿地等人多、小朋友比较多的场合，以帮助婴儿尽早适应他可能接触到的各种社会环境。

(2) 多与陌生人接触。父母可以尝试着让其他家庭成员多抱抱婴儿，在他们抱的时候妈妈可以暂时离开，让宝宝慢慢熟悉除爸爸妈妈之外的陌生人。可以先从家里人开始，然后再是其他不熟悉的人，比如爸爸妈妈的同事、朋友、邻居等。

(3) 迎合宝宝的心理。即使婴儿有认生的表现，出于天性，婴儿还是比较喜欢跟那些比较年轻的阿姨或者小宝宝待在一起的，因为年轻的阿姨让他有种妈妈般的感觉，而从小宝宝身上他可以看到自己的"影子"。尽量让宝宝逐步接触不同的人群，包括戴眼镜、戴帽子等有点特征的人，慢慢地宝宝就会适应他们，不再产生戒备心理。

(4) 耐心对待婴儿认生现象。婴儿认生一般都与"害怕"有关，所以母亲及其他接近婴儿的人都要给婴儿一种安全感。家人平时要保持态度温和、情绪稳定，不要忽冷忽热，尤其在婴儿哭时，更要有耐心，不能训斥婴儿。

(二)夜惊

儿童夜惊症属于一种睡眠障碍，生理因素和心理因素都可能是导致夜惊出现的原因。关于孩子发生夜惊症的原因，迄今尚未有定论。

1. 发生夜惊的原因

婴儿发生夜惊的原因大概有以下几种。

(1) 婴儿时期的神经、大脑发育尚未健全。中枢神经系统的抑制部分，尤其是控制睡眠觉醒的大脑皮质发育得不成熟，对孩子的睡眠会有一定的影响。这是孩子正常生理发育的自然现象。如果孩子发生夜惊的情形不很明显或偶尔发生，父母们不必过分在意。随着孩子的成长，身体各部分逐渐发育成熟，症状就会逐渐消失。这种状况属于一时性的。

(2) 心理因素占有一定的比例。我们这里所说的心理因素，包括情绪的焦虑、压抑、紧张不安等。

(3) 持续的夜惊可能是由病理因素引起的。如大脑神经营养供应不足，大脑发育有异常，大脑皮层中枢、丘脑、垂体等大脑器官之间的相互调节不好，内分泌等原因造成的肥胖，以及严重的钙缺乏症，都是可能导致发生夜惊的病理性原因。这就需要到医院请医生诊治了。

2. 怎样对待孩子的夜惊

虽然夜惊的诱因很大程度上是生理发育的因素，但成人还是能够科学地帮助孩子尽量避免出现夜惊现象。

(1) 良好的作息习惯和睡眠卫生。睡眠质量的好坏直接影响着孩子身体和大脑的发育。

(2) 帮孩子放宽心。排除了生理和身体上的因素，父母就要尽量避免那些可能引发夜惊的事情发生，从客观上解除孩子心理上的压力。同时，以讲故事、做游戏的方式，对孩子进行有针对性的心理疏导，让他们解除焦虑、放松身心，培养他们坚强的意志、开朗的性格。在上床后，家人亲切地陪孩子说说话，或共同听一段轻松的音乐，也往往能让孩子心情愉快地入睡。

(3) 白天适度增加孩子的运动量，不仅可以增强体质，还能促进脑神经递质的平衡。孩子白天的活动量大，晚上也容易睡得深，提高睡眠质量。

(三)儿童孤独症

儿童孤独症是一种较为严重的发育障碍性疾病。1943 年由美国精神病学家 Kanner 首先报道，称为"孤独性情感交往紊乱"。他指出孤独症儿童的共同表现为：①极端孤僻，不能与他人发展人际关系；②言语发育迟滞，失去用语言进行交往的能力；③重复简单的游戏活动，并渴望维持原样不变；④缺乏对物体的想象及灵巧地运用它们的能力，如缺乏象征性游戏，特别喜欢刻板地摆放物体的活动。

有关的名称还有儿童精神病、广泛性发育障碍和儿童非典型发育。目前统一命名为儿童广泛性发育障碍(简称 PDD)，在 PDD 的名称下，包括了儿童孤独性障碍、阿斯伯格综合征(简称 AS)、未特定的广泛性发育障碍(PDD-NOS)、Rett 综合征和儿童瓦解性精神障碍。广泛性发育障碍的临床特征为交流障碍、语言障碍和刻板行为三联症。

父母知识窗 5-9 如何帮助孤独症儿童返回正常生活(扫右侧二维码)

父母知识窗 5-9

二、婴儿期的心理卫生

婴儿期作为人生的最初阶段，是个体心理发展的关键时期，婴儿的动作、认知、情感和社会性等都经历了特有的发展历程，所以家长要特别关注这一时期婴儿各方面的教育和引导。

(一)保证婴儿充足的营养和睡眠

婴儿出生后，母乳是最合适的营养品。因为母乳不仅含有婴儿所需要的全部营养物质，还含有抵抗疾病的抗体，可增强婴儿的抗病能力。随着婴儿的成长和活动量的增加，婴儿的消化功能逐渐完善，对于4～6个月的婴儿，除母乳外，还需要添加辅助食品，才能保证充足的营养。无论是母乳喂养还是人工喂养，都需要定时定量，从小养成良好的饮食习惯。

(二)给予婴儿动作、行为发育的帮助和训练

婴儿时期的教育应首先以充分调动人体基本机能为目的，进行耳听、目辨、手动的协调训练，成人要有意识地锻炼婴儿抬头、翻身、爬行、站立、行走。

(三)多与婴儿交流，促进婴儿言语的发展

尽管1岁前婴儿还不会说话，但钟爱孩子的父母还是不厌其烦地与婴儿喃喃细语。如果父母能够做好以下几点，那么宝宝的语言能力会发展得更好。①无论是母语的发展，抑或是"双语"的学习，总是听得越多，就掌握得越快、越好。②与婴儿交谈需要使用特殊的儿语声调——儿童指向性语言有助于帮助婴儿尽早地掌握母语的语法。③寓交流于活动中。言语交流随婴儿的生活活动而进行，无论对婴儿做什么都应伴随着述说。④指图阅读是言语交流的好形式。婴儿心理的最初发育过程是吸取外界的信息刺激，积累材料，形成许多感受点，然后才产生心理活动的过程。对于大一些的婴儿，家长可以通过影视、讲故事等言语刺激，促进婴儿的言语发育。婴幼儿时期有待发展言语感知、运动能力及社会适应性等，其中最重要的是言语能力，言语能力一旦发展起来，其智力就会随之发展。

(四)关注婴儿的情感需要，建立安全的母婴依恋

除满足婴儿的生理需求外，还需要满足其情感的需要。在情感方面，母亲的教养行为可以从反应性、情绪性和社会性刺激三个方面来衡量。反应性是指对儿童发出的信号积极地应答；情绪性是指经常通过笑、说、爱抚积极地表达情感；社会性刺激是指多进行社会性互动，诸如通过相互模仿、丰富环境、调整自己的行为以适应婴儿的行为节律，而不是把自己的习惯强加给婴儿。

(五)针对不同类型的气质特点，积极对待婴儿

一般来说，容易型婴儿对各种各样的教育方式都容易适应。对困难型婴儿，需要父母具有特别的热情、耐心和爱心，理智地克制自己的烦躁，采取适合婴儿特点的、有针对性的方法，才能使这些孩子健康地适应社会。对迟缓型婴儿教养的关键，在于让这些孩子按照自己的速度和特点去适应环境，家长不要给他们施加压力，多鼓励他们去尝试。

(六)寓教于乐，在游戏中促进婴儿认知活动的发展

随着婴儿的成长，游戏逐渐成为他们活动的重要内容。父母要花费一定的心思、一定的时间陪孩子玩，选择一些能引起他们的兴趣和适宜于他们发展的游戏。在与婴儿游戏时，要注意四点：根据婴儿的情绪调整游戏的种类；婴儿的反应要比成人迟缓得多，在与他们玩耍时，应该配合婴儿的步调；游戏要适合婴儿的性格；婴儿需要通过玩具了解世界上更多的事物，因此父母要注意给婴儿挑选合适的玩具。早期教育最忌讳父母强行给孩子灌输知识，要针对婴幼儿喜欢玩耍的天性，通过游戏，如搭积木、玩魔棍、剪纸、拼图等婴幼儿喜闻乐见的活动，教给他们知识。在这些有趣的活动刺激中，促进婴幼儿大脑皮层的兴奋，还可以增强婴幼儿的实践能力。

(七)培养婴儿良好的生活习惯

良好的生活习惯要从小培养。例如:在保证婴儿的生理睡眠外,还要锻炼婴儿养成在任何情况下都能独自入睡的习惯;逐渐锻炼孩子养成在夜间不吃东西、不尿床的好习惯;对于婴儿不合理的要求要及时纠正,并适时给予解释。虽然婴儿最初不一定能理解成人的要求,但通过一段时间的努力和坚持,最终会取得很好的效果。

心海畅游 5-13

🌐 **心海畅游5-13** 宝宝在不同时期的早教重点(扫右侧二维码)

心灵考场 5-2

🎯 **心灵考场5-2** 提早入园好不好?(扫右侧二维码)

本 章 小 结

婴儿期是人生发展的第一个非常重要的时期,也是生理和心理迅速发展时期。

(1) 孩子出生约一个月的时间内,叫新生儿期。这一时期儿童开始与外界直接发生关系。一个月的生活为儿童心理活动提供了直接基础。婴儿身体各系统的生理功能,按其成熟的自然规律由神经系统的成熟和规律所支配,个体心理的发展也受神经系统和脑的成熟和规律所制约。

(2) 婴儿的动作发展较快。尤其显著的是动作出现的次数渐多、反复动作直至熟练,由于婴儿动作的协调性逐渐增强,他们完成动作的复杂性上也有了明显提高。

(3) 随着运动能力的增强,婴儿在动作发展的基础上,在言语的帮助下,逐步从简单的动作过渡到最初的有目的的活动,开始出现了最基本的生活活动和最初的游戏活动。

(4) 随着婴儿生理、动作、活动及言语等多方面的发展,婴儿心理的各个方面都有重要的发展,心理过程发生了质的飞跃,开始出现了初步的思维形式,人所特有的自我意识萌芽,但整个心理活动带有强烈的直觉行动性和不随意性的色彩。

(5) 与他人的互动,对婴儿的情绪性、社会性、自我认识等社会化和人格发展方面,起着十分重要的作用。

(6) 人的发展是一个连续的过程,前一阶段的发展对后一阶段的发展有很大的影响。如果我们忽视婴儿的异常行为,势必会影响儿童未来的成长。因此,婴儿期的心理卫生问题是不容忽视的。

📝 **父母课堂5-3**

系统抚触训练

国内外多年研究证明,对婴儿进行系统的抚触,有利于婴儿的生长发育,使婴儿增强免疫力,增进对食物的消化和吸收。对孩子轻柔地爱抚,可以增进婴儿与父母的交流。同时它在促进孩子的早期神经行为发育即智力发育方面表现尤为突出。心理学研究还发现,有过婴幼儿期抚触经历的人在成长中较少出现攻击性行为,喜爱助人。

专家建议年轻的妈妈们,给婴儿进行抚触前应做好充分准备,以免给孩子带来伤害。

首先，选择安静整洁的房间，室温保持在 25～28℃，可以播放柔和的音乐。

其次，选择适当的时间。婴儿不宜太饱或太饿，疲劳或烦躁时都不适宜按摩；抚触最好在婴儿沐浴后、午睡前及晚上就寝前、两次进食中间，或喂奶一个半小时后进行。

最后，婴儿抚触最好每天 2～3 次，每次不超过 15 分钟；力度要均匀，根据婴儿反应调整按摩方式；按摩前需温暖双手；将婴儿润肤油倒一些在掌心，轻轻按摩，随后逐渐增加压力以便婴儿适应；不要强迫婴儿保持固定姿势；如果婴儿哭了，先设法让他安静，然后才可继续，以不疲倦为宜，一旦婴儿哭得很厉害应停止抚触。

抚触指南

抚触脸部以舒缓紧绷的脸部：从前额中心处用双手拇指往外推压，眉头、眼窝、人中、下巴，同样用双手拇指往外推压，均划出微笑状。

抚触胸部以通畅呼吸促进循环：双手放在两侧肋缘，右手向上滑向婴儿右肩，复原，左下以同样方法进行。

腹部抚触有助于肠胃活动：按顺时针方向按摩腹部，用指腹在婴儿腹部从操作者的左方向右按摩，但是在脐痂未脱落前不要按摩该区域。

抚触背部以舒缓背部肌肉：双手平放婴儿背部，从颈部向下按摩，用指腹轻轻按摩脊柱两边的肌肉，然后再次从颈部向脊柱下端迂回运动。

资料来源：中国婴儿网

思 考 题

1. 新生儿有哪些能力？
2. 简述动作的发展对婴儿心理发展的意义。
3. 什么是依恋？简述依恋对个体发展的影响。
4. 依恋有哪些类型？如何才能形成安全型依恋？
5. 婴儿是如何学习使用语言的？
6. 婴儿能够体验哪些情绪？
7. 请为一对双职工的年轻父母设计一套婴儿成长方案。

本章辅助教学视频二维码见下方。

第六章 游戏、自我评价发展的关键期
——幼儿心理的发展

学习目的及要求

通过本章的学习，掌握幼儿心理发展的一般特点；理解游戏对幼儿心理发展的意义；掌握幼儿认知能力及言语的发展；掌握孩子个性的初步形成及第一反抗期的应对；了解在幼儿期出现的常见心理问题及预防措施。

核心概念

游戏(game) 具体形象思维(concrete image thinking) 记忆策略(memory strategies) 性别角色社会化(sex/gender role socialization) 同伴关系(peer relationship) 自我评价(self-assessment) 自尊感(self-esteem) 第一反抗期(first stage of resistance)

心灵考场 6-1 请判断下列说法哪些是正确的(扫右侧二维码)

幼儿期(3~7岁)是个体迅速生长发育的时期。幼儿在环境和教育的影响下，在以游戏为主导的各种活动中，心理发展异常迅速，与婴儿期相比发生了质的飞跃。随着幼儿生理机能的不断发展，身高、体重增长，肌肉骨骼日趋结实、有力，身体各部分的比例逐渐接近成人水平。神经系统，尤其是大脑皮层的结构和机能的不断成熟和完善，为幼儿心理的发展提供了物质基础。

心灵考场 6-1

第一节 幼儿心理发展特点概述

幼儿的新的需要和原有的心理水平的对立统一，构成了幼儿心理发展的内部矛盾，形成幼儿心理发展的动力。幼儿期是儿童心理发展的飞跃时期，其心理过程在开始还保持着具体形象性和不随意性的特点，而后各种心理过程的抽象概括性和随意性逐步发展起来。

一、活泼好动是我的本质——幼儿心理的一般特点

(一)认识活动的具体形象性

幼儿的思维是在婴儿时期思维水平的基础上，在新的生活条件下，以言语发展为前提逐渐发展起来的。此时期的思维是具体形象的。所谓具体形象性的思维是指儿童的思维主要是凭借事物的具体形象或表象，即凭借对具体形象的联想来进行，而不是凭借对事物的内在本质和关系的理解，即凭借概念、判断和推理来进行。例如，一个幼儿能够正确回答

"6个苹果,两人平分,每人分几个",却不知道"3+3=?"。一个幼儿看到闹钟每天嘀嗒、嘀嗒地走,就猜想里边可能有小人在推着它走,甚至会拆开去看个究竟。幼儿普遍喜欢童话故事和动画片,也与幼儿要凭借那些生动鲜明的具体形象才能理解故事有关。幼儿思维的具体形象性还派生出幼儿思维的经验性、表面性、拟人化等特点。幼儿的这些思维特点是与儿童知识经验贫乏和儿童第一信号系统活动占优势分不开的。

1. 幼儿主要通过感知、依靠表象来认识事物

幼儿主要通过感知、依靠表象来认识事物,具体性、形象性左右着幼儿的整个认识过程。直观、具体、生动的形象容易引起幼儿的注意,也容易在他们的头脑中留下痕迹。幼儿认识活动的具体形象性更多地表现在他们的思维活动中。皮亚杰发展理论的经典实验中的守恒实验,可以清楚地说明幼儿思维的具体形象性特点。他们往往从事物的表面现象去分析、理解事物,而难以摆脱知觉印象的束缚。这种现象一直持续到幼儿晚期。因此,具体形象是贯穿整个幼儿期认识活动的一个主要特点。

🌐 **心海畅游 6-1** 关于幼儿的守恒实验(扫右侧二维码)

心海畅游 6-1

2. 具体形象的表象左右着幼儿整个认识过程

表象不仅是一个人的映象,而且是一种操作,即心理操作可以以表象的形式进行,即形象思维活动。学龄前儿童具有以下特点:①表象思维(形象思维),即凭借表象进行思维操作。②表象与词在心理操作中双重编码,在更多情况下,信息在脑中可以进行语义编码,也可以进行图像编码。在一定条件下,图像和词是可以互译的。具体的图像可以通过语言提取、描述和组织。由于学龄前儿童的第二信号系统尚未发育成熟,言语能力的发展主要是依赖表象。③表象是词的思维操作的支柱。词的思维操作所需表象的参与和支持程度,甚至表象操作在思维操作中是否出现,可因思维任务的不同而异。

(二)心理活动和行为的无意性

幼儿心理活动及行为往往容易被外界环境左右,心理活动及行为更多的是由外界刺激所唤起,在行为的过程中,又经常被外界刺激所吸引而改变自己的活动方向。

(1) 幼儿有意控制自己心理和行为的能力很差,以无意记忆、无意注意、无意想象为主。从幼儿心理活动的各个方面都可以发现这种无意性,尤其在兴趣性方面表现较为突出。幼儿的活动更多地受兴趣支配,而较少有意地控制,同时,兴趣又直接影响幼儿智力活动的效果。

(2) 幼儿心理活动和行为易受无关因素干扰,如经常分心。无意性的特点使幼儿心理活动及行为显示较强的冲动性和较少的稳定性。随着年龄的增长,在正确的教育条件下,到幼儿晚期,儿童心理活动及行为的有意性开始发展,稳定性逐渐增强。

(三)开始形成最初的个性倾向

儿童出生时只是一个生物个体,无所谓个性和社会性。婴儿的心理活动还是片断的、无系统的、易变的,仅有自我意识和社会性的萌芽。个性的初步形成是从幼儿期开始,社会性也有了进一步的发展。

儿童的个性形成和社会性发展是在社会化中实现的。所谓社会化就是个体与社会环境相互作用，掌握社会的行为规范、价值观念和知识技能，成为独立的社会成员并逐步适应社会的过程。幼儿由于自由活动能力大大增强，各方面知识不断增多，就表现出独立的愿望，虽然能力不强也要自己动手自己干，变得不太听话。这是一种意志的自我表现，心理学上称此为第一反抗期。

儿童出生时就有着不同的气质类型，这种先天的差别在社会化过程中又进一步扩大。例如，社会的价值观念、行为规范首先通过父母的过渡，以高度个体化的方式传递给儿童；儿童也在有选择地接收外界信息，从而形成独特的个性。个性与社会性紧密地交织在一起，可以说，社会化的过程就是儿童个性形成和社会性发展的过程。心理学经验表明，在三四岁期间表现出反抗精神的孩子，更容易成为心理健康、独立坚强的人，而丝毫没有反抗表现的孩子，则往往在性格上趋于软弱和寡断。

幼儿在与周围环境的相互作用中逐步显露出个性的"花纹"，其社会性发展也在各个领域全面展开。

二、更像个婴儿——幼儿初期的心理特点

幼儿初期的儿童心理上仍保留着某些婴儿心理的特点，同时，又开始具备幼儿心理的特征。

(一)行为具有强烈的情绪性

(1) 行动主要受情绪支配，较少受理智支配。幼儿初期其行动冲动性强，高兴时兴高采烈，生气或害怕时就大哭大闹，表现强烈。幼儿的行为更多受兴趣支配，面对感兴趣的东西他们可以集中注意力较长时间，也常常由于外界新异刺激而忘记自己原来的任务。

(2) 情绪强烈、不稳定，易冲动，具有易变性。幼儿早期的情绪性易于被感染，往往来势凶猛，但是情绪稳定性差，喜怒哀乐变化快，持续时间短，经常可以看到他们破涕为笑，脸上还挂着泪珠的情形。

(二)爱模仿

模仿是幼儿的典型行为特征，在幼儿初期表现尤为突出。

(1) 独立性差，爱模仿别人。幼儿初期对事物的判断能力低，心理、行为易受暗示。他们经常模仿别人，见别人干什么就想干什么。模仿对小班儿童的学习、认识活动具有积极意义，如听见别的小朋友背诵儿歌或做其他活动时，小班儿童往往是看或听，然后可能即时模仿也可能出现延迟模仿。小班儿童在游戏中也有类似的表现。

(2) 教师常常是幼儿模仿的榜样。幼儿对教师的模仿常常是对教师的言行、外表的模仿，如看见教师穿戴什么，回家就向父母要；回到家，常常模仿教师的动作、语言，玩上课时的游戏。因此，教师应时刻注意自己的言行举止，为孩子们树立良好榜样。

(三)思维仍带有直觉行动性

大量观察研究发现，进入 3 岁以后的儿童大都是由行为和动作引起心理活动。

(1) 思维依靠动作进行。幼儿总是先做后想或者是边做边想，而不能想好后再做。看到积塑等需要动脑筋的玩具，拿起来就动手插或摆，而不能事先想好要插什么；如果强行

要求幼儿计划好自己所要的再动手，往往他们会扫兴不玩，或根本不听从还是动手先做，边做边想。只有行动起来才能使他们感受到自己的需要。

(2) 思维依靠感知进行。思维由动作引起在幼儿绘画活动中表现更为明显，这说明幼儿初期儿童的思维还离不开感知和动作的支持，仍具有直觉行动性的特点。他们通过行动来实现自己的思维，通过不断地感知行为的后果来逐渐形成思维的预见性，在不断失误中练习思维方式，促进思维的发展。

三、真正的幼儿——幼儿中期的心理特点

(一)爱玩、会说

幼儿都活泼好动，幼儿中期儿童(即中班幼儿)表现尤为突出。

1．中班是角色游戏的高峰期，不同的年龄段拥有不同的典型游戏

随着幼儿想象力的迅速发展，2 岁以后，练习性游戏减少，开始出现大量的象征性游戏。象征性游戏的典型特征是：幼儿借助自己的身体或者其他物品，来再现不在眼前的事物和生活情景。例如，双臂张开，说自己在"开飞机"；拿根棍子当"马"骑。3 岁以前，幼儿象征性游戏中往往没有角色，只有动作的象征。3 岁之后，幼儿的游戏中开始出现角色。比如，抱着玩具娃娃"给宝宝喂奶"；站在小凳子上"当警察叔叔指挥交通"。象征性游戏是幼儿想象力发展的重要标志，同时也能促进幼儿想象力的发展。

另外，结构性游戏也是这一阶段的儿童非常喜爱的游戏形式。结构性游戏是幼儿利用各种材料来建构某种物体的游戏。搭积木、插积塑、捏橡皮泥、手工制作等都属于结构性游戏。这类游戏能够提高儿童对数、量、形及空间概念的理解，蕴含着丰富的教育价值。因此，应在幼儿进一步掌握结构技能的同时，鼓励幼儿大胆想象，共同构造，并能相互评议结构成果。

2．中班儿童会计划游戏内容、分配角色、商量玩法

角色游戏是幼儿通过扮演角色，运用想象，创造性地反映个人生活印象的一种游戏。比如，娃娃家游戏、医院游戏、商店游戏等角色游戏，都有一定的主题。所以角色游戏又称为主题角色游戏。角色游戏最适合幼儿身心发展的需要，是幼儿期最典型的、最有特色的游戏，也是创造性游戏中最有代表性的一种游戏。

(二)思维具体形象

幼儿中期(即中班幼儿)的思维可以说是典型的幼儿思维，他们较少依靠行为来思维，但是思维过程还必须依靠实物的形象作支撑，对抽象的数字运算很难理解，对于那些他们不熟悉的事物的名称，他们也很难理解。如给 4 岁多的幼儿讲"水浒"，幼儿听后会理解成"水壶"。

中班幼儿还常常从自身经验出发来理解成人的言语，主要从表面现象来理解事物，还没有达到"守恒"。

四、我有点像个小学生——幼儿晚期的心理特点

(一)好学、好问、求知欲强

好奇是幼儿的共同特点，他们常常对周围的事物抱有好奇心。好学、好问是求知欲的表现，甚至一些淘气行为也反映了儿童的求知欲。

(1) 爱提问题。大班儿童的好奇已经逐渐由对事物表面的兴趣转向对事物的因果关系的兴趣，这个年龄的儿童经常提出"为什么""怎么样"这类问题，喜欢刨根问底。这表明他们思维更活跃，有着强烈的求知欲和好奇心。问题的范围也很广，上至天文地理，下至花鸟鱼虫，无所不有。他们不仅希望得到成人的解答，同时自己也努力尝试，寻求答案的主动性、积极性更加提高。家长应该保护幼儿的这种求知欲，千万不要嫌麻烦而拒绝孩子的提问。

(2) 喜欢拆拆卸卸，弄个究竟。他们把玩具汽车拆开，是为了看看它里面有些什么，它为什么会动；想拆收音机是要看看里面为什么会发音。对类似拆坏玩具的行为，家长不要简单训斥了事，而应该加以正面引导，为幼儿提供一些可以自由摆弄的材料，支持他们的探究行为，对探究过程中的失误应采取宽容的态度，并适时地教给他们一些科学的探究方法。

(二)思维抽象概括能力开始发展

大班幼儿的思维仍然是具体形象的，但已有了抽象概括性的萌芽，这主要表现在他们对概念的掌握及对事物的理解方面。

大班幼儿已经开始掌握一些比较抽象的概念(如左、右的概念)，能对熟悉的物体进行简单的分类(如白菜、西红柿、茄子都是蔬菜；苹果、梨、葡萄都是水果)，也能初步理解事物的因果关系(针是铁做的，所以沉到水底下去了；火柴是木头做的，所以能浮上水面)。

(三)个性初具雏形

大班儿童个性的各方面都已显示出较稳定的个人倾向。例如：在对人的态度上，有的较热情、友好、合作，有的则显得孤僻、淡漠；在对待事物的态度方面，有的好奇心强，有的则表现一般；在情绪方面，有的大胆，有的怯懦；在意志方面，有的自控能力强，有的则较差。

父母知识窗 6-1 保护幼儿的好奇心，培养孩子的创造思维
(扫右侧二维码)

父母知识窗 6-1

总之，这个年龄的儿童初步形成了比较稳定的心理特征，对人、对己、对事开始有相对稳定的态度和行为方式，开始显露出自己的兴趣、爱好、智力、才能，已表现出区别于其他儿童的特点。每个人都有自己的长处，也有自身的弱点，教师和家长要注意鼓励，发扬孩子性格中的长处，逐渐克服其不足，为儿童良好个性的发展奠定基础。

第二节 我长得还是很快——幼儿生理的发展

一、幼儿身体的发育

幼儿的身体发育相比 3 岁以前，发育速度相对减缓，但是比童年期儿童的发育还是要快得多。在 3~6 岁这个阶段，儿童的身高年增长 4~7 厘米，体重年增加 4 千克左右。这个时期由于儿童生理的发育速度很快，因此新陈代谢比较旺盛，但是由于身体的生物机体的机能发育还不成熟，对外界环境的适应能力以及对疾病的抵抗能力都较弱。

(一)身高、体重

一般来说，6 岁儿童身高 115 厘米左右，体重 20 千克左右。幼儿在不同年龄段的身体发育速度也是不同的，5~6 岁这一年龄组相对较快，而 4~5 岁和 6~7 岁的发展相对慢一些。男孩比女孩更高些、重些。

(二)骨骼

儿童骨骼骨化还未完成，骨骼易变形。这个阶段儿童的骨骼硬度较小，但是弹性非常大，比较而言可塑性强，因此一些舞蹈、体操、武术等项目的训练从这个阶段可以开始。也正因如此，如果儿童长期姿势不正确或受到外伤，就会引起骨骼变形或骨折。

(三)肌肉

幼儿的大肌肉比较发达，小肌肉从 5 岁左右才开始发展。肌肉的发育还处于不平衡阶段，大肌肉群发育得早，小肌肉群发育还不完善，而且肌肉的力量差，特别容易受损伤。这个阶段肌肉发育的特点为：跑、跳的动作已经很熟练，但是手的动作还很笨拙，一些比较精细的动作还不能成功完成。

二、幼儿神经系统的发展

(一)脑结构发展

1. 脑重增加

新生儿的脑重是 390 克左右，是成人脑重的 25%；3 岁儿童的脑重约 1011 克，相当于成人脑重的 75%；7 岁儿童的脑重约 1280 克，基本上已经接近成人的脑重(平均为 1400 克)。

2. 神经纤维增长

儿童在 2 岁以前，神经纤维较短，多呈水平方向；在 2 岁后，出现了向竖直方向发展的分支。到了幼儿期，神经纤维的分支继续加多加长，神经纤维之间的联系也更加广泛。

3. 神经纤维基本髓鞘化

到 7 岁时，儿童神经纤维已基本髓鞘化。神经纤维髓鞘化能增加传导信息的速度和准确性，这对儿童心理活动及行为的发展是极为重要的。

4. 整个大脑皮质达到相当的成熟程度

到幼儿末期,儿童大脑皮质各区的发展基本接近成人。刘世熠(1962)对我国儿童脑发育的年龄特征的研究发现,儿童脑的成熟顺序是枕叶→颞叶→顶叶→额叶。

生理心理学的研究表明,人的高级心理活动的中枢在大脑的额叶部分。1984年鲁利亚(Luria)的研究表明:"额叶表面积的增长速度到3.5～4岁时明显地加快,到7～8岁时发生第二次飞跃。"额叶的基本成熟标志着儿童大脑皮质达到相当的成熟程度,使儿童心理活动的随意性及调节性逐渐加强。

脑电频率是脑发育过程的又一重要参数。1955年柯宾和比克福德(Corbin & Bickford)研究指出,5岁前儿童的脑电图 θ 波(4～7次/秒)多于 α 波(8～13次/秒),5～7岁时 θ 波与 α 波的数量基本相同,7岁之后 α 波逐渐占主导地位。法尔别尔在其"脑结构的个体发育"一文中指出, α 波在儿童4～6岁时表现出很大进展。此阶段 α 波逐渐变成主要的脑电活动类型。5～6岁期间存在着发展的加速现象。根据频谱的部位,6岁儿童的脑电图更接近于7岁儿童而不是5岁儿童的脑电图。

5. 脑的发育有两个加速期

有关研究发现,人的大脑的发展是不平衡的。在4～20岁,脑电发展存在两个明显的加速时期:第一次在5～6岁,表现为枕叶 α 波与 θ 波斗争最为激烈, α 波逐渐超过 θ 波;第二次出现在13～14岁,表现为除额叶外,整个表层中 α 波与 θ 波的斗争基本结束, θ 波基本上被 α 波所代替。幼儿大脑结构的相对成熟为幼儿智力活动的迅速发展以及新的、复杂行为的形成提供了生理上的保证。

随着儿童脑结构的发展,其脑机能也在迅速地发展。

(二)脑机能发展

1. 皮质兴奋与抑制过程加强

兴奋和抑制过程是高级神经活动的基本过程,这两种过程随着年龄的增长而增强。

兴奋过程的加强表现为儿童的睡眠时间逐渐减少,清醒时间相对延长。新生儿每日睡眠时间达20小时以上,1岁儿童需要14～15小时,3岁儿童为12～13小时,5～7岁只需11～12小时。兴奋过程的加强使儿童有越来越多的时间接触外界刺激,丰富感性经验;兴奋过程的加强也为条件反射的建立提供必要的觉醒状态,使条件反射容易建立。

皮质抑制机能的发展是大脑皮质机能发展的重要标志之一,它既可使反射活动更精确、更完善,又可使脑细胞受到必要的保护,因而是儿童认识外界事物和调节控制自身行为的生理前提。3岁以前儿童的内抑制发展很慢;约从4岁起,由于神经系统结构的发展,内抑制开始蓬勃发展,皮质对皮下的控制和调节作用逐渐加强。H. N. 巴拉莫诺娃一项条件分化联系形成的实验表明:一般来说,3岁儿童的抑制反应是在提出4次抑制信号后形成的,4岁儿童减少为3次,5岁也是3次,6岁儿童则为2.7次。这个实验证明了条件反射的形成速度是随儿童年龄增长而提高的。

尽管幼儿的兴奋和抑制机能都在不断增强,但是相比之下,抑制机能还较弱。因此,对幼儿过高的抑制要求,如要求幼儿长时间保持一种姿势或集中注意力于单调乏味的课业,往往会引起高级神经活动的紊乱。

2．条件反射易建立且巩固，两种信号协调活动进一步发展，第二信号系统作用加强

随着儿童言语活动的发展，到了幼儿期，第二信号系统的作用已大大加强。并且，在第一信号系统和第二信号系统之间出现了更加协调发展的趋势。

虽然幼儿的两个信号系统的相互关系更加协调，但第一信号系统仍占优势地位，这就使幼儿的心理活动具有明显的形象性及不随意性的特点。第二信号系统的作用将随儿童年龄的增长逐渐加强，儿童心理活动的概括性和随意性也随之进一步发展。

🌐 **心海畅游 6-2** 巴甫洛夫的信号系统学说(扫右侧二维码)

心海畅游 6-2

第三节　儿童的战争——幼儿游戏的发展

一、心理学家眼中的儿童游戏——关于游戏的心理学理论

游戏是幼儿的主导活动。那么，游戏的实质是什么？儿童为什么喜欢游戏？游戏在儿童发展中有何作用？游戏的种类有哪些？围绕着这些问题，发展心理学家和教育家们进行了深入的探讨和大量的研究，并提出相应的理论。

(一)经典游戏理论

19世纪末至20世纪初较有影响的游戏理论主要有：福禄贝尔(F. Forebel)的"天赋本能论"，把游戏解释为儿童内部本能的表现；霍尔(Hall)的"复演说"，认为游戏是远古时代人类祖先的生活特征在儿童身上的重演，不同年龄的儿童以不同形式重演祖先的本能特征；席勒—斯宾塞(Schiller-Spencer)的"精力过剩说"，把游戏看作儿童借以发泄体内过剩精力的一种方式；彪勒的"机能快乐说"，强调游戏是儿童从行动中获得机体愉快的手段；格罗斯(Gross)的"生活准备说"，把游戏看作儿童对未来生活的无意识的准备，是一种本能的练习活动；拉扎鲁斯—帕特瑞克(Lazarus-Patric)的"娱乐—放松说"，认为游戏不是源于精力的过剩，而是来自放松的需要；博伊千介克(Buytenclijk)的"成熟说"，反对生活准备说，认为游戏不是本能，而是一般欲望的表现，引起游戏的三种欲望：排除环境障碍获得自由、发展个体主动性的欲望，适应环境的欲望，重复练习的欲望。游戏的特点与童年的情绪性、模仿性、易变性、幼稚性相近。

经典游戏理论是在达尔文进化论的影响下产生的，所以都有浓厚的生物学色彩。同时，其理论观点主要是思辨性的，不是建立在科学研究的基础上。早期的这些理论的可取之处在于：他们看到了游戏是儿童的需要，是儿童发展的主要力量。

(二)现代游戏理论

现代游戏理论主要有精神分析游戏理论、认知动力游戏理论和学习游戏理论。

1．精神分析游戏理论

精神分析游戏理论的代表人物是弗洛伊德，还有伯勒(L. E. Peller)、蒙尼格(K. Menninger)及艾里克森。

弗洛伊德认为游戏也有潜意识成分，游戏是补偿现实生活不能满足的愿望和克服创伤性事件的手段。游戏使儿童能逃脱现实的强制和约束，发泄在现实中不被接受的危险冲动，缓和心理紧张，发展自我力量以应付现实的环境。

伯勒发展了弗洛伊德的游戏理论，系统地分析了儿童在游戏中经常扮演的角色以及支配这种扮演的动机，使弗洛伊德的思想具体化。儿童的许多游戏背后都隐藏着深刻的情绪原因。他概括了九种儿童角色游戏的典型模式，并对儿童游戏的发展作了具体分析。

蒙尼格的宣泄理论进一步强调游戏的益处在于宣泄和降低焦虑。他认为，在人们身上，存在一种本能的攻击性驱力，这种驱力在不断寻求表现。它的直接表现在哪里被否定，就会在哪里形成病症。人们之所以玩游戏，正是因为游戏是发泄这种攻击性驱力的合法的、为社会所允许的途径。

艾里克森从新精神分析的角度解释游戏，认为游戏是情感和思想的一种健康的发泄方式。在游戏中，儿童可以"复活"他们的快乐经验，也能修复自己的精神创伤。这一理论已被应用于投射技术和心理治疗。

精神分析学派过分强调本能欲望在儿童心理发展中的作用，有其不足之处，但他们强调了游戏在儿童情感和社会性发展中的价值，是十分可贵的。

2. 认知动力游戏理论

皮亚杰认为游戏是儿童认识新的复杂客体和事件的方法，是巩固和扩大概念、技能的方法，是使思维和行动结合起来的方法。儿童在游戏时并不发展新的认知结构，而是努力使自己的经验适合于先前存在的结构，即同化。他还认为儿童认知发展的阶段性决定了儿童特定时期的游戏方式：在感知运动阶段，儿童通过身体动作以及摆弄、操作具体物体来进行游戏，称为练习游戏；在前运算阶段，儿童发展了象征性功能(语词和表象)就可以进行象征性游戏，他能把眼前不存在的东西假想为存在的，以后，儿童可以进行简单的有规则的游戏；真正的有规则游戏出现在具体运算阶段。

皮亚杰从认知角度对儿童游戏的探讨及对游戏发展阶段的划分，对于游戏理论的发展具有重要价值。但他过于强调智力发展对于儿童游戏的制约，而忽视了游戏对于智力发展的促进作用。

3. 学习游戏理论

桑代克认为游戏也是一种学习行为，遵循效果律和练习律，受到社会文化和教育要求的影响；各种文化和亚文化对不同类型行为的重视和奖励，其差别将反映在不同文化社会的儿童的游戏中。

(三)当代西方的游戏理论

当代西方的游戏理论主要有觉醒理论、元交际理论及行为适应说。

1. 觉醒理论

觉醒理论的代表人物是伯莱恩(Berlyn)、艾利斯(Ellis)、哈特(Hart)及费恩(Finn)，他们认为游戏与中枢神经系统活动状态——觉醒有关。游戏是内部动机引起的行为，是由于机体需要寻求刺激，以维持和调节中枢神经系统的觉醒水平。

2．元交际理论

元交际理论的代表人物是贝特森(Bateson)，他强调游戏的信息交流特点。所谓"元交际"就是对交际信息的意识，如果意识到"是在游戏"，就是觉察到他在和别人交际。

3．行为适应说

行为适应说的代表人物是萨顿·史密斯(B. Sutton-Smith)。他认为游戏有利于发展行为的适应性，游戏允许在安全范围内的思想和行为的创新。他特别强调象征性游戏中的"假装"的作用，认为"假装"的过程使儿童有创造的自由，可以发展灵活性和自主感。

上述游戏理论从各自不同的角度解释了游戏的实质和功能，对我们从不同侧面全面认识游戏现象有一定启示。

(四)中国学者关于游戏的认识

中国心理学家认为，游戏是适合于幼儿特点的一种独特的活动方法，也是促进幼儿心理发展的最好的活动方式。

首先，游戏具有社会性，它是人的社会活动的一种初级模拟形式，反映了儿童周围的社会生活。儿童在与成人的交往中，渴望参与成人的一些活动，可是又受到身心发展水平的限制，游戏恰恰解决了这一矛盾。

其次，游戏是想象与现实生活的一种独特结合，它不是社会生活简单的翻版。儿童在游戏中既能利用假想情境自由地从事自己向往的各种活动(如过家家、打针等)，又不受真实生活中许多条件的限制(如体力、技能、工具等)；既可以充分展开想象的翅膀，又能真实再现和体验成人生活中的感受及人际关系，认识周围的各种事物。

最后，游戏是儿童主动参与的、伴有愉悦体验的活动，它既不像劳动那样要求创造财富，又不像学习那样具有强制的义务性，因而深受儿童喜爱。

二、孩子最喜欢"玩"——游戏是幼儿期的基本活动

游戏是幼儿的基本活动，是有益于幼儿身心各方面发展、适宜于幼儿身心发展特点的活动。在游戏中，幼儿积极主动地探索周围环境、与人交往，形成和发展着各方面的能力。游戏就是幼儿的学习与工作，游戏活动最充分地反映与体现了幼儿学习与发展的主体性。

(一)游戏是儿童内部需要的反映

学前教育家卢乐山对儿童游戏进行了深入的研究，认为儿童游戏的动机是由于遇到适当的对象(刺激)而产生的，它是客观要求和外界影响在儿童头脑中的反映。她从多年的实践和科学研究中总结出，游戏是满足入学前儿童的需要，解决主客观之间的矛盾，并促使矛盾转化的主要活动。儿童借助游戏可以满足以下几种需要。

1．符合幼儿的心理发展需要和重复练习的需要

幼儿活泼好动，对事物充满好奇心。他们在选择游戏种类时体现自己的个性，他们喜欢重复自己感兴趣的动作，又需要经常变换活动的方式。游戏包括各种实物及不同类型的动作和活动，既可以任儿童自由摆弄、操作、直接感知和"实验"，以满足他们的好奇心，又可以根据个人的喜好来选择动作，自由变换方式，使好动的要求得到满足，而且重复练

习使儿童感到满意。

2．满足幼儿直接兴趣和愉快情绪的需要

幼儿的各种情感，无论是积极的还是消极的都需要得到表现。游戏为他们提供妥当的表现自己情感的途径，从而能够控制不友好的、攻击性行为。因此，游戏既是儿童表现情感的一种重要方法，又是儿童克服情绪紧张的一种手段。它使儿童产生新的兴趣和积极的情绪，并逐渐学会自觉地控制自己的消极情绪。

3．促进幼儿的自我意识以及社会性发展的需要

幼儿在游戏活动中可以利用自己能利用的实物，做自己能做的动作，行使其改变环境的主动权。从这种意义上说，游戏又是一种特殊的实践活动，能满足幼儿表现自己及获得成功的需要。

儿童成长过程中，以上的几种需要不断发展，从模仿游戏到角色游戏，从象征游戏到规则游戏……便是不断产生新的需要的表现。这是解决主客观之间的矛盾，并促进矛盾转化的过程。也正是在游戏活动中，儿童心理不断发生变化，这是游戏成为幼儿基本活动形式的重要原因。

(二)游戏最适合幼儿的心理特点

游戏是最适合幼儿的一种活动形式。所谓"最适合"，是指游戏产生于儿童身心发展的一定阶段，它最适合本年龄段儿童的生理和心理特点，反映了他们的发展水平。

首先，游戏适合幼儿的心理发展水平。幼儿期最显著的心理特点是具体性和不随意性。游戏的组成元素适应了幼儿心理的这一发展特点。而且在活动过程中，幼儿往往容易被新异刺激所吸引而改变注意的方向。单调的、正规的学习不但不适应此时儿童的发展，如果强行进行学习训练，将会埋下厌学情绪的根源。幼儿心理只有在充满了兴趣即愉快情绪的游戏中，才能得到最好的发展。

其次，游戏促进幼儿能力的发展。游戏的内容反映了幼儿对现实生活的模仿能力和想象能力。从游戏的主题来看，范围由幼儿熟悉的家庭、幼儿园日常生活逐渐扩大到生产劳动、社会生活；从游戏的情节来看，由零星、片断到较系统、丰富且有一定的创造性。游戏的形式反映幼儿认知水平的发展。一般是从模仿性游戏发展到角色游戏、表演游戏，进而到有规则的游戏；从不会事先分配角色到能自行分配角色，甚至能带别人玩，组织能力得到了发展。

最后，幼儿的动作、言语的发展水平也保证了游戏活动的进行。幼儿的动作达到了完全自如的程度，他们可以自由地活动，这就为游戏提供了可能。同时，幼儿的口语表达能力也随年龄的增长而逐渐提高，他们能独立、完整、清楚地表达自己的思想和感受，这也为游戏提供了很好的基础。

(三)游戏是幼儿的一种特殊形式的实践活动

游戏是幼儿认识客观世界的途径，是一种积极的社会性活动。随着幼儿心理的发展，游戏内容由反映人们运用物体的外部活动发展到反映人们在活动中的相互联系，以至人们的内心情感和道德品质。

但是，幼儿的游戏与成人的社会实践活动又存在本质的区别。主要表现为幼儿的这种实践活动，不创造财富，不担负社会义务，也不产生社会成果，可以随心所欲。例如："战士"被"击中"后可以复活；"司机"或"售票员"在汽车行驶中，可以不打招呼，撇下乘客自己去上厕所……这些都反映出幼儿的游戏是一种特殊形式的实践活动，它给幼儿提供了认识世界的途径，又不会给儿童增加负担，让儿童在轻松愉快的气氛中去学习生活。

三、会"玩"的孩子才聪明——游戏对幼儿心理发展的作用

游戏最符合幼儿的心理特点、认知水平和活动能力，能有效地满足幼儿的需要，促进幼儿的发展，因此，游戏对幼儿具有不可替代的发展价值。

(一)游戏在幼儿认知发展中的作用

游戏是幼儿认识世界的一种手段，通过游戏，幼儿可以更广泛地认识客观世界，丰富知识经验。游戏是促进幼儿智力发展的强有力工具：有的游戏如讲故事、演节目，可以提高幼儿的语言表达能力及表演能力；有的需要动脑筋的游戏，则可以使幼儿的思维、想象力、创造力得到发展；幼儿参与游戏的过程也是巩固和丰富知识的过程，随着游戏的开展，幼儿的知识水平会有新的提高。国外相关实验的研究结论在很大程度上支撑了游戏促进智力论。

🌐 **心海畅游 6-3** 游戏与儿童认知发展关系的有关研究(扫右侧二维码)

心海畅游 6-3

(二)游戏在幼儿情感发展中的作用

游戏是一种实际的道德教育，有助于形成良好的个性品质。无论是专注认真的表情，还是微笑、嬉笑、扮鬼脸(夸张变形)、哈哈大笑，儿童在游戏中的这些表情特征说明儿童在游戏中身心总是处于积极主动的活动状态，而不是消极被动的状态。游戏可以促进幼儿发展积极的情绪、情感，寻找适合发泄自己的不良情绪的途径。这对维护幼儿的心理健康具有积极意义。

(三)游戏在幼儿意志品质发展中的作用

由于游戏很大程度上符合幼儿活泼好动的心理特点，并满足了他们的好奇心，能激发其强烈的兴趣，因此，他们在游戏情境下更能克服困难，完成任务。马努依连柯对4～7岁幼儿哨兵持枪姿势的实验表明，游戏条件下，幼儿的坚持性水平更高。

(四)游戏在幼儿个性形成中的作用

在游戏中，幼儿自然地表现其能力、兴趣及态度，表现其特长和缺点，教师可以有针对性地进行教育。同时，游戏有利于形成合作、谦让、遵守规则等良好的个性品质。

🌐 **心海畅游 6-4** 游戏的发展的相关研究(扫右侧二维码)

心海畅游 6-4

第四节　我为上学做准备——幼儿认知的发展

幼儿在游戏中成长，逐渐地促进了自己认知的发展和能力的进步，为进入正规、严谨的学校学习做好了准备。

一、幼儿感知觉的发展

幼儿的感知觉是在活动过程中和教育的影响下发展起来的，它是一个不断成熟和完善的过程。

(一)幼儿感觉的发展

1. 幼儿触摸觉的发展

触摸觉是肤觉和运动觉的结合，对儿童的动作和心理发展具有重大意义。触摸觉的绝对感受性在儿童很小的时候就开始出现，如对大小、粗细、软硬、轻重的辨别。触摸觉的差别感受性则从幼儿期才开始发展起来，如用双手比较两个体积相同重量不等的物体，幼儿(在蒙住眼睛情况下)手的触摸运动的特点随年龄而变化：3～4岁幼儿的触摸动作还不能与玩弄物体相区分；4～5岁的幼儿，也不能较好地实行探索性的触摸活动；6～7岁的幼儿才出现细微的触摸动作。以上特点与4～5岁幼儿小关节(指、腕)活动的进步不显著相关。触摸觉和视觉的联合，对儿童理解物体具有特殊的意义，但在幼儿期的不同年龄阶段又有不同特点：年龄最小者仅对物体匆匆地看一眼，就力图尽快用手抓住并开始玩弄起来；年龄较大者则通常在开始实际动作之前，用眼睛仔细地观察物体。学龄初期儿童的触觉、运动觉定位优于视觉定位，视觉正常儿童的触觉定位成绩往往超过成人。

2. 幼儿视觉的发展

幼儿开始能正确地辨别基本色(红、黄、蓝、绿)，但对混合色(紫、橙)或色度不同的颜色(粉红、深红等)辨别不清，且不能把颜色名称结合起来。幼儿的视觉是在摆弄玩具与使用物体过程中发展的，父母应扩大幼儿的生活范围，在实际活动中，要求幼儿区别物体的颜色，并教给他们基本色的名称。1982年张增慧对3～6岁幼儿颜色命名能力进行了研究，结果表明3～6岁幼儿对颜色的正确命名能力随年龄而增长，而对不同颜色的正确命名率是不同的，由高到低依次为红、白、黑、黄、绿、蓝、橙、紫。

3. 幼儿听觉的发展

在生活与教育的影响下，幼儿的听觉感受性不断增加，特别是由于言语的发展，幼儿可辨别语音，如音调、音强等。要保护幼儿的听觉，注意环境安静，避免强音、噪声。

(二)幼儿知觉的发展

1. 幼儿空间知觉的发展

空间知觉包括对方位、距离(或深度)、外形、大小等的鉴别。空间知觉的形成首先有赖于儿童从生活经验中不断形成各种空间概念，同时也有赖于不断把握各种表示空间关系的词语。

1) 形状知觉

1985 年丁祖荫对幼儿辨别物体片面形状的能力发展的研究发现，幼儿认识形状的能力随年龄增长而提高。幼儿掌握八种形状的顺序为：圆形、正方形、三角形、长方形、半圆形、梯形、菱形和平行四边形。1992 年侯岩等对 4～6 岁幼儿进行了对形状分类的实验，也发现幼儿的形状认识能力随年龄的增加而呈线性增长。

2) 方位知觉

1964 年朱智贤等的研究展现了方位知觉发展的一般趋势是：3 岁仅能辨别上下；4 岁开始辨别前后；5 岁开始能以自身为中心辨别左右；6 岁能达到完全正确地辨别上下前后四个方位。早期实验曾发现，由于左右空间关系的相对性比较突出，7～8 岁儿童把握起来都比较困难。可见，幼儿期是方位知觉初步发展的时期，幼儿对上下前后方位的辨别已基本完善，但对更高水平的左右方位的辨别正处在发展中。

3) 二维、三维空间相互转换的能力

E. J. 吉布森和 R. D. 沃克根据所谓的"视崖"实验，认为儿童刚会爬或在会爬以前就会辨别深度，幼儿在此时已经能依靠各种视觉提示把视网膜接收到的二维表象转换为真实世界中的立体图像。研究表明，5 岁儿童多数能凭借照片线索完成二维、三维空间的相互转换，而只有少数 5 岁儿童能凭借语言的间接描绘去重建一个三维空间；6 岁以后，幼儿的这种能力大大提高。

4) 客体空间定位的表征能力

1989 年徐帆的研究表明，4 岁儿童已能把握一个中等大小的房间的空间结构，并能根据自身在空间位置上的移动及时调整自己和环境的相互作用关系，对客体做出正确的定位；而让幼儿选择与自己所在空间位置一致的表示房子空间位置的照片则有困难。

2．幼儿时间知觉的发展

时间知觉是对客观现象的延续性、顺序性和速度的反映。对于时间的知觉，很难直接凭借个体自身来完成。通常人们需借助一些媒介来衡量时间，并以此对时间进行知觉。

1) 幼儿早期时间知觉的发展

幼儿早期已经有了初步的时间概念，但这只是时间知觉的萌芽。这时，幼儿的时间概念总是和具体生活相联系，对他们来说，时间就是一些活动或现象，如早晨是太阳升起来，天黑了就是晚上。在幼儿的头脑中，时间是固定的，并且是有限的。他们只注意与生活直接相关的时间点，如什么时候吃早饭、什么时候妈妈会来幼儿园接宝宝回家等，而对诸如昨天、今天、明天等相对性的概念，或不固定的时间段，还难以掌握。一般来讲，幼儿早期只懂得现在，不能理解过去和将来。

2) 幼儿中期时间知觉的发展

这一时期，幼儿已经能理解昨天、今天和明天的概念，但无法弄清过去和将来的含义。也就是说幼儿的相对时间概念开始萌芽，不过发展还不完善。幼儿这时还无法区分时间和空间的关系。皮亚杰曾对幼儿的时间知觉做过实验研究。实验者同时启动两个机械蜗牛给幼儿看，其中一个爬得快，另一个爬得慢。当快蜗牛已经停止时，慢蜗牛仍在爬，可是最终还是没赶上快蜗牛。对于这个实验，大部分幼儿都说慢蜗牛用的时间短，形成时空混淆的情况。皮亚杰通过实验认为：4.5～5 岁的幼儿还不能区分时间和空间的关系；5～6.5 岁时，幼儿可以把两者区分开来，不过这种能力还未完全发展；7～8.5 岁时，儿童就具备了区分时空的能力。

3）幼儿后期时间知觉的发展

5～6 岁幼儿能够以今天为基准划分前天、昨天、明天、后天，并且已经可以认知一日之内及一周之内的时序，但对一年之内的时序认知还很困难。这个阶段的幼儿对上、下午，星期几都能区分了，但是对更长或更短的时间则无法分清。5～6 岁幼儿不会利用时间标尺，对时间的估计也非常不准确。7～8 岁时，儿童开始利用时间标尺，时间知觉的准确性和稳定性逐渐接近成人，7 岁是儿童时间观念发生质变的年龄。

幼儿的时间知觉从整体上讲还处于较低的水平，准确性和稳定性都很差，这是由幼儿自身发展阶段的特点决定的。幼儿阶段时间知觉一直在发展。成人应帮助幼儿形成有序的生活规律，让幼儿在活动中积累有关时间的经验和认识，并在语言教育活动中，引导幼儿学习与时间相关的概念、语词，如很久很久以前、起初、后来、第二天、最后等，通过直观、具体形象的事物对幼儿进行时间观念的教育，如提供蚕的蜕变过程图片。

二、幼儿注意的发展

注意的发展是幼儿心理发展的一个重要方面，注意的发展水平直接影响着幼儿认识活动的效果。幼儿注意的发展突出表现在注意的目的性及注意品质的发展两方面。婴儿的注意形式主要是无意注意；幼儿注意发展的特征是无意注意占优势地位，有意注意逐渐发展。

(一)幼儿的无意注意占优势

1．幼儿以无意注意为主

幼儿的注意主要是无意注意，而且已经相当成熟，许多事物都能引起幼儿的无意注意。容易引起幼儿无意注意的诱因有以下两个。

(1) 刺激物本身的特点。在整个幼儿期，刺激强烈、对比鲜明、新颖的事物对引起幼儿的注意有重要作用。例如，电视、电影中新颖多动的画面，突然出现的镜头等都可以引起幼儿的注意。

(2) 与幼儿兴趣、需要和生活经验有关系的事物能引起幼儿的无意注意。幼儿兴趣、需要和生活经验的丰富，使得幼儿对更多的事物产生无意注意，只要是幼儿感兴趣和爱好的事物都容易引起幼儿的无意注意。随着幼儿年龄的增长、生活范围的扩大，幼儿的兴趣表现也越来越明显。从年龄特点来看，幼儿普遍对玩具、画册感兴趣，但不同的幼儿在兴趣上也存在差异，如有的幼儿特别喜欢汽车，有的喜欢枪，有的喜欢动物，有的喜欢植物等。幼儿的生活经验也与幼儿的无意注意的产生有关，凡是幼儿熟悉的事物或见过的东西，就非常容易引起幼儿的注意。如幼儿听过的故事、动画、音乐很容易引起幼儿的注意，而科幻小说、新闻广播、理论书籍则一般不会引起幼儿的注意。还有，幼儿自己经常玩的玩具或吃的东西特别容易引起幼儿的注意，这些都与他们的生活经验有关系。

2．幼儿的有意注意初步发展

有意注意主要表现在幼儿能自己控制自己的注意，其特点是有目的和需要意志努力。如幼儿听老师讲故事时，他一定想知道老师讲的是什么故事，故事里都有谁，他们在干什么。由于有这样的目的，因此幼儿就要注意听老师所讲的故事。同时，幼儿在听故事的过程中，要集中注意力，不去做别的事，控制自己，跟着老师讲的故事去想，直到把故事听完。这一过程就需要幼儿有一定的努力。但幼儿的有意注意还处于初步发展之中，幼儿有意注意的目的性和自我控制力主要依赖于成人的组织与提醒。

(1) 幼儿的有意注意随年龄的增长、生理的成熟而开始发展，但发展水平较低。

(2) 幼儿的有意注意是在外界环境，特别是成人的要求下发展的。维果斯基提出有意注意的社会起源理论，他指出有意注意是在儿童和成人交往过程中逐渐形成的。成人对幼儿注意的组织常是通过言语指示来实现的，通过言语指示，可以提醒幼儿必须完成的动作、应注意哪些情况。

(3) 幼儿的有意注意是在一定的活动中实现的。在组织幼儿进行活动时，最好把幼儿的智力活动与幼儿的实际操作活动结合起来，这样有助于维持幼儿的有意注意。

无意注意和有意注意对幼儿的认知活动都具有重要作用，因此，在教学过程中应该充分利用幼儿的无意注意，同时注意培养幼儿的有意注意。

(二)幼儿注意品质的发展

1．幼儿的注意范围不断扩大

注意范围(注意广度)是指同一时间内能清楚地把握的对象的数量。注意广度受到生理因素(特别是眼动轨迹)以及知识经验的制约。幼儿注意范围较小，随着年龄的增长，其注意范围逐渐扩大。有研究表明，4～6 岁幼儿对节目中的重要信息很敏感，看完节目后能回忆起重要的情节内容，而对不重要的情节往往记不起来。由此看来，即使是专注地从事某一活动，幼儿的注意也始终是有选择的。

2．幼儿的注意稳定性不断提高

注意的稳定性是指注意能较长时间地保持在某种事物上的一种品质，往往用保持在对象上的时间长短来衡量。幼儿注意的稳定性较低，但在游戏条件下，幼儿的注意稳定性会发生增高的现象。

3．幼儿的注意分配和注意转移能力不断增强

注意的分配是人在进行两种或多种活动时能把注意同时指向不同对象的现象。要想很好地分配注意，首先是在同时进行的两种活动中，必须有一种活动达到相对"自动化"的程度，即不再需要更多的注意，这样人就能把注意集中在比较生疏的活动上；其次，使同时进行的几种活动之间建立一定的联系，或通过训练使复杂的活动形成一定的反应系统，这样注意分配也就比较容易了。由于幼儿熟练掌握的技巧较少，注意的分配比较困难，常常顾此失彼。中大班幼儿，特别是大班幼儿，对于简单的活动可以分配其注意，但对于较复杂的活动，则很难做到。

所谓注意转移，是人能根据一定的目的，主动地把注意从一个对象转移到另一个对象上。注意转移的快慢和难易，依赖于前后活动的性质、关系以及人们对其的态度。若是前一种活动中注意的紧张度高，两种活动无任何内在联系，或者主体对前一种活动特别感兴趣，注意转移就困难且缓慢；反之，就容易且迅速。幼儿注意转移能力差，年龄越小越明显。

4. 幼儿注意策略的使用

幼儿期已经开始使用注意的策略。一项关于 3~5 岁儿童注意策略的研究发现，5 岁儿童已经能有计划地确定注意目标，分配自己的注意力，较小的儿童在完成任务时则显得漫无目的、无从下手。学前末期的幼儿，他们计划自己注意目标的能力虽然发展了，但是还不大会运用注意的策略指导他们的观察活动，在观察事物时他们还是会忽略许多重要的细节。

三、幼儿记忆的发展

幼儿由于活动的复杂化和言语的发展，记忆也在不断发展着。与婴儿期相比，幼儿的信息储存容量相应增大，对信息的接收和编码方式也在不断改进，记忆的策略和元记忆初步形成。幼儿的记忆发展遵循着幼儿心理发展的一般规律，即从不随意向随意方向发展，从具体向抽象方向发展。

(一)幼儿记忆容量的增加

一般认为，儿童的记忆容量随年龄的增长而增加。

由于短时记忆在记忆理论和生活实践中所处的特殊地位，因此关于记忆容量发展的研究主要集中于短时记忆容量的发展上。1956 年米勒(J. A. Miller)的研究表明，成人短时记忆容量为 7±2 个信息单位(组块)，7 岁前儿童尚未达到这一标准。尽管一些研究因实验条件不同而结果各异，但短时记忆容量的发展趋势是一致的，即随年龄增长而增加。

1985 年沈德立等人研究了幼儿不同感觉道的记忆内容。其中视感觉道记忆采用再认法测量幼儿对情节图片和抽象图片的再认保持量，图片是用速示器(每张图片的呈现时间为 3 秒)依次呈现的。结果发现，不同年龄组儿童对图片再认的保持量有显著差异，小班幼儿的保持量为 7.47，中班幼儿的保持量为 11.38，大班幼儿的保持量增值到 13.57。听感觉道记忆分别采用再认法和再现法测查幼儿对播放的词汇的保持量。结果表明，不论是再认还是再现，其保持量都随幼儿年龄的增长而递增，小班、中班、大班幼儿再认保持量依次是 8.92、11.80 和 13.38，再现保持量依次是 3.45、4.06 和 5.29。

(二)幼儿无意识记和有意识记的发展

幼儿初期的儿童无意识记占优势，凡是儿童感兴趣的、印象鲜明强烈的事情就容易记住，但让记忆服从于一定的目的还有困难。

在教育的影响下，幼儿晚期的儿童有意识记和追忆的能力才逐步发展起来。有意识记最初是被动的，记忆的目标通常是由成人提出的，而后儿童才能主动确定目标，进行记忆。有意识记的出现标志着儿童记忆发展上的一个质变。

(三)幼儿形象记忆与语词记忆的发展

形象记忆是根据具体的形象来记忆各种材料。幼儿初期儿童的记忆还带有很大的直观形象性，词的逻辑识记能力还很差。随着语言的发展，儿童的语词记忆也在发展，但在整个幼儿期，形象记忆仍占主要地位。

卡尔恩卡(1955)让 3~7 岁儿童记住三种材料：第一种是儿童熟悉的具体物体；第二种是标志儿童熟悉的物体名称的词；第三种是标志儿童不熟悉的物体名称的词。结果表明：①无论哪个年龄阶段形象记忆效果都优于语词记忆效果；②两种记忆效果都随年龄增长而提高，而语词记忆效果的发展速率要高于形象记忆效果的发展速率。

应该指出的是，形象记忆和语词记忆的区别是相对的，随着年龄的增长，形象和语词都不是单独在儿童记忆中起作用。在形象记忆中，物体或图形起主要作用，语词在其中起着标示和组织记忆形象的作用；在语词记忆中，语词所标示的事物的形象也起一定的作用。

(四)幼儿的记忆以机械记忆为主，意义记忆开始发展

机械记忆是指学习材料本身缺乏意义联系，或者学习者不了解材料的意义，不理解其间的内在联系，单靠反复背诵达到记忆。机械记忆是幼儿的主要记忆形式。随着幼儿知识经验的增多，幼儿记忆中的理性成分增多，幼儿的意义记忆比机械记忆效果好。在幼儿期两者都在不断地发展，而且相互渗透，二者间的效果差异逐渐缩小。

(五)幼儿记忆策略和元记忆的形成与发展

儿童记忆的发展还表现在记忆策略和元记忆的形成与发展上。

1. 幼儿记忆策略的形成与发展

记忆策略是人们为有效地完成记忆任务而采用的方法或手段。个体的记忆策略是不断发展的。常用的记忆策略包括复述、组织和精细加工。1966年弗拉韦尔(Flavell)等人提出，记忆策略的发展可以分为三个阶段：①没有策略；②不能主动应用策略，但经过诱导，可以使用；③能主动自觉地应用策略。一般来说，儿童5岁以前没有策略，5～7岁处于过渡期，10岁以后记忆策略逐步稳定发展起来。

2. 幼儿元记忆的形成与发展

元记忆就是关于记忆过程的知识或认知活动。弗拉韦尔认为，记忆的元认知知识主要包括三方面的内容：①有关记忆主体方面的知识；②有关记忆任务方面的知识；③有关记忆策略方面的知识。

1955年克鲁伊泽(Kreutzer)、雷纳德(Leonard)和弗拉韦尔研究指出，5岁儿童已知道记住一个短词表要比记住一个长词表容易，记住熟悉的物体比记住生疏的物体容易，记住昨天发生的事情比记住上个月发生的事情容易。

(六)幼儿对周围世界知识的发展

1. 幼儿故事结构知识的发展

故事结构知识是指故事通常有开头和结尾，有时间、地点、人物、事件等。故事结构知识会促使幼儿对故事的发生和发展存在某种预期和判断。开始时仅是对熟悉的故事，故事发展不符合以往时，幼儿会指出；随着故事结构知识的增多，幼儿会对新听的故事有着自己的预见。

2. 幼儿程式知识的发展

程式知识是指日常生活情境或事件的心理表象。由于建构了有关的心理表象，儿童能预料事件发生、发展的先后次序和事件中任务应采取的行动举止等，例如了解吃饭前要洗手。由于已有了程式知识，幼儿更容易建立行为常规的心理表象，也能更加轻松地适应环境和进入各种社会关系中，从而提高了行为的效率。

3．幼儿心理地图的发展

心理地图即某一地点中各种物体的空间布局在人脑中的记忆表象，是各类地图在头脑中的保持和再现。2 岁的儿童已然认识自己的房间、自己的家门，3～4 岁幼儿已能够知道出了家门如何走到幼儿园。认识路标和路径有助于培养儿童的表象记忆和空间表征能力。

四、幼儿思维的发展

(一)幼儿思维的特点

幼儿思维的主要特点是它的具体形象性以及进行初步抽象概括的可能性。

1．思维的具体形象性是主要特点

幼儿思维的具体形象性派生出幼儿思维的经验性、表面性、拟人化等特点。幼儿的这些思维特点是与儿童知识经验贫乏和儿童第一信号系统活动占优势分不开的。

2．思维的抽象逻辑性开始萌芽

在整个幼儿期，儿童的思维水平是不断提高的。幼儿初期，儿童更多地运用直觉行动思维；随着年龄的发展，具体形象思维成了幼儿思维的主要方式，其思维主要凭借思维的具体形象或表象来进行。幼儿中期以后，开始出现抽象逻辑思维的萌芽。

直觉行动思维、具体形象思维和抽象逻辑思维这三种思维形式并不是彼此孤立和相互对立的，它们在幼儿思维中所占的地位随年龄增长而变化。

3．言语在幼儿思维发展中的作用日益增强

言语在幼儿思维中的作用，最初只是行动的总结，然后能够伴随行动进行，最后才成为行动的计划。与此同时，思维活动起初主要依靠行动进行，后来才主要依靠言语进行，并开始带有逻辑的性质。

在关于幼儿思维发展的相关研究中，皮亚杰认为前运算思维阶段儿童思考问题的基本方式是以自我为中心的，仅从自己的角度去表征世界，不能完成守恒任务和解决分类任务，思维缺乏可逆性。

1980 年林崇德对幼儿数概括能力和运算能力的发展作了系统研究，发现幼儿的思维发展有四级认知活动水平。

(1) Ⅰ级水平，直观—行动感知概括。即儿童看到物品有分辨大小和多少的能力，知道"大的"和"多的"。

(2) Ⅱ级水平，直观—表象笼统概括。即儿童产生了数概念的萌芽，但必须与具体实物联系在一起，知道"一个""两个"。

(3) Ⅲ级水平，直观—言语数概括。即儿童的计数能力得到迅速的发展，形成了初步的数概念，但对数的实际意义的理解有很大的局限性，不能进行数的分解和组合。

(4) Ⅳ级水平，表象—言语概括。即儿童开始逐步理解数的实际意义、数的顺序和大小、数的分解和组合。这一级水平的儿童在运算中仍离不开具体形象及生活经验。

(二)幼儿思维形式的发展

思维形式是指思维的逻辑形式——概念、判断和推理。幼儿思维形式的发展，也遵循着

从直觉行动到具体形象，再到抽象的发展趋势。

1. 最初概念的掌握

1) 最初的词的概括和概念的掌握

概念是人脑对客观事物的一般特征和本质特征的反映。概念是在概括的基础上形成和发展起来的，是用词来标志的。儿童概念的掌握水平与儿童的概括水平相适应。

概念掌握则是对个体而言的，是指儿童掌握社会上业已形成的概念。成人利用语言工具，通过与儿童的言语交际及教学手段，把概念传授给儿童。儿童掌握一个概念往往不是一次完成的，它要随着儿童知识经验的丰富和思维水平的发展不断充实和改造。因此，每个儿童所掌握的同一概念的深度和广度是不同的，同一儿童在不同发展阶段所掌握的同一概念的深度和广度也是不同的。概念掌握的过程也就是从具体形象思维向抽象逻辑思维发展的过程。

儿童掌握概念的特点直接受他们概括水平的制约。与三种不同思维相适应，有三种不同概括水平：动作概括水平、形象概括水平、本质抽象概括水平。幼儿概括的特点是：①概括的内容比较贫乏。每一个词最初只代表一个或某一些具体事物的特征，而不是代表某一类的大量的事物的共同特征。到了幼儿晚期，所概括的内容才逐渐丰富。②概括的特征很多是外部的、非本质的。如幼儿大多以功用性特征说明关于事物的概念。③概括的内涵往往不精确，有时失之过宽，有时又失之过窄。所以幼儿的概括水平处于形象概括水平。幼儿初期概念掌握的广度和深度都是很差的，他们一般只能掌握比较具体的实物概念，而不易掌握一些比较抽象的性质概念、关系概念、道德概念。只有到了幼儿晚期，儿童才有可能掌握一些比较抽象的概念，例如野兽、动物、家具、勇敢等。

幼儿掌握实物概念的一般发展过程如下。

(1) 小班儿童：实物概念的内容基本上代表儿童所熟悉的某一个或某一些实物。

(2) 中班儿童：已能在概括水平上指出某一些实物的比较突出的特征，特别是功用上的特征。

(3) 大班儿童：开始能指出某一实物若干特征的总和，但是还只限于所熟悉的实物的某些外部和内部的特征，而不能将本质和非本质特征很好地加以区分。

在正确的教育下，大班儿童也有可能初步地掌握某一个实物概念的本质特征，但这要取决于这些实物是否为儿童所熟悉，也取决于儿童是否掌握进行抽象概括时所需要的词。

2) 最初数概念的掌握

和实物概念比较起来，数概念是一种更加抽象的概念。在儿童发展过程中，掌握数概念总比掌握实物概念晚些，也比较难些。

所谓掌握数概念，包括理解：①数的实际意义（"3"是指三个物体）；②数的顺序（如 2 在 3 之前，3 在 2 之后；2 比 3 小，3 比 2 大）；③数的组成（如"3"是由 1+1+1、1+2、2+1 组成的）。

1980 年林崇德的研究表明：儿童形成数概念，经历口头数数→按物说数→按数取物→掌握数概念等四个发展阶段。2～3 岁、5～6 岁是儿童数概念形成和发展的关键年龄。

1979 年刘范的研究认为，幼儿数概念发展大约经历三个阶段：①对数量的动作感知阶段（3 岁左右）；②数词和物体数量间建立联系阶段（4～5 岁）；③数的运算的初级阶段（5～7 岁）。

从上述结果可以看出，儿童数概念的产生和发展，经历了最初对实物的感知，继之对数的表象，随后到数的概念水平这样的过程。1962 年沈家鲜等人的相关的对比资料说明，现在儿童的数概念和运算能力比 20 世纪 60 年代同龄儿童有明显提高。另外，社会文化、教育水平也对幼儿数概念的发展起了很大作用。关于数概念发展的转折点一般认为在 5 岁左右。

3）类概念的掌握

学习概念时，在对事物或现象的意义有了充分理解之后，就可以进行分类。分类时，主要是依据事物的本质属性。通过分类，儿童可以逐渐掌握概念系统。同时，分类也是心理学研究儿童概念水平常用的方法之一。

2. 抽象逻辑思维的初步发展

抽象逻辑思维是在感性认识的基础上，通过概念、判断、推理来揭示事物的内在联系、本质联系的过程。如前所述，幼儿的思维带有极大的具体形象性，但由于经验的积累，特别是由于第二信号系统的发展，到幼儿晚期，在其经验所及的事物的范围内，也开始能初步进行抽象逻辑思维。

从具体形象思维向抽象逻辑思维过渡，表现在儿童对事物的性质、内容或关系的理解上，也表现在儿童的判断、推理能力的形成和发展上。这里仅以推理发展为例加以论述。

推理是判断和判断之间的联系，是在已有判断的基础上推出新的判断的过程。幼儿由于知识经验和认知水平所限，还不能完全跟学龄儿童和成人一样对周围事物进行逻辑推理。因此，在幼儿的推理中，有许多看来是荒唐可笑的。到幼儿晚期，在儿童所理解的事物的范围内，一般都能很好地进行合乎事物本身逻辑的判断和推理。

根据我国近年来的研究，可以概括出幼儿判断推理发展的趋势：从直接判断向间接判断发展；从判断推理的较强具体性向抽象性发展；从对事物个别、片面、局部的推理发展到全面、整体的推理；幼儿推理的能力随年龄增长而发展，推理的类型是从逻辑推理向类比推理发展，推理的方式是从展开式向简约式发展。

1983 年杨玉英的研究发现，儿童推理发展趋势如下。

(1) 推理过程随年龄增长而发展。3 岁组儿童基本上不能进行推理活动；4 岁组儿童的推理能力开始发展；5 岁组儿童中大部分(62%以上)可以进行推理活动；6 岁和 7 岁组儿童全部可以进行推理活动。

(2) 在实验中推理过程可以划分为三种水平。Ⅰ级水平：只能根据较熟悉的本质特征进行较简单的推理活动；Ⅱ级水平：可以在提示的条件下，运用展开式推理逐步发现事物的本质联系，最后得出正确结论；Ⅲ级水平：可以独立且较迅速地运用简约的方式进行正确的推理活动。

推理水平的提高表现在：推理内容的正确性、推理的独立性、推理过程的概括性及其方式的简约性等方面。

(3) 儿童推理方式的发展是由展开式向简约式转化。幼儿推理的方式随年龄的增长而发展。5 岁以前主要运用展开式，5 岁以后简约式占优势，5~6 岁是两种方式迅速转化的时期。

五、幼儿言语的发展

儿童在与成人不断交往的过程中，在实践活动日益复杂化的基础上，言语能力迅速发展起来。幼儿期是儿童言语不断丰富的时期，是熟练掌握口头言语的关键时期，也是从外部言语逐步向内部言语过渡并初步掌握书面言语的时期。

(一)幼儿语音的发展

从目前已有的研究中，可以概括出幼儿语音发展的具体特点。

(1) 3～4岁为语音发展的飞跃期。

(2) 幼儿对韵母的发音较易掌握。

(3) 社会语言环境、家庭教育对幼儿语音的发展有重要影响。

(二)幼儿词汇的发展

幼儿词汇的发展主要表现在词汇的数量不断增加，词汇的内容不断丰富，词类的范围不断扩大，积极词汇不断增加。

1. 词汇数量的增加

幼儿期是个体一生中词汇数量增加最快的时期。关于词汇量的发展有许多研究，由于研究方法不同，以及儿童的生活和教育条件的差异，研究结果并不完全一致。但一般来说，幼儿的词汇量是呈直线上升的趋势，3～4岁时词汇量的年增长率最高。

2. 词汇内容的丰富

国内外有关研究表明，幼儿词汇的内容非常广泛。例如，幼儿的常用名词包括人物称呼、身体、生活用品、交通工具、自然常识、社交、个性、时间、空间概念等。幼儿使用的形容词包括物体特征的描述，动作的表述，表情、情感的描述，个性品质的描述，事件、情境的描述等。

幼儿词汇的抽象性和概括性也在增加。幼儿使用最频繁和掌握最多的词汇是与他们日常生活关系最密切的，描述能够直接感受或观察到的事物、现象的词汇。随着年龄的增长，抽象词汇逐渐增多，儿童对所掌握的每一个词的外延和内涵的理解也不断丰富和深化。这一方面充分反映了具体形象思维占主导地位的幼儿的年龄特点；另一方面也表明，词汇的抽象性和概括性的增加使幼儿有了进行初步抽象思维的可能性。

3. 词类范围的扩大

词汇的发展还表现在词类范围的日益扩大。词有实虚之分，按词形义可分为10类。有关幼儿词类的研究表明，幼儿先掌握的是实词，其中最先掌握的是名词，其次是动词，再次是形容词；虚词如连词、介词、助词、语气词等，幼儿掌握得较晚，数量也较少，在幼儿期没有明显增加。

儿童掌握的词类与概念的发展有着密切关系。名词、动词、形容词反映事物及其属性，幼儿较易掌握；副词比较抽象，儿童掌握起来较难；虚词反映事物之间的关系，因此幼儿掌握起来就更困难。不过幼儿已经可以掌握各种最基本的词类。

4. 积极词汇的增加

积极词汇是指儿童能理解又能正确使用的词汇；消极词汇是指不能理解，或者有些理解却不能正确使用的词汇。儿童的词汇量并不等同于他们都能正确运用，这与儿童对词义的理解有关。幼儿对词义的理解常有或失之过宽，或失之过窄的现象，例如：把"粗"说成"胖"，把猴子身上的毛说成"羽毛"，把"草地"说成"草原"，把"水果"与"桃子"当作同级概念等。随着幼儿年龄的增长，对词义的理解逐渐准确和加深，他们不仅能够掌握词的一种意义，而且能掌握词的多种意义；不仅能掌握词的表面意义，而且能掌握词的转义。这样，幼儿运用词的积极性也逐渐高涨，他们的积极词汇比婴儿期大大增加。

当然，儿童对词义的理解受到思维发展水平的制约。对过于抽象的词，或远离幼儿生活的词，幼儿正确使用还有困难。在幼儿阶段，当儿童词汇贫乏或词义掌握不确切时，还会出现"造词"现象。

(三)幼儿语法的掌握和口语表达能力的发展

语法是组词成句的规律。词语必须按一定语法构成句子，才能表达思想。幼儿在掌握词语的同时，也开始学习语法，口语表达能力随之得到发展。

1. 语法的掌握

众多心理学工作者近年来的研究表明，幼儿语法结构的发展有如下趋势。

1) 从简单句到复合句

幼儿主要使用简单句。2 岁前儿童虽已使用复合句，但比例相当小，随着年龄的增长，复合句所占比例逐渐增加。

复合句包括联合复句和偏正复句。幼儿比较容易掌握联合复句，其中并列复句的比重最大。偏正复句出现较晚，因为偏正复句要求用关联词反映事物间因果、转折、条件、假设等关系，幼儿较难掌握。

2) 从陈述句到多种形式的句子

儿童最初掌握的是陈述句，到幼儿期，疑问句、祈使句、感叹句等也逐渐增加，但对某些较复杂的句子尚不能完全理解，如双重否定句和被动句。

3) 从无修饰句到修饰句

儿童最初的简单句是没有修饰语的，以后便出现了简单修饰语和复杂修饰语。朱曼殊等 1979 年的研究显示，2 岁儿童句子中有修饰语的仅占 20%左右，3.5 岁儿童已达 50%以上，到 6 岁时上升到 91.3%。

幼儿期，儿童虽然已经能够熟练说出合乎语法的句子，但并不能把语法当作认识对象，他们只是从言语习惯上掌握了它，专门的语法知识的学习要到小学才能进行。

2. 口语表达能力的发展

幼儿言语的发展还表现在口语表达能力的发展上。

3 岁前儿童与成人的言语交际，往往仅限于回答成人提出的问题，有时也向成人提出一些问题或要求，所以主要是对话言语。到了幼儿期，随着儿童活动的发展，儿童的独立性大大增强，他们常常离开成人从事各种活动，从而获得自己的经验、体会、印象、意愿等。在与成人的交际中，他们渴望把自己的各种体验、印象等告诉成人，这样就促进了幼儿独白言语的发展。在正确教育下，一般到幼儿晚期，儿童就能较清楚、系统、绘声绘色地讲述看过或听过的事件或故事了。

幼儿初期儿童言语表达具有情境性特点，往往想到什么说什么，缺乏条理性、连贯性，言语过程夹杂着丰富的表情和手势，听话人要边听边猜才能明白。随着年龄的增长，情境言语的比重逐渐下降，连贯言语的比重逐渐上升。1962 年范存仁等的研究表明，4 岁儿童情境言语占 66.5%，6 岁儿童占 51%；4 岁儿童连贯言语占 33.5%，6 岁儿童占 49%。连贯言语的发展使幼儿能够独立、完整、清楚地表达自己的思想和感受，也为独白言语的发展打下了基础。

连贯言语和独白言语的发展是儿童口语表达能力发展的重要标志。口语表达能力的发展既有利于内部言语的产生，也为幼儿进入学校接受正规教育、掌握书面言语奠定了基础。

第五节 "三岁看大"：个性形成的关键期——幼儿个性和社会性的发展

🌐 **心海畅游 6-5** 教会孩子与小朋友相处(扫右侧二维码)

心海畅游 6-5

一、"三岁看大"——幼儿个性初步形成

个性的初步形成是从幼儿期开始的，儿童社会化的过程就是儿童个性形成和社会性发展的过程。幼儿期个性的初步形成，可以从以下几方面说明。

(一)幼儿显示出较明显的气质特点

儿童出生时就有不同气质类型差异，到幼儿期儿童高级神经活动类型的不同表现得更为明显。例如：有的幼儿对周围环境的变化很敏感，有的幼儿则比较迟缓；有的幼儿活泼，有的幼儿较安静；有的幼儿对周围探索积极，有的则显得消极被动，等等。

气质是与生俱来的，但具有一定的可变性和可塑性，幼儿期是可塑性比较强的时期，成人可以有针对性地创造条件，采取适宜的教育措施，帮助幼儿发扬气质的积极方面，改造气质的某些消极方面。

(二)幼儿的兴趣爱好表现出一定的差异

这种爱好差异表现在男女儿童对服装和玩具的爱好不同、对游戏活动倾向的不同、对学习和活动兴趣的区别等。幼儿倾向于以主观态度决定事物的价值，他们很容易对各种有主观价值的事物表现出强烈的好奇心和兴趣。

(三)幼儿表现出一定的能力差异

这表现在感知能力、注意和记忆等认知能力上，更明显地表现在言语、计算和艺术等特殊才能方面。

(四)幼儿表现出最初的性格特点

幼儿初步形成了对己、对人、对事物的一些比较稳定的态度。有的儿童比较合群，乐于分享；有的则表现孤独，只顾自己；有的儿童自信、勇敢，有的则自卑、懦弱。

父母知识窗 6-2 儿童早期教育的内容(最佳时期 0~6 岁)

(扫右侧二维码)

二、学会评价和控制自己——自我意识的发展

在教育影响下，幼儿的自我意识有了进一步发展。韩进之等人的研究表明，幼儿自我意识各因素(自我评价、自我体验、自我控制)发展的总趋势是随年龄的增长而增长的。

(一)幼儿自我概念的发展

7 岁之前，儿童对自己的描绘仅限于身体特征、年龄、性别和喜爱的活动等，还不会描述内部心理特征。1978 年凯勒·福德(Keller Ford)和米亚纯(Meachum)进行过一项研究，他们请 3~5 岁幼儿用"我是个……"和"我是个……的男孩/女孩"的句型，说出关于自己的 10 项特征。有 50%左右的儿童都描述自己的日常活动，而心理特征的描述几乎没有。所以在孩子刚入园时，幼儿园教师常常会让孩子不断练习自我介绍以促进其自我意识发展，例如，"我叫×××，我今年×岁，我是个帅气的男生(漂亮的女生)，希望大家喜欢我"。

(二)幼儿自我评价能力的发展

自我评价是指主体对自己思想、愿望、行为和个性特点的判断和评价。

1986 年韩进之等人的研究显示，自我评价的能力在 3 岁儿童中还不明显，自我评价开始发生的转折年龄在 3.5~4 岁，5 岁儿童绝大多数已能进行自我评价。

幼儿自我评价的特点是：①从依从成人的评价发展到开始有独立的评价；②从对外部行为的评价发展到对内心品质的评价；③从比较笼统的评价发展到比较细致的评价；④从带有极大主观情绪性的评价发展到初步比较客观的评价。

总的来说，幼儿的自我评价能力还很差，成人对幼儿的评价在幼儿个性发展中起着重要作用。因此，成人必须善于对儿童作出适当的评价，对儿童行为作过高或过低的评价对儿童都是有害的。

心灵小品 6-1

迈克尔·杰克逊的鼻子

据不完全统计，美国著名歌星迈克尔·杰克逊做了近 10 次的鼻子整容手术，以致他的鼻子接近毁掉。为什么会这样？据成年后的迈克尔回忆，他小时候长了一个比较大的蒜头鼻子，他的家人觉得很丑，因此就经常嘲笑他，尤其是他的父亲。这使迈克尔对自己的鼻子一直不满意，成年后就开始和自己的鼻子较劲。

从心理发展的角度来看，儿童在出生后的最初几年，是不知道自己是谁的，他们的自我评价是依从成人的评价，就是说他们是通过成人，尤其是父母对自己的评价来认识自己的。所以父母最初对孩子的认可程度会直接影响到孩子对自己的认可程度。迈克尔父亲对他的嘲笑，造成了他一辈子的痛苦。他回忆说，小时候要上台演出时，恨不得要戴个面具上去，他的自尊心被父亲和家人严重地伤害了。

资料来源：刘梅. 儿童问题的心理咨询及行为矫正. 北京：九州出版社，2002.

(三)幼儿自我情绪体验能力的发展

自我情绪体验也称自尊感，是个人基于自我评价产生和形成的一种自重、自爱、自我尊重，并要求受到他人、集体和社会尊重的情感体验。自尊有强弱之分，过强则成虚荣心，过弱则变成自卑。

自我情绪体验发展水平不断深化，在 3 岁儿童中还不明显，自我情绪体验发生的转折年龄在 4 岁，5～6 岁儿童大多数已表现有自我情绪体验。

幼儿自我情绪体验由与生理需要相联系的情绪体验(愉快、愤怒)向社会性情感体验(委屈、自尊、羞愧感)不断深化、发展，同时又表现出易受暗示性。成人的积极的暗示能促进幼儿良好道德情感的发展，因此一定要注意避免消极暗示对幼儿行为的不良影响。社会性较强的自我体验，如委屈感、自尊感与羞愧感的自我体验从 4 岁以后明显发展。

3～9 岁儿童自尊结构包括重要感、自我胜任感、外表感。有研究表明，4 岁和 7 岁是儿童自尊以及自信心发展的关键年龄；总体来说，随着年龄的增长，3～9 岁儿童自尊呈"波浪式"发展趋势，且男孩自尊发展水平显著。自尊感、自信心与儿童的能力和对自身能力的认识有关，受到父母的育儿风格和对儿童有重要意义的他人评价的影响。培养富有建设性的未来公民，应从幼儿着手，培养自尊感，树立自信心。

📖 **父母知识窗 6-3** 如何培养高自尊的孩子(扫右侧二维码)

父母知识窗 6-3

📖 **父母知识窗 6-4** 父母不应对孩子讲的 10 句话(扫右侧二维码)

(四)幼儿自我控制能力的发展

1. 幼儿自我控制能力随年龄而增长

父母知识窗 6-4

幼儿期儿童自我控制能力薄弱，但在整个幼儿期自我控制能力随年龄而迅速增长。我国学者的研究表明，3 岁小班儿童具有自我控制能力的人数比率不到 20%，4～5 岁中班儿童是自我控制能力发展的重要转折期，5～6 岁的大班儿童中已有 80%～90%的幼儿具有一定的自我控制能力。

1980 年麦克拜(Maccoby)区分了四种幼儿自我控制活动类型：①运动抑制，即学会抑制某些行动，学会停止动作；②情绪抑制，即幼儿开始能够控制自己的情绪；③认知活动抑制，即能够按问题的难易程度作出适宜的反应；④延缓满足，即抑制欲望的及时满足，学会等待。

由于幼儿大脑皮质兴奋机制相对抑制机制占有较大优势，他们个人调整自己的情绪和行为以符合特定目标、需要的能力较低，因此他们的自我控制能力处于较低水平。

2. 影响儿童自我控制能力的因素

儿童自我控制能力存在显著的个体差异，研究表明造成这种差异的因素如下。

(1) 认知和策略。如果儿童能够将注意力从奖品上移开，去做其他感兴趣的事情，将使儿童的等待变得轻松。

(2) 榜样的作用。让两组儿童观察两种榜样，一组被试者的榜样总是选择即时得到微小的满足，这种榜样的作用驱使观察者倾向于放弃自我控制；另一组被试者的榜样总是选择延迟得到大的满足，这组观察者多倾向于等待。

（3）家庭教育对儿童自我控制能力的影响。父母注重培养儿童的独立自主性的、宽松而又民主的教育方式，可使儿童容易形成抗拒诱惑的自我控制能力。独裁型、惩罚型或溺爱型的家庭教育方式，会剥夺儿童练习自我控制的机会和动力，而使儿童缺乏自我控制的能力。

📕 **父母知识窗 6-5** 延迟满足实验——一颗糖果与两颗糖果
(扫右侧二维码)

父母知识窗 6-5

三、最初的社会关系——同伴交往的发展

儿童的同伴关系是儿童在交往过程中建立和发展起来的一种儿童间特别是同龄人间的人际关系，它存在于整个人类社会。无论是在狩猎采集时代，还是在竞争激烈的现代社会，尽管时代不同、文化不同，儿童接触的环境有很大变化，他们最早接触其他儿童的时间和范围也有很大的差别，但是，在一般情况下，儿童都有与其他儿童进行交往的机会。儿童实际上生活在两个世界，一个是包括父母和其他成人在内的成人世界，另一个就是同伴世界。

同伴关系在儿童生活中，尤其是在儿童个性和社会性发展中起着成人无法取代的独特作用。

(一)同伴关系的作用

西方许多心理学家都曾指出，儿童间的交往是促进儿童发展的有利因素，与同伴的交往经验绝不是由某些儿童享有而不被另一些儿童享有的一种表面的奢侈品，同伴关系对于健康的认知和社会性发展是绝对必需的。大量研究文献表明，同伴关系有利于儿童社会价值的获得、社会能力的培养以及认知和健康人格的发展。

1. 同伴交往促进了儿童的社会认知和社会交往技能的发展

儿童在与同伴交往中学习如何与他人建立良好关系、保持友谊和解决冲突，如何坚持个人的主张或放弃自己的意见，怎样处理敌意和专横，怎样对待竞争和合作，怎样处理个人和团体的关系。

2. 同伴交往有利于儿童自我概念的形成

同伴既可以给儿童提供有关自我的信息，又可以作为儿童与他人比较的对象。儿童在与同龄伙伴的交往过程中逐渐认识自己在同伴中的形象和地位。

3. 同伴可以满足儿童归属和爱的需要以及尊重的需要

儿童被同伴接纳，受到同伴的赞许或尊重，从而产生一种心理上的满足，有利于儿童的发展。尤其是到小学以后，儿童的归属感从家庭向伙伴转移，他们需要伙伴的支持、友谊，从中获得安全感和精神寄托。

4. 同伴交往可以培养儿童良好的人格

同伴的社会交往、共同游戏等活动要求儿童遵守规则、承担责任、服从权威、完成任务，要求善于团结协作、助人、谦让，这些都会促进健全人格的发展，增强社会责任感。

成人，尤其是父母，一定要珍惜儿童的伙伴关系，千万不能阻止或粗暴干涉。必要时努力为孩子创造建立适宜伙伴关系的条件，积极地予以协助和引导，帮助他们建立良好的伙伴关系是家长不可轻视，更不能推卸的责任。

既然同伴关系在儿童发展中意义重大，那么，同伴关系不良的儿童由于与同伴交往机会有限，他们的发展是否受到影响呢？1975 年哈洛(Harlow)等人关于灵长类动物的实验研究和人类的相关研究支持了这样的假设，即早期的同伴关系不良将导致以后社会适应困难。有研究指出，大约 6%～11%的儿童在班上没有朋友。比起其他儿童，这类儿童更容易出现下列问题：①退学(或逃学)；②孤僻、退缩、冷漠、压抑或其他心理障碍；③加入不良团体乃至犯罪。

心海畅游 6-6 同伴是儿童情感支持的一个重要来源(扫右侧二维码)

心海畅游 6-6

(二)幼儿同伴关系的发展

在婴儿期，同伴关系只是在最松散的意义上存在着，儿童的社会交往非常有限。

进入幼儿园，儿童与同伴的接触次数增加，他们不再把成人作为唯一的依靠对象。他们开始主动寻求同伴，喜欢和同伴共同参与一些活动，与同伴的交往比以前密切、频繁和持久。从 3 岁起，儿童偏爱同性同伴，经常与同性同伴一起做游戏、活动。在 3～4 岁，依恋同伴的强度和与同伴建立起友谊的数量有显著增长，语言的发展也使同伴间的交往更加有效，儿童从事社会性程度较高的合作性游戏大大增多。

儿童早期的友谊一般是脆弱、易变的，很快形成又很快破裂。幼儿的友谊多半建立在地理位置接近(邻居)、有共同的兴趣和喜爱的活动以及拥有有趣的玩具的基础上。

心海畅游 6-7 社会技能训练(扫右侧二维码)

四、对世界充满好奇——好奇心的发展

心海畅游 6-7

好奇是人的天性，求知是人的本能。幼小的孩子可以说个个好奇、好问、好探究。好奇心是幼儿学习的动力和内驱力，是将来进行创造的种子。

2005 年张日昇、胡克祖、杨丽珠的研究表明：幼儿的好奇心差异主要表现在反应敏感性、探究主动性、探究活动的持续性、好奇体验等四个方面。

大班儿童探究持久性强于中、小班的儿童，中、小班之间差异不显著。幼儿探究的主动性和对新异事物的反应性随年龄增大呈 V 形发展趋势；幼儿好奇体验呈随年龄增大而降低的发展趋势。男孩在探究的主动性和好奇体验水平上显著高于女孩，而女孩在探究持久性方面要强于男孩。

幼儿对周围的客观世界充满强烈的好奇心和求知欲，这种好奇心是孩子思维发展的基础，更是创造性思维发展的原动力。因此，对于幼儿的好奇心，成人应采取积极的态度，鼓励孩子的探索精神。陶行知先生曾提出对儿童的六个解放，即解放幼儿的眼睛、解放幼儿的嘴、解放幼儿的双手、解放幼儿的大脑、解放幼儿的时间和解放幼儿的空间，从而达到最大限度地保护幼儿的好奇心，激发幼儿的求知欲，促进幼儿独立思维和创造性思维的发展。

五、请把我当"我"养——幼儿性别角色的社会化

性别在儿童发展中具有重要意义。几乎每个社会，最基本的社会分类都是性别。儿童一出生，父母得到的第一个信息就是有关孩子性别的——"男孩"或"女孩"。性别在相当程度上决定了父母或其他人对待儿童的方式，如给儿童取名、买衣服和玩具、与孩子做游戏和谈话等，无不传递着社会对男女不同的标准和期待。

所有的社会都期待男女扮演不同的角色，具有不同的行为方式。儿童要成为合格的社会成员，就必须知道自己的性别和社会对不同性别的期待，并将这类信息整合到自我概念系统中，形成独特的个性特征和行为方式。

儿童获得性别认同和关于他所生活的社会认为适合于男人或女人的动机、价值、行为方式和性格特征的过程就是性别化。这是儿童个性和社会性发展的一个重要方面。

儿童的基本生物特征、社会经验和认知发展相互作用，共同影响着儿童的性别化。

(一)性别角色的含义

1. 性别角色

性别角色是指特定社会对男性和女性社会成员所期待的适当行为的总和。幼儿社会角色是在其性别角色社会化即性别化的过程中获得与发展的。性别化是指在特定文化中，儿童获得适合于某一性别(男性或女性)的价值观、动机和行为的过程。它是幼儿个性和社会性发展的一个重要方面。幼儿性别角色的形成是在其性别角色社会化即性别化的过程中进行的。性别化的工作通常分为四个相互联系的领域：①性别同一性的发展，即关于一个人是男是女及性别不变的知识；②性别角色观的发展，即认为怎样才算得上是一名男性或女性；③性别化行为模式的发展，即儿童更喜欢性别相符活动的倾向和行为表现；④男女儿童性别化发展差异，即男孩和女孩并不是在同样的环境作用下，以同样的方式完成各自的性别化。

2. 性别角色标准

社会成员公认的适合于男性或女性的动机、价值、行为方式和性格特征等，反映了文化或亚文化对不同性别成员行为适当性的期待。如，大多数社会认为女性应承担养育后代的职责，男性作为丈夫或父亲要为家庭提供支持、保护以免受伤害。因而期望女性富于感情、温柔、友好、合作、服从、谦和、对他人的需要敏感；期望男性独立、果断、自信，具有支配性、竞争性和强烈的成就动机等。

由于文化的差异和社会历史的变迁，每个社会的性别角色标准都不是一成不变的，有时还会发生很大的变化。

3. 性别角色标准的获得

每位父母都有一套性别角色标准，他们从儿童出生后，就以各种方式传递给子女。他们鼓励那些符合性别角色标准的行为，制止那些不适当的行为。儿童几乎在会使用性别标签不久，就获得了一些性别刻板印象。有一项研究(Kuhn, Nash & Brucken, 1978)给2.5～3.5岁的儿童两个性别不同的布娃娃，问他们这两个娃娃分别从事什么活动，如做饭、缝衣服、玩娃娃、开火车或卡车、打架、爬树等，几乎所有2.5岁的儿童都有一些关于性别角色标准

的知识，而 3.5 岁的儿童知道得更多。

对于性别角色心理维度标准的认识要到学龄期以后儿童才能获得，而且相对幼儿的性别角色标准要灵活得多。

(二)影响幼儿性别角色社会化的主要因素

1. 父母对儿童性别角色形成有重要的影响

1) 父母对待两性子女的方式不同

儿童一出生就因性别不同而受到不同的对待，例如，从姓名、服饰、玩具，到以后的行为要求、生活方式、道德准则等方面。儿童正是从父母对待他们的态度和行为要求中开始获得性别认同并进而达到性别角色的分化。

2) 父亲在儿童性别化中的独特作用

研究认为，父亲在儿童性别化过程中具有比母亲更为重要的作用，父亲是子女性别角色社会化的主要动因。有研究指出，父亲对于儿童的性别化发展具有以下作用：父亲独特的行为方式和态度是儿童性别化发展的基础；父亲性别行为榜样的作用是促使儿童性别化健康发展的根本保证；父亲作为社会力量的象征，是推动儿童性别化发展的决定性因素。

3) 没有父亲或缺少父爱对儿童性别化发展的不利影响

西方心理学家对此着重进行了研究。他们发现，5 岁前就与父亲分离或失去父亲的男孩，由于缺乏适当的性别行为榜样，其行为缺乏男子汉气概。这类男孩在幼儿期的攻击行为要比正常家庭中的男孩少些；游戏中也表现出较多的女子气动作模式；吵架时更多地用言语攻击，而较少用身体攻击。

没有父亲或缺少父爱对女孩的影响不太明显，其影响主要反映在青春期的女孩如何与异性交往的问题上。研究发现，在父母离异的家庭中，女孩与男孩交往时表现得比较唐突和富有挑衅性；而在父亲去世家庭中的女孩，与男性交往时则表现得过于胆怯、缺乏自信心和过分害羞，而且在成年后更容易拒绝做妻子或母亲，在夫妻关系方面也容易出现困难。

总之，父母对幼儿性别化发展都有较大的影响，但父亲在这方面的作用比母亲更大。

2. 幼儿园对儿童性别化的影响

幼儿从家庭进入以游戏活动为主的幼儿园后，其社会生活发生了质的变化。幼儿园是儿童接触并适应社会生活的第一个重要场所，其中教师和同伴是影响幼儿性别化的两个重要因素。

1) 教师对幼儿性别化的影响

儿童离开家庭进入幼儿园后，男孩和女孩受到教师不同的对待。一般而言，幼儿园作为一种教育机构，它在许多方面是女性化的：它强调安静、顺从和被动性，这正是一些符合女性角色的特点。而吵闹、果断、竞争性、独立性等适于男孩的品质或行为在幼儿园一般不受赞许。由于幼儿园老师几乎都是女性，她们更倾向于注重整洁和顺从，抑制攻击性，从而造成男孩对幼儿园生活、学习的不适应和逃避倾向。有人建议增加男教师的数量以解决女教师对男女儿童不同对待的问题。总之，在游戏和学习中，老师对男女幼儿不同的对待方式和指导影响着幼儿性别化的发展。

2) 幼儿园同伴对幼儿性别化的影响

在幼儿园的游戏活动中，同伴常常能加强社会的性别角色标准。比如在游戏中，如果男孩的行为模式违背了性别角色标准，就会受到同伴的强烈指责；而女孩的行为与性别角色标准不一致的行为则往往被忽视，而没有受到指责。

3) 电视节目对幼儿性别化的影响

电视节目有助于儿童认识社会角色，学习并掌握相应的社会行为规范。电视节目向儿童提供了许多社会角色模式和相应的价值观念及行为规范，使儿童在了解、认识这些社会角色的同时，也初步了解了每种角色的行为特点和行为规范，并在模仿各种社会角色的过程中体验了各种行为规范。这样，电视节目就使儿童跳出了狭小的认知范围，使之从更广泛的视角去认识社会，学习并掌握相应的角色标准，从而促进了儿童性别化的发展。

心海畅游 6-8 如何看待同性恋(扫右侧二维码)

心海畅游 6-8

心海畅游 6-9 如何选择幼儿园(扫右侧二维码)

心海畅游 6-9

六、"不是我不听话了"——儿童发展的第一逆反期

儿童在逆反期中的逆反，主要是指依赖与自主之间的纠葛，以及由于对立而造成的子女与父母之间的矛盾冲突。这种状态的延续阶段就是逆反期，也称反抗期。

第一逆反期的表现是幼儿要求行为活动自主和实现自我意志，反抗家长控制。这是发展中的正常现象。其年龄一般是 3~4 岁，因个体发展的需要会有所提前或延后。反抗的对象主要是父母，其次是其他养育者。

(一)第一逆反期的发展性特点

1. 第一逆反期有其特殊的心理需求和行为表现

随着自我意识的发展，儿童自主欲求逐渐提高。他们的活动范围日益扩张，从对母亲的全面依赖状态，向一定程度的自立发展。对周围的事情都想"我自己做"，对父母的帮助、指示、阻止总要用"不"来反抗。

逆反期幼儿的心理需求在于：要实现自我意志，实现自我价值感，希望父母和亲近的他人接受自己"我长大了"并"很能干"的"现实"。

逆反期幼儿的行为表现在于：要参与成人的生活活动，自以为别人能干的事自己也能干，并大胆付诸实际行动；自以为能干的或自己要做的事被成人代做，往往坚持退回原状态，自己重做；常常逆着父母的愿望，说"不"，并按自己的愿望说"我自己做"；喜欢听"你真棒"等表扬。

2. 第一逆反期儿童心理发展的阶段性特点

从孩子生理和心理发展的角度来看，这种"逆反期"的表现是一种正常的现象。随着幼儿活动能力的增强、知识的不断丰富，孩子心理急剧变化，特别是孩子的需要发生了很大的变化，而成人往往还是用老眼光去看待孩子、要求孩子，因而引起孩子的种种反抗行为。从另一个方面看，如果孩子的个性得不到发展，反倒会影响他今后的成长。所以说"逆反期"是孩子正常发育的必然阶段。

对父母的逆反行为是发展中的正常现象，不能因为受此烦扰而祈求没有逆反期。如果孩子没有逆反行为，这多是因为父母的教育过于严厉，孩子自主的欲望受到抑制，或者父母过于溺爱，对孩子有求必应，从而剥夺了儿童自我发展的机会。有研究表明，经过了逆反期的幼儿，成人以后自主性强；而那些未表现逆反期的幼儿，在成人以后有自主性和主动性缺乏的倾向。

📝 **心海畅游6-10** 第一逆反期(扫右侧二维码)

心海畅游 6-10

(二)父母要循循善诱地对逆反期中的儿童进行教育

在逆反期，父母要放弃那种不分青红皂白的强硬态度。应该看到，孩子的"逆反"行为正是促进他们能力发展的心理动力。成人应及时抓住这一时机对孩子的某些行为给予适当的鼓励，以促进孩子自我意识的形成和动作技巧、能力的发展。

(1) 父母要认识到第一逆反期是儿童心理发展的正常现象，并应积极而又理智地面对。

(2) 父母要认识到第一逆反期的矛盾焦点，即孩子出现超出自己实际发展水平的"长大感"，而父母对幼儿的"长大感"认识不足，应对不力，引起逆反。

(3) 父母要因势利导、循循善诱地帮助儿童、指导儿童，并创造条件，适当地满足儿童的发展需求。①最好的教育方式是通过游戏活动，特别是扮演社会角色的游戏活动，以满足儿童参与社会活动的需要。②培养并持之以恒地训练儿童的生活自理能力和力所能及的家务劳动能力，以体现他们"很能干"的价值感。比如：孩子喜欢独立行走，你就不要硬去搀扶他，可以在旁注意保护；孩子要自己吃饭、穿衣，就可以让他自己动手，你在旁加以指导，以此促进孩子心理健康发展。③了解儿童的特长和优势，创造条件，有针对性地培养其认知方面的、艺术方面的或其他方面的才能，使儿童获得成就感。④以民主型等良好教育方式，正确地选择、积极引导，帮助儿童顺利度过人生的这一个重要转折期，为以后的发展奠定良好的基础。

父母知识窗 6-6

📖 **父母知识窗6-6** 没必要让孩子事事听话(扫右侧二维码)

📖 **父母知识窗6-7** 怎样做孩子才会听话(扫右侧二维码)

父母知识窗 6-7

第六节　幼儿期的心理问题和心理卫生

一、我会出现的问题——幼儿期常出现的心理问题

孩子有自己独特的心理，他们渴望自己能被父母理解。然而在绝大多数父母的观念中，儿童就是小孩子，是"尚未变成大人的人"，于是高高在上地看待孩子，因此，很多时候无法真正进入孩子的心灵世界，甚至给孩子造成各种心理障碍。有关专家指出，当前学龄前儿童心理问题较为常见，家长们如不注意孩子的心理保护，将会导致孩子在学龄期发生学习困难、交往困难等对学校适应不良的现象，个别少年甚至会走上违法犯罪的道路。

(一)幼儿出现心理问题的原因

1．社会原因

社会原因包括以下几方面。

(1) 父母文化程度的影响。父母文化程度越低，儿童心理问题发生率越高。

(2) 父母教养态度和教育方法的影响。例如，"母子脆弱症"就是由于母亲对孩子特别担忧和溺爱，导致孩子也发生忧郁及对母亲特别依赖，而缺乏自主性。尤其是父母的教养态度矛盾，更会使孩子发生心理问题。

(3) 家庭气氛的影响。家庭和睦程度越差，儿童心理健康状况越差。据调查，和睦家庭儿童心理状况不佳的只占 4.8%，不和睦家庭儿童心理状况不佳的有 13.5%，而父母离异儿童心理状况不佳的则高达 33.3%。

2．生物学原因

许多儿童心理问题与遗传基因密切相关。例如：许多多动症儿童的父母童年期就有注意力不集中、多动的情况，多动症(ADHD)儿童的同胞兄弟姐妹患病率也高于正常儿童。对双胞胎的研究发现，同卵双胞胎多动症的患病率比异卵双胞胎多动症的患病率要高得多。遗传基因的异常可能会影响脑发育，或者改变脑内神经递质水平，进而影响儿童的心理行为状况。

3．儿童个性因素

儿童出生后即显示出的气质特点，作为一种内在的体质因素，在一定程度上对儿童今后的心理发育、行为发展具有重要作用。例如，困难型、迟缓型气质特点的儿童较易出现行为障碍。

(二)幼儿常见的心理问题

一般而言，我们将儿童的心理问题分成一般性及特殊性两类。一般性的问题包括口吃、尿床、逃学、不吃饭、说谎、好动等；特殊性的问题包括自闭症、适应障碍、癫痫、儿童期精神分裂症等。

1．吮吸手指或咬指甲

吮吸手指或咬指甲(也有咬脚趾、咬衣襟、咬铅笔或类似物品的)往往与儿童精神紧张和情绪不稳有关；也与环境因素与心理冲突有关，如周围环境单调、没有小朋友做伴、孤独而没有成人爱抚等。有些儿童开始是紧张时咬指甲以减轻焦虑紧张，时间长了就形成习惯；也有是模仿别人的行为形成的习惯。儿童反复撕咬指甲和甲周的皮肤，容易引起手指受伤和感染。此种行为还常伴随睡眠不良、磨牙、抽动症等行为问题，或焦虑、孤独、退缩等情绪问题。因此，这些顽固性习惯的主要不良后果不仅在于对儿童身体造成损伤，还是对儿童存在心理问题的一个提示。

成人要了解儿童产生这些不良习惯的原因，并着手改善。①定期修整指甲，不让儿童有啃到指甲的机会。②丰富儿童的兴趣活动，开阔视野，让他参加各种游戏，鼓励其探究性发展，以转移注意力。③家长在发现儿童存在这些习惯时，不要责骂、恐吓或强行制止，以免加重儿童逆反心理。④可以进行行为治疗。厌恶疗法和操作性行为条件反射疗法使用最普遍，远期效果也较好。

2．抗拒入园

幼儿抗拒入园的原因主要是父母溺爱、娇惯，对外交往过少，缺乏对新环境的适应能力。性格孤僻或幼儿教师态度过分严肃，都会使儿童对入园感到不适。

大多数幼儿刚入园时，由于不熟悉幼儿园环境，对一切都感到陌生，因而产生不同程度的畏惧心理，不少儿童表现出害怕入园、哭闹着要回家等现象。3～5 天后，由于对老师、小伙伴及周围环境都已熟悉，就不再哭闹，能自觉地入园。但也有少数孩子继续留恋家庭，抗拒入园。有的赖床不起，有的谎称肚子痛，即使家长让其暂留家中，仍表现得忧心忡忡、抑郁寡欢，直至家长表示"同意"再不上幼儿园，就会立即变得欢快。

3．发脾气

发脾气是指由于困难气质与过度溺爱、有求必应等不正确教育方式，一些儿童在遇到挫折或者要求未得到满足时大发脾气，大喊大叫，哭闹不止，倒地打滚，撕抓衣服、头发，甚至用头撞墙，或以死相威胁的现象。这种儿童一般较任性，经常有不合理的要求并且必须立即得到满足；发脾气时劝说多无效，只有当要求得到满足后，或者不理睬他们，经过较长时间后才平息下来。发脾气可以发生在各年龄阶段，但以幼儿期和学龄前期更为常见。

矫正方法主要是教育，父母之间态度一定要一致，在儿童发脾气时与发脾气后进行耐心说服解释，进行正确引导。劝说无效后则采取忽视的态度，暂时不理睬他，任其哭闹，经过多次以后这种现象就自然消失。

4．习惯性摩擦综合征

习惯性摩擦综合征的产生原因如下。

(1) 局部炎症：如蛲虫病、尿布潮湿或裤子太紧等刺激引起外阴局部瘙痒等。

(2) 心理因素：缺乏母爱、遭受歧视等感情上得不到满足，通过自身刺激寻找宣泄。

(3) 其他原因：在大孩子中，黄色录像、黄色书刊等的影响。

发作时出现伸直双腿，用力绷紧，两腿交叉摩擦，或者俯卧床上用力摩擦会阴部，或者坐在凳子或其他物体上摩擦会阴部，全神贯注，面色发红，满头大汗，持续时间为数分钟。这种病可以发生在半岁以后的婴幼儿期、学龄前期和学龄早期。

5．多动症

儿童过度好动的可能原因有三种：一是家庭或幼儿园压力太大；二是轻微的脑部受损；三是天生就属于好动型的孩子。

好动的孩子容易坐立不定，整天跑东跑西、爬上爬下、话多、手势多、注意力难以集中；肌肉协调不良；缺乏抑制力；挫折容忍度偏低；情绪不稳，易发怒；过度敏感。父母或老师往往不喜欢这种孩子，他们有时会认为这些孩子是故意捣蛋。

对这样的孩子，可尽量减少家庭压力；在教学上尽量安排消耗体力的或简单的活动，并时时给予必要的增强。

6．遗尿症

从小到大一直尿床的称为原发性遗尿症；5 岁以前有一段时间(6 个月以上)不尿床，5

岁以后又出现尿床者称为继发性遗尿症。

遗尿的原因有很多，如婴幼儿时期排尿训练不良，训练时间过早，训练方法不当；强烈的精神刺激；神经生理功能发育延迟，这类患儿常常伴有其他发育性行为问题，如多动症、语言障碍等。

儿童 5 岁以后仍不能自主控制排尿，晚上尿湿了床铺或白天尿湿了裤子，这种情况若不是由于明显的器质性原因引起，则可称为功能性遗尿症，可通过行为矫正技术进行矫治。

二、教育我，要注意——幼儿教育过程中应注意的问题

1. 教育态度要宽严并济

无原则的溺爱，或是对孩子过于严格，都会给孩子的成长带来不良的后果。过严可能使孩子产生畏惧心理，阻碍智力和性格的发展；过宽则会使孩子思想松懈，缺乏战胜困难的毅力。正确的做法应当是宽严并济，既要让孩子感到你和蔼可亲，又要让孩子意识到你严肃可敬，意识到你所坚持的原则和做法是不容违背的。

常言说："敬人者，人恒敬之。"教育幼儿最好的方式是平等对话、共同讨论、共同协商，严中有爱，使幼儿感受到家庭的温暖。家长要努力做到使教育内容和教育方式为幼儿所接受。

2. 生活安排要张弛有度

对孩子的学习与生活在安排上要有紧有松，做到张弛有度。如果孩子的学习与生活安排得过于紧张，累得孩子喘不过气来，长此下去，他将丧失生活情趣和奔向目标的愿望。反之，如果孩子的学习和生活松松垮垮，就像登山，只有歇步没有攀登，就会逐渐丧失前进的愿望，也就难以达到光辉的顶点。因此，孩子的学习生活，既要有充实的内容，又要丰富多彩，兼顾孩子的学习、劳动、休息和玩耍诸方面，合理进行安排。

3. 智力和非智力因素并重

近年来，我国广大家长普遍比较重视对孩子的智力开发，这对促进孩子的智力发展无疑是非常有益的。然而，智力的发展仅仅是儿童心理发展的一个方面，儿童心理还有另外一些重要方面，即个性倾向性、情感、意志品质以及性格等，也就是人的非智力因素。在儿童的成长中，智力因素和非智力因素是密切联系、相辅相成地发展的。许多研究结果表明，儿童的健康成长，不仅取决于儿童的智力因素（聪明程度），还取决于他们的非智力因素。因此，智力因素和非智力因素要同等对待。

4. 合理使用奖励与惩罚手段

对于幼小的孩子来说，奖励能够鼓舞他们发扬优点，改正错误和缺点，是说理教育的有效辅助手段。一般来说，应当多奖励，少惩罚。

家长在使用奖励手段时，要注意处理物质奖励和精神奖励的关系。3 岁前的孩子，对精神奖励缺乏认识和体验，因此不妨多采取物质奖励；3 岁以后，要逐渐增加精神奖励的成分，并最终过渡到以精神奖励为主要手段。

惩罚同样可以作为说理教育的一种辅助手段，它本身不具有说理的意义，但它可以强化说理的作用。比如，限制孩子外出玩耍就是惩罚的一种形式。施行惩罚，必须避免某些

有害的形式，比如打骂、恐吓、不准吃饭等，因为这样做效果短暂，易使孩子反感，甚至会有害孩子的身心健康。

5. 采取形象的教育方式

学龄前儿童处于具体形象思维阶段，在品德教育中要注意使用形象的方法。可通过丰富多彩的形式，如通过听故事、看电影、看电视剧等进行教育；也可借助儿童常见的小动物，如小公鸡、小白兔、小鸭子和小松鼠来编有教育意义的故事。在培养和锻炼儿童观察力、记忆力、想象力和创造力时，都要注意形象教育的作用。

6. 运用榜样的力量

生活中有大量人物可以作为孩子学习的榜样。远的如伟大的革命家、英雄人物的优秀品德行为，近的有父母、老师的言行，都可以成为孩子学习的榜样。对于早期年龄阶段的孩子来说，一般首先是从父母的言行学起的。

7. 处理好理智与感情的关系

有些父母在教育孩子的过程中，常常处理不好理智和感情的关系，以致妨碍了对孩子的德育培养。比如，父母明知孩子不应该挑吃、挑穿，但又怕"苦"了孩子，因此总是满足孩子的口味，天长日久，孩子就会养成挑食的坏习惯。

8. 教育孩子要有耐心和灵活性

培养孩子养成一种良好的习惯或学会一种技能都需要时间，要有耐心。可是有的家长认识不到这一点。比如教孩子系鞋带，孩子两天学不会，妈妈就急了，干脆自己替他系，结果孩子总学不会，或者要用更长的时间才能学会这种本领。学习其他技能也有类似情况，这是有些孩子独立生活能力差的重要原因之一。

父母知识窗 6-8 父母如何避免对孩子不一致性的管教？

(扫右侧二维码)

父母知识窗 6-8

三、幼儿期的心理卫生

针对幼儿期的心理特点，这一阶段的心理卫生要注意以下方面。

1. 组织多种形式的游戏

幼儿在游戏中学习，在游戏中成长。游戏对幼儿心理成长的促进作用是全面的。通过多种形式的游戏，幼儿的动作协调能力、认知能力、情绪表达和控制能力、人格都得到了很好的锻炼。

2. 鼓励孩子与同伴交往

通过与同伴交往，幼儿可以学到许多从成人那里学不到的东西。尤其对于一些退缩、害羞的幼儿，应创造良好的条件，鼓励他们和同伴一起做游戏，教给他们如何更好地与他人交往、如何恰当地表达和控制情绪以及如何处理内心焦虑和冲突。这对幼儿形成良好的人格有重要的作用。

3. 培养良好的生活行为习惯

幼儿有很大的可塑性，这个阶段应注意培养他们良好的生活行为习惯。

4. 培养其独立性

家长在培养孩子独立性时，要有耐心，不要因为孩子做不好或溺爱孩子就代替孩子做他们自己应该做的事情。

本 章 小 结

　　幼儿期是儿童成长的重要阶段，幼儿心理的发展为其进入学校接受正规教育准备了必要条件。游戏是幼儿的主导活动，是促进幼儿心理发展的最好活动方式。幼儿认知发展的主要特点是具体形象性和不随意性占主导地位，抽象性和随意性初步发展。幼儿最初的个性倾向性开始形成，其社会性在各个领域进一步发展。幼儿能初步评价自己的行为，并按成人的要求逐步掌握社会行为规范，学会与同伴或成人相处。

　　(1) 随着幼儿大脑结构成熟和机能的发展，幼儿高级心理活动和智力开发具备了生理基础。

　　(2) 幼儿的智能潜力很大，因此父母和幼儿园教师应重视幼儿智能的早期开发和全面发展，为他的一生打下良好基础。

　　(3) 儿童心理是在活动中发展起来的，儿童心理的发展又促进活动的发展。

　　(4) 游戏活动是幼儿期的主导活动，学习和劳动都带有游戏性质。因此，幼儿园要充分认识和发挥游戏的作用，对幼儿进行体、智、德、美、劳全面发展教育。

思 考 题

1. 简述游戏对幼儿心理发展的重要作用。
2. 结合幼儿思维发展的经典研究阐述幼儿认知发展的主要特点。
3. 幼儿性别角色的影响因素有哪些？
4. 阐述同伴关系对幼儿心理发展的作用。
5. 幼儿教育过程中应注意哪些问题？
6. 逆反期的含义是什么？父母如何应对幼儿的第一逆反期？

本章辅助教学视频二维码见下方。

第七章　学会学习的关键期
——小学生心理的发展

学习目的及要求

　　通过本章的学习，了解小学生生理发生的变化，掌握儿童心理发展的一般特点；理解小学学习过程中需要注意的问题；了解小学生心理过程(认识、情感、意志)的发展特点，掌握小学生个性和社会性的发展，理解小学时期是儿童学会学习的关键期。

核心概念

　　学会学习(learning to learn)　亲社会行为(prosocial behavior)　攻击行为(aggressive behavior)　亲子关系(parent-child relationship)　同伴关系(peer relationship)

心灵考场 7-1

心灵考场 7-1 请判断以下说法是否正确(扫右侧二维码)

心海畅游 7-1

心海畅游 7-1 不开窍的孩子(扫右侧二维码)

　　童年期的年龄范围是 6～13 岁，属于小学阶段。童年期儿童的生活从以游戏为主导转为以学习为主导，其主要任务是通过学校教学系统地掌握学习方法，学会学习。

第一节　"童言无忌"——小学生的一般特征

一、小学生身体的发育

　　童年期生理生长和发展的最大特点是相对稳定与平衡。从 6 岁至 13 岁，多数儿童的发展经历着一个相对平缓的阶段。其生长发育特点主要表现为以下几个方面。

1. 新陈代谢旺盛

　　新陈代谢包括同化作用和异化作用两个方面。人体从外界摄取营养物质，变为自己身体的一部分，并且贮存能量，这种变化叫同化作用。与此同时，构成身体的一部分物质不断氧化分解，释放出能量，并将分解的产物排出体外，这种变化叫异化作用。小学生正处在长身体的时候，同化作用大于异化作用，所以，他们需要从外界摄取更多的营养物质，以保证正常生长的需要。

2．体格出现快速增长

以身高、体重变化为例，其从整个小学时期看，儿童身体发育的速度是比较平稳均匀的；到青春发育期后，生长发育速度出现明显上升的趋势。7 岁时，男童平均体重约为 20.91 千克，身高为 119.5 厘米；女童平均体重约为 20.11 千克，身高为 118.47 厘米。在小学时期，儿童身高每年增加 4～5 厘米，体重每年增加 2～3 千克。6～8 岁间的女孩比男孩略矮，体重略轻；9 岁时，这种发育趋势将会反过来。

进入青春期，会出现性别发育趋势的反转。女孩青春期身高生长突增，一般比男孩早约 2 年，所以在 10 岁左右，女孩身高由以前略低于男孩开始赶上男孩，并超过男孩；12 岁左右，男孩身高生长突增开始，而此时女孩生长速度已开始减慢；13～14 岁，男孩身高生长水平又赶上并超过女孩。由于男孩增长幅度较大，生长时间持续较长，因此到成年时绝大多数男性身体形态指标均比女性高。

3．下肢发育加快

童年期儿童身体的下半部分生长较快，所以腿显得比幼儿时期更长。身体骨骼伸长、加宽，但韧带和骨骼结合还不牢固，儿童在滚翻和掰手腕时具有更大的运动灵活性。随着他们的身体逐渐变得更为强壮，许多儿童有更强烈的身体活动愿望。由于肌肉要适应增长的骨骼，儿童会出现夜间"生长痛"——大腿感到坚硬而发疼的情况，这是正常现象，家长不必过分担心。

骨骼逐渐骨化，肌肉力量尚弱。小学年龄儿童的各种骨骼正在骨化，但骨化尚未完全。儿童期的骨骼有机物和水分多，钙等无机成分少，所以儿童骨骼的弹性大而硬度小。儿童不易发生骨折，但容易发生变形，不正确的坐、立、行走姿势可引起脊柱侧弯(表现为一肩高一肩低)、后凸(驼背)等变形。这时的儿童肌肉虽然在逐渐发育，但主要是纵向生长，肌肉纤维比较细，肌肉的力量和耐力都比成人差，容易出现疲劳。因此，在劳动或锻炼时，不应该让他们承担与成人相同的负荷，以免造成肌肉或骨骼损伤；写字、画画的时间也不宜过长。

4．乳牙脱落，恒牙萌出

儿童一般在 6 岁左右开始有恒牙萌出。最先萌出的恒牙是第一恒磨牙，俗称六龄齿。接着乳牙按一定的顺序脱落，逐一由恒牙继替。到 12、13 岁时乳牙即可全部被恒牙替代，进入恒牙期。替牙期是龋病的高发期，尤其是乳磨牙和六龄齿很容易患龋齿，应该注意口腔卫生。

5．心率减慢，呼吸力量增强

假定新生儿的心脏体积为 1，12 岁时则为 10(接近成人水平)。小学儿童的心脏和血管不断均匀增大或增长。小学儿童的心率约为 80～85 次/分，明显低于新生儿时的约 140 次/分和学龄前儿童时的约 90 次/分。小学时期儿童大多非常健康，他们充满活力，疯跑疯玩。由于营养充分而产生的积累效应，与儿童身体免疫系统的迅速发育一起，进一步增强了身体对疾病的抵抗力。同时，肺的发育使儿童能在每次呼吸中大大增加空气的交换，因而，儿童能更好地进行生机勃勃的活动而无疲劳感。这时儿童的肺活量也明显增加，对各种呼吸道传染病的抵抗力也明显增强。

二、小学生神经系统的发展

儿童 6 岁时，脑重约 1200 克，此时，左右大脑半球的一切传导通路几乎都已形成，所以当身体受到外界刺激后，信息可以快速准确地传到大脑皮层的高级中枢。此时大脑皮层间增加了暂时联系的可能性，条件反射也比较容易建立。

7～8 岁，大脑继续发育，脑重约 1400 克，已接近成人脑重，同时神经细胞的体积增大，细胞分化基本完成，许多新的神经通路出现。此时大脑额叶生长迅速，其运动的正确性、协调性得到发展，大脑的抑制能力和分析综合能力加强。

9～14 岁，脑的重量增加不多，此时的大脑主要进行着细胞内部结构与机能复杂化的过程。神经的联络纤维在数量上大大增加，联络神经元的结构和皮层细胞结构机能在迅速发展和形成。这是联想的、推理的、抽象的和概括的思维过程的物质基础，也说明这一阶段神经系统的发育特别是脑的发育在机能上进一步成熟。

脊髓位于脊柱的椎管内，呈前后略扁粗细不等的圆柱状。脊神经的发育较脑缓慢。在胚胎早期，脊髓与椎管的长度相等，脊神经呈水平方向进出椎间孔；以后脊髓的生长速度比脊柱缓慢，脊髓下端逐渐上升。出生后小儿脊髓反射通路已发育完全，脊神经的髓质形成在最初 3 个月，而神经末梢的发育需要 3 年时间。由于脊髓是中枢神经的低级部分，主要具有传导功能和反射功能，因此，当脊髓受损时，其传导机能和反射机能就会出现障碍。为使小学生神经系统正常发育，增强其灵敏性、协调性，应注意加强感觉器官的训练，加强体育活动及适当的劳动锻炼。此外，还需确立良好的学习和生活习惯，以促进其神经系统的正常发育。

🌐 **心海畅游 7–2** 儿童睡眠与学习(扫右侧二维码)

三、小学生心理发展的特征

心海畅游 7-2

小学生心理发展的特征一般表现在以下几个方面。

1. 心理发展是迅速的

10 岁之前，是儿童心理发展、个性形成的关键期，也称最佳期。这个时期大脑皮层及神经细胞迅速发展，为个体以后的发展奠定基础。在这个时期，随着儿童身心的迅速成长，教育特别是早期教育，对促进儿童心理发展具有重要意义。

小学生的认知能力不断提高。小学生的感知觉已逐渐完善，他们的方位知觉、空间知觉和时间知觉在教育的影响下不断发展，观察事物更加细致有序。小学生的记忆能力也迅速发展，从以机械识记为主逐渐发展到以意义识记为主，从以具体形象识记为主发展到以词的抽象记忆为主，从不会使用记忆策略到主动运用策略帮助识记。小学生的言语也有很大发展，能够比较熟练地掌握和运用口头言语，在教育的影响下，逐渐掌握书面言语，学会写字、阅读和写作。逻辑思维迅速发展，由具体形象思维向抽象逻辑思维过渡；三年级之前偏重形象思维，10 岁左右是形象思维向抽象逻辑思维过渡的转折期。小学时期是发展智力的好时机。

2. 心理发展是协调的

与幼儿期经历的第一逆反期及与初中生的"动荡性"相比较而言，童年期的儿童心理发展还是以协调性为主要特征。"协调性"的含义是很广泛的，它包括：大脑内部各个神经系统之间的协调性；大脑综合处理不同感觉器官传来的信息的协调性；大脑指挥躯体行动时的协调性，具体表现为脑、眼、耳、四肢、躯干等的协调性。心理发展的协调性主要是指，人心理的发展具有阶段性，但又是连续的。不同系统在不同阶段发展的速度不同，在小学阶段，其心理发展的各种因素是协调的。

3. 心理发展是开放的

小学生是真正的"童言无忌"时期，他们会毫不掩饰地说出自己看到、听到和想到的所有事情。此时，成人与儿童容易沟通，师生之间、亲子之间的关系也比较融洽。小学时期是成人了解儿童真实心理活动，也是进行有的放矢的教育的最好时机。

4. 心理发展是可塑的

比起逐渐成熟的青少年，小学生的心理发展和变化具有较大的可塑性。小学生精力旺盛、活泼好动，但同时因为他们的自制力还不强，意志活动的自觉性和持久性都比较差，在完成某一任务时，常靠外部的压力，而不是靠自觉的行动。不同的教育方式会影响他们的性格，因此，小学阶段是培养良好心理品质与行为习惯的关键时期。

第二节 童年的主要活动——学习活动的发展

儿童进入学校以后，学习活动就逐步取代游戏而成为儿童主要的活动形式，并对儿童的心理产生重大的影响。

一、学习和游戏不一样——学习的特点

一般来说，学习有广义和狭义之分。广义的学习，是指动物和人的经验的获得及行为变化的过程。人类的广义学习是在生活中进行的。人自从降生以后不久，就能建立条件反射，改变个别行为。在人一生的整个生活过程和实践中，也不断地在积累知识经验、改变思想行为，所有这些，都包含学习的意义在内。游戏正是这种广义范畴的学习活动。而狭义的学习，则是指学生在教师指导下有目的、有计划、系统地掌握知识技能和行为规范的活动，这是一种社会义务。

学生的学习过程是一种认识或认知过程，学生在学习过程中认识世界，丰富自己，发展自己，并引起其德、智、体、美、劳诸方面结构的变革。儿童的学习有下列几个基本特点。

1. 儿童学习一般要超越直接经验

在学习过程中，小学生的认知或认识活动以学习间接经验为主，他们往往不受时间、空间的限制，越过直接经验这一阶段，较迅速而直接地把从人类极为丰富的知识宝藏中提炼出来的最基本的东西学到手。这就是学生的学习过程区别于人类一般认识活动或认识过程的特殊本质。

2. 儿童学习需要教师指导

学生的学习是通过教学活动来实现的。教与学是一种双边活动，教是为了学，学则需要教，二者互为条件、互相依存。因此，学生的学习离不开教师。教师教课是一个传授知识的过程，是把人类社会长期积累起来的知识，根据社会的需要传授给学生的过程。在学习过程中，学生的认知或认识活动受教师的教授活动的制约。

3. 儿童学习过程是一种运用学习策略的活动

在学校里，学生最主要的学习是学会学习，最有效的知识是自我控制的知识。要学会学习，就有一个学习策略的问题。

所谓学习策略，是指在学习活动中，为达到一定的学习目标而学会学习的规则、方法和技巧，是一种在学习活动中思考问题的操作过程，是认识(或认知)策略在学生学习中的一种表现形式。

学生的学习是一个主动的过程，因此学习策略受制于学生本人。它干预学习环节，调控学习方式，直接或间接地影响主体达到学习目标的程度。同时，学生的学习策略是学会学习的前提，学会学习包含着学生运用一系列的学习策略，因此学生的学习策略是造成其学习个别差异的重要原因。此外，学习策略是一系列有目的的活动，是学生在学习过程中所选择、使用、调节和控制学习方法、方式、技能、技巧的操作活动。学习策略实施的过程也是实行决策的过程。

🌀 **心海畅游 7-3** 学习对小学儿童心理发展的作用(扫右侧二维码)

心海畅游 7-3

二、学会学习——学习活动的发展

小学儿童的学习既具有上述学生学习的基本特点，又表现出其年龄阶段所特有的特点。

(一)小学儿童学习动机的发展

儿童的学习动机直接影响着儿童的学习态度和学习成绩。许多研究结果表明，儿童的学习动机是多种多样的，按照与社会需要的联系可分为直接动机和长远动机等多种表现形式；按照与智力的联系可分为具体动机和抽象动机等多种形式；按照价值可分为正确动机和错误动机等多种形式。

学习动机是分层次、成系统的，其中有一种起主导作用的动机，往往决定或支配着儿童的学习活动，影响着儿童的智力发展。

通过对儿童的动机内容表现特点的调查，发现儿童的学习内部动机可分为四类：①为了好分数，不落人后，或为了得到表扬和奖励而学习；②为履行组织交给自己的任务，或为荣誉而学习；③为了个人前途而学习；④为祖国的前途、人民的利益而学习。调查结果表明，整个小学阶段，主导的学习动机是第 1 和第 2 类，低年级以第 1 类学习动机居多。这表明小学儿童一般还不善于把学习与社会需要联系起来，其学习动机往往是直接与学习活动联系在一起的。

对学习动机变化形式的研究也发现，儿童的年级越低，学习动机越具体，是直接与学习活动本身相联系的动机。例如，一年级学生愿意上课，不愿意总是做游戏，认为做游戏就不像个小学生了。1984 年国外的心理学家研究表明：一、二年级还没有显露出社会责任的动机，在三年级中有这种动机的学生占 15%，在四年级里占 31%，在五年级里占 48%～50%。我国心理学家的研究也表明：小学 1～5 年级学生学习动机发展的共同趋势是由近景性动机向远景性动机、由实用性动机向社会性动机过渡，其中正确的近景性的低水平学习动机占主导地位。

(二)小学儿童学习态度的发展

在小学的学习活动中，儿童初步形成一定的学习态度。

1. 对教师的态度

低年级儿童对教师怀有特殊的尊敬和依恋之情，教师的话是不容置疑的，例如，常常回到家里说"老师说的……"。此时，由于儿童尚不理解学习的社会意义，因而教师对待儿童的态度是影响儿童学习态度的主要因素。中年级以上的儿童对教师的态度开始发生变化，不再无条件地信任教师、崇拜教师，而是带有选择性地评价教师。只有那些思想作风好、教学好，对儿童有耐心、公正的教师，才能赢得儿童的信任，对儿童的学习产生重大影响。高年级学生对教师的爱的体验更加复杂。

心灵小品 7-1

尊重学生的心灵

对学生心灵的尊重，体现在五个方面。①尊重学生的兴趣、爱好。②尊重学生的情绪情感：首先观察每个学生的情绪发生了什么变化；其次发现学生情绪有何异常，对极度悲伤、长时间心境不好、处于抑郁状态的学生，应该有所警觉。③尊重学生的个性：首先了解学生的个性差异，其次评价学生个性时要谨慎。④尊重学生的抱负和志向：不应该强迫学生进行选择和判断。鼓励学生自己对事物作出选择和判断，不仅是尊重人性、人的权利和自由的表现，而且有助于发展他们的主动性、自主性和创造性。⑤尊重学生的个人意愿。

资料来源：陈会昌. 德育忧思录. 北京：华文出版社，1999.

2. 对集体的态度

初入学儿童还没有形成班集体，同学之间彼此很少互相关心。初入学儿童和同学之间的关系常常由偶然因素决定。例如，空间上的接近(家近、座位近等)，而后在教师的组织和教学的影响下，儿童开始互相关心、互相帮助，并在此基础上开始形成班集体。从中年级开始，儿童开始具有比较有组织的自觉的班集体生活，开始把自己看成是集体中的一员，重视集体的责任感，从而不断提高学习质量和行为品质，而不是事事都依赖教师，事事完全以教师的评价为转移。

班集体对个人学习态度有直接影响。良好的集体气氛使学生感到集体温暖、教师可亲。小学生正处于情感发展的重要时期，对事物具有丰富的情感色彩，情感倾向会对他们的行为产生重要的影响。

学生对集体和教师抱有感情是激发其学习积极性的情感基础，同时良好的集体气氛可使学生心情平静、活泼愉快地学习，有利于其大脑皮层的兴奋状态；学生思想活跃、联想丰富，注意力集中，就易于理解并掌握新知识，有可能开展创造性的学习。集体成员之间的相互探讨、相互启发，可以使学生体会到集体智慧的巨大力量，体会到集体智慧对于认识世界所蕴含的无限可能性。

3．对作业的态度

培养儿童对作业认真负责的态度，是儿童学习态度发展的一个重要方面。这种对作业的正确态度的形成是要经过一定的发展过程的，并且在很大程度上依赖于教师的工作质量。

初入学儿童还未把作业看成是学习的重要组成部分，还不能经常以负责的态度来对待作业。在教师正确的教育下，儿童逐步形成对作业的自觉负责的态度，表现在：能按一定的时间来准备功课、完成作业，主动安排学习时间，并排除外在诱因的干扰；能按一定顺序来完成作业；能集中地、细心地完成作业。

培养儿童对待作业的自觉的、负责的态度是一个长期、复杂的过程，教师应根据儿童发展的情况，采取各种有效措施，及早地培养这种态度。当前小学作业负担过重不仅不利于培养小学生良好的学习态度，反而易降低小学生学习的积极性。因此，必须扭转这种做法，尽快减轻和消除小学生课业负担过重所带来的心理问题。

4．对评分的态度

从小学开始，儿童开始认识到评分的意义，并对其心理发展产生重要影响。

在正确教育影响下，低年级儿童可了解分数的客观意义，并树立对分数的正确态度；从中年级起，儿童开始了解学习是一种社会义务，因而把有优良的分数看作高质量地完成这一社会义务的客观表现。

为使学生了解分数的客观意义，教师要进行很多工作。首先，应结合作业质量使儿童对分数有真正的理解和体验，使儿童具体地认识到分数是学习质量的代表，好的分数会使自己受到全班的尊敬。其次，使儿童理解只有努力学习才会得到好的分数，并进一步知道如何努力学习。再次，教师应使儿童了解分数不是教师随便给的，学生不是为分数而学习。要使小学生理解分数的意义，必须首先使其正确对待考试。

(三)小学儿童学习兴趣的发展

小学儿童的学习兴趣是促使儿童自觉地从事学习活动的一种重要的推动力。

在教学的影响下，在知识经验不断积累的情况下，小学儿童的学习兴趣也在不断发展变化着。虽然每个儿童的兴趣并不完全相同，具有明显的个别差异，但他们又有其共同的年龄特征。

(1) 在小学时期，儿童最初对学习的过程和学习的外部活动更感兴趣，以后逐渐对学习的内容和需要独立思考的作业更感兴趣。

(2) 小学生最初的学习兴趣是不分化的，以后才逐渐对不同学科产生不同的兴趣。调查表明，这种对学科兴趣的分化一般从三年级开始；小学儿童对学科兴趣的分化是很不稳定的，引起小学儿童学科兴趣分化的原因既有客观的(如教师的教学水平)，又有主观的(如觉得有用、能动脑子等)。

(3) 在小学时期，儿童对有关具体事实和经验的知识较有兴趣，对有关抽象因果关系的知识的兴趣初步发展。

(4) 在小学时期，游戏因素在低年级儿童的学习兴趣上起着一定的作用，中年级以后，这种作用逐渐降低。

(5) 在阅读兴趣方面，小学生一般从课内阅读发展到课外阅读，从童话故事发展到文艺作品和通俗科学读物。

(6) 对社会生活的兴趣逐步在扩大和加深。

(四)小学儿童学习能力的发展

决定儿童能否在学校中成功地进行学习的因素，主要有两个方面：一个是儿童学习的积极性方面，包括学习动机、学习态度和学习兴趣等；另一个是儿童学习能力方面，即顺利进行学习所必需的技能技巧。

小学儿童的学习能力是在教师的影响下逐渐形成和发展起来的，同时，又有一定的发展过程。

1．使学习变成儿童的独立活动

初入学的儿童还不善于进行真正的学习活动，他们往往还像在幼儿时期一样，把学习和游戏或实际活动混在一起，或者说，主要通过游戏或实际活动来进行学习，还没有把学习区分出来作为一个有目的、有系统的专门活动来看待。因此，要注意发展儿童心理的有意性和自觉性，向儿童提出明确的学习任务。例如，儿童应当怎样观察(如在看图的时候)、怎样思考(如在解题的时候)、怎样记忆(如在复习或练习的时候，如何避免死记硬背)、怎样运用知识去解决问题等。

心海畅游 7-4

2．使儿童学会进行智力活动

初入学的儿童还不善于进行智力活动，因此，常常引起学习上的困难，以致学习能力得不到正常的发展。例如，有些儿童在演算的时候，总是离不开数手指或实物，一旦离开了手指或实物，就茫然不知所措。因此，使儿童学会进行智力活动是儿童学习能力发展的另一重要因素。

父母知识窗 7-1

🔘 **心海畅游 7-4** 学习障碍(扫右侧二维码)

📖 **父母知识窗 7-1** 张五常的教育理念之一(扫右侧二维码)

📖 **父母知识窗 7-2** 张五常的教育理念之二(扫右侧二维码)

父母知识窗 7-2

第三节　认识世界的能力——小学生认知过程的发展

一、小学生注意的发展

(一)小学生注意发展的一般特点

初入学儿童仍带有幼儿注意的特点，无意注意还占很重要的地位，有意注意正在发展，但还没有达到完善的程度。

1. 无意注意的发展

研究表明，从小学一年级到五年级学生的无意注意基本处于同一水平。1990 年阴国恩、沈德立采用不连续图形(见图 7-1)为刺激材料对小学儿童的注意进行研究，比较小学生有意注意和无意注意的发展水平。被试是二年级和五年级学生。结果表明，二年级学生和五年级学生对线条的估计正确率分别为 27%、31%，可以看出童年期儿童无意注意基本处于同一水平。但是对于不同材料，低年级和高年级学生有一定差别。上述实验结果还表明，

图 7-1　不连续图形

二年级小学生对"扬弃材料"的注意已达到与五年级学生相当的水平；对于"组织材料"的无意注意，二年级学生的发展水平较低，只有到五年级时才比较成熟。可见对小学生无意注意的发展，还必须进行更复杂、更具体的分析。

2. 有意注意的发展

随着儿童年龄的增长，尤其是大脑机能系统的进一步完善，童年期儿童有意注意也逐步发展起来。

童年期儿童的有意注意不是一下子形成的。对于低年级学生来说，无意注意仍占主要地位，有意注意还在形成和发展之中；到小学高年级，儿童的有意注意才逐渐占主导地位，但还没有达到完善的程度。

1990 年阴国恩、沈德立研究了有意注意的发展特点，结果表明：小学二年级学生有意注意还处在发展初期，水平很低，自觉控制注意的能力差，容易被其他刺激分心；五年级学生与二年级学生相比，有意注意有了长足发展，已逐步取代无意注意，占据主导地位。

(二)小学生注意特性的发展

不论是有意注意还是无意注意，都表现出集中性、稳定性、广度、分配、转移几种特性。在小学阶段，这些特性得到不断发展。

1. 小学生注意集中性和稳定性的发展

教学中，学生的注意力高度集中是非常必要的。教学实践证明，学生的学业成绩与学生学习时注意的集中性和稳定性呈正相关。在整个小学时期，学生注意的集中能力是逐步发展的。低年级学生注意的集中性水平较低，主要表现在：注意集中性的深度不足。他们能观察具体形象的事物，而不善于观察抽象、概括的教材；能集中注意事物的外表现象，不善于专注事物的本质联系。同时，注意集中的时间较短，而且注意的稳定性较差。

心理学实验告诉我们，在一般情况下，7～10 岁儿童可以连续集中注意 20 分钟左右，10～12 岁儿童在 25 分钟左右，12 岁以上儿童在 30 分钟左右。如果教材新颖、教法得当，小学高年级学生保持 40 分钟的注意是完全可以做到的。

注意集中的时间不是一成不变的，它往往受许多因素的影响，如年龄、个性、兴趣、理解能力、知识水平、教材性质等。单调乏味、照本宣科的教学，很难集中和保持学生的注意；而组织严密、形象有趣、方法得当的教学，可使小学生保持较长的注意时间。有意注意和无意注意两者有节奏地交替调节，有利于注意稳定性的提高。在高度集中注意之后，

应该允许有意注意作短暂的休息，或者代之以无意注意。这样，注意的稳定性就可以保持几小时之久。

2. 小学生注意广度(范围)的发展

天津师范大学教科所儿童心理组和北京师范大学心理系儿童心理组协作，研究了小学生注意广度的发展。以 50% 为估计正确率作为估计点子数目的注意广度，小学二年级学生的注意广度不足 4 个，小学四年级学生的注意广度为 5~6 个。研究表明，随着年级的升高，小学生注意广度在不断发展。这一研究结果符合小学生学习的实际情况：一年级学生在阅读时，常常是一个字一个字地念，注意的范围很有限；四年级之后，随着知识经验的增多、思维的发展和阅读技巧的形成，一次能看到整个句子；再往后，同时能注意到句和句之间的联系，注意的广度随之发展。

注意的广度不是绝对的，它受许多因素的影响，例如，材料的系统性、条理性、可理解性，观察对象的光亮度、色彩、呈现速度等。有研究表明女生的注意广度优于男生，其中的原因尚待分析。

3. 小学生注意分配和注意转移能力的发展

一年级学生在学习过程中一般不善于分配自己的注意，让他们一边听讲一边抄写，或者让他们一边抄算术题一边思考解题方法，是很困难的。只有到抄写熟练以后，才能逐步要求他们把注意同时分配到听讲、抄写和思考上。

注意的转移是学生根据新的需要有目的地将注意转向新的对象，使一种活动为另一种活动所代替。注意转移的快慢、难易，与原来注意的紧张度、引起注意转移的新事物或新活动的性质有关。原来注意的紧张度越高，新事物或新活动越不符合引起注意的条件，转移注意就越困难。注意一经转移，原来意识中心的对象便转移到意识中心以外，新对象就进入意识中心。注意的转移能力还有明显的个性特征，有些人转移迅速、灵活，有些人就比较迟缓，这与人的高级神经系统活动的灵活性有关。林镜秋等人研究了小学生注意转移能力发展的情况，结果发现，小学生注意转移的综合反应时间随年龄的增长而呈下降趋势。五年级学生综合反应时间比二年级学生平均少了 2.1744 秒，差异非常显著。这种差异表明五年级学生注意转移的速度比二年级学生明显变快。

🌐 **心海畅游 7-5** 小学生注意力测试(扫右侧二维码)

心海畅游 7-5

📖 **父母知识窗 7-3** 小学生注意力家庭训练(扫右侧二维码)

二、小学生记忆的发展

父母知识窗 7-3

童年期儿童的记忆是在幼儿期记忆发展的基础上，在教学条件下发展起来的。儿童进入学校后，学习系统的科学文化知识，必须有良好的记忆能力。儿童记忆发展主要体现在：有意识记逐渐占主导地位；意义识记在逐步发展；在形象记忆的基础上抽象记忆迅速发展。在良好的学校教育和教学条件下，童年期儿童的记忆发生了深刻的变化，具体表现在以下几个方面。

(一)小学生记忆容量的发展

小学儿童记忆能力的发展，首先表现在记忆容量的变化方面。比起幼儿，小学儿童由于加工速度更快、更有效，可以留出有限的工作记忆容量去存储信息和执行其他的认知过程。心理学的研究证明：成人的短时记忆容量为 7±2 个单元，儿童的短时记忆与成人有很大不同。1989 年钱汉芬的研究表明，一年级与三年级、五年级儿童数字记忆广度差异明显，三年级与五年级儿童数字记忆广度则无差异，这表明 7～9 岁是儿童短时记忆容量迅速发展的时期，结果如表 7-1 所示。

表 7-1　不同年级小学生数字记忆广度比较

年　级	记忆广度		记忆广度成绩	
	X	S	X	S
一年级	5.70	0.84	7.40	1.67
三年级	6.83	1.05	9.60	2.02
五年级	7.12	1.09	10.23	2.14

资料来源：钱汉芬. 小学儿童短时记忆发展特点的初步研究. 心理学科通讯，1989，57(2).

(二)小学生记忆策略的发展

儿童在记忆策略发展上表现出如下趋向：①在儿童刚刚学会使用记忆策略时，他们只会在那些条件最适合的情况下运用记忆策略；②当记忆材料和条件发生变化时，刚学会使用记忆策略的儿童不能表现出记忆策略能力的迁移；③年长的儿童在使用记忆策略方面表现出更多的主动性和创造性，能在更多样的情况下使用记忆策略，在使用记忆策略方面表现出更多的灵活性。

1．复述策略的发展

复述是指主体在记忆过程中对目标信息不断进行重复以便能更准确、更牢固地记住这些信息。小学生复述策略发展的特点主要有以下几个。

(1) 小学儿童与学龄前儿童相比，开始逐渐有效地采用复述策略。学前儿童一般不会主动采用复述策略，进入小学以后，儿童才逐渐有效地使用复述策略。

(2) 随年龄增长，小学生复述的质量不断提高，主要表现为复述方式由被动的复述模式向主动的复述模式转变。

(3) 儿童使用复述的灵活性随年龄的增长而不断发展。

研究者们考察了 5～10 岁儿童自动使用复述策略的情况，发现使用复述策略的人数随年龄增长而增加：只有 10%的 5 岁儿童可以采用这种策略，一半以上的 7 岁儿童和 85%的 10 岁儿童也可以采用这种策略。他们还发现，采用此策略的儿童比没有采用此策略的儿童的记忆成绩好。

2．组织策略的发展

组织策略是指识记者在识记过程中，根据记忆材料不同的意义，将其组成各种类别，編入各种主题或改组成其他形式，并根据记忆材料间的联系进行记忆的过程。

"组织"实质上是一种更复杂、更深层次的编码，是对信息进行深加工。儿童在进入学龄期后，其记忆的组织策略开始明显地发展起来。9～10岁的儿童在使用记忆策略方面的能力明显高于5～6岁的儿童，这种年龄差异体现在使用组织策略的数量和质量两方面。

3．精细加工策略的发展

精细加工策略是改善回忆成绩的记忆策略。具体指当主体识记一些很难归类的材料时，就在这些材料中创造出某种联系，赋予它们一定的意义，以便提取储存在长时记忆中的内容。

一个人要有效地理解并记住有关信息，就要对输入的信息按自己的经验体系或心理格局进行精细编码。其形式有以下几种：一是变换形式重新加工，如将文字材料用图形或其他符号表示，将一篇材料的主要内容改写成短诗等；二是对有关信息增加其意义性，如将各项间毫无联系的词表用一个句子联系起来；三是配对联想或进行创造性类比。到小学毕业时，能运用精细加工策略的儿童还不多，这一策略在青少年期才迅速发展起来。

如果我们记忆两个或多个事物时，精细加工策略特别有效。但研究者发现，自动使用精细加工策略的能力发展较迟，小学儿童很少使用这种策略，可能是由于儿童的知识基础较低影响他们对这种策略的使用。

4．提取线索能力的发展

有关信息提取线索的主要理论认为，在识记过程中，总会有些线索伴随着，这些线索使我们能找到储存的信息，如果提取线索不足的话，很多信息将会在记忆中保持而提取不出来。有研究表明，六年级的学生回忆成绩比一、三年级好，六年级的学生在有线索条件下的回忆成绩比无线索条件下的回忆成绩好，而一年级和三年级学生在两种条件下(有、无线索)的回忆成绩差异不大。这说明六年级的学生比其他两个年级的学生更会通过线索提取信息。

总之，随着年龄的增长，小学生逐渐获得了较强的信息加工能力，并能利用更有效的记忆策略去编码、储存和提取信息。信息的获取和储存能力在12岁已基本稳定，当然这要依赖于材料的性质。这种记忆策略的发展要持续到成年。

(三)小学生元记忆能力的发展

元记忆是关于记忆过程的认识或认知活动，即对什么因素影响人的记忆过程与记忆效果、这些因素是如何影响人的记忆的以及各因素之间又是怎样相互作用的等问题的认识。儿童对自己记忆估计的准确性反映儿童的元记忆能力。元记忆知识主要是主体对记忆活动的过程、特点以及与之相联系的自身能力等方面的了解和认识。其中包括：①对记忆任务的认识；②对记忆策略的认识；③对记忆主体的认识。研究结果表明，儿童关于元记忆的自我认识是随年龄增长而发展的，幼儿的估计远高于真实结果，学龄前儿童对自己记忆的预言逐渐接近实际，四年级之后的认识基本上到达了成人水平(图7-2)。

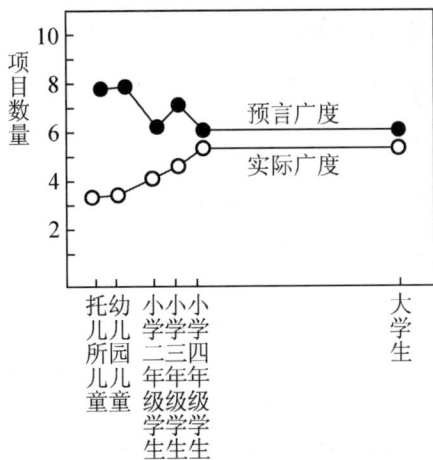

图 7-2   不同年龄被试的预言广度

三、小学生思维的发展

按照皮亚杰的理论，童年期的思维处于具体运算阶段。童年期的思维获得飞跃发展，其基本特征在于：逻辑思维迅速发展，以形象逻辑思维为主，在发展过程中完成从形象逻辑思维向抽象逻辑思维的过渡。这种过渡要经历一个演变过程，从而构成童年期思维发展的特点。

(一)小学生思维发展的基本特点

1．经历一个思维发展的质变过程

小学时期主要是发展抽象逻辑思维，由具体形象思维逐步过渡到以抽象逻辑思维为主要形式。因此，小学中、高年级学生才逐步学会区分概念中本质的东西和非本质的东西、主要的东西和次要的东西，学会掌握初步的科学定义。同时他们还离不开直接经验和感性知识，思维仍具有很大成分的具体形象性。

2．不能摆脱形象性的逻辑思维

童年期的逻辑思维在很大程度上受思维具体形象性的束缚，尤其是小学三年级以下学生，他们的逻辑推理需要依靠具体形象的支持，甚至要借助直观实践来理解抽象概念。在解决问题的思维活动中，往往是抽象逻辑思维与具体形象思维同时起作用，在两者的相互作用中抽象逻辑思维逐渐发展起来。这个发展过程是两种思维成分相互渗透、进行消长变化的发展过程。

3．10 岁左右是形象思维向抽象逻辑思维过渡的转折期

在整个童年期，儿童思维发展存在着不平衡现象，也存在着具有关键性的转折年龄。一般认为，这个转折年龄在 10 岁左右，即小学四年级。也有研究指出这个重要阶段的出现具有伸缩性，根据教学条件，可以提前到三年级或者延缓到五年级。这里强调思维发展具有重要的转折期，要求教育适应小学儿童思维发展的规律，发掘他们的巨大潜在能力，促进他们思维能力的发展。

(二)小学生思维形式的发展特点

思维形式是指思维的逻辑形式。

1．小学生概括能力的发展

小学儿童概括能力的发展表现在从对事物的外部感性特征的概括转为对事物的本质属性的概括。小学儿童的概括水平可以按如下三个阶段来划分。

1)　直观形象水平

直观形象水平的概括是指所概括的事物特征或属性是事物的外部的直观形象特征。小学低年级儿童，即 7～8 岁儿童的概括能力主要处于这一水平。

2)　形象抽象水平

形象抽象水平的概括是指所概括的特征或属性既有外部的直观形象特征，又有内部的本质特征。就其发展趋势而言，外部的直观形象特征的成分逐渐减少，内部的本质特征的成分渐次增多。小学中年级，即 8～10 岁儿童的概括能力主要处于这一概括水平。这一水平是从形象水平向抽象水平的过渡形态。

3)　初步本质抽象水平

初步本质抽象水平的概括是指所概括的特征或属性是以事物的本质特征和内在联系为主，初步接近科学概括。

概括水平是儿童掌握概念的直接前提，儿童掌握概念水平的高低，取决于他们概括水平的高低。随着概括水平的提高，童年期儿童掌握的概念及概念的性质逐渐从事物的直观属性中解脱出来，开始以事物的本质属性为基础，形成正确的概念。

2．小学生推理能力的发展

推理是由一个判断或几个判断推理出另一个新的判断的思维形式。它是间接认识的必要手段。推理可以分为演绎推理、归纳推理和类比推理。

1)　演绎推理能力的发展

已有的研究将童年期儿童演绎推理能力的发展分为三种水平：小学低年级的水平是运用简单概念对直接感知的事实进行简单的演绎推理；小学中年级的水平是除了能运用概念对直接感知的事实进行推理外，还能对用言语表述的事实进行演绎推理；小学高年级的水平是能自觉地运用演绎推理解决抽象问题。这三种水平的推理能力都有一定的局限性，当遇到相应的难点时，他们的推理进程将会受到影响乃至难以胜任推理任务。

我国学者的研究表明，小学儿童演绎推理的发展趋势是随年龄的增长而提高的，小学一年级儿童以命题演绎形式完成推理任务的人数比率为39%，小学三年级的人数比率为58%，而五年级这一比率已达到81%。可以认为小学低年级学生表现了逻辑能力，小学中年级的逻辑能力属于发展中的过渡阶段，小学高年级学生基本具有逻辑推理能力。

2)　归纳推理能力的发展

利用概括词语的方法对小学二至五年级儿童进行归纳概括能力的研究结果说明：小学儿童归纳推理的能力随年龄增长而提高；材料中包含的因素越多，归纳的难度越大，需要归纳概括的意义单位达到 3 个时，二年级约有 50%的儿童能正确完成，三、四年级正确完成的人数比率约为 60%，五年级这一比率达到 80%；在发展的速度方面，三、四年级归纳推理能力发展缓慢，四、五年级是发展的一个转折点。

3)　类比推理能力的发展

对小学儿童类比推理能力的研究结果表明：小学儿童类比推理能力的发展存在着年龄阶段的差异，小学低年级儿童类比推理能力较低，平均正确人数比率仅为 20%，小学中年级这一比率发展到 35%，而小学高年级则达到约 60%；各年龄阶段之间的差异具有显著性；教育条件的好坏显著地影响儿童类比推理能力的发展。

3．小学生新的思维结构的形成

按皮亚杰的认知发展阶段性的划分，童年期儿童属于具体运算阶段，进入逻辑运算时期，但不能摆脱具体形象性。这个时期的认知结构与幼儿期相比较发生了质的变化，形成了新的思维结构。其主要特点如下。

1)　掌握守恒

掌握守恒即概念的掌握和概括能力的发展不再受事物的空间特点等外在因素的影响，而能够抓住事物的本质进行抽象概括。也就是说，儿童的认识能力不再因为事物的非本质特性(如形状、方向、位置等)的改变而改变，能够达到透过现象看清本质，把握本质不变性。

童年期儿童逐渐达到各类概念的守恒。一般而言，达到数概念守恒和长度守恒约在 6～8 岁，达到液体守恒和物质守恒约在 7～9 岁，达到面积守恒和重量守恒约在 8～10 岁，容积守恒要在 11～12 岁才能掌握。

2)　思维具有可逆性

思维的可逆性是指在头脑中进行的运算活动，也可以朝相反的方向运转。思维可逆性活动有两种：一种是反演可逆，认识到改变了形状、方位等还可以改变回原状或原位。如把胶泥圆球变成香肠形状，幼儿认为香肠形状大于圆球形状，而小学儿童就认识到改变了形状还可以改回来，所以两者仍然一样大小。另一种是互反可逆性，两运算互为逆运算，如 A>B，则反运算为 B<A。小学儿童能了解两个运算之间是等值的，这说明童年期儿童对事物之间的变化关系具有可逆运算的能力。

3)　补偿关系认知

思维结构中的补偿关系认知是指思维活动可以从不同维度进行转换。如对液体守恒的掌握是由于儿童能够在杯子的高度和直径两个维度上进行思维运算。如果把两个同样大小的胶泥球中的一个压成饼状，幼儿会认为饼状大于球状，而小学儿童就认识到饼状虽然比球状形状大，但同时它也薄了，所以两者仍然一样。这说明儿童已能从两个维度的补偿关系上认识事物的不变性了。

思维运算是以某种守恒性为前提的，思维运算的守恒性又与思维活动的可逆性、补偿关系的认知有着密不可分的联系。

4．小学生对逻辑推理规则的掌握

新的思维结构形成，使儿童认识事物时容易把握本质特征，从而为推理和解决问题能力的发展奠定基础。进行推理还必须掌握类别体系化和序列化等推理规则，童年期儿童具有掌握基础推理规则的能力。

1)　类别体系化

类别体系化这一逻辑推理规则是以类别概念的发展为基础处理不同层级类概念之间的关系的能力，也称群集类概念(类群集)。如编制家谱的系统关系，分出总类、大类、子类，或分层级的从属关系，像松树(A)、树(B)、植物(C)、生物(D)各概念之间的关系就呈这种树权状的类别从属关系，如图 7-3 所示。当儿童理解了大类和子类之间的包含关系，就能够在各层级类别之间自由地往复思考。

2) 序列化

序列化这一逻辑思维规则是反映儿童对集合中各元素之间的关系的认知能力，也称关系群集。序列化分为对称关系的逻辑推理规则和不对称关系的逻辑推理规则。在对称关系中序列化的演绎表现为：在 A、B、C 中，A=B，B=C，儿童能推论出 A=C 的结论；在不对称关系中，儿童可以根据 B＞A、B＜C，演绎出 A＜C 的结论。

序列化还表现在儿童能按物体的相对次序关系进行次第排列的思维活动中，如图 7-4 所示。

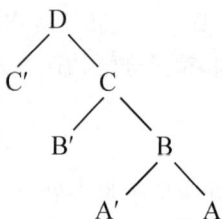

图 7-3　类别体系化示意图　　　　图 7-4　序列化研究图例

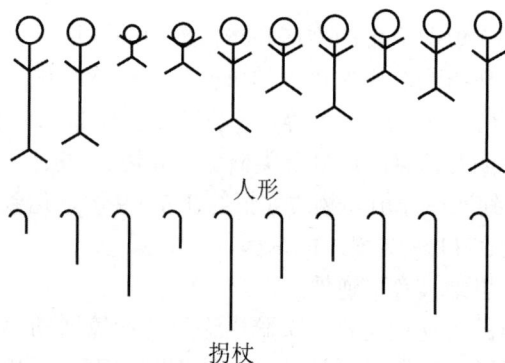

研究发现，5 岁以前的幼儿无序乱排，只能出现部分顺序；5～7 岁儿童处于无序排列到有序排列的过渡状态；7～8 岁儿童能协调各种关系，完成任务。

掌握类别体系化和序列化所表现的分类和关系的逻辑推理规则是抽象逻辑思维的基本能力，进一步说明童年期儿童思维具有重要发展，有了质的变化。

分类中的类别体系认知和关系中的序列化认知能力都是思维发展具体运算阶段智慧发展的重大成就，但是这一时期思维形式和思维内容还是紧密地联系在一起的，思维活动还不能超越具体事物。

四、小学生言语的发展

(一)在入学学习的条件下小学生言语的发展

儿童在幼儿期已经基本掌握了言语交际能力，他们能够运用比较丰富的口头词语来正确造句，表达自己的思想。但是，幼儿期儿童言语能力还不完善，有待于发展。

童年期的儿童言语无论是在内容上还是在形式上都发生了本质的变化。儿童在口头言语上，必须能够以正确的发音、丰富而精确的词语，有系统地、连贯地表达自己的意识。在书面言语上，必须认识一定数量的字词，会正确使用它们；必须学会阅读，能够正确地理解原文；必须学会书面表达，做到具有一定程度的精确性、鲜明性和生动性。这些要求和变化，促使儿童的内部言语迅速地发展起来。内部言语的发展不但在掌握连贯性的口头言语和各种书面言语上是必要的，而且它也是独立思考能力和行为自觉调节的心理前提。

(二)小学生书面言语的发展

1．小学生识字

书面言语是在听到和说出的言语的基础上形成的一种看到的和书写的言语，它要经过专门的教学训练才能掌握。据研究，儿童的书面言语起先远远落后于口头言语，而后逐步赶上并超过口头言语。我国学者黄仁发(1990)的研究表明，小学生识字有以下特点：①识字发展不平衡，两极分化比较严重。②小学生识字可以无师自通，其词汇来源于课堂教学、课外自学(如别人告诉的、主动问别人、查字典、听过而后自己猜测、根据偏旁部首推断等)。③识字出现回生，年龄越低，回生率越高；年龄越高，回生率越低。

2．小学生阅读

阅读主要表现在理解课文和阅读速度上。

1) 阅读理解是儿童阅读能力的主要标志

小学生理解课文能力的发展与儿童掌握词汇意义的深浅、语文基础知识的广狭以及儿童思维发展水平有关。

阅读速度也是阅读能力发展的一个重要标志。开始时儿童一个字一个字地点着念，停顿的次数比较多，阅读速度较慢。随着词汇量的增加、对句子含义理解的加深，以及对字词和句子结构的掌握，儿童知觉广度扩大，就不再以字为单位，而以词组和句子为单位阅读，停顿的次数越来越少，阅读速度逐渐增加。

2) 阅读的基本方式

朗读和默读是阅读的两种基本方式，也是小学语文课文阅读教学的两种常用的基本训练。一般来说，小学一、二年级儿童不善于默读，到小学高年级，随着阅读能力的提高和内部言语的发展，默读能力逐渐发展起来。

3．小学生写作

写作是书面言语的高级阶段。小学儿童写作能力的发展，一般经过下面三个阶段。

(1) 准备阶段：也就是口述阶段，这一阶段在低年级时进行。

(2) 过渡阶段：一是将口述的内容写成书面的东西；二是模仿阅读过的材料写出文字。

(3) 独立写作阶段：儿童根据题目的要求自己独立写作文章，相当于正式独立作文阶段。独立写作是最困难的一个阶段，也是书面言语的最高阶段。

第四节　"七岁看老"——小学生个性和社会性的发展

🐛 **心灵考场 7-2** 哪里出了问题？(扫右侧二维码)

一、全面发展的需要——情感和意志的发展

(一)小学生情感发展的特点

心灵考场 7-2

皮亚杰认为，儿童的认知发展是分阶段的，而且认知与情感是平行发展的，情感发展

在各个发展阶段也有不同特征。在小学阶段,儿童情感有以下几个基本特点。

1. 情感的动力特征明显

学龄儿童在认知发展上属于具体运算阶段,这一阶段智力活动和情感相互影响。情绪往往会决定他们活动的积极性,他们常常为小事而情绪波动,影响自己的活动积极性。

2. 情绪多变而不稳定

小学生情绪的多变和不稳定是和他们的心理水平相关的。随着年龄的增长,这种状况不断发生变化,逐渐走向成熟。在小学低年级学生身上时常可以看到学前儿童那种容易冲动、外露、可控性比较差的情感特点。随着年级的升高,他们调控自己情感的能力逐渐发展起来,他们能根据学校的纪律要求约束自己的情感。同时,小学生也逐渐理解并遵守社会公德。

3. 友谊感逐渐发展

小学儿童与同伴交往的一个重要特点是开始建立友谊关系,并对友谊这种特殊的人际关系有了进一步的认识。友谊可以为儿童提供相互学习社会技能、交往、合作和自我控制的机会,为儿童提供体验情绪和进行认识活动的源泉,从而为以后的人际关系打下基础。小学儿童已经很重视与同伴建立友谊关系。

1) 选择朋友的影响因素

儿童选择朋友是一种相互关系,不同年龄阶段的儿童选择朋友具有不同的倾向性。影响儿童择友的因素比较复杂,各年龄阶段主要择友因素的转变也是渐进的,具有动态性,各因素对不同年龄的儿童择友的影响也不一样。影响儿童择友的因素主要有以下几方面:①相互接近。客观条件使儿童具有较多的接触机会。②行为、品质、学习成绩和兴趣相近。③相互敬慕。④人际交往中的协调作用。

2) 儿童友谊的发展阶段

友谊的发展表现在亲密性、稳定性和选择性等方面。随着人从儿童向少年、向青年过渡,友谊的这些特性也都在不断发展变化之中。塞尔曼(Selman)曾提出儿童友谊发展有以下五个阶段。

第一阶段(约 3~5 岁):短期伙伴关系。这时期他们尚未形成友谊的概念,认为和自己一起玩的就是好朋友。

第二阶段(约 6~9 岁):单向帮助阶段。这个时期的儿童认为友谊是朋友的活动行为与自己一致或对自己有帮助,否则就不是朋友。

第三阶段(约 9~12 岁):双向帮助关系。这个时期的友谊具有相互性,双向帮助,但其有功利性特点,被称为"顺利时的合作",但不能"共患难"。

第四阶段(12 岁以后):亲密而又相对持久的共享关系。儿童发展了朋友的概念,认为朋友之间是可以相互分享,友谊是随时间推移而逐渐形成和发展起来的,朋友相互之间保持信任和忠诚。他们开始从品质方面来描述朋友,认为自己与朋友的共同兴趣也是友谊的基础。此时儿童的友谊关系开始具有一定的稳定性。在这种友谊关系中,朋友之间可以倾诉秘密,讨论、制订计划,互相帮助。这一时期的友谊有强烈的排他性和独占性。

第五阶段(15 岁以后):自主的共存阶段,是友谊发展的最高阶段。它以双方互相提供心理支持和精神力量、互相获得自我的身份为特征。由于择友更加严格，所以建立起来的朋友关系持续时间都比较长。

4．小学生情感发展的趋势

(1) 情感的内容不断丰富。儿童入学后，活动范围扩大，内容多样化，知识面扩大，引起其情感变化的事物也日益复杂。此时，学习的成败、在集体中的地位、与同伴的关系等，使他们产生各种各样的情感体验。他们不仅体验着游戏所带来的欢乐，也体验着学习、集体活动所带来的快乐。此外，教师的表扬与批评、同学之间的议论与评价、学校中所发生的事件等，都成为小学生体验新的情感的内容。随着小学生认识的发展，情感的内容也日益复杂和深刻。

(2) 情感的深刻性不断增加。一般来说，低年级小学生对人和事物的态度与事物的外部特点相联系，中、高年级小学生对人和事物的态度则越来越接近于事物内在的本质和特征。情感体验逐渐与一定的人生观、世界观、行为规范以及道德标准等联系起来。

(3) 情感稳定性的发展。在整个小学阶段，小学生的情感带有很大的情境性，容易受具体事物、具体情景的支配，并且他们的喜、怒、哀、乐会明显地表露出来。这在小学低年级学生身上表现得尤为明显。随着知识经验的丰富、抽象逻辑思维能力的发展以及自我意识水平的提高，小学生情感的稳定性逐渐增强，逐渐产生了较长时间影响整个行为的情感体验。

(二)小学生意志发展的特点

1．意志发展的一般特点

意志行为的心理过程分为两个阶段，即作出决定阶段和执行决定阶段。小学生意志发展的一般特点也分别表现在这两个阶段上。

1) 作出决定阶段

低年级学生一般还不善于独立地明确行为的目的，行为的自觉性较差，具有受暗示性和模仿性的特点，他们的行为有很大的可塑性。

决定阶段一般包含选择目标、动机取舍和手段的选择三个环节。对小学生来说，行动的目的一般都是具体的、短期的，特别是低年级学生，学习目的往往就是要取得一个好的分数或获得赞扬等，他们不可能给自己制定长远的行动目标。小学生的行动目标往往是不稳定的，经常受自己的情绪、兴趣和有吸引力的外部事件的影响而转移。小学生的动机是比较具体和简单的，一般还不存在抽象、复杂的动机之间的斗争。特别是低年级学生，动机和目的往往是接近的或一致的。到中、高年级，长远的概括性的学习动机越来越重要，特别是六年级，面临升学竞争的压力，开始把学习成绩的好坏与自己毕业后的出路联系起来，抽象的、有社会意义的动机对行为的调节作用越来越大。在整个小学阶段，一方面，由于反省思考能力的不断提高，行动的冲动性和盲目性不断减少；另一方面，随着自我意识的发展、自我评价能力的提高，儿童分辨是非的能力也在不断增强，这使儿童在对立动机和对立目的的斗争中能较快作出正确选择。低年级学生还带有不少幼儿的特点，具体形象思维还占有很大优势，行动受当时的、突发的兴奋情绪或身体需要的影响，经常表现出冲动。高年级的学生虽然自控能力有所提高，但要他们按照一定的原则、观点，经过深思熟虑，正确及时地作出一些复杂行动的决定也是十分困难的。也就是说，小学生行动手段的选择有待于发展到成熟水平。

2) 执行决定阶段

小学低年级学生，由于行动的目的较短近，还不能深刻理解学习的社会意义，活动往往受当前的兴趣和情绪所支配，对感兴趣的活动，儿童能坚持较长时间，而对那些乏味的、要求付出意志努力的活动，则坚持性差。意志调节作用在童年期表现在对认知活动、情绪状态等内部心理过程的调节控制上。这种调节作用也同样存在着随年龄发展的趋势。低年级学生神经过程兴奋性较高，内抑制过程较弱，他们在课堂上不遵守纪律，往往是他们不能控制自己，而不是故意捣乱。中、高年级学生逐渐能将自己的行为与当前的认知活动结合，调节自己的情绪状态，把自己的行为放在当前的行动任务上。因此，教师在培养学生的意志时，应根据年龄特征，采取不同的方法，以符合学生的实际水平。

2. 意志品质的发展

1) 小学生意志自觉性品质的发展

小学低年级学生自觉性较差，他们的行动常常要依靠外界的力量来督促。中、高年级的小学生自觉性逐渐发展起来，他们能按照教师的要求完成多种活动任务，并逐渐学会自觉地计划和检查自己的活动。但总的来看，小学生按照一定的原则自觉地完成任务的能力还是比较低的。小学生意志的受暗示性和独断性特征较为明显，其中受暗示性尤为突出。三年级以后，受暗示性逐渐减弱，独断性日益增强。随着年龄的增长，其心理发展中独立性和幼稚的矛盾日趋突出，极易产生片面性和表面性，独断性的表现也就更加明显。

2) 小学生意志果断性品质的发展

小学低年级学生还不能当机立断地处理事情，要从中年级开始才能逐渐在处理事物中表现出意志的果断性品质。在整个小学阶段，要求小学生能经过深思熟虑之后果断地处理一些充满矛盾的问题还是比较困难的。

3) 小学生意志坚持性品质的发展

小学生坚持性的发展有一个过程，最初是在读、写、算等学习活动中逐渐形成的，同时，也是由靠教师和家长等外力的影响发展成为靠他们内部力量驱使形成的。以后，随着动机稳定性和自觉性的发展，到小学三年级时，这种坚持性才渐渐成为他们的意志品质。

4) 小学生意志自制性品质的发展

尽管小学生的自我约束、遵守规章制度等方面的能力发展较晚，但在教学活动和学校纪律的要求下，小学生意志的自制性能力会逐渐发展起来。小学生意志的自制性随年级升高而逐步发展，其发展趋势为1～3年级处于迅速发展时期，3～4年级处于平稳发展时期，4～5年级处于迅速发展时期，5～6年级再度处于平稳时期。

综上所述，童年期是培养儿童意志品质的重要时期，新的学习生活对儿童的意志品质提出了要求，也提供了锻炼的机会。优良的意志品质不是生来就有的，而是在儿童的实践活动中、在克服困难的过程中逐渐形成的。童年期是意志品质形成和发展的重要时期，重视儿童的良好意志品质的培养将对其一生的发展产生重大影响。

父母知识窗 7-4 决定孩子命运的 12 个习惯(扫右侧二维码)

二、更全面认识自己——小学生自我意识的发展

自我意识的发展过程是个体不断社会化的过程，也是个性特征形成的过程。自我意识的成熟往往标志着个性的基本形成。在小学时期，儿童的自我意识正处于所谓客观化时期，是获得社会自我的时期，在这一阶段，个体显著地受社会文化影响，是获得角色意识的最重要时期。角色意识的建立，标志着儿童的社会自我观念趋于形成。

(一)小学生自我概念的发展

自我概念是个人心目中对自己的形象，包括对自己存在的认识，以及对个人身体、能力、性格、兴趣、思想等方面的认识。儿童的自我描述反映了其自我概念的变化。童年期自我描述是从比较具体的外部特征逐步转化为比较抽象的内部心理特征。如回答"我是谁"，低年级小学生往往提到姓名、年龄、性别、家庭住址、身体特征、活动特征等，而到小学高年级，儿童开始试图根据品质、人际关系以及动机方面的特点来描述自己。即使小学高年级，儿童对自己的认识仍带有很大的具体性和绝对性。

1982年哈特尔(S. Harrter)的研究发现：第一，小学三年级儿童已能在喜欢或不喜欢的项目上认识自己，这表明儿童的自我情感在小学期已能很好地建立起来。第二，儿童对其在涉及不同领域项目中的能力评价做出了重要的区别，表明其自我评价依赖于情境。第三，儿童对自我的评价与教师评价、同伴评价相一致。这表明，随着年龄增长，儿童逐渐能较客观地评价自己。

有人对小学高年级儿童的自我概念发展从量和质两方面进行分析，结果认为，小学儿童自我概念的发展趋势视性别而定。男生的自我接受程度与自我谐和程度不随年龄变化而变化；女生的自我接受程度与自我谐和程度表现为随年龄的增加而渐减的趋势，年龄越大，自我接受程度越弱，且真实自我符合理想自我的程度也越小，也就是说，年龄越大，对自己的印象越差。研究者认为，这种性别差异的产生主要是由于社会对男女性别有不同的评价和待遇。

(二)小学生自我评价能力的发展

进入小学以后，儿童能进行评价的对象、内容和范围都进一步扩大，其自我评价能力进一步发展起来。

(1) 小学儿童自我评价的独立性随年级而增强。儿童逐步减轻对他人评价的依赖性，独立进行自我评价的能力在不断发展。

(2) 小学儿童自我评价的内容逐渐扩大和深化。达蒙和哈特尔(1982)认为，小学儿童的自我评价内容的发展顺序从身体的自我、活动的自我向社会的自我和心理的自我发展。

(3) 社会支持因素对儿童自我评价起着非常重要的作用，其中父母和同学的作用最重要。

(4) 对自我价值的评价与情感密切联系。喜欢自己的儿童最快乐；对自己评价不良的儿童，经常产生悲哀、沮丧的消极情绪。

(5) 小学儿童自我评价与学业经验、同伴交往、自信心等都有密切关系。

(6) 小学儿童自我评价的稳定性越来越高。儿童自我观念的恒常性到幼儿末期——小学低年级才开始出现，因此小学低年级儿童自我评价的稳定性较差，到高年级则有明显的提高。

总体而言，整个小学阶段，儿童的自我评价处于由具体性向抽象性，由外显行为向内部世界的发展过程之中，小学生的抽象概括性评价和对内心世界的评价能力都在迅速发展。值得注意的是，直到小学高年级，进行抽象性评价(如我认为一个好学生应该有远大理想和抱负，能分清真假美丑等)和内心世界的评价(如谦虚、热情、诚实等)仍然不多。

(三)小学生自我体验能力的发展

研究指出，自我体验的发展与自我意识的发展总趋势比较一致。在小学阶段，自我体验与自我评价的发展具有很高的一致性，可见，在这个时期，自我情绪体验的发展与自我认识、自我评价的发展密切相关。随着儿童理性认识的提高，他们的情绪体验也逐步深刻。

自我体验的一个表现形式即儿童的自尊心。自尊心强的儿童往往对自己的评价比较积极，相反，缺乏自尊心的儿童往往自暴自弃。

自我体验包括对自己所产生的各种情绪情感的体验，其发生和发展是不同步的。一般来说，愉快感和愤怒感发展较早，自尊感、羞愧感和委屈感发生较晚。

(四)小学生自我控制能力的发展

自我控制的能力在幼儿时已有发展，入学后在学校组织纪律的要求下，自我控制能力进一步发展起来。在三年级末，逐渐养成在学习时的自我控制习惯。同时，儿童自我控制的范围不断扩大，质量也日益改善，这表现在儿童不仅能发现自己的学习缺点，而且能利用自己的力量去改正这些缺点。研究发现，小学儿童在集体生活影响下，逐步学会有意识地控制和调节自己的行为。特别是四年级以后，初步形成的责任感开始对行为起支配作用，促使其自制力有较快的发展。小学高年级儿童已能强制自己去完成有意义但不感兴趣的任务。

三、儿童之间的"战争"——道德的发展

道德发展是指个体在社会化过程中逐渐习得道德准则，并以道德准则指导自己的行为的发展过程。道德发展包括道德认知发展、道德情绪发展和道德行为发展。

幼儿期儿童还不能自觉地运用道德准则或信念来判断和调节自己的行为，因为他们此时还没有真正形成道德意识。进入小学阶段，在教育的影响下，通过实践活动，儿童的道德意识才得以产生，并且能够运用这些道德意识来自觉地调节和支配自己的行为。

(一)小学生道德意识的形成和发展

小学生道德意识的形成和发展表现在以下三个方面。

1．对道德观念的掌握从表面、具体到初步的本质和概括

1986 年李怀美等关于道德概念的研究指出，小学生道德概念从具体形象向抽象逻辑发展。在道德认识的理解上，小学生从比较肤浅的、表面的理解，逐步过渡到比较精确的、本质的理解。但是，这种认识有较多的具体性成分，概括性水平较低。

2．道德判断从只注意行为的效果逐步过渡到全面考虑动机和效果的统一关系

皮亚杰用间接故事法对儿童的道德判断进行了研究，发现六七岁儿童行为的根据是客观后果的大小，而不是主观动机，更不能把客观后果与主观动机联系起来加以判断；大约在 9~11 岁，进入道德主观论阶段，对行为的判断建立在行为的意图和行为的后果上。

我国心理学工作者(1982)的研究，基本证实了皮亚杰的研究结果并得出以下结论：①小学阶段儿童评价与自我评价能力又得到进一步发展，开始出现道德评价能力。②从受外部条件的制约过渡到受内部道德认识的制约。大约从四年级起明显地看到儿童开始依从道德原则来评价自己或别人的行为。③从注重行为的效果过渡到注重行为的动机，转折年龄在9岁左右。④从注重行为的直接后果过渡到注重行为和后果的性质。这一过程中，儿童逐步形成"人比物重要"的概念。应该引起重视的是，小学三、四年级是儿童道德判断发展的关键期。

3．儿童道德信念初步形成，但不稳定

1992年程学超对儿童亲社会道德推理的研究显示，儿童亲社会道德推理的发展具有一定的阶段性，小学低年级儿童基本处于需要取向推理水平，即关心他人身体的、物质的和心理的需要；小学高年级儿童基本上处于赞许和人际取向推理水平以及移情推理与过渡推理水平，即小学儿童的道德推理并不是基于内化了的价值、规范和信念等，而是处于向内化推理过渡的水平。

儿童道德信念的产生和它的深刻性、坚定性，在很大程度上取决于学校集体的教育、教师的影响、家庭教育和儿童的道德经验发展的水平。教师应从低年级起就抓住机会，特别是在儿童由于认识和行为不一致而产生心理冲突时，逐步使儿童学会独立地辨别是非，并能自觉地进行自我教育。这是培养儿童道德信念的重要条件。

(二)小学生道德动机的发展

总的来说，小学儿童的道德动机发展有如下几个基本特点：一是由服从向独立发展。尽管高年级以自觉道德动机占主导地位，但还离不开对成人指令的服从。二是由具体、近景向抽象、远景发展。尽管高年级儿童以社会需要作为道德动机的基础，但还离不开具体形象性。三是逐步产生道德动机的斗争，但激烈的冲突较少。

对小学儿童遵守纪律动机的研究发现，小学儿童在为什么遵守纪律的问题上，有如下几种想法：①服从老师的要求；②为了获得表扬，成为"三好生"，不落人后；③为履行学校班集体和少先队组织的义务、各种制度要求，或为集体、组织争光；④体会到这是社会公德的一种要求，应该自觉遵守纪律。这四种不同的守纪动机不是固定不变的，而是由低到高、由近及远、由具体到抽象地发展着。它反映了小学儿童从比较短近的、狭隘的、具体的、不稳定的守纪动机向自觉的、富有原则性的、比较稳定的、富有社会意义的守纪动机过渡。这种守纪动机或道德动机，同道德认识、道德意志，特别是自制力密切联系，这些动机也随着不同年龄阶段和受教育的不同程度而发展变化。在整个小学阶段，前三种比较突出，随着年龄的递增，尤其是到了高年级，第一种动机在减弱，第四种动机在增强，但第四种动机一般只能在高年级出现。低、中年级的守纪表现，常常是出于学生对纪律的服从，听老师的话，动机斗争并不突出。他们一般还不善于把遵守纪律和道德需要联系起来，他们的纪律表现往往与教师的要求、学校制度和及时的检查直接联系在一起。可见，小学儿童的道德动机具有直接性、具体性。

(三)小学生道德行为的发展

道德行为是人在一定的道德意识的支配下表现出来的，对待他人和社会的有道德意义

的活动。国内外心理学家从不同角度对小学儿童的道德行为进行了研究,主要集中在亲社会行为和攻击性行为的发展方面。

1. 亲社会行为

亲社会行为是指对他人或社会有利的积极行为及趋向,也称利他行为,表现为分享、合作、帮助、救助等。

研究表明,1 岁以内的婴儿就出现分享行为;2 岁左右可以主动助人;4~6 岁儿童的分享、助人行为都随年龄增长而提高;7 岁儿童能识别他人潜在的困难线索等。一般研究都认为儿童的助人、合作等亲社会行为随年龄增长而增加,也有的研究发现亲社会行为的发展与年龄增长之间不存在必然的联系。

在一项研究中,让一些男孩有机会与同伴分享糖果、帮助一个偶然撒落了铅笔的实验者、志愿参加帮助穷苦儿童的工作,结果发现,儿童的分享与助人行动均随着年龄的增长而增加:分享行为在 5~6 岁时为 60%,7~8 岁时为 92%,9 岁以上为 100%;助人行为在 5~6 岁时为 48%,7~8 岁时为 76%,9 岁以上为 100%。

亲社会行为需要具备如下条件。

(1) 道德动机的发展。道德动机的发展主要表现为:由服从向独立发展,由服从成人的指令发展到自觉性的道德动机;由以具体事物的给予为动机向以满足社会需要为动机发展。

(2) 逐渐形成能设身处地为需要帮助者着想的能力。

(3) 需要具备亲社会行为的能力,即掌握有效的助人的知识和技能(如救助溺水者需要学会游泳)。

📖 **父母知识窗 7-5** 父母应告知儿童的十大安全知识(扫右侧二维码)

父母知识窗 7-5

2. 攻击性行为

攻击性行为是指针对他人的具有敌视性、伤害性或破坏性的行为,也称侵犯行为。它表现为对他人身体的侵犯、言语的攻击以及对他人权利的侵犯。

小学生的攻击行为主要表现为儿童之间的欺负与被欺负。欺负是儿童间,尤其是中小学生之间经常发生的一种特殊类型的攻击性行为。欺负的主要特征在于:行为双方的力量的不均衡性和行为的重复发生性,它通常是力量占优势的一方对力量相对弱小的一方重复实施的攻击行为。儿童的欺负存在性别差异,主要表现为:女生更多地使用言语和心理欺负,而男生则更多地用身体欺负。

研究发现,我国小学生欺负行为发展有四个特点:一是我国小学儿童欺负行为的发生率为 20%左右,并伴有随年级升高而下降的趋势;二是言语欺负的出现率最高,其次是直接身体欺负,间接欺负的发生率最低;三是欺负的性别差异,男生以直接身体欺负为主,女生以直接的言语欺负为主;四是根据儿童的欺负行为可以预测将来的适应不良:经常受欺负的儿童通常会导致情绪抑郁、注意力涣散、孤独、学习成绩下降、逃学、失眠,严重者甚至出现自杀行为;经常欺负他人者,可能造成以后的行为失调或暴力犯罪。

📖 **父母知识窗 7-6** 父母如何帮助孩子处理负面情绪(扫右侧二维码)

父母知识窗 7-6

关于儿童欺负行为发生的原因，有多种理论解释。①"竞争假设"理论认为，儿童的欺负行为是在学校参与竞争和追求成绩的结果，是对在学校受到挫折和失败的一种反应。②"外部特异性假设"理论认为，儿童之所以受欺负是由于其自身具有一些外部异常特征，如肥胖、戴眼镜、讲方言等。③"依恋"理论认为，儿童早期形成的不安全依恋是欺负行为产生的主要原因。④"心理"理论认为，儿童对他人心理状态以及他人行为与其心理状态的关系有自己的推理或认知，即儿童头脑中有一整套理解别人思想、感情和动机的方式。研究表明，欺负他人的儿童知道如何去伤害对方，如何选择逃跑的机会，也就是说这些儿童对对方的心理有较好的把握，但他们就是喜欢给别人带来痛苦。

对儿童攻击行为的控制需要采取多方面的措施，常用的控制措施有：改善儿童所处的环境条件；教给儿童减少冲突的有效措施；使儿童增加对攻击行为有害后果的了解；发挥榜样的作用。

心海畅游 7-6 如何帮助那些"失控"的儿童和家长(扫右侧二维码)

心海畅游 7-6

四、小学生人际交往的发展

与幼儿相比，小学儿童的交往对象同样主要是父母、教师和同伴，但其交往关系与性质却与幼儿有完全不同的特点。随着小学儿童的独立性与批判性的不断增长，小学儿童与父母、教师的关系从依赖开始走向自主，从对成人权威的完全信服到开始表现富有批判性的怀疑和思考。与此同时，具有更加平等关系的同伴交往日益在儿童生活中占据重要的地位，并对儿童的发展产生重大影响。

(一)父母—儿童关系

1. 进入小学以后，父母与儿童的关系发生了一系列变化

第一，父母与儿童的交往时间发生变化。一方面，儿童和父母待在一起的时间明显减少，另一方面父母关注儿童的时间也有所减少。1980 年希尔(Hill)和斯塔福德(Staford)在一项研究中发现，5～12 岁儿童的父母比学前儿童的父母在教导儿童、与儿童谈话、为儿童阅读、与儿童一起做游戏等方面花费的时间减少了一半。

第二，在小学时期，父母在儿童教养方面所处理的日常问题的类型也发生了变化。在上小学前，父母主要处理的是诸如儿童发脾气、打架等问题。当然有些问题在小学时期依然存在(如打架)，但也出现了许多新的更为复杂的问题，例如：是否应该要求儿童做家务？是否应该监督儿童的友谊模式？是否鼓励儿童与特殊个体交往？应该如何监控儿童在家庭之外的活动？如何处理亲子之间情感关系的变化？等等。

第三，在小学期间，儿童与父母的冲突(如因父母坚持让儿童继续或停止某一活动而引起冲突)数量也减少了。当冲突发生时，父母与儿童开始具有解决冲突的选择性模式。

第四，在纪律约束技术和控制过程方面，父母通常认为学龄儿童比学前儿童好引导一些，因为可以对他们采用推理的方式。

第五，父母对儿童的控制力量也在变化。研究表明，随着儿童年龄的增长，儿童越来越多地自己作出决策。

麦克斯白(Macceby)提出一个三阶段模式：第一阶段，父母控制(6 岁以前)，大部分重要

决定由父母作出。第二阶段，共同控制(6～12岁)，父母主要有三个主要的职责，即在一定距离内监督和引导儿童的行为；有效地利用与儿童直接交流的时间；加强儿童的自我监督行为(如解释行为标准，说明如何减少危害)和教儿童知道何时寻求父母的指导。第三阶段，儿童控制(12岁以上)，儿童自己作出更多的重要决定。

2. 童年期父母与儿童关系的特点

童年期的亲子关系的特点主要表现在父母与儿童对其行为的共同调节，即从幼儿期父母对儿童行为的单方面控制和调节为主，逐渐转变为由父母和儿童一起做决定。这是一种父母监督教育的过渡形式，家长允许孩子自己做出决定，但同时监督并指导孩子的决定。

对儿童行为的共同调节的意义在于：亲子关系由单向权威服从关系逐渐转变为平等的、相互尊重的合作关系；儿童获得了一定的自主性和权利，也要履行义务和责任。这种双向交互作用处理得好，可以帮助孩子发展独立性；处理得不好，会使孩子陷入家庭人际关系发展的困境，也会在青春期带来更多的矛盾。

3. 家长的素质决定亲子关系的质量

共同调节的教养方式向家长提出了更高的要求，家长需要了解以下几点：孩子的发展与幼儿期相比，其心理发展的需求出现了全新的特点；家长要善于调节自己的教育方式，既要给孩子以选择和决定的权利，又不能放任自流；善于处理好亲子之间的新矛盾和冲突，不能过分强制儿童，也不能过分地溺爱和过度保护；在与儿童的教育互动中提高自身的修养和教育能力。

父母知识窗 7-7 中小学生喜欢的家长特点(扫右侧二维码)

父母知识窗 7-7

(二)同伴交往与团体形成

同伴交往是儿童形成和发展个性特点，形成社会行为、价值观和态度的一个独特而主要的方式。同伴交往及其影响早在学龄前就已经发生。进入小学以后，同伴交往的形式及特点都产生新的变化。与幼儿相比，小学儿童相互交往的频率更大，共同参加的社会性活动也进一步增加，其社会性交往也逐渐更富有组织性，社会交互作用的形式和内容也日趋复杂多样和深刻。在整个小学时期内，由于儿童的社会认知能力得到发展，他们能更好地理解他人的动机和目的，能更好地对他人进行反馈，同伴间的交流更加有效。

1. 小学生同伴交往的特点

小学儿童的同伴交往有以下几个基本特点。
(1) 与同伴交往的时间更多，交往形式更复杂。
(2) 儿童在同伴交往中传递信息的技能增强。
(3) 儿童更善于利用各种信息来决定自己对他人所采取的行动。
(4) 儿童更善于协调与其他儿童的活动。
(5) 儿童开始形成同伴团体。

1982年斯莫拉(Smollar)和尤尼斯(Youniss)在一项研究中，向6～13岁儿童提出三个问题："你认为能让X和Y(陌生人)成为朋友吗？""X和Y不会成为朋友吗？""X和Y

能成为最好的朋友吗？"研究结果表明，年龄的不同，儿童的反应也有所不同：①低年级儿童认为只要一个人为另一个人做点特别的事，两人就能成为好朋友；高年级儿童则认为，两个人只有互相了解，才能成为好朋友。②低年级儿童认为如果一个人对另一个人的态度消极、不公平，两人不会成为朋友；高年级儿童认为，在认识双方差异的过程中，逐渐成为朋友。③低年级儿童认为，能否成为最好的朋友与他们是否经常在一起(尤其是在放学后)有关；高年级儿童认为，只有发现相互的共同点，两人才能成为最好的朋友。④所有儿童都认为互惠是交友的基础，但低年级儿童强调的是具体的互惠(如一起玩、一起做事等)；高年级儿童则强调心理的互惠性，如兴趣、态度的一致性等。

2．同伴交往中儿童的人气特点

儿童的特别交往使每个儿童都处于复杂的关系系统中，在这种关系系统中，儿童各自所处的地位和所扮演的角色并不相同，甚至差别很大。研究者按在同伴交往中的人气特点将儿童分为以下三种。

(1) 受欢迎的儿童：一般受欢迎的儿童学习成绩好；有主见，独立活动能力强；热情，乐于助人；善于交往并易于合作。

(2) 不受欢迎的儿童：不受欢迎的儿童往往具有攻击性，对人不友好；不尊重同伴，缺乏合作精神；常出些不良主意和恶作剧。

(3) 受忽视的儿童：这些儿童多表现为退缩、安静；有依赖性或顺从性；他们既不为同伴所喜欢，也不被同伴所讨厌。

影响儿童在同伴中是否受欢迎的因素有多种，基本的因素还是儿童本人的社会交往能力，因此，教育者要培养儿童的社会交往技能，让他们掌握同伴交往策略，指导儿童改变影响同伴接纳的缺点，改善人气特点。

心海畅游 7-7 如何帮助不受欢迎的孩子(扫右侧二维码)

3．小学儿童同伴团体的形成

小学时期是开始建立同伴团体的时期，因而也被称为"帮团时期"。社会心理学家认为，同伴团体有这样几个特点：①在一定规则基础上进行相互交往；②限制其成员的归属感；③具有明确或暗含的行为标准；④发展了使成员朝向完成共同目标而一起工作的组织。

心海畅游 7-7

同伴团体对儿童的影响表现在：①提供学习与同龄伙伴交往的机会。在团体活动中，相互交往技能进一步扩展和提高，儿童学习处理各种关系中的社会问题，学会按照同伴团体的标准建立适宜的反应模式来组织自己的反应。②提供形成和评价自我概念的机会。同伴的反应和同伴的拒绝与接受使儿童对自己有更清楚的认识。

小学班集体中同伴集团的形成要经历一定的发展过程，有研究将这一过程分为以下三个关系期。

1) 依从性集合关系期

小学一年级儿童在踏入学校这个新的环境的初期，要经历许多与幼儿园不同的新的体验，许多孩子会产生陌生感、不适应感和不安全感。在适应新的学校生活的过程中，依从作为权威人物的教师就成为这个时期的特征。他们的人际联结关系首先是教师，儿童之间的相互关系尚处于薄弱地位。

2) 平行性集合关系期

从二年级开始，儿童之间出现非常活跃的活动交往，不同个体在班集体中的地位和作用发生分化，他们开始按照接近关系、外在因素相似以及个人需求的雷同性等，组成团伙并经常在一起活动。于是这个时期出现了伙伴协调的社交趋势。平行性集合关系期又分为初期、中期和后期三个阶段，在初期开始水平分化，形成2～3人的伙伴集合关系；在中期很多儿童都进入3～4人的伙伴集体；后期称为部分集体形成时期，各小伙伴集团联合共同结成班级整体。

3) 整合性集合关系期

到了小学五、六年级，儿童伙伴社会交往倾向更加突出。这个时期对父母和教师的依从关系明显下降，他们更注重的是朋友之间所共有的价值观，更关注自己在同伴中的威信和地位，更重视同伴对自己的评价。研究表明，对同伴的依存性从小学二年级到小学五、六年级一直表现上升趋势，五、六年级是伙伴关系依从性的高峰期。在整合性集合关系期，各伙伴集团均以班集体为中心形成大的团体，儿童的班级团体意识更强，共同遵守班级行为规范，维护班集体的荣誉。

🌀 **心海畅游 7-8** 提高不受欢迎儿童的社交技能(扫右侧二维码)

心海畅游 7-8

(三)师生关系

小学儿童与教师的关系是一种重要的人际关系。与幼儿园的教师相比，小学教师更为严格，既引导儿童学习、掌握各种科学知识与社会技能，又监督和评价学生的学业、品行。与中学教师相比，小学教师的关心更加具体而细致，也更具有权威性。由于小学师生关系的特殊性，小学教师对儿童的影响是重大而深远的。

人际交往通常都是双向性的，师生交往也同样如此，教师的教学水平、个性等影响着学生，而学生的学业成绩、活动表现、外貌等也影响教师对学生的评价。

1. 小学儿童对教师的态度

几乎每个学生在刚跨进小学校门时都对教师充满崇拜和敬畏，教师的要求甚至比家长的话更有威力。低年级儿童的这种绝对服从心理有助于他们很快学习并掌握学校生活的基本要求。随着年龄的增长，儿童的独立性和评价能力也随之增长。从三年级开始，儿童道德判断进入可逆阶段，学生不再无条件地服从、信任教师了。"不一定都听老师的话"的要求随年级增高而逐步增加。他们对老师的态度开始变化，开始对老师作出评价，对不同的老师也表现出不同的喜好。调查还发现，小学生最喜欢的教师往往是讲课有趣、喜欢体育运动、严格、耐心、公正、知识丰富、能为同学着想的教师。

2. 教师的期望

许多有关研究都指出，教师期望具有广泛的影响。例如学习能力很差的学生，教师以积极的态度来教他们，可以使他们比教师以消极态度进行教学的学生学得更好。一个学生受到教师对其IQ分数的过高评价，则其阅读能力显著高于那些被教师评价为IQ分数过低的学生。

教师的期望是如何传递给学生的？有关研究发现，当教师对学生有高期望时，他们就表现出更和谐、更愉快的态度，更经常表现友好的行动，微笑，点头，注视学生，与学生的谈话更多，提问更多，并提供较多的学习材料，提供更多的学习线索，经常重复问题，对学生给予密切关注，等待学生回答的时间也更长，更经常赞扬学生。可见，在情绪、身体语言、口头语言、教学材料、赞扬与批评等不同水平上，教师都表现出他们的期望。通过上述的种种传递方式，教师实际上传递这样一种思想，即对之期望高的学生的失败是由于没有好好努力，而对之期望低的学生的失败是由于缺乏能力。

教师的期望和他们与学生的关系受许多因素的影响：教师自己的态度、人格，儿童的外表、性别、种族、家庭的社会经济地位、能力和兴趣、人格、学业和家庭等。此外，对学生的控制程度也影响教师的期望。如果学生的表现是可预见的，能回答教师的问题、交作业、参加考试、阅读课外书等，会给教师留下好印象，并提高教师的期望。

🌀 **心海畅游 7-9** 受小学生喜欢的老师的特点(扫右侧二维码)

心海畅游 7-9

第五节　小学生的心理问题及心理卫生

一、小学生常出现的心理问题

小学阶段是生理和心理发展的重要时期，许多中学生乃至大学生表现出来的心理问题，其实从小学时期就已滋生。小学生常见的心理问题主要表现在以下几个方面。

(一)小学新生适应问题

儿童在进入小学前其主要活动是游戏，进入小学后其主要活动则以学习为主。学习带有的强制性，使小学生的生活方式发生了很大的变化。他们必须按时到校，严格遵守学习时间和各种组织纪律，上课要专心听讲，不能随意说话和走动。同时还面临着教师、家长对他们在学习上的要求，有家庭作业的负担、考试成绩的压力。这些对他们的注意、记忆和思维都是一种挑战。同时，面对新的环境、新的老师和同学，他们还要克服自己对老师和同学的陌生感和惧怕感，适应并融入集体生活。如果儿童不能顺利完成从幼儿园到小学的角色转换，必然会带来一系列的新生不适应问题。如想家恋旧心理、寂寞孤独感以及对教师的授课方式和学校的规章制度的不适应感等，这些心理问题对儿童今后的发展将会造成不良的影响。因此，教师必须了解小学新生的困难，帮助他们顺利地度过这一转折时期，尽快适应小学生活。

(二)学习问题

1. 学习困难

学习困难又叫学习障碍或学习失能，是指个体在从事某些特定知识、技能的学习时出现重大困难，以致无法完成同龄人能够完成的任务。1977 年，美国联邦教育署特殊教育处为进一步说明学习障碍的类型，明确地将学习障碍在七个方面的表现(口头表达、听讲的理解、书写的表达、阅读的基本技巧、阅读的理解、算术运算和数字推理)归为三类：语言接受和表达方面的学习障碍、阅读和书写方面的学习障碍及算术方面的学习障碍。

据研究，学习困难问题在小学 2～3 年级为高峰，占 5%～10%。学习困难儿童的学习成绩明显低于同龄儿童，在学习上的困难主要表现在听、读、写、算等方面。如有的小学生把 b 当成 d，或把 p 当成 q 等；有的小学生有空间定向困难，不知道上下左右；还有的小学生难以用语言表达思想，与教师、同伴交流困难。但他们的学习困难不是由智力缺陷或缺乏教育机会所致，而是由于大脑无法自我约束，是大脑功能方面的缺陷造成的。

2．厌学

厌学是由于人为因素所造成的儿童情绪上的失调状态。近年来，家庭、学校和社会环境中多种不良因素的影响使小学生的厌学情绪有所增长。小学生的厌学症状主要表现为对学习有一种说不出来的苦闷感，一提到学习就心烦意乱、焦躁不安，对教师或家长的学习要求有抵触情绪，学习成绩不好，甚至发生旷课、逃学或辍学现象。

(三)行为问题

1．品行障碍

品行障碍是指个体反复出现违反社会道德标准或纪律，侵犯他人或公共利益的行为，包括攻击性或对抗性行为。在小学生当中，比较常见的有欺负和说谎等行为。传统上我们习惯于把学生的品行问题归到思想品德教育方面，其实从心理学角度看待和处理品行问题更有助于问题的解决，而且两者在许多方面能产生互补的作用。

2．攻击性强

15%～25%的小学生会在别人踩了一脚时予以报复，包括语言上的(骂)和有形的(反踩一脚)行为，这表明小学生具有对抗性或攻击性行为。这种趋向的学生容易出现品行障碍。

(四)情绪问题

1．冷漠、孤僻

看电视时遇到伤心、感人的情节，34%的小学生不会流眼泪，或认为那是假的而无动于衷。这实际上是对平时能产生鲜明感情反应的刺激表现出了冷漠，缺乏与之相对的情感体验和表情。

30%～40%的小学生与同龄人在一起不能感到快乐，其中12%的学生感到自卑，显示出少数的学生存在孤僻的心理。孤僻是心理上的屏障，这种心灵上的孤寂极不利于小学生健康心理的形成。

2．交往情感封闭

统计表明，部分小学生存在交往障碍，40%左右的学生与新朋友在一起时不好意思接近，甚至只顾自己玩，不善于与伙伴沟通；29%的学生受了委屈独自生气；90%的学生有烦恼从不向老师倾诉。这表明他们的情感有一定的封闭性。进一步分析发现，导致部分学生交往的心理问题是自卑、排斥、怯弱等，这些问题严重影响了学生之间的交往，使之不容易接近，也得不到真正的友谊。

二、小学生常见心理问题的原因及教育过程中应注意的事项

放眼整个社会的教育，普遍反映出小学生的作业量大，教学内容单调重复，作业时间较长，学生的书包也越来越大、越来越重。同样，学生们的心理压力也同比上升。根据调查，40%的小学生有不同程度的学习焦虑。学习焦虑是学生感到来自现实的或预想的学习情境对自己自尊心构成威胁而产生某种担忧的心理反应倾向。由于学习是一种艰苦探索的过程，难免经常有错误和失败的威胁相伴随，因此，不论是优秀生还是学困生，都会经常体验到学习所带来的各种压力以及由此引发的不同程度的紧张和焦虑。

(一)小学生常见心理问题产生的原因

小学生产生心理问题的原因主要有以下几个方面。

(1) 学校方面：老师为追求教学质量，对学生的要求过高，加重学生的作业负担。另外，老师以成绩高低作为评价学生好坏的标准，也会让孩子丧失学习的热情，同时也会对孩子的心理产生不良影响，导致孩子心理层面的压力。

(2) 家长方面：家长信奉"高标准、严要求"这一信条，不但给孩子带来巨大的心理压力，而且容易让孩子产生挫折感。对于有的孩子来说，尽管自己已经尽了最大的努力，可还是不能达到家长和教师的要求。教师和家长只看到孩子成绩不理想，没看到孩子为此所付出的努力，长此以往，会造成孩子心理上的压力，令孩子逐渐出现焦虑、紧张的现象。

(3) 课堂教学方面：好的一堂课，可以激发学生良好的学习兴趣，但若是呆板、照本宣科的教学方式，只会令学生产生排斥感，久而久之，该听的没有听，该学的没有学，便会掉队，跟不上学习进度。加上教师的高要求、家长的高标准，更会让孩子感到紧张、焦虑。

(二)小学生教育过程中应注意的事项

在教育教学活动中，教师应思考如何着手进行教育，让孩子在学习中充满活力，在"学中乐""乐中学"。教师要考虑学生的实际，根据学生的情况来展开教育教学活动，避免给学生造成心理压力。

(1) 每天的作业量要适度。作业贵在重质不重量。有些老师认为，作业量多，就可以让学生记多一点。其实，这样只能造成相反的效果。在心理学上，这样做违反记忆规律，也是无效的。学生识记的效果与识记材料的性质和数量有关，在一定的时间内不宜过多，否则，易引起学生过度疲劳，降低记忆的效果。同时，过多的作业量会使学生对学习产生惧怕感，失去学习的兴趣、记忆的信心和主动性，反而对进一步学习制造了心理障碍。

(2) 与家长沟通、协调，通过家访、电话联系、家长到学校座谈等多种方式，对家长的教育态度予以理解；同时也指出过分压抑孩子的教育方式不但得不到效果，反而会让孩子产生逆反心态，要求家庭多给孩子一些空间，对孩子多理解，促进家长与孩子间的互动，激发学生的学习兴趣与求知欲，共同为孩子的身心健康成长努力，并指导家长对学生的家庭对策(如定期检查孩子的作业，指导学习，帮助孩子解决学习中的困难，多与孩子交流，对孩子的进步给予及时的鼓励，对孩子在学习中碰到困难表现出气馁时要多勉励，切记不要责骂孩子，避免造成心理上的压力)。

(3) 进行生动活泼、富有乐趣的课堂教学。平时，我们在学校常常听到老师说哪个班的课难上，学生像木头没反应，或是乱哄哄，不好教，也会听到学生说不喜欢某某老师上课。这是为什么呢？这是因为师生间的年龄差异造成了一些学生与教师难以沟通，相互间缺乏必要的理解。因此，教学上，教师觉得课堂气氛沉闷，与学生无法开展情感的交流；而学生则觉得教师的课犹如一杯白开水，没有味道，无法调动学生的学习积极性、发挥学生的主体性。这种冲突也许会导致师生之间的对立，从而影响学生的心理健康。但是，小学生经验有限，内心世界不太复杂，因此，他们的心理活动显得纯真、直率，能将内心活动表露出来，他们的情绪和情感富有表情化，喜、怒、哀、乐明显地表现在面部，容易变化，不善于修饰和控制。小学阶段的学生极易与成人沟通，师生之间、亲子之间的关系一般比较融洽，这对于学生的心理发展是极其有利的。

心理学的研究表明，小学生尤其是低年级学生的无意注意占主体地位。一年级学生的注意力很难长时间集中，要想在短时间内达到理想的教育效果，就要充分利用各种教学手段，将学生分散的注意力集中在一起，从而让学生在有限的时间内，尽可能多掌握一点知识。另外，课堂教学也要注意劳逸结合。一节课的前半节时间，是学生接受知识的最佳时间。到后半节，学生的注意力分散，这时，教师就要避免"满堂灌"，可适时引入一个游戏，让他们动一动、说一说。这样，既让他们的大脑得到休息，又能吸引学生的注意力，使学生对课堂学习充满兴趣，使学生从老师与家长的"要我学"转化为"我要学"。这样既提高了教学质量，也能使学生的身心健康成长。总之，教育孩子不仅仅要使孩子在德、智、体、美、劳等方面全面发展，更要照顾到孩子的身心健康成长。及时掌握孩子的情绪变化，避免滋生厌学情绪，让孩子全面、统一、协调地发展，一直保持蓬勃向上的健康心理，从而成为祖国的未来之星。

本 章 小 结

童年期儿童生理结构发展已趋于平缓，认知功能在已形成的结构相互联结中不断发展。

(1) 小学生的认知能力不断提高，第二信号系统初步占主要地位，学习已成为主导活动。

(2) 小学生思维的发展从以具体形象思维为主，逐步过渡到以抽象逻辑思维为主，思维的各种品质都有所发展。

(3) 小学生的情感深刻性不断发展着，调节和控制自己情感的能力不断加强。

(4) 小学生的独立性不断增强，但其选择目标仍简单且具体；意志调节作用随年龄发展而发展，但行为的坚持性依然很差；各种意志品质在不断发展，儿童期是良好意志品质形成和发展的重要时期。

(5) 自我意识有了进一步发展，逐步学会按一定的原则独立地、批判地评价自己的言行；开始有意识地参与集体活动，形成真正的集体关系，开始发展真正的友谊，亲子关系发生变化。

(6) 道德意识开始发展，能初步按道德原则评价自己和别人的行为；性格发展的速度表现出先慢后快不等速的特点，更多受情境因素和主体本身发展的制约。

思 考 题

1. 小学生的学习有何特点？为什么说小学阶段是学会学习的关键期？
2. 简述小学生思维发展的基本特点。
3. 结合小学生自我评价能力的发展特点，论述父母及教师应如何对待小学生。
4. 简述亲社会行为及攻击性行为的含义。如何避免小学生的攻击性行为？
5. 小学生的亲子关系有哪些特点？父母应注意哪些问题？

本章辅助教学视频二维码见下方。

第八章 半幼稚半成熟的错综矛盾期
——初中生心理的发展

学习目的及要求

通过本章的学习，了解初中生身心发展的一般特点，认识这一时期个体所面临的种种心理危机；掌握初中生思维发展的一般模式和特点，以及初中生的逻辑思维、创新性思维和思维监控等的具体发展特点；了解初中生个性和社会性发展的一般特点，掌握初中生自我意识、情绪、道德和人际交往等方面的表现及发展特点；了解当前初中生所面临的主要心理社会问题，掌握这些问题的特点、成因及应对措施。

核心概念

青春期(adolescency)　矛盾性(contradictoriness)　性意识(sex consciousness)　逆反(resistance)　逆反期(period of resistance)　心理社会问题(mental and social problem)

心海畅游 8-1 母女之间的对话(扫右侧二维码)

青春期是个体由童年向成人过渡的时期，年龄范围为 12～16 岁，大体相当于初中阶段。从人的生理发展来看，这一时期正好处于人生发育的第二次"生长高峰"(见图 8-1)。身体外形的巨变、内部机能和性的成熟等，对初中生的心理产生很大影响，初中生在向成人期过渡的同时，必须适应这些变化带来的影响。

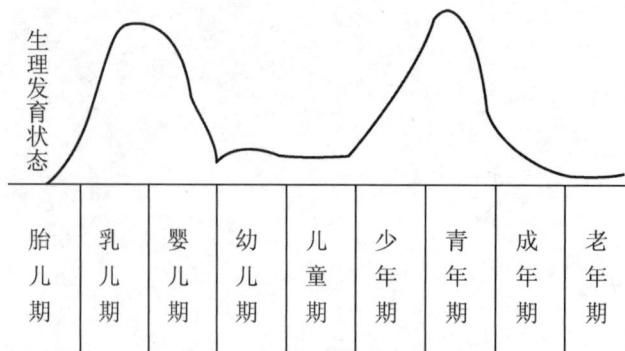

心海畅游 8-1

图 8-1　人生的两次生长高峰

青春期的初中生实际上正处于一种半幼稚半成熟的状态，这一时期是独立性和依赖性、自觉性和幼稚性错综矛盾的时期。因此，在他们性成熟的同时，对他们进行性教育是引导他们健康发展的必要步骤。

心理学家早就注意到儿童在初中阶段心理上的特殊变化。当代著名的瑞士儿童心理学家皮亚杰认为，在这之前的儿童只能对具体事物或事物的形象进行运算。到了初中阶段，儿童便能在认识上把事物的形式和内容做出区分，使思维超出感知的具体事物，进行抽象的逻辑思维，进入所谓的"形式运算"阶段。苏联教育心理研究所所长达维多夫的研究结论则直接指出，11～12 岁是儿童出现急剧心理变化的年龄，这个年龄称作"危机年龄"，儿童心理发展存在着许多困难与不平衡。

初中生和高中生不同，他们自以为已经长大成人，要求和成人平等交流思想，特别希望得到成人的尊重和理解。对于这种愿望，高中生比较容易得到社会的认可，而初中生就不大可能，他们更多的是受到忽视或压抑。因此，初中生的这种情感较高中生更动荡、更不稳定，它是初中生脱离童年期跨入少年期后，在身心加速发展中的特殊体验。

第一节　生理发育与心理发展的矛盾性

青春期属于特殊时期，由于这个时期的发展非常复杂、充满矛盾，又称为"困难期""危机期"。其主要特点是身心发展不平衡、成人感和半成熟现状之间的错综矛盾及这些矛盾所带来的心理和行为的特殊变化。

一、生理发育高峰

青春期是个体生长发育的第二个高峰期。发育高峰期是指个体在身心发展过程中，某个阶段的生理发育与其他阶段相比较，其增长速度相对更快的时期。每个人从出生走向成熟，都经历两个生长发育高峰。第一次是在出生之后的第一、二年；第二次就是初中生所处的青春发育期。青春发育期的生理发育，除表现为身体外形的剧变和内部机能的增强外，更显著地反映在第二性征的出现和性的成熟上。

(一)身体外形的变化

1. 身高的变化

身高的快速增长是儿童身体外形变化最明显的特征。据统计，在青春发育期之前，儿童平均每年长高 3～5 厘米，在青春期期间，平均每年长高 6～8 厘米，甚至达到 10～12 厘米。身高增长存在着性别差异，女性少年要比男性少年早 2 年左右进入青春发育期，一般 12 岁为成长最快期。身高增长还存在个体差异，这种个体差异在男性和女性少年儿童中都比较明显，一般个体差异平均在 2 厘米左右。个体差异由先天遗传、环境条件等多种因素造成，多属于正常现象。初中生身材迅速长高的主要原因是由于他们的腿骨和躯干的变化，青春发育期激素活动的加强促进软骨的生长，从而导致身高的增长。

2. 体重的变化

在青春发育期，初中生的体重也在迅速增加。调查表明，在青春发育期之前，人的体重每年平均增加 2.38 千克，而在青春发育期，初中生的体重每年增加 4.62 千克。与身高的变化相似，初中生的体重在青春发育期之后也和以前大不相同。

初中生体重的增加也存在着性别差异，这种差异表现在快速增长时期开始的早晚以及增加速度和增加量上。调查发现，在 9 岁之前，男女体重相差无几；9 岁以后，女生开始进入快速增长阶段，12 岁达到高峰，此时她们平均比 12 岁的男生重 1.64 千克，最大差异甚至达到 2.30 千克。此后，男生体重开始迅速增长，14 岁超过女生，平均可以比女生重 3.40 千克，最大差值达到 7 千克。

同样，初中生体重的增加也有早熟、晚熟的现象。

3. 头面部的变化

进入青春期的学生，其头面部特点也发生微妙的变化。童年期的面部特征逐渐消失，以前较低的额部发际逐渐向头顶部及两鬓后移，嘴巴变宽，原来较为单薄的嘴唇开始丰满。随着青春期个体身体其他部分骨骼的迅速增长，头部骨骼的增长速度却在显著减慢，童年期那种头大身小的特征逐渐向成人的体貌特征发展。

除上述身高、体重、头面部的剧变，初中生的胸围、肩宽、骨盆宽、坐高等外形特征在青春发育期也都有很大的变化，从而反映了初中生处于人生第二次"生长高峰"的特点。

(二)内部机能的变化

1. 内脏的变化

在青春发育期，初中生的内脏有了很大变化，其机能得以加强。一方面，心脏的重量大大增加。10 岁时，心脏重量增长为新生儿的 6 倍，到青春发育期以后，可增加到新生儿的 12 倍。同时，血压、脉搏的发展也逐渐接近成人的水平。9～10 岁时，血压一般为 100/66 毫米汞柱，脉搏为 84 次/分；到 14～15 岁，血压和脉搏分别为 110/70 毫米汞柱和 78 次/分，基本与成人的相同。另一方面，初中生的肺功能也大大完善。到 12 岁，肺的重量为新生儿的 9 倍。肺的呼吸功能也随之增强，10 岁时的肺活量只有 1800 毫升左右，到 15 岁时则可以达到 3000 毫升以上。

初中生内脏的发育也有性别差异。一般情况下，女生的肺发育比男生要早 1～2 年，但是男生的内脏机能最终会比女生强。

2. 肌肉和脂肪的变化

到青春发育期以后，不仅初中生肌肉重量在体重中的比例增加，而且其肌肉组织也变得更为紧密，肌肉的力量大大增强，因此，初中生的体力也随之增强。初中生肌肉的生长有较明显的性别差异，这表现为男生的肌肉细胞增长比女生快，而且力量也比女生大，手的握力的差异就很好地反映了这一点。

在初中生肌肉生长的同时，其身体的脂肪也有很大变化。值得注意的是，从发育高峰开始，男生的脂肪呈渐进性地减少，他们发育得更好的是肌肉，所以他们看起来显得更强健。不过，女生的脂肪却没有减少，而是"积存"在骨盆、胸部、背的上方、上臂、臀部和髋部，这样她们就日益显得丰满。

3. 脑和神经系统的变化

脑和神经系统的发育是心理发展的直接前提和物质基础。在青春发育期，其结构和机能的逐步成熟与完善，为初中生的心理发展，尤其是抽象逻辑思维的发展提供了保障。

1) 脑的发育

脑的发育反映在它的结构和功能两方面。首先，初中生大脑的重量增加并不算多。研究资料表明，10 岁时，大脑的重量已经是成人的 95%；到 12 岁，初中生的大脑重量一般能达到 1400 克，与成人的平均脑重相等。可见，虽然初中生的脑重在青春发育期没有增加多少，但和成人相比已相差无几。其次，初中生的大脑容积也没有太大变化。研究资料表明，10 岁时，大脑容积为成人的 95%，到 12 岁则已接近成人水平。

不过，初中生的脑机能发生了很大变化，这首先反映在其脑电波的频率变化上。脑电波是人大脑皮层的有节律的脑电活动，按其频率快慢可以分为四种，即 α 波、β 波、θ 波和 δ 波。脑电波频率的快慢，是大脑发育过程的重要参数。研究表明，在婴儿期，脑电波通常是 δ 波(频率为 1～3.5Hz)，幼儿期通常是 θ 波(频率为 4～7Hz)。随着年龄的增长，脑电波频率逐渐加快，到 10 岁以后，出现明确的 α 波节律(8～13Hz)；不过在 13～14 岁以前，θ 波的活动也一直较为活跃，之后，大脑发育基本成熟，脑电波才主要表现为 α 波。大脑成熟的顺序是从枕叶到颞叶，再到顶叶，最后到额叶。

此外，初中生的大脑在复杂的不断分化的过程中，沟回增多、加深，机能显著发展，趋于成熟，兴奋过程和抑制过程逐步平衡，特别是内抑制机能逐步发育完善。到初中后期，兴奋过程和抑制过程已能协调一致，而且第二信号系统逐步占据优势地位，其概括和调节作用显著增强。

2) 神经系统的发育

在青春发育期，初中生神经系统的结构和机能基本上与成人没有差异。这时神经已完善化、复杂化，而且，传递信息的神经纤维的髓鞘化过程也已完成，从而可保证信息的畅通传递。

4．腺体和激素的变化

激素在很大程度上决定了青春期初中生的身体变化，包括身体外形的变化、内脏的完善、脑的发育以及性的成熟。

激素是由内分泌腺分泌到血液中的化学物质，它影响着细胞的活动。不同的激素被血液送到不同的身体部位，产生不同的作用。激素的分泌由下丘脑垂体系统控制。激素对人体有三种主要功能：一是促使人的身体外形和结构发生变化，比如生长激素促进骨骼的发育；二是影响人的先天行为模式的获得，比如哺乳行为；三是调节功能，比如调节体内细胞液的水平和盐的平衡。

人体内有 20 多种激素发挥着作用。在青春发育初期，对初中生的体格成长产生影响的主要是人体生长激素、睾丸素、雌激素和黄体酮四种。

人体生长激素刺激骨骼的发展，对脂肪代谢有重要作用，促进生长。如果在幼年时生长激素分泌不足会导致侏儒症，而分泌过多会导致巨人症，在成年时分泌过多则会导致肢端肥大症。

睾丸素、雌激素和黄体酮都可以称为性激素，因为它们主要是由性腺产生的，对第一性征、第二性征的发展有重要影响。这三种激素在男女体内都存在，只是浓度有所不同。睾丸素主要加速生殖系统和肌肉的生长发育，它对男孩的影响表现为促成他们嗓音的改变、第二性征的发展、身高增长等；而对女性的影响则主要反映为促进其体毛的生长等。雌激素的主要作用是促进女孩的肌肉生长、第二性征的发展、身材长高，并影响脂肪的分布。

同时，睾丸素和雌激素影响着男女性驱力的强弱。黄体酮的作用主要是刺激乳房发育，促进月经周期的开始等。

总之，激素对人的形态和机能的发展是至关重要的，如果它的分泌不平衡，就可能导致不正常的发育。

(三)第二性征出现和性的成熟

初中生在青春发育期表现出的身体形态上的性别特征，就是第二性征，也称副性征。在青春发育期，睾丸、卵巢所分泌的性激素促成第二性征的发育，从而导致男女初中生形态上的性别特征及性器官、性功能的成熟。

生殖系统是人体各系统中发育成熟最晚的，它的成熟标志着人体生理发育的完成。

1．性器官发育

生殖器官在青春期之前发育非常缓慢，一进入青春发育期，发育速度直线上升。男性成熟得比女性晚。

2．第二性征的出现

在青春发育期，由于性激素的分泌，促使少年第二性征发育起来，使少年男女在身体形态上出现性别特征，进而使性器官、性功能发育成熟。

女性第二性征主要表现为乳房隆起、体毛出现、骨盆变宽和臀部变大等；男性第二性征主要表现为出现胡须、喉结突出、嗓音低沉和体毛明显等。第二性征的出现，使少年男女在特征上的差异突出起来。

3．性机能成熟

生殖系统的发育标志着人体生理发育的完成，性腺的发育成熟使女性出现月经，男性发生遗精。

女性月经初潮的出现是少年女性身体发育即将成熟的标志。月经初潮的年龄为 10～16 岁，平均年龄为 13 岁左右。造成月经初潮差异的原因有地理环境、气候条件、经济发展水平以及个人营养状况等。月经初潮后的数月至一年左右，月经周期尚不规律，卵巢发育也尚未成熟。一般到 18 岁卵巢发育达到成熟水平。

男性性腺发育要晚于女性性腺发育。男性性腺是睾丸，睾丸一般在 13 岁左右开始迅速增长。首次遗精约出现在 12～18 岁，平均年龄为十四五岁。遗精意味着男性生殖腺开始成熟。遗精初期的精液内并无精子，4～5 年之后生殖系统才能真正发育成熟。

在多年以前就有学者指出，近几十年以来，青春期出现加速发展的现象，从而形成青春期缩短的现状，即青春发育期提前到来，提早达到成人的成熟标准。这种具有时代性的发展加速现象是受当代经济和科学技术高度发展、现代文明的普及以及全球气候条件的变化等多种因素的影响所致。这种青春发育期提前的趋势给社会和教育带来很多矛盾和问题，也使青春期身心发展的不平衡和种种危机与困难更加明显表现出来。

🌐 **心海畅游 8-2** 早熟和晚熟(扫右侧二维码)

心海畅游 8-2

(四)性意识的觉醒

在青春发育期，初中生除身体外形和内部机能的剧变外，他们还出现了第二性征，性也开始成熟起来，他们开始意识到性。这是他们前所未有的体验。

1. 初中生对性意识的体验

心海畅游 **8-3** 小刚的变化(扫右侧二维码)

心海畅游 8-3

性意识是指人关于性问题的心理活动，它反映出人对性问题的认识水平。个人的性意识与其所处的社会文化背景密切联系。

初中生性意识觉醒是他们身体发育逐渐成熟的结果。1989 年，日本学者加藤隆胜对初中生从哪些方面意识到身心在发生变化进行了调查。结果发现，女生主要是从月经初潮、乳房发育、整体上的女性感、阴毛生长等方面意识到自己的身体在成熟，其中以月经初潮带来的影响最大；同时，初中女生也意识到自己很想注意异性，并且对生殖方面的问题也产生兴趣。而初中男生主要是从变声、阴毛生长、整体上的男性感、阴茎能勃起等方面意识到自己身体的成长；同样，男生也意识到自己想注意异性，也对生殖方面的问题产生兴趣。

可见，初中生的性意识是由发生在他们身上的变化，尤其是性器官、性机能方面的变化引起的。这些变化使得初中生开始关心性，对生殖方面的知识发生兴趣，注意到两性关系以及恋爱和婚姻问题，而且，他们对文学作品、医学书籍以及影视中的有关性和爱情的描写也产生兴趣。这时，初中生意识到两性的差异，他们开始关心自己的容貌打扮；同时他们产生接触异性、与异性交往的强烈愿望。此外，初中生也感受到性的兴奋和冲动。所有这一切表明，初中生在性心理方面发生了前所未有的变化。

2. 初中阶段是性意识快速发展的时期

研究显示，我国青少年的性意识的表现和发展大致可以分为以下三个阶段。

1) 疏远期

这个阶段从儿童末期开始，到少年中期结束。其中女性在儿童末期表现得最为明显和强烈，并且持续到少年初期；男性在少年初期表现得最为明显和强烈，并且持续到少年中期。

2) 爱慕期

这一阶段一般从少年初、中期开始，到青年初期的中、后阶段结束。这是青少年异性意识表现和发展的一个重要阶段，也是青少年在整个中学时代异性意识表现和发展时间最长的一个阶段。

3) 恋爱期

这个阶段一般从青年初期的中、后阶段开始，是青春期异性意识表现和发展的相对成熟阶段。恋爱期是青春发育期异性意识发展的必然结果，是从爱慕期的基础上发展而来，但又与爱慕期有着本质区别的一个阶段。严格地讲，只有从这个阶段起，才可能产生和形成真正的爱情。

总之，在青春发育期，初中生的性意识有了很快发展，他们对性产生了很大兴趣。不过，我们应注意的是，初中生对性问题表现出的明显兴趣，只是他们所关心的许多问题中的一个，对性的关心并不占据他们的全部身心。

父母知识窗 8-1 早恋孩子的特点(扫右侧二维码)

父母知识窗 8-1

3. 初中生的性兴趣

1979 年，杜塞克(J. Dusek)和摩格(R. Monge)研究了青少年对性的兴趣，他们让 5、7、9、11 年级的学生以及大学生匿名列举他们感兴趣的问题。最后总结出的 31 种兴趣中，有 5 种与性有关(见表 8-1)。这 5 种兴趣中，初中生对"两性关系"的兴趣明显高于对其他问题的兴趣，比如 7 年级学生中有 35%的男生对此感兴趣。这一结果同时也表明，性并不是初中生唯一关心和感兴趣的问题。在各个年级，有许多学生对其他问题(比如运动和娱乐、科学和数学等)的兴趣都高于对与性有关的问题的兴趣，并且没有性别的差异。可见，性对初中生来说是重要的，但并不具有压倒一切的优势。

表 8-1　五个年级的学生对与性有关的问题的兴趣百分比　　　　单位：%

性　别	年　级	性　病	节　育	两性关系	约　会	恋爱和婚姻
男	5	0	0	5	0	0
	7	0	0	35	4	0
	9	0	0	19	2	0
	11	0	1	13	3	3
	大学	3	10	13	3	3
女	5	0	0	2	2	0
	7	0	0	39	18	9
	9	3	0	9	3	9
	11	6	6	6	9	6
	大学	1	20	18	0	8

把上述研究总结出来的 31 种兴趣进一步综合为 14 种，让 5～12 年级的其他学生来按照自己所认为的重要性进行排序，结果发现，初中生对于两性关系和恋爱与婚姻的兴趣保持在中等水平。与之水平相同或处于更重要地位的是艺术和体育运动、将来的发展，对节育和性病的兴趣较低。此外，没有一个人把与性有关的问题排在最令人感兴趣的位置。这些结果进一步说明，性只是初中生所关心和感兴趣的许多问题中的一个。

4. 初中生的性驱力

如前所述，初中生第二性征的出现和性器官功能的逐渐成熟激发了他们性意识的觉醒。与此同时，性驱力也有所增加，即由于性的成熟，他们感受到了越来越多的性兴奋和性紧张，并且他们想宣泄这些性兴奋和性紧张的内在倾向越来越强烈。

性驱力的增加与相关激素的发展有一定联系。比如，男生睾丸素的迅速增加时间在 12～14 岁，它导致的性驱力的增加使得男生产生遗精，也可能导致他们手淫。雌激素的增加对女生的性驱力也产生一定的作用。

初中生性驱力的增加存在着性别差异。男生显得需要更直接地表现性驱力，他们更可能手淫，而且他们也更容易被各种各样的刺激所唤起；而女生的性驱力则更弥散，它可能会转移到其他领域，其表现也更为间接一些。

对初中生来说，他们宣泄性紧张的一种方式是通过手淫。关于手淫，我们需要澄清的问题是，手淫本身一般不会在生理和心理上带来不良影响，相反，它释放了性紧张。但是，手淫并不是非有不可的，初中生对性紧张的宣泄最好通过体育运动等方式来实现。

综上所述，我们可以看到，随着第二性征的出现和性的成熟，初中生开始意识到性的存在和它所包含的意义。初中阶段是性意识发展最迅速的时期，性意识的觉醒使初中生对性产生关注和兴趣，不过这并不是他们生活的全部，而只是他们所关心的许多问题中的一个。另外，性意识的觉醒也带来初中生性驱力的增加，他们学会应付与之有关的、为社会认可的行为，这对个人和社会都具有重要意义。我们认为，对初中生进行性教育是保证他们健康发展的必要手段。

5．初中生对性教育的态度

性教育是指科学地传授性知识，其内容包括传授男女生殖系统的解剖和生理功能、性卫生、计划生育，以及与性有关的疾病的防治等生物学方面的知识。此外，还包括传授与性有关的心理适应和社会适应方面的知识，以及性道德的教育。

初中生性意识的觉醒，伴随着他们对性知识的渴求。那么，初中生自己愿意从哪些渠道获得有关知识？愿意获得关于性的哪些方面的知识呢？1979 年，杜塞克和摩格对这些问题进行了调查，结果发现，男、女生都认为父母应该提供有关恋爱和婚姻的知识；同时发现，父母、医生和护士是有关节育知识的提供者；关于性关心和生殖方面的知识，初中生更愿意从医生、护士、同伴(尤其是同性同伴)以及书本那里了解，而不愿向父母请教这些内容。

1970 年李·哈里斯(L. Harris)和 1971 年亨特(M. Hunt)的研究表明，大多数学生希望学校进行性教育，他们想从学校的性教育课中获得更多、更全面的性知识。他们认为，在学习性知识时，有机会与有知识的老师接触将有助于他们形成成熟的性观念。此外，这些学生还认为，在教室的气氛中讨论性问题没有与父母讨论时那么窘迫。

关于性教育课程应讲授哪些内容，1970 年亨特的研究资料表明，80%以上的女学生认为应该教生殖的生理学和妊娠分娩的知识。关于伦理道德涉及的社会问题方面，性教育课程所提供的知识很难满足学生的需要，所以大多数的女生都认为应该教授这方面的知识，实际上学校在这方面做得很少。此外，接受调查的女生还认为，性教育课程应该是一门独立的课程，而不是作为生理课和健康课的一部分，并且应该由受过专门性训练的教师来讲课。

值得一提的是，基姆和泽尔尼克(Y. Kim & Zelnik)1982 年研究发现，性教育课与青少年是否发生婚前性行为没有联系。因此，我们在考虑开设性教育课程时，就不要担心它是否会给初中生带来不良影响。

综上所述，初中阶段是性意识迅速觉醒和发展的时期，同时也是进行性教育的关键期。因此，应该对初中生进行无偏见的、准确的、系统的性教育，这对于初中生的健康成长具有很重要的意义。而且，初中生本身也反映了接受正规性教育的要求。

二、心理发展的矛盾性特点

青春期生理上的急剧变化冲击着心理的发展，使身心发展在这个阶段失去平衡。生理上的快速成熟使少年儿童产生成人感，而心理发展的相对缓慢使他们仍处于半成熟状态。成人感和半成熟状态是造成青春期心理活动产生种种矛盾的根本原因。青春期心理活动的矛盾现象可归纳为以下几种。

1．心理上的成人感与半成熟现状之间的矛盾

身体的急速成长、性机能的快速成熟使少年儿童心理上产生自己已经发育成熟的体验，认为自己已经是成人，这就是成人感。具有成人感，便认为自己的思想和行为就属于成人水平，应该被社会、环境和周围的成人平等相待；有了成人感，便要求与成人相应的社会地位，渴望社会、学校和家长给予他们成人式的信任和尊重。由于心理发展速度的相对缓慢，心理水平尚处于从幼稚的童年向成熟发展的过渡阶段，实际上初中生的认知能力、思维方式、社会经验等都处于半成熟状态，于是就出现了自己认为的心理发展水平与现实的心理发展水平之间的矛盾，即成人感与半成熟状态的矛盾。这是发展中的矛盾，是人生必经的矛盾冲突，是青春发育期的初中生不能回避的最基本的矛盾。

🌀 **心海畅游8-4** 给妈妈的一封信(扫右侧二维码)

心海畅游 8-4

2．心理断乳与精神依赖之间的矛盾

心理断乳是指青少年随着青春期身心发育和成长，逐渐从依赖父母的心理关系中独立出来，成为具有自行考虑、判断和解决问题能力的个体的成长过程。它是以自我意识为中心的个体化心理发展的标志。其中，成人感使他们的独立意识强烈起来，他们要求在精神生活方面摆脱成人，特别是父母的羁绊，而有自己独立自主的决定权。事实上，在面对许多复杂的矛盾和困惑时，他们依然希望得到成人在精神上的理解、支持和保护。

🌀 **心海畅游8-5** 怎样帮助有早恋倾向的孩子(扫右侧二维码)

心海畅游 8-5

3．心理闭锁性与开放性之间的矛盾

青春期儿童出现心理的闭锁性，使他们往往会将自己的内心世界封闭起来，不向外袒露，主要是不向成人袒露，这是成人感和独立自主意识所致。另外的原因是这时的少年儿童认为成人不理解他们，而对成人产生不满和不信任，又增加其封闭性的程度。与此同时，少年儿童的诸多苦恼又使他们倍感孤独和寂寞，很希望与他人交流、沟通，并得到他人的理解。这种开放胸怀的愿望促使他们很愿意向同龄朋友推心置腹。其实，他们也希望在一定程度上向自己认为可信赖的成人朋友吐露心声。

🌀 **心海畅游8-6** "请 wu 偷看"(扫右侧二维码)

心海畅游 8-6

4．成就感与挫折感的交替

青春期儿童通常要表现成人式的果敢和能干。如果获得成功或良好成绩，就会享受非同一般的优越感与成就感；如果遇到失利或失败就会产生自暴自弃的挫折感。这两种情绪体验常常交替出现，一时激情满怀，一时低沉沮丧。

🌀 **心海畅游8-7** 关于青春期的理论观点(扫右侧二维码)

心海畅游 8-7

第二节　学习知识的关键期——初中生的学习活动

一、初中生学习活动的特点

少年期由于其心理活动带有明显的过渡性，致使初中生的学习活动既具有童年期的被动性，又具有青年期的主动性特征。他们的学习策略和自学能力得到迅速发展，学习风格日趋稳定，学习成绩的个体差异加大。总体来看，他们的学习主要呈现出以下特点。

1. 学业成绩开始分化

小学阶段学习成绩拔尖的学生到初中继续保持领先的概率大大降低；而在小学阶段学习平平的学生，到初中阶段则有可能冒尖。初中生学习成绩波动性增大，充满着动荡和分化。这种结果是由多方面因素造成的。初中阶段的学习与小学阶段相比，学习内容、学习形式、学习动机、学习监控的主体等都发生很大的变化，在这些方面，个体差异日趋明显，学习成绩也越来越分化。

初中生学习成绩的分化，也反映出这个时期是智力因素和非智力因素迅速发展的阶段。从智力因素来看，学习成绩的分化反映智力水平和智力发展速率的个体差异；从非智力因素来看，此时也是他们学习风格形成的关键期，他们可能形成冲动型和沉思型的差异、内控和外控的差异、高坚持型和低坚持型的差异。因此，此时的学习活动具有巨大的可塑性。

2. 学习的主动性和被动性并存

进入初中阶段，学生的学习目的越来越明确，间接兴趣所起的作用越来越大，他们已经渐渐地理解学习的责任和意义，在学习中能够主动克服一些困难，主动地去探索。林崇德(1999)的研究表明，从小学四年级到高中一年级，场独立性倾向的得分随年级递增而增长，初中二年级存在一个明显的加速期，这表明初中生学习的主动性获得了空前的发展。但总的来看，初中生的元认知能力还很不成熟，自我控制能力仍然比较薄弱，学习的自觉性和主动性还不持久，经常被与学习无关的诱惑左右。加之学习内容难度加大，学习活动形式更为多样，学习以外的困扰增加，他们在学习困难面前经常退缩，有畏难情绪，甚至丧失信心，这都需要老师和家长的精心指导和帮助。

3. 学习策略和自学能力提高

关于学习策略的研究基本上是以中小学生为主体展开的。刘电芝(2001)把学习策略概括为：复述策略、精细加工策略、组织策略、计划策略等认识策略；监控策略、调节策略、时间管理策略等元认知策略；学习环境管理策略、能力管理策略、社会资源管理策略等资源管理策略。初中阶段是训练和掌握学习策略的关键时期。有研究表明，如果在无关信息下画线，反而会降低对重要信息的回忆。而且研究还认为，六年级以下的学生不能可靠地确定哪些信息是重要的，而鼓励初中生采用画线的学习方法效果较好。

进入初中以后，家长对学习的监控有所下降，学生学习的自我监控能力获得很大的提高，学生在学习上的独立性逐步增强，大多数初中生能较独立地安排自己的学习。这些学生一方面受益于小学阶段养成的良好习惯，另一方面也和教师指导以及他们自己善于总结、不断改进分不开。

4．智力因素的主要作用充分显示出来

从整体上说，学生学习的状况始终受智力因素与非智力因素的双重作用。这两种作用，在不同年龄阶段学生的学习活动中并不是始终均衡的，而是随着学生心理上的成熟程度、学习态度的变化以及年龄的变化而有所侧重。一般来说，如果课程门类增加，学生又普遍懂得用功的情况下，往往是由学生的智力状况所决定的，这时候，智力因素的作用充分显示出来。

同小学相比，初中生已渐渐理解了自己学习的意义和责任，学习的兴趣提高，非智力因素在整体水平上也普遍有所提高。当学生间非智力因素变得较为一致、差异水平较小时，智力因素在学习成绩上的作用便显示出来。

二、初中生学习的心理指导

(一)正确认识智力因素与非智力心理因素的作用

1．重视初中生非智力心理因素的作用

初中生所有复杂的智力活动，不管他自己是不是清楚地意识到，事实上都有相应的非智力心理因素的参与，并直接影响初中生智力活动的质量，同时影响他们的学习效果。在很多时候，初中生非智力心理因素引起的学习困难或失败，是在不知不觉中发生的，它很容易被教师和家长所忽视。

例如，农村学生常常认为普通中学毕业生往往没有一技之长，最终仍然回家种地，因此自暴自弃，放弃学习；城市有些学生因学习成绩差，受老师和同学的歧视，也不愿意学习。如果不重视这些非智力因素的影响，智力因素很难正常发挥作用。最好的办法是，学校和家庭为他们创造条件，使各类学生都能在学习中看到自己的前途，只有这样，才能调动积极性，树立学习信心，从而取得良好的学习效果。

2．智力因素的作用必须建立在非智力因素的基础上

如果一个学生缺乏强烈的动机，对事物没有浓厚的兴趣，意志薄弱，即使他的智力条件再好，任何成功也都将和他无缘；相反，如果一个学生有明确的目标，执着追求，信心百倍地迎接各种困难，那么，即使他的智力条件差一点，勤能补拙，只要他发愤图强，照样会有成功的可能。这虽是普通的常识，却充分说明了智力因素与非智力因素的辩证关系。

3．智力的发展有利于非智力因素的调整

非智力心理因素的调整，也有赖于智力的发展。良好的智力因素对非智力因素的作用，在以下两个方面体现得特别明显。

(1) 良好的智力可以提高初中生的自信心。具有良好智力的学生，较容易树立学习信心，不怕困难，进取心强，这样，他们非智力因素的其他方面也容易得到调整，他们将信心百倍，使学习进入良性循环。

(2) 良好的智力有利于初中生树立远大的奋斗目标。学生在学习上的远大目标，将会给学生带来持久的动力。智力较好的初中生，在学习中有较大的潜能，若引导得当，他们

将不满足于一般的任务完成，而给自己提出更高的奋斗目标。这样的学生，在学习中具有良好的竞争力，适应新环境的能力也相对突出，经常在各种类型的竞赛中获得好名次，在同学、家长和教师心目中有较高的地位。这些为他的全面发展准备了条件，使整个心理素质包括非智力心理因素得到迅速的发展。

综上所述，在初中生的学习过程中，智力因素和非智力因素是相互促进、相互制约的，这种关系是我们分析初中生学习状态的重要依据，只有从这一点出发，才能有的放矢地指导学生的学习活动。

(二)指导初中生学习的具体方法

1. 追根求源，找准源头

在对初中生的学习活动进行心理分析时，应遵循智力因素与非智力因素的理论指导，在掌握观察材料的基础上，通过分析找准产生问题的根源，看看到底是由什么因素引起的，只有找准源头，才能有针对性地做工作。

2. 借助测验，诊断智力障碍者

对于初中生的学习困难，如果分析是属于智力因素引起的，可以利用智力测验方法，进一步对学生的智力因素做出诊断。应注意，智力因素必须在专门的、训练有素的心理学工作者的主持下进行，而且测验结果有一定的保密性，主要是为教师和家长提供参考，不能随意扩散。

3. 集中进行非智力因素方面的分析

对于大部分的初中生来说，非智力因素方面的问题是引起他们学习不良的主要原因。所以，应集中力量深入进行这方面的分析。

(1) 知识基础的影响。有些初中生学习成绩不良是知识基础较差所引起的。他们的一般表现是对某门学科缺乏兴趣，究其原因，往往是学生长期成绩不好，多次经受考试失败形成心理上的巨大压力，最终丧失学习的信心。教师应针对初中生的知识缺陷，采取必要的方式给学生补课。

(2) 先确定近期目标，启动初中生的学习积极性。补课计划确定后，宜以短期目标为突破口。短期目标具有活力，近期动力作用十分显著。许多初中生在初次成果的推动下，从此便产生学习兴趣，并下决心改变学习面貌。当然在取得初步成功之后，教师应不失时机地引导初中生向更高的目标进军，这是任何时候都不能忘记的。在此基础上，引导初中生确立远期目标。只有确定了远期目标才能保证初中生学习的后劲，培养优良的意志品质，获得稳定的学习动机。

(3) 努力使初中生了解教师的诚意。采取以上措施之后，一般初中生都会出现不同程度的进步，这时候，家长和教师需要有耐心和持之以恒的决心，对他们任何微小的进步都应着眼于巩固、鼓励。在实现某一近期目标的基础上，及时地向学生提出进一步的要求，形成阶段性的递进，以便彻底改变学生的落后面貌。

(4) 指导学生改进学习方法，以便取得事半功倍的效果。初中生学习落后，多数是因为方法不对造成的，他们业已形成的学习习惯，阻碍了学习的进步。更为常见的是，对于某种学习方法的介绍，初中生很难结合自己的个人条件做出切合实际的理解和实施，因此形成学习障碍的比例较高，这在女生中占的比例更高。

学生进入初中以后，教师应有意识地培养学生良好的学习习惯和每门课程的学习方法。这是十分重要的，将会使初中生受益终生。但是，不得不指出，初中生因为年龄以及他们抽象思维能力的限制，对于理论化的学习经验和学习方法难以掌握；即使在理论上弄懂了，内在的本质的内容其实不一定理解，更难以运用。因此，教师在教学习方法时，一定要具体，要明确操作步骤，将别人的东西经过自己的实践，变成自己的经验，只有指导初中生掌握先进实用的学习方法，才会真正推动初中生的学习进程。

第三节　初中生的认知发展

一、初中生记忆的发展

(一)初中生短时记忆的广度

短时记忆广度是表示记忆容量的一种方法，是指记忆材料呈现一次以后，被试所能记住的最大量。短时记忆的广度是有限的，实验结果证明一般人在 7 个组块左右。一项对初中二年级和高中二年级学生短时记忆广度方面的研究表明，初二学生的短时记忆广度相当完备，尤其是对那些依赖机械记忆而不是依靠知识经验组块的记忆内容，初二学生和高二学生成绩持平甚至超出高二学生，有的可以达到 11.04 ± 0.4 个组块，如表 8-2 所示。

表 8-2　中学生对各种材料的短时记忆广度的比较

材　料	初中二年级	高中二年级
单字	5	7
双字词	5	7
四字成语	3	4
无关双字	4	4
一位数	10	7
两位数	6	4
实物图形	6	6
复杂几何图形	2	3

🌐 **心海畅游 8-8** 记忆组块(扫右侧二维码)

(二)初中生记忆的主要特点

初中生记忆的主要特点有以下几个。

(1) 自觉地运用意义记忆，同时有效地运用机械记忆。例如，他们能

心海畅游 8-8

把中国的历史朝代和建国皇帝编在一起加以记忆，"夏禹商汤周武王，秦朝一统秦始皇，西汉刘邦汉高祖，东汉刘秀也称王"，既符合意义记忆，又符合机械记忆；把南亚四国及其首都编成"老(挝)万(象)越(南)河(内)，柬(埔寨)金(边)泰(国)曼(谷)"。

(2) 多方面的记忆效果达到个体记忆的最佳时期。具体表现为：①形象记忆量随年龄增长而增加，在初中阶段为最高；②抽象记忆量在初中阶段达到高百分比；③抽象记忆的发展量远高于形象记忆。

(3) 有效地运用各种记忆策略。初中生能熟练地运用各种记忆策略，并有效地提高记忆成绩。诚然，初中生的知识和经验仍有局限性，充分地运用高层次的记忆策略尚需一定的知识和经验的积累。

二、初中生思维发展的特点

初中生思维发展的特点如下。

(一)抽象逻辑思维日益占主导地位

初中生思维发展的最显著特点，是抽象逻辑思维开始占主导地位。初中生能够理解一般的抽象概念，掌握一定的定理、定义、公式，并且进行逻辑推导，对许多现象能够进行概括和抽象。在语文学习中，可以独立分析中心思想和作者的写作意图，这表明初中生的思维发展已能基本适应初中学习的客观要求。

初中生的逻辑思维发展还是"经验型"的，在思维过程中具体形象思维仍然起主要作用。他们在进行抽象逻辑思维的时候，常常还需要具体的、直观的、形象的、感性经验的支持，不然，就会出现理解、判断、推理上的困难。初中生的这一思维特点，在学习中具体表现在以下几方面。

(1) 把握概念的本质特征，在抽象上存在困难。初中生由于受抽象思维能力的限制，在各科学习中，对抽象概念的掌握存在着一定的困难。这是教学中经常遇到的问题。例如，历史时间上的"世纪"，物理中的重力与重量、沉浮与悬浮，英语中的抽象语法概念等，都需要教师用一定的演示或情境教学提供感性经验以后，才能使初中生正确掌握这些概念的本质特征。

(2) 把握文章的整体，在概括上存在困难。初中生抽象概括思维能力发展不够完善，概括能力较差，不能很好地概括整篇文章的内容。这在语文教学中经常遇到。例如，学生在复述一篇较长的课文时，注意到次要的枝节内容而丢弃重要内容，被一些情节所纠缠而不理会文章的实质内容，若需要从文章引申出去作进一步联系实际的理解就更为困难。理解上的表面化，导致初中生在课文复述中的简单化，因此，需要初中生整体把握一篇课文还存在着不少的困难。

(3) 在作文写作上，写作手法运用困难。除了一些训练有素的学生外，初中低年级学生中不少人在写作上存在困难。他们虽然听了老师讲解的多种写作手法，但是轮到自己运用时，仍困难重重。这与初中生的思维能力发展有着直接的关系。首先是对教师的写作手法，字面上理解了，但因缺乏相应的训练，感性上体会不深，从而带来运用上的困难。其次，在写作中伸缩不能自如。许多人写出来的东西干巴巴的，像压缩饼干，或者只有几条"筋"，缺少内容，更无文采。从思维发展的角度来看，以上现象显然是初中生由抽象概括到具体化这个思维环节上不能自如所引起的。可见，完善的思维发展应能根据任务需要由具体到抽象、从抽象到具体运用，只有这样，写作起来才能够随心所欲地提炼、扩展、充实、概括。初中生思维发展还不到这一步，限制了他们写作能力的提高。

(4) 归纳推理胜过演绎推理，复杂推理困难。在逻辑推理上，初中生的归纳推理发展水平高于演绎推理水平。例如，黄煜峰、雷雳(1993)用以下的推理题目对初中学生进行了测试。

归纳题 从事物 A 中发现现象 a、b、c、d；从事物 B 中发现现象 e、f、a、g；从事物 C 中发现现象 h、a、i、j；从事物 D 中发现现象 k、l、m、a。所以(答案)：①在所有事物中有现象 a；②在事物 A、B、C、D 中发现 a、b、c、d、e、f、g、h、i、j、k、l、m；③在事物 A、B、C、D 中都有现象 a。绝大部分学生都选择答案③，正确率达到 88%～93%。

假言演绎推理题 如果天下雨，空中就有乌云。今天天上有乌云，所以(答案)：①今天会下雨；②今天可能会下雨；③今天可能会下雨，也可能不下雨。在演绎推理中，许多初中生还不会借用生活经验，径直选择答案①。因为在答案③中，需要有辩证思维的帮助，所以，初中生的正确率降到了 40%～60%。

复杂推理题 如果你能认真读书，那么你的知识就丰富，如果你常常注意联系实际，那么你解决问题的能力就强；你或者知识贫乏，或者解决问题的能力不强。所以(答案)：①你要认真读书，解决实际问题；②你没有认真读书和联系实际；③你或者没有认真读书，或者不常注意联系实际。初中生在这道复杂推理题的三个答案面前感到困难，许多人受生活经验的影响选择答案①，而正确选择答案③的学生只有 20%左右。

初中生的以上各种表现，初看上去是某些知识缺陷，其实它们和学生的思维发展有着密切的关系，主要是学生的思维能力还不够完善。

(二)初中生思维独立性和批评性得到明显发展

初中生由于知识经验的不断积累、思维水平的日益提高，他们容易高估自己的实际能力，常常不满足于教师或教科书中的解释，不喜欢现成的结论，而喜欢大胆地提出自己的意见。一群初中生聚在一起，经常对国家政治、体育新闻、科学道理方面的问题发生争论，提出怀疑，进行辩论。他们要求独立思考，对什么事都要追根求源的倾向十分明显。

在初中生思维独立性迅速发展时，提出高明见解、大胆设想，在小发明、小革新活动中做出成绩者确实也有，然而从总体上看，他们毕竟经验有限，独立性和批评性还欠成熟，片面性和表面化的倾向难以避免，表现在有时会毫无根据地争论，好走极端，以及孤立地看待事物。这些都有待于他们思维能力的进一步完善，特别是有赖于其辩证思维能力的提高。

第四节 我不是不可理喻——初中生个性和社会性的发展

一、强烈的自我——初中生自我意识的发展

按照艾里克森的观点，青少年期的主要任务是发展角色同一性，防止角色混乱。进入青春期后，与身体迅速发育相比，初中生心理发展还很滞后。这种矛盾给初中生带来了苦恼，使他们自觉或不自觉地将自己的思想从一直嬉戏于其中的客观世界中抽回了很大一部分，重新指向主观世界，使思想意识再一次进入自我，一系列关于"我"的问题开始反复萦绕于心，导致自我意识的第二次飞跃。具体表现在以下几个方面。

1．强烈关注自己的外貌和体征

青春期自我认识的兴趣首先表现在关注自己的身体形象上，强烈渴望了解自己的体貌，如身高、胖瘦、体态、外貌、品位，并喜欢在镜子中研究自己的相貌、体态，注意服装、仪表、风度，注意别人对自己打扮的反应，有时也可能因为某些不甚令人满意的外貌特点而产生极度焦虑。成熟速度(早熟或晚熟)也容易影响对自我形象的认识。

2．深切重视自己的学习能力和学业成绩

初中生的学习能力和学业成绩一直影响他们对自己的能力和在群体中的社会地位以及自尊等情感的认识，并逐渐影响着自我的评价。

3．十分关注自己的人格特征和情绪特征

初中生对自我的认识还表现在对自己的人格特征与自我情绪情感的过分关注上。他们把自己想象为"独特的自我"，把周围人视为"假想的观众"，似乎这些假想的观众随时随地都在关注、观察自己这一独特的自我，常常主观地把自己的自我欣赏、自感不足等都投射到周围人身上。这种过分夸大自己的感受和体验现象是带有强烈主观色彩的自我中心倾向。

二、我的情绪波动大——初中生情绪情感的发展

(一)初中生情绪活动的特点

初中生情绪活动的特点表现在以下几个方面。

1．初中生情绪活动的两极性

人的情绪活动具有两极性，如喜与怒、高兴与痛苦、激动与平静等。初中生情绪的两极性表现极为强烈，而且转化迅速，从而使他们原来就充满热情的情绪活动，呈现出丰富生动、不容易控制的特点。

(1) 情绪体验上的两极性。初中生情绪的两极性，首先表现在对同一事物，同时出现两种对立的内心体验。例如初中生面临考试，他既感到兴奋又不安，兴奋是带有跃跃欲试的心情，不安可能就是有一些担心。一旦考试完毕，学生感到一阵轻松，而在轻松的同时，难免对成绩好坏产生担忧。这种快乐与悲哀、愉快与忧愁、肯定与否定的情绪体验，从性质上说应该是相互排斥、绝对对立的，然而在初中生的情绪活动中却同时表现，而且显示出协调与统一的一面。这反映了许多事物对初中生这个主体具有多层次、充满生机的不同意义，反映了主、客体之间相互作用的无限生动性。

(2) 情绪效能上的两极性。情绪的两极性还表现在对于同一种情绪，可能会出现两种对立的效能。例如，恐惧与焦虑的情绪，可能使初中生出现旺盛的斗志，增强他们的活动力量；也可能减弱初中生的活动力量，使其在情境面前手足无措而丧失斗志。情绪效能上的两极性，主要表现在增力与减力的不同作用上，这是由初中生当时的心理准备状态来决定的。就考试活动而言，初中生如果思想准备充分，复习措施扎实，多设想几套准备应付的方案，就能有效地防止减力情绪对考试成绩的影响。在体育竞赛中也是如此，学生如果充分了解对手的技术特点，设想几套临场变换方案，坚持发挥自身的特长，往往就能克服

惧怕的心理反应，而冷静地处理赛场上瞬息万变的情况。

（3）情绪性质上的两极性。情绪两极性的另一种表现，是以情绪效能是不是有利于初中生身心健康，或者是不是有利于初中生当前活动任务的完成而区分为积极性情绪和消极性情绪。情绪的积极和消极性质，要求结合具体情境与需要加以确定，不能一概而论。例如，轻松的情绪状态可能有利于初中生的身体健康，然而却不利于学习和工作任务的完成，按照心理要求，适当的紧张度是出色完成学习和工作任务所不可缺少的。

2．情绪体验迅速

初中生情绪活动在反应时间上的特点是情绪体验迅速。他们的情绪反应来得快，平息得也快，维持的时间相对较短。尤其在初中低年级的学生身上，还经常见到他们像儿童那样"破涕为笑"的现象，可见初中生的情绪活动仍然存在着喜怒无常的不稳定性。

情绪体验迅速，意味着初中生的情绪反应很快能达到激烈的程度。研究表明，无论是快乐的还是悲痛的情绪反应，或者是出乎意料的突发事件，都会因为初中生心理准备状况的不同而出现反应强度上的差别，越是意外的、突然出现的诱发因素，导致的情绪反应也越强烈，不管它是快乐的还是悲伤的、肯定的还是否定的，无一例外。

根据初中生的这一特点，我们对学生的思想工作要做到有预见性，对可能的极端情况要防患于未然。那种缺乏思想准备、突如其来的劣性刺激会使初中生产生强烈的情绪反应，降低理智的调节作用，学生容易出现不顾后果的轻率行为。若教师能够帮助初中生掌握分析问题的方法，多几种心理准备，初中生即使产生情绪上的波动，也不会出现极端的反应。

3．情绪活动的外露性

初中生的情绪活动，相比之下还是外露的占多数。有经验的教师，比较容易从学生的面部表情和学生对某一事物的态度来了解他们的内心世界。初中生敞开心扉接受大千世界带给他们的无穷无尽的信息，像海绵吸水那样吸收着出现在周围的各种各样的知识，纯洁、天真、单一是他们情绪活动的基本面，遇到高兴、欢乐的事，他们无遮无拦、开口大笑；遇到困难、伤心的事，他们双眉紧锁、哭丧着脸。因此，在课堂上，注意学生表情的老师，不仅可以从初中生的脸部、身体动作上了解到学生是高兴还是不高兴，是满意还是不满意，而且还能看出初中生是听懂了还是不很懂，是遇到困难还是思想开小差。初中生情绪活动的外露特点，给教师提供了了解学生的方便途径；即使遇到不易暴露思想的个别学生，教师也不能采用简单的办法，不能急于求成，而只有通过耐心细致的工作，才能慢慢开启学生的心扉，以取得良好的教育效果。

随着年级和年龄的变化，到了初中高年级以后，学生的外露性情绪特点也会随着他们内心秘密的增加而变得复杂起来，这时文饰的、内隐的情绪活动增多，情绪活动的闭锁性将部分替代外露性，出现转向青年阶段的情绪特点。

4．富于活力的情绪状态

初中生以上这些情绪活动的特点在情绪状态中能够得到集中的反映。为了方便心理分析工作的进行，心理学按情绪活动在时间上的允许情况和情绪发生的强烈程度，将人的情绪活动分为热情、心境、激情与应激等基本的表现形式。

（1）热情。热情是一种强有力的、稳定而深刻的情绪状态。这种情绪状态是反映人的深层情感，与人的信念和世界观联系在一起的情绪活动，因此，热情具有深刻性和稳定性。当一种热情占据初中生的整个身心时，热情指向的社会价值便会充分显露出来，产生不可估量的力量，鼓舞学生去为实现目标而奋斗。热情也是初中生个性的核心品质。对同学热情的人，对老师、家长、兄弟姐妹也往往是热情的；对别人热情的人，最终也会收到他人热情的回报。

(2) 心境。心境是一种比较持久而微弱的情绪状态。心境具有弥散性和感染性，是在某段时间内使初中生的所有活动都打上同样情绪色彩的心理现象。初中生在兴致勃勃时，对周围发生的任何事情都表现得兴趣盎然。良好的心境有益于健康，也有利于学生深层情感的沟通，教育者和被教育者之间在共同心境下，能实现情感的回流与呼应，做到相互通达，取得最佳的教育效果。

初中生心境不好大多是由于学习、生活环境中某种困难所引起的。学习成绩的好坏、老师对他的态度、父母对他的关心情况以及同学之间相处是不是和睦，都可能引起比较持久的心境变化。教师应有的放矢地教育初中生主动调节心境状态，使之保持乐观的情绪状态。

(3) 激情与应激。激情与应激都是强烈的、短暂的、爆发式的情绪状态。相比之下，应激是指出乎意料的情绪状态，因而较激情的反应更加强烈，更加缺乏心理准备，带有突发的性质。

正因为初中生容易兴奋，富于情绪体验，理智抑制能力较差，激情和应激的情绪状态时常发生。一般来说，激情主要是由对学生有重大意义的强烈刺激所引起的，例如，那些长期压抑的情绪突然得到释放、渴望已久的愿望得到满足、日思夜想的期望突然破灭、合理的主张被无辜歪曲、人格受到侮辱等，都可能激发初中生的激情。所以，激情有积极的一面，也有消极的一面，注意保护和激励初中生具有积极意义的激情，是教育的目标之一。

应激状态能反映出初中生个人的理智控制能力。在应激状态下，一种人可能是目瞪口呆、手足无措，陷入一片混乱之中；而另一种人则可能急中生智、果断机智，及时摆脱困境。

🌐 **心海畅游 8-9** 对中小学生影响最大的十个应激性生活事件
(扫右侧二维码)

心海畅游 8-9

初中生以往的生活经验以及有针对性的训练，对发挥应激的积极作用和防止其消极作用具有重要的意义。在教师指导下让学生经受各种各样的锻炼，是提高初中生应激水平的重要途径。

(二)初中生情感活动的特点

初中生的情感发展受社会、历史的制约，不同的历史时代，不同的社会制度，初中生的情感发展也会发生相应变化。情感既是一个人情绪活动的深化，又是主体接受社会教育的结果。根据学生的实践活动，社会性情感主要有道德感、理智感和美感。

1. 初中生道德感的发展

道德感是根据社会道德行为准则来评价自己和他人的行为时所产生的态度体验。自己和他人的行为、思想、意图等，如果符合自己掌握的道德标准，便产生满意、愉快等肯定性的情感；否则，便产生不满意、厌恶等否定性的情感。从调查结果来看，我国初中学生的一般道德认识发展是健康的，从初一开始绝大多数学生对诸如如何正确对待外国友人，以及如何正确对待集体和同学之间的友谊等情感认知方面的问题，有了较为正确的理解，并且努力以此来管理自己的行动，使之符合社会准则。

道德情感本身也是有层次的，深层的核心问题是关于人的幸福观即什么是幸福与如何获得幸福的问题。现代社会随着科学技术的高度发展，有些人衡量幸福的标准是金钱和物质享受，这种倾向也在不同程度上影响了初中生，使部分初中生幼稚的心灵产生不择手段、金钱至上的思想。

2. 初中生理智感的发展

理智感是初中生在认知过程中形成并发展起来的。初中生的认知活动越深刻，求知欲越强，追求真理的兴趣越浓，他的理智感也就越深刻。深刻的理智感不仅表现在解决问题的过程中，而且表现在获得成功以后的态度上，特别是功成名就以后对事业的态度，更能集中反映人们理智感的深刻性。

初中生的理智感着重体现在学习过程中。具有积极而深沉的理智感的学生，在学习中一般表现出以下特点。

(1) 成功、愉快的体验占主导地位。成功的、愉快的学习情感是积极的情感体验。它与失败、烦恼的消极体验不同，能使初中生经常享受到满意和肯定，有利于学习信心的形成和提高。即使在学习中遇到暂时的困难或挫折，具有积极性情感的学生，也能总结经验，努力摆脱困境，而不是被困难所吓倒，更不会丧失学习的信心。

在集体中，初中生开始时较多注意自己的绝对成绩即分数的高低，较高的分数会使他们感到满意，产生相应的愉快体验。但在初一的期中考试或期末考试阶段，许多学生转而以班集体中的名次排列为依据，对自己的成绩作出肯定或否定的评价。评价标准上的这种转变，是学生之间学习竞争激化的表现，它预示着学生心理发展的成熟程度，成熟早的学生，自觉出现以名次排列评价自己学习成绩的时间也早。有些心理发展成熟很迟的初中生，在整个初中阶段都不能出现以上的转变，即使出现也只是被动的而不是主动的，当家长问到他"第几名"时，他才意识到成绩的名次，但是仍然不能从名次排列中获得学习动机。

(2) 自觉确立学习目标。具有积极性学习情感的学生，能够自觉确立自己近期的、远期的学习目标，并且采取切实措施，努力实现目标。初中生确立的学习目标，一般以具体的近期的目标为主，例如，下一次测验要得多少分，要追上或超过比他好的某个同学；远期学习目标的确立只在少数学习成绩特别优秀、心理发展成熟较早的学生中出现，而且相对近期目标来说，也显得比较模糊，不一定有完善的实施措施，停留在口头上的较多，带有设想的性质。

积极性学习情感体验不一定都是满足的、肯定的体验，有时候一定程度的焦虑感、紧迫感，反倒能使初中生看清自己的不足与欠缺，以便采取明确的有针对性的补救措施，这样，反会导致积极的结果。这一类学习焦虑情感体验依然属于有利于学习活动的积极性情感。

有些初中生毫无目的，整天浑浑噩噩，对这样的初中生，首先必须解决其学习目的、学习动机问题。自觉确立学习目标是积极性学习情感的一个很重要的内容，对初中生的学习动机有重要影响。

(3) 体验相对平稳。具有积极性学习情感的初中生，无论是对成功抑或是对失败的情感体验，都相对平稳、冷静，表现出较高的理智程度。那种为点滴成绩而欣喜若狂、为微小失败而垂头丧气等情感大起大落的不稳定现象是不成熟的表现，在学习成绩优异的初中生中很少出现这种现象。与此相反，经常出现消极情感体验的初中生，情感上相对容易波动。

(4) 正确对待成功。是否能正确对待学习上的成功，反映出初中生理智感的完善程度。具有积极性学习情感的初中生，在他取得成功的时候，还能同时看到自己的不足与需要进一步改进的地方。与此相反，那种有了点进步就沾沾自喜、被胜利冲昏头脑的初中生，是理智感不全面、不完善的表现。他们分析成功的原因时，喜欢突出内部原因，有意强调自己的作用，甚至高估自己，并由此而提出不切实际的计划设想。这些都需要教师及时指出，并正确引导。

3. 初中生美感的发展

美感是人根据自己的审美标准，对客观事物做出评价时的情感体验。每当人们欣赏大自然的秀丽风光、动听悦耳的音乐、矫健的形体、明快的线条、和谐的色彩时，内心会产生美的快感，这种人所特有的情感会唤起人们对美的追求，成为心理活动的动力。

在成人的影响下，儿童从很小开始就有一定的美的"主见"，婴儿对悦耳的音乐表现出高兴、愉快的反应；幼儿园中班(4～5 岁)前后，儿童就懂得"漂亮"与"不漂亮"，有的孩子开始挑漂亮的衣服穿。因此，美感开始出现的时间较早，但美感的成熟期却很难确定。在文化教育的影响下，初中生一般已经开始注意自己外表的美化，力求使自己做到外表美和内心美的统一。在对男、女生的比较中，有人发现女生比男生更注意打扮自己，希望自己能更漂亮一些，长得漂亮的女生比一般女生表现出更多的自信心和优越感。美感的发展，尤其是对艺术作品鉴赏能力的提高，有赖于美的经验、美的知识储备以及欣赏技能、技巧的相应提高。

三、我还需要锻炼——初中生意志发展的特点

初中生的意志发展是在小学阶段发展的基础上起步的，虽然比小学生有了长足的进步，然而将初中生同高中生相比，他们的意志发展还很不完善、很不稳定。

1. 近景性动机占主导地位

一般初中生理解学习目的还很肤浅，纵使家长和教师对他们经常进行远大理想的教育，在理解和体会中，他们还很难将自己的行为同远大目标真正联系在一起。他们在执行各项任务时，想得最多的是如何按时完成任务，而不是完成任务的意义。

在学习中，对初中生经常起作用的是一些近景性动因，例如，某次考试失败，某人的成绩超过自己，为此而有所触动，决心下一次要赶上去；今天家长向他提出某些要求，他会努力照办，如果明天家长不再强调，他很可能也就不再重视这些要求。这样的表现在初中生身上屡见不鲜，这说明初中生的意志过程中的目的性定向是以近景性动机为主导，还难以理解过远、过于深刻的意义，更难付诸实践。

2. 决心大于行动，计划难以持久

初中生的自控能力和心理调节能力都还比较弱，但是初中生的自尊需要和独立倾向相对表现强烈，这就出现了初中生的内心需要与意志调控能力之间的失调，导致他们在具体

事情的处理上经常表现出决心很大、信心十足，而行动上却迟疑不决、摇摆不定。因此初中生常常出现制订的计划不能兑现、长远目标的规划难以持久等情况。

3．内部调节能力低下

初中生战胜困难，将预定计划付诸实施的能力很有限。其中有方法问题，即初中生还不善于应对各种各样的困难，然而更主要的是初中生意志力不够完善、对行动的目的和意义理解得不够深刻、内部意志调节能力低下等原因所造成的。

阻碍学生实施计划的主要困难来自内部和外部两个方面，就初中生来看，内部因素的影响起着主要的作用，内部干扰的危害性也更大些。例如，不少教师和家长经常反映某某学生"贪玩"，有些意志薄弱的初中生经不住社会不良风气的诱惑。这类现象初中生比高中生更容易发生，原因就在于初中生主观认识不够全面，社会经验不足，缺乏意志调控能力。

4．行动上具有盲目性和冲动性

由于初中生意志发展不够完善，加上情绪活动的两极性特点，他们行动上的盲目性和冲动性，往往比高中生更为常见。从这一点上讲，初中生的意志还是不自由的，因为只有服从客观规律的愿望和行动，才可能是自由的行动。

综上所述，初中生的意志发展正处在由小学向高中过渡的阶段，虽然有变化明显、发展迅速的一面，同时也存在着很不稳定、很不成熟的特点。初中阶段的这种承前启后的发展时期，对人的一生起着十分关键的作用。因此，教师的指导和家长的帮助对于初中生的健康成长是必不可少的。

四、不全是我的问题——初中生处于第二逆反期

儿童在逆反期中的逆反，主要是指儿童对父母的依赖与自主之间的纠葛，以及由于对立而造成的子女与父母之间的矛盾冲突。这种状态的延续阶段就是逆反期。三四岁幼儿处于第一逆反期，初中少年(由于发展的不平衡，也可提前到小学高年级，或延迟到高中初期发生)进入第二逆反期。

(一)第二逆反期的表现

1．为独立自主意识受阻而抗争

初中生滋生了强烈的独立自主的心理需求，而父母往往对此缺乏认识，总想在精神和行为上予以约束和控制，导致儿童的逆反。

2．为社会地位平等的欲求不满而抗争

初中生需要成人将其视为独立的社会成员，给予平等的自主性，父母却一味地把他们置于"孩子"的地位，而予以保护、支配和控制，从而导致逆反，使亲子矛盾突出。

3．观念上的碰撞

初中生逆反的对象主要是父母，但也具有迁移性。当某人或某集团成员的言行引发其反感时，他们便会排斥或否定该人物或该集团的作为，有时因情绪左右，会将是和非一起

排斥。

(二)第二逆反期的形成原因

第二逆反期的成因，集中在生理、心理和社会三个方面。

(1) 生理方面：由于身体加速成长，生理迅速成熟，使初中生产生"成人感"——自以为已经成熟。又因为发展的不平衡，他们在知识、经验、能力方面并未成熟，只处于半成熟状态。这就造成成人感与半成熟现状之间的矛盾，这种矛盾是造就逆反期的主要原因。

(2) 心理方面：由于自我意识的飞速发展，使初中生进入"心理断乳期"，在心理上要摆脱对父母的依赖，要以独立人格出现。因为发展的不协调，他们的心理能力明显落后于自我意识，从而呈现难以应付的"危机感"。

(3) 社会因素方面：进入中学以后，学习环境和教与学的要求都发生很大的变化，这种更高的要求，势必激励他们产生"长大成人"的责任感。另外，这个年龄阶段的个体非常重视自己在同龄群体和朋友中的地位，他们力求找到知心朋友，渴望得到别人的接纳和尊重。为此，他们要力争一个独立的人格。当自主性被忽视或受到阻碍，人格伸展受阻时，就会引起逆反。

逆反期的出现是儿童心理发展中的正常现象，在某种意义上说，也是发展的必经途径。对这一现象应予以客观的正确的认识，更需要帮助他们顺利度过这一人生中的特殊转折期。

(三)第二逆反期的逆反形式

逆反的形式可归纳为如下三个方面。

(1) 外显行为上的强烈抵抗。主要表现为态度强硬、举止粗暴，且往往具有突发性，自己都难以控制，事后会后悔而平静下来，但再遇到矛盾，又会以强烈冲突的方式应对。

(2) 将反抗隐于内心，以冷漠相对。他们不顶撞，对不满的乃至需反抗的言行似乎置若罔闻，但内心压力很大，充满痛苦，并会将其内化为不良的心境，难以转移。

(3) 反抗的迁移。表现为迁怒于其他人或事物。

(四)第一逆反期与第二逆反期的异同

第一逆反期的独立自主要求，主要在于争取自我主张和活动与动作的自主性与自由权；第二逆反期的独立自主要求则是全面的，从外部因素深入到内在因素，从行为表现到要求人格的独立。

(五)如何对待第二逆反期的儿童

青春期少年的情绪表现，有时相当激烈、粗暴，甚至失控，有人用"急风暴雨"来形容。人们认为平常的是是非非，却在他们那里引发出高强度的反应。有时他们情绪高涨、热情洋溢，有时又会消极低沉、孤独压抑。这些烦恼和激情是他们自己难以控制的。如果消极情绪转化为心境，会使他们长期处于焦虑的情绪背景中。在这种心境和情绪背景之下，遇到不满或不平之事，遇到挫折或对抗，很容易爆发突发式的情绪，尤其是在父母面前更容易失控。作为父母要善于体谅他们的情绪状态，体谅他们的困境，不要"硬碰硬"，要善于因势利导帮助他们渡过难关。

第二逆反期有多种特点、多种表现形式，又与少年儿童的教育条件、所处的环境与遇到的各种问题有着密切的关系，因此可以通过各种形式帮助儿童顺利度过这一困难期。

1. 父母需要正视少年儿童的反抗期，正确处理亲子关系

逆反期是少年自我意识发展、成人感出现所带来的心理和行为表现，是发展中的正常现象，作为父母，一定要正视这一现象，千万不能不知所措或陷入与儿童的矛盾之中。如果将自己作为矛盾的一方与孩子纠缠不清的话，会使问题复杂化，甚至严重化。

父母要认识到逆反期矛盾的焦点所在，即：青少年对自己发展的认识超前，父母对他们发展的认识滞后。少年儿童的认识超前是指自己具有成人意识而不具备成熟的心理条件；父母的观念滞后，主要表现在他们只注重孩子半成熟的一面，而忽视子女的成人感这一发展事实。父母应该正视的现实是，到这个时期父母不能再把子女作为支配的对象，子女也已经不再依从父母，而成为独立的自我。

2. 父母帮助少年儿童顺利度过逆反期

父母要做到以下几点，才能帮助少年儿童度过逆反期。

(1) 在逆反期到来之前父母就要做好思想准备。注意调整与孩子的关系和改善对待孩子的态度，为正确对待逆反期做好铺垫。

(2) 尊重少年儿童的独立自主要求。尊重他们所需要的隐私权，遇事多与他们商量，倾听他们的意见。

(3) 以友相待。父母与少年儿童相处时，要和他们建立朋友式的友谊关系，能够交流思想，吐露心声，能够进行良好的沟通，以朋友的关系对他们进行帮助和引导。

(4) 引导子女正确地接纳自己的变化，正确对待自己成长、发展中所遇到的困难和挫折。

父母知识窗 8-2 父母要教子有方(扫右侧二维码)

父母知识窗 8-2

五、初中生人际关系的发展

人际关系是人与人通过交往和相互作用而形成的直接的心理关系，它反映个人或团体满足其社会需要的心理状态。人际关系的发展变化决定于双方社会需要的程度。

(一)初中生的同伴关系

心海畅游 8-10 他们发生了什么(扫右侧二维码)

心海畅游 8-10

同伴(通常是指同龄人或同辈人)关系是指由于共同的兴趣、需要、态度等自发形成的彼此在心理上的相互关系。从这种关系中，同伴成员可以学习很多社会所必需的知识和技能。初中生形成良好同伴关系，对于以后适应成人社会具有重要意义。

1. 初中生同伴交往的特殊性

初中生同伴交往的特殊性表现为逐渐克服团伙的交往方式，他们拥有最好朋友的数量从 4～6 个逐渐减少到 1～2 个。他们选择朋友的标准主要包括以下几个方面：有共同的志

趣和追求、有共同的苦闷和烦恼、性格相近、在许多方面能相互理解等(Buhrmester，1996)。

相对于成人的人际关系来说，初中生的人际关系比较单纯，大多数初中生的交往功利色彩较少，感情色彩浓厚。但这种单纯性也往往因带有极大的理想色彩而遭遇挫折。他们希望交往不带任何杂质，并以理想的标准要求对方，一发现对方不好的品质就可能深感失望。

进入青春期以后，男、女同学之间的关系也发生了变化，表现出先疏远、后接近的行为模式。在幼儿期和童年期，儿童之间的交往一般是不分性别的。处于青春期的学生，随着性意识的觉醒，开始对异性逐渐产生兴趣。刚开始时，他们对于异性的兴趣是以一种相反的方式来表达，表现出漠不关心、轻视对方，甚至以一种不友好的方式攻击对方。到初中后期，男女之间逐渐开始融洽相处，但一般都不将对对方的情感表露出来，多数都成为一个人永久的秘密。

2．初中生同伴团体的形成

具有相同的需求、需要或态度的初中生聚在一起，形成同伴团体。研究发现，大多数初中生都会加入非正式的小团体，这种同伴团体的发展在初中生阶段达到顶峰状态。相对于小学、高中或大学来说，初中生的同伴团体最为活跃。

决定初中生加入团体的因素主要有：空间距离、年龄、性别、个人的品质和行为方式等。初中生交友的范围主要在班内或校内。有80%以上的初中生，其多数朋友住得比较近，仅约20%是离得比较远的。初中生所交的朋友大多数是同岁或相差1~2岁的同伴，年龄相差3岁以上的朋友较少。初中阶段学生的同伴关系主要还是体现在同性同伴之间。具有友好、谦虚、助人、诚实、勤奋、好学、整洁、慷慨及谈吐文雅等良好品质的初中生深受同伴的喜欢。

心灵考场 8-1 "人缘儿"水平自我测量(扫右侧二维码)

心灵考场 8-1

(二)初中生的师生关系

除了父母，与初中生保持长久而密切关系的少数成年人就是老师。与初中生的同伴关系相比，师生关系表现出自身的特殊性，它对初中生的学习以及能力、个性的发展都有重要影响。

1．初中生师生关系的一般特点及其重要性

(1) 初中生主要在学习、工作上与老师发生联系。通过调查初中生人际选择的特点发现，对于课余时间的交往选择，初中生对老师和父母的选择水平相当，但远远低于对同伴的选择；初中生在谈心里话的对象选择上，把老师放在很次要的地位。但是当初中生在学习上遇到困难时，他们更多地选择老师为求助对象，而不是选择父母。此外，有研究者(陈仙梅，1989)调查初中生在完成社会工作时与成人的交往情况，结果表明有30.7%的初中生与班主任或任课教师打交道，这种选择高于他们对父母或同学、朋友的选择。

可见，初中生虽然在许多方面愿意与同学、朋友交往，但是，在解决学习上的困难、完成复杂的具有社会意义的工作时，他们常常求助、求教于老师。

(2) 初中生师生关系的特殊性。在师生关系中，教师是其中成熟的一方，是受过职业

训练、要对另一方进行诱导和教育的人，因此教师往往是师生关系中极为主动的一方，他们更多的是作为行为的发动者。

初中生的师生关系有很多地方与小学时不同。

首先，初中生身心剧变的同时，独立意识大大增强，各方面的能力也大大提高。所以，初中生不再像小学生那样把教师看作至高无上的，认识能力和自我意识的进一步发展，使得他们在小学时对老师的权威性的感受、对老师的显然的服从性以及不论在家里还是同伴中都认为老师的话绝对正确的看法，都发生了本质的变化。此时，初中生对老师有新的认识，并有更高的要求，他们对于喜欢什么样的老师也有更明确的看法。总之，初中生已能以批评的态度去看待他们的老师。

其次，初中生的师生关系与其同伴关系、亲子关系的一个重要区别是，师生关系带有一种强制性，即初中生与某些老师之间发生的交往是他们自己无法选择的。学校对某个班的班主任、任课老师或辅导员的安排，实际上也就决定了这个班的学生与这些老师不可避免的联系。不管他们对这些老师是喜欢还是厌恶，也不管他们之间的关系是紧张还是融洽，这种交往在一段时间内都将继续下去。所以，建立师生之间良好的人际关系，对于教育工作具有重要的、积极的意义。

2. 建立良好的师生关系

良好的师生关系是师生之间在心理上形成的稳定的、持续的、比较融洽而亲密的关系。良好师生关系的确定，是师生双方相互作用的结果，这一过程要经历三个阶段，即相互吸引、建立亲密关系、保持或继续这种亲密关系。其中教师的素质和学生对教师的态度起着主要作用。

(1) 初中生对老师的态度。有研究考察了中小学生对教师的态度，从以下两个方面分析了学生喜欢或讨厌教师的原因。

首先，研究发现，初中生喜欢的教师需具备以下特征：在活动技能方面，他们讲课有趣，喜欢体育活动；在性格特点方面，他们和蔼、严格；在思想作风方面，他们公正、认真；在工作态度方面，他们对学生的学习负责，能为学生着想；在学识能力方面，这些老师的教学方法灵活，讲课清晰明了。这说明初中生已较为深刻地认识到学习是社会义务，意识到自己的主要任务是学习，他们有学习的愿望和积极向上的要求。同时，他们希望教师能够爱护他们，关心他们的进步，满足他们的求知欲，尊重他们并公正地对待他们。

其次，研究也揭示了初中生最不喜欢的教师的一些特征：教学不负责任、东拉西扯无计划，只顾自己讲，不管学生懂不懂；讲得呆板、照本宣科、枯燥无味、不清楚；偏听偏信，处事不公正，小题大做；主观，不调查研究就下结论批评人；讲完课就走，不与学生接近，不关心学生；不能以身作则，言行不一致，不认真批改作业；对学生要求不严，只管讲课，不管课堂纪律；不和蔼，整天脸无笑容；等等。

由此可见，学生对教师的要求是全面的。不能很好地传授知识、不能满足学生的求知欲，以及不尊重学生、不关心学生的教师是不受欢迎的。

(2) 良好师生关系的建立。上述研究成果表明，良好师生关系的建立有两个基本条件：一是教师要能胜任自己作为知识传授者的职责，二是教师要尊重和关心学生。

☞ **心灵小品 8-1**

不要试图让所有人都喜欢你

处理人际关系的准则有许多，但最重要的一条是："不要试图让所有人都喜欢你。"

有人问孔子："听说某人住在某地，他的邻里乡亲全都很喜欢他。你觉得这个人怎么样？"

孔子答道："这样固然很难得。但是在我看来，如果能让所有有德行的人都喜欢他，让所有道德低下的人都讨厌他，才是真正的君子。"

孔子关于君子的具体标准也许并不适合现代人，但有一种精神是很值得我们学习的——不要做老好人，不要试图去获得所有人的欣赏，按照自己的原则去做事情。

资料来源：冯利. 心理健康教育. 北京：机械工业出版社，2007.

(三)初中生与父母关系的变化

🌐 **心海畅游 8-11** 与父母的关系(扫右侧二维码)

心海畅游 8-11

初中生通过逆反走向自主自立。进入青春期以后，孩子不再继续以父母为榜样，代之为看到父母也有很多缺点，对父母的依赖减少，反抗性情绪增加。同时，由于自身洞察力与对他人认识能力的发展，初中生能够从人的整体人格对父母的优缺点进行全面的评价，认为父母虽有缺点，但应受到尊重。他们与父母之间的关系发生了微妙的变化，这种变化表现在许多方面，具体如下。

(1) 情感上的脱离。青少年由于在情感上有了其他的依恋对象，与父母的情感便不如以前亲密了。

(2) 行为上的脱离。青少年要求独立的愿望十分强烈，在行为上反对父母对他们的干涉和控制。

(3) 观点上的脱离。青少年对于任何事情都喜欢自己进行分析和判断，不愿意接受现成的观念和规范。因此，他们对于以前一贯信奉的父母的许多观点都要重新审视，而审视的结果与父母意见常常不一致。

(4) 父母的榜样作用削弱。随着青少年生活范围的扩大，会有其他成人形象通过各种途径进入他们的心目中，这些人物又都是些近乎理想水平的形象，相形之下，父母就黯然失色了。另外，随着青少年思维水平和认识能力的提高，会逐渐发现存在于父母身上的、过去未曾觉察的某些缺点，这也会削弱父母的榜样作用。

第五节　青春期的心理问题及心理卫生

一、青春期常见的心理社会问题及预防措施

(一)成瘾行为及预防

进入青春期后，青少年与社会的接触更广泛，也会更容易受到社会不良因素的影响。青少年群体中比较常见的成瘾现象主要有吸烟成瘾和网络成瘾。

1．吸烟成瘾及其预防

吸烟行为在青少年中非常普遍。据统计，目前我国 9～12 岁小学生中有 10%～15%的人吸烟；12～15 岁的初、高中生中约有 35%以上的人吸烟。

当前青少年吸烟的状况主要有以下特点：男生吸烟的比例较高，少数女生也吸烟，而且目前女生吸烟人数有发展的趋势，开始吸烟的年龄变小。

1)　影响青少年吸烟行为的主要因素

从我国情况来看，影响青少年吸烟行为的主要因素有下列四个方面。

①　社会吸烟的风气很严重，在公共场合和日常生活中经常看到有人吸烟，这对青少年吸烟行为有着潜移默化的影响。

②　家庭中父母及兄弟姐妹的吸烟行为和态度会起到强化和示范作用，有些青少年的吸烟行为与父母的监控不适当和亲子关系不良有关，家庭的社会生活背景也有一定影响作用。

③　同伴群体在青少年发展中具有成人无法替代的作用，青少年所属群体对吸烟的态度和团体的性质等都会影响到青少年吸烟与否及吸烟的多少。

④　心理上的自我满足。中学生正处于青春期，心理上有较大的变化，容易对吸烟产生好奇心，这种独立意识和成人感的需要，使中学生容易染上吸烟行为。

2)　吸烟行为的预防策略

对于青少年的吸烟行为的预防策略主要分为以下几方面。

①　制定公共政策。此类政策已经在许多国家严格实施。为减少香烟对青少年的恶劣影响，禁止或限制烟草广告，特别是限制那些以青少年为主要对象的假借体育和文化活动为名的烟草广告，禁止向学生和儿童等未成年人出售香烟等。这些支持性政策为预防吸烟提供了必要的框架。

②　创造支持环境。支持环境不但指在学校、家庭和社区环境中开展预防吸烟的各种活动，还包括心理和社会的环境。

③　发展个人技能。有一种预防青少年吸烟的策略称为生活技能训练法。这种方法的原理是：如果青少年可以通过训练增强自尊和他们的社会技能，他们就不再会感到需要通过吸烟来支撑自我形象，社会技能可以增强孩子认为自己有价值的信念。这种方法在减少吸烟行为上显示出较好的效果。

2．网络成瘾及其预防

网络成瘾，又称为网络性心理障碍或网络依赖等。网络成瘾的人主要表现为一种不自主的强迫性网络使用行为和在网络使用过程中不能有效控制时间，并且随着网上活动带来的满足感的强化，使用者出现难以自拔的上网行为。

青少年网络成瘾的原因主要有以下三个。

(1)　网络本身的特征。网络本身有匿名性、时间快、范围广、自由度高等特点，可以使人际交流具有很大的吸引性，同时可以不受现实生活交流的限制。

(2)　人格特征。那些具有高焦虑、低自尊、抑郁倾向、自我控制能力差等方面特征的青少年更容易网络成瘾。

(3)　家庭和学校环境。家庭和学习的压力会导致青少年产生情绪、认知、人际关系等方面的失调，因此他们就会借助网络来舒缓压力，逃避现实中遇到的困难。

对网络成瘾的青少年可以采取以下干预措施。首先，与网瘾青少年一起发掘他们对电脑、网络沉迷的原因，帮助他们认清自身的需要，树立自信心，积极寻求满足需要的其他途径所在，从中选择正确的思维方式和解决办法，从而摆正电脑与网络在现实生活中的位置，改善上网的心态。其次，对网瘾青少年应给予相应的现实生活方面的辅导。如果发现网瘾青少年是因为人际交往困难、社交失败而丧失信心、沉溺于电脑和网络，则需要对他进行社交技巧、社交思维等方面的指导，从而帮助他重建自信，重新投入社交群体当中。随着其社交情况的改善，培养其参与社会交往的兴趣，最终达到让他融入、适应现实生活和社会的目的。这是最关键也是最有效的办法。最后，应培养网瘾青少年在上网时有明确的目的性和时效性。在治疗上可以借用其他戒断中的一些做法，比如上网时间递减法等，使之逐步消除对网络的依赖。对于较严重的患者，可辅以适当的药物治疗。总之，对网络成瘾行为进行干预应以心理咨询、辅导为主，药物治疗为辅。

(二)抑郁、焦虑及其预防

抑郁通常用来描述一种普遍的悲伤、痛苦或失望的情绪状态，是青少年较为普遍的心理困扰。抑郁一般会表现在情绪、认知和行为上，情绪上的主要症状有压抑、沮丧、对各种活动都不感兴趣，在认知上表现为注意力不集中、记忆衰退、犹豫不决等，在行为上出现厌食、逃学等症状。

有研究报告了青少年抑郁的不同发展范式：13～15岁抑郁心境急剧增加，在17～18岁达到高峰，随后下降到成人水平。青少年抑郁患病率远远高于儿童，其终生患病率与成人接近，低者4%，高者达25%，这表明成年抑郁症通常在青少年时期已发病。大多数研究认为，儿童期12岁以前，抑郁症男女患病率大致相同，但青少年时期，女性患病率明显上升，与男性之比大约为2∶1甚至3∶1，与成年人基本相当。

造成青少年抑郁的原因有很多，除了遗传和生物学的因素外，主要有两个因素的影响：一个是创伤性应激事件和持续积累的不良体验，另一个是个人的认知特征。对青少年来说，来自家庭中的家庭环境气氛、父母教养方式、亲子关系等以及学校中的师生关系、同伴关系、学业成绩等都可能构成威胁青少年的生活的应激事件，从而导致青少年的抑郁(徐馨琦，2005)。在对青少年人群的研究中，抑郁主要与学业能力和社会能力两个领域相关。

摆脱抑郁要注意以下几点。

(1) 树立信心。虽然一个人的性格的确受到先天遗传因素的影响，但起决定作用的还是后天的环境、教育及自我努力。对于青少年来说，性格还没有完全定型，具有一定的可塑性。只要自己愿意付出长期的努力，这一秉性还是可望改变的。

(2) 找出原因。忧郁的性格大都是由于家庭或者学校教育方法不当造成的，有的可能是受过某种打击造成心灵的创伤，有的是其他不良心理引起的，也有的可能自身患有某种疾病或存在某方面的缺陷等。在弄清原因后，能改变的要尽力设法去改变，对实在不能改变的客观现实也要正确认识，丢掉包袱，去掉顾虑。

(3) 主动与人接触。良好的人际关系只有在交往中才能建立。人际交往是有相酬性的：你与人家交往，人家也才愿意与你交往。

(4) 主动关爱别人。只要自己主动伸出善意的手，迟早会被许多相同的手握住。在这些交往的人群中选择一些益友进行深交，将你长期闭锁的心灵向可信赖的知己敞开，让孤独寂寞感在这种深厚的暖流中融化、消失。另外，还需要培养各方面的兴趣，避免冷漠心理，这样就有可能充实乐观起来。

焦虑比抑郁在青少年中表现得更为普遍。屈坚定(2003)的研究显示，在被调查的13～16岁学生中，有70%的人自称有很多忧虑，将近半数说他们的生活缺少乐趣并且使他们紧张，超过1/4的人说存在睡眠障碍。在焦虑的主要来源中，与学校有关的项目占到了2/3。将近半数学生对大量的家庭作业感到焦虑，一半左右焦虑与离校后的就业相关。

青少年的抑郁与持续的焦虑，若不加以治疗会对成年后的工作、家庭和社会生活产生持续的不良影响。但是，由于人们通常认为青少年，尤其是青春期的少年正处于情绪不稳定的时期，许多人认为抑郁只是青少年必须经历的一个阶段，这导致家长和教师很少注意到青少年的抑郁症状，有70%～80%患抑郁症的青少年没有得到任何治疗。

(三)青春期精神分裂症

从15岁开始，青春期精神分裂症发病率明显增多，到青年期达到高峰。青春期精神分裂的症状很明显，主要表现为：思维紊乱，扭曲现实或脱离与现实的联系，不能控制情绪以及人格混乱等。在真正患病前，常表现出先兆，如社会行为退缩、交往困难、敏感固执、戒心过多以及缺乏幽默感等。

青春期精神分裂症出现的原因主要是遗传因素所致。调查表明，同卵双生子均发此病的比例为50%，异卵双生子均发此病的比例为12%，兄弟姐妹同时发病的概率就更低了。这种遗传因素之所以到青春期才发生效应，还是由青春期个体所具有的特殊身心特点所决定的。这个年龄的个体最易感受压抑、挫折和焦虑，而消极情绪的长期积累则是导致精神分裂症的重要原因。青春期精神分裂症的另一个重要特征是，患者常有对性的妄想，这与青春期性机能的迅速发展有密切关系。

(四)自杀及其预防

自杀是有目的的自我毁灭，是人类心理对外界环境极不适应的表现，是心理危机的极端行为。自杀倾向主要始于青春后期。

对于青少年人群而言，自杀在致死原因中的排位明显居前。就15～19岁年龄组来说，自杀被列为第三位致死原因。在15～24岁年龄组中，自杀上升到第二位死因。有关统计显示，学生的自杀人数已占整个自杀人群的25%左右，其中以中学生为最多，大学生次之，小学生相对较低。由此可见自杀对青少年危害的严重性。

1. 青少年自杀行为的特点

青少年自杀行为的特点是：①准备时间较短。在自杀激情的支配下，他们可以不顾一切，但这种激情过去之后，经过开导教育，也比较容易回心转意。②手段残忍。青少年自杀一般首先是选择最方便的方式进行，但手段都比较残忍。③后果严重。自杀行为发生后，若不及时解救，往往迅速死亡。

2. 青少年自杀的原因

青少年自杀的原因，主要是学校问题、人际关系(尤其是异性关系)问题、家庭问题，还有对生活的怀疑、抑郁、孤独、厌世等。同时还有一个重要的原因，就是青少年的生命观比较模糊，对待生命存在错误的认识。一项调查显示，17.2%的初中生和31.1%的高中生相信生死轮回。在回答"你相信人能够死而复生吗？"这一问题时，有49.8%的初二学生认为人能够死而复生，有61.4%的高二学生相信人能够死而复生。

3. 青少年自杀的征兆

有自杀行为的青少年，总会事先出现某种征兆。例如：自杀的念头总是挥之不去；说话、聊天、激动时，直接或是暗示性地吐露出寻死的念头；出现哭泣、长时间地封闭自己、失眠、食欲不振等极度情绪低落的现象；以前有过自杀的企图(或许当时不是出于真心)；把自己心爱的东西交给别人，做出最后的安排；等等。

青少年在自杀之前，一般会经历较明显的三个阶段：①遇到一些难堪和使情绪低落的事件(如退学、严重的挫折、失恋、父母分居或离婚等)；②在态度、情感、行为等方面出现与往日不同的巨大变化；③趁人不注意时偷偷准备自杀的器具。

🂠 **心灵考场 8-2** 自杀的预警信号(扫右侧二维码)

心灵考场 8-2

4. 青少年自杀的预防与矫正

自杀的不良行为一旦发生，后果不堪设想。因此，自杀行为的矫正越早越好。自杀永远不是唯一的解脱办法，我们应当教育孩子珍惜自己的生命，正确认识生命存在的价值。因此，要力争做到以下几点：

(1) 社会性防范。家长、教师和社区从事青少年工作的专业人员，应熟悉青少年心理卫生的知识，以便及时发现有自杀危险的青少年，并给予必要的帮助。社会有关部门应建立一些应急的救助机构，如热线电话、心理咨询中心等，以便及时为那些产生轻生念头的青少年进行必要的心理治疗和行为指导，缓解他们的自杀冲动，同时还要尽可能帮助解决青少年自杀者所面临的困难，消除可能导致他们自杀的社会环境问题。

(2) 危机干预。自杀者从遭受挫折、产生绝望到出现自杀行为，一般有一个潜伏期。在潜伏期内及时对有自杀企图者进行心理咨询，帮助他们解脱心理痛苦，称为危机干预。危机干预是预防自杀较有效的应急措施，但它需要以及时发现自杀潜伏期为前提。

多数陷于苦恼中的自杀者都希望能获得别人的帮助，此种现象叫自杀沟通，这便是自杀行为可以预防和救助的心理基础。因此，我们要善于发现自杀倾向和萌芽，以便及时对有自杀企图的人进行危机干预，帮助他们合理宣泄挫折情感，减轻心理痛苦，建立新的认知结构，开始新的生活。

(3) 加强青少年自身修养。许多青少年自杀是由于缺乏解决问题的能力，不会多方面地考虑和认识问题，心理素质、个性品质存在缺陷，对压力、挫折的承受能力低。因此，青少年要自觉培养健全的人格，提高分析问题、解决问题的能力，积极、乐观、勇敢地面对生活。

(4) 培养良好的心理承受能力。这是防止和矫正自杀行为最重要的措施。提高心理承受力包括两个方面：一是建立起防范各种挫折的心理准备，每当遇到挫折时，不至于惊慌失措，走向极端；二是掌握正确的自我宣泄的技巧，建立良好的自我防卫机制。

(5) 当陷入痛苦绝望时，要开阔自己的思路，学会寻找新的生活。人生的旅途本来就没有平坦的道路可走，当遇到困难和挫折时，可以退一步或进一步，也即换个角度去思考问题。

(6) 家长要做好预防工作。家长一旦发现孩子有自杀的想法或危险征候时，一定要直截了当地告诉他"我们爱你"，要关心他，让他觉得你真正需要他，他的痛苦会给你带来绝望，他的事是你最关心的，不管过去或未来发生了什么事，对你而言，孩子的价值是永远不会变的。如果家长觉得自己在应对孩子自杀这件事上力量不足，就应迅速求助于专家和咨询机构，不要以为睡一晚上孩子就没事了，或只是去对亲友诉诉苦，或茫然不知所措，这都是于事无补的。

心灵考场 8-3 对自杀的普通误解(扫右侧二维码)

心灵考场 8-3

(五)离家出走及其预防

初中生之所以离家出走，往往与以下因素有关：逃避惩罚；不服批评，赌气逞能；行侠仗义，寻师求艺；讲哥们义气；厌恶学习，寻欢作乐；堕入情网，随人私奔；不求学业进步，只图挣钱发财，提前离家；虚张声势，借以吓人；悲观厌世，对生活失去乐趣；受人利诱，出外招摇撞骗；等等。

凡是离家出走的学生，总有这样或那样的原因。而且出走之前，会在思想上或行为上有一定迹象表现出来，只要细心观察还是能及早发现的。老师和家长应做好防患于未然的工作。

学生离家出走，固然有其自身主观方面的原因，但家庭和学校缺乏对学生的吸引力也是其中一个原因。例如：家长和老师对学生理解少、指责多，使学生不能从家庭中和学校里得到温暖；有的老师特别爱向家长告状，有的家长不分青红皂白听老师一说就把孩子痛打一顿；有的老师常把纪律差的学生赶出课堂，或强迫学生去找家长，结果学生既不敢去找家长，又不被老师接纳，无路可走，只得溜之大吉。

如果家长和老师都能成为学生的朋友，能理解学生在青少年时期所独有的心理活动特征，多给学生一些表现自己所长的机会，学生抗拒外部不良诱因的能力就会增强，就能顺利度过心理转折的困难时期。

(六)青少年反社会行为与犯罪

青少年违反社会规范和社会行为准则或从事各种违反法律的行为等，属于反社会行为或犯罪。青少年违法行为的比例比其他年龄阶段的人要高，且具有一定的普遍性。

1. 青少年犯罪的发展趋势和特点

据资料统计，近年来青少年犯罪呈更严重的趋势，其主要特点表现为：

第一，犯罪率增加。20世纪的后10年，我国的青少年犯罪在整个刑事犯罪中的平均比例为46%，近几年所占比例在增大，年增加率超过5%。

第二，犯罪年龄呈下降趋势。在2000年前后的5年期间，我国青少年作案年龄平均下降2岁，14~16岁犯罪状况日益增多。第一次失足儿童的年龄呈下降趋势。

第三，犯罪在性别上有女性增加的趋势。

第四，未成年人作案特点日益呈暴力化、团伙化趋势，犯罪类型集中在抢劫、强奸和盗窃，这类犯罪占全部犯罪类型的八成以上。社会中的闲散青少年等群体违法现象突出，并且构成青少年犯罪的主体。

2. 引发青少年反社会行为的原因

(1) 有些家庭成为滋生儿童反社会行为和犯罪的温床。

近年来，我国失和、失教、失德、失才的家庭有所增加，这些问题往往容易"造就"问题儿童。此外，失学、辍学问题也对青少年违法带来严重影响。据少管所和监狱的数据，有近 27% 的犯罪青少年来自破碎家庭，有近 50% 的犯罪青少年没有完成九年义务教育。最新统计显示，父母离异家庭的子女犯罪率是健全家庭的 4.2 倍。

(2) 同伴因素和群体压力。

在青少年期，青少年与同伴交往的社会关系需求增强，同伴的影响逐渐取代父母的影响。青少年惧怕被同伴排斥，害怕被集体拒绝，所以许多犯罪是在群体压力的情况下产生的。

(3) 青少年自身因素。

青少年期，尤其是青春发育期的基本矛盾是成人感与半成熟现状的矛盾。基于此，他们强烈要求表现自己的能力，实现自我价值，但是在行事过程中又经常遭受挫折。这使他们情绪波动，逆反心强，容易冲动，甚至导致矛盾的激化。于是，他们在强大的诱惑和压力下，再加上心理抵御能力的脆弱，又缺乏自我控制能力，便容易走向歧途。

父母、教师和其他重要成人，对青少年的心理发展、成长苦恼、面临的问题和困境，一定要真诚而又细心地关注、了解、理解，帮助他们进行选择，引导他们一步一个脚印地走向良好的发展途径。从青少年自身的发展路径着眼，应从小抓好；从青少年的发展环境而言，这是一项从家庭到学校、社区，再到社会等多方面配合的系统教育工程。引导青少年健康成长、良好而又积极地发展是所有父母、教师和成年人的天职。

💧 **心海畅游 8-12**(扫右侧二维码)

二、进行青春期性教育，提前做好知识准备和心理准备

心海畅游 8-12

青春期由于性器官和性机能的逐渐成熟，青少年会表现出对性的特别关心，如性梦、性好奇、性兴奋、性羞涩等。在性开始成熟后，青少年表现出情绪容易紧张、激动，烦躁不安，好强而又固执，常常不能控制自己的情绪，做事缺乏耐心，敷衍了事等特点。由此产生了许多问题，如婚前性行为、性滥交、少女怀孕等，对青少年的身心产生巨大威胁。因此，对青少年进行系统的性知识教育已成为当务之急。由于缺乏性知识，男孩的遗精，女孩的月经来潮，都会使他们不知所措。父母和教师应该采用适当的方式提前向学生讲解性生理和性心理的知识，使他们认识到这些是人体正常的发育现象，从而消除青少年的神秘、好奇、不安和恐惧感。

引导男、女同学之间集体的、广泛的健康交往。对于中学生的早恋，宜"疏"不宜"堵"。教育学生从一生幸福的角度来看待问题，使学生认识到，花儿开得早，凋谢得也早。避免采用过激手段，引发不良后果。

正确认识手淫现象。多数中学生都有手淫习惯，手淫并不是有害身心健康的异常行为。性心理学家玛斯特斯认为，手淫不但无害，而且在青少年不可能用性交行为来释放他们内心积聚起来的性冲动能量的情况下，手淫是他们唯一可以采取的主要性行为。因此，虽然我们并不提倡手淫这种行为，但也不宣传手淫的罪恶，而应该加强正面的道德、理想和青春期教育，为他们创造丰富多彩的社会活动条件，不使他们沉溺于性幻想之中，使手淫在青少年的成长中随着年龄增长而淡化，让其自生自灭。

三、教给青春期少年情绪调控的方法，消除不良情绪

青春期少年的情绪变化强烈，带有冲动性，且不善于用理智来控制自己的情绪。当出现抑郁、焦虑、愤怒等消极情绪时，应教会他们积极的应对方法。

首先，应该强化青春期少年的理想教育，"希望所在，生命存焉"，自觉目标的确立是人生的动力，也会吸引青少年的注意力，避免陷入"动力真空地带"，预防"青春期综合征"，引导学生学会自我激励，使他们勇于面对困难和挫折。

其次，指导青春期少年合理地宣泄消极情绪，应经常和他们沟通，了解他们的感受，倾听他们的苦衷。也要鼓励他们合理的、正常的人际交往，扩大其社会支持网络和倾诉对象。鼓励他们参加体育、文艺和其他积极健康的社会活动。

再次，优化青春期少年的学习、生活环境，尤其是精神环境，良好的家庭氛围、严谨的班风和校风、积极向上的同伴文化都会有利于他们情绪的调节。

最后，鼓励青少年进行升华调控，激发他们将消极情绪转向有利于自己、他人和社会的方向，让他们知道一味地沮丧、苦闷、空虚是无济于事的。

ⓒ 心灵小品 8-2

如何发泄愤怒情绪

一天，美国前陆军部长斯坦顿来到林肯那里，气呼呼地说一位少将用侮辱的话指责他偏袒一些人。林肯建议斯坦顿写一封内容尖刻的信回敬那家伙。

"可以狠狠地骂他一顿。"林肯说。斯坦顿立刻写了一封措辞激烈的信，然后拿给林肯看。

"对了，对了！"林肯高声叫好，"要的就是这个！好好教训他一顿，真写绝了，斯坦顿。"

当斯坦顿把信叠好装进信封里时，林肯却叫住他，问道："你干什么？"

"寄出去呀。"斯坦顿有些摸不着头脑了。

"不要胡闹。"林肯大声说，"这封信不能发，快把它扔到炉子里去。凡是生气时写的信，我都是这样处理的。这封信写得好，写的时候你已经解了气，现在感觉好多了吧？那么就请你把它烧掉，再写第二封信吧！"

资料来源：冯利. 心理健康教育. 北京：机械工业出版社，2009.

本 章 小 结

青春期是个体生理发展的加速期，身心发展的不平衡性带来了一系列的心理危机，青春期最大的特点就是矛盾性。

(1) 思维以符号化为主要形式，从形象思维过渡到了抽象思维。青春期少年或初中生能根据假设进行逻辑推演，思维具有充分的预见性。运用概念、推理和逻辑法则的能力不

断发展；思维的反省性和监控性也明显提高。

(2) 个性发展表现出新的特点。自我意识高涨，形成相对稳定的自我概念和自我形象；情绪具有两极性，心境变化加剧，并产生反抗心理；与同伴和成人的关系发生变化。

(3) 青春期少年处于发展的特殊时期，由于各种因素的相互作用，他们易出现一系列的心理社会问题，如成瘾问题、抑郁、青春期精神分裂症、自杀倾向以及离家出走等，因此，成年人要特别关注他们，以正确的态度对待青春期少年，帮助他们顺利度过这一特殊阶段。

思 考 题

1. 青春期生理发展的特点是什么？
2. 简述青春期常见的心理矛盾。
3. 初中生思维的发展有什么特点？
4. 什么是逆反？父母如何帮助初中生顺利度过逆反期？
5. 如何维护青春期的心理健康，避免青春期心理社会问题？

本章辅助教学视频二维码见下方。

第九章　从急风怒涛到相对平稳期
——高中生心理的发展

学习目的及要求

通过对本章内容的学习，掌握高中生认知的发展，包括高中生学习的特点、思维的发展；掌握高中生社会性的发展，包括高中生自我的发展、人生观与价值观的发展；了解高中生的一般心理特征；了解高中生的心理卫生、性意识的发展、常见的心理问题和高中生的心理健康教育。

核心概念

高中生(senior high school student)　人生观(view of life)　价值观(view of value)　心理发展(psychological development)　心理卫生(mental hygiene)

心海畅游 9-1 男生和女生(扫右侧二维码)

高中阶段，又称青年初期(也有人称之为青年中期)，从十五六岁开始到十七八岁结束。经过初中阶段生理及心理上的剧变和动荡，高中生的生理及心理均趋于成熟和稳定。

心海畅游 9-1

第一节　我长大了——高中生心理发展的基本特征

高中阶段上与少年后期相接，下与青年中期相连，因此，在身心发育和社会成熟方面与之互有一些交叉。作为少年期的结束、青年期开始的高中阶段，个体心理的发展具有以下几个基本特征。

一、不平衡性

高中生正处在从幼稚的儿童期向成熟的青年期过渡的时期。在这一时期，高中生的生理发展迅速走向成熟，而心理的发展却相对落后于生理的发展。他们在理智、情感、道德和社交等方面，都还未达到成熟的指标，还处在人格化的过程中。也就是说，高中生的生理与心理、心理与社会关系的发展是不同步的，具有较大的不平衡性。

二、自主性

随着身体的迅速发育，自我意识的明显加强，独立思考和处理问题能力的发展，高中生在心理和行为上表现出强烈的自主性，迫切希望从父母的束缚中解放出来，开始积极尝试脱离父母的保护和管理，不论是在个人生活的安排上，还是在对人生与社会的看法上，开始有了自己的见解、自己的主张。他们已不满足于父母、老师的讲解，或书本上的现成结论，对成年人的意见不轻信、不盲从，要求有事实的证明和逻辑的说服力。对许多事物都敢于发表个人意见，并为坚持自己的观点而争论不休。

三、进取性

由于生理上的迅速发育成熟，以及心理上的迅速发展，使高中生精力充沛，血气方刚，反应敏捷，上进心强，不安于现状，富于进取，颇具"初生牛犊不怕虎"的劲头。

四、社会性

虽然心理内的社会性早在儿童时期就已开始出现，但更大规模的深刻的社会化，则处在青年期完成的。如果说小学生心理的发展主要是接受家庭和学校的影响，那么中学生尤其是高中生心理的发展就越来越多地受社会大环境的影响。高中生对社会现实生活中的很多现象都很感兴趣，很想像大人一样对周围的问题做出褒贬的评论，对社会活动的参与日益活跃。对未来生活道路的选择成为他们意识中的重要问题。他们在考虑未来的志愿，比小学生和初中学生更具现实性和严肃性。

五、心理品质日趋稳定

从思维能力来看，高中生具备了人类思维的各种形式，尤其是形式运算思维、辩证思维和创造性思维等高级思维形式迅速发展，其思维的抽象逻辑性由经验型转化为理论型，而且自觉性增强。随着高中生自我意识的成熟和价值观的确立，认知成分与其个性的发展也趋于协调。

从自我意识的发展来看，高中阶段，正是个人明确自己个性、开始考虑自己的人生道路的时候，所以，一切问题既是以"自我"为核心而展开的，又是以解决好"自我"这个问题为目的的。这种主客观上的需求使得高中生的自我意识获得高度发展。高中生自我意识的发展对于其形成稳定的人格特征以及价值观等方面均具有决定性的作用。可以说，高中生对其自身的态度和看法，影响着他们实际发展的各个方面。

从人格的发展来看，高中生超越了初中生的矛盾性和过渡性，已经能够对人生和世界做出较理性的判断。高中生开始形成对人生和世界较稳定的态度，也开始形成比较稳定的价值取向，有一定的自我责任感和社会责任感。

第二节　高中生认知的发展

认知是人认识世界的心理活动，是复杂的心理过程，即认识过程。认知也是人认识世界的能力。思维能力是认知能力的核心，所以，通过对高中生抽象逻辑思维、创造思维和辩证思维发展的研究，就可以了解高中生认知能力的发展。同时，学习是高中生的主要任务和主导活动，高中生身心的发展主要通过学习来实现。

一、高中生学习的特点

高中生的学习活动具有与小学生、初中生和大学生的学习活动不同的特点，具体如下。

1．高中生的学习以掌握系统的理性的间接经验为主

间接经验是指别人或前人所积累的经验，它是人类在长期的社会实践活动中所创造的宝贵精神财富，是人类认识世界和改造世界的有力武器。掌握间接经验，高中生就能少走弯路，尽快地适应社会生活。高中生所掌握的间接经验比小学生、初中生更系统、更复杂、更理性化、更加接近科学文化知识的完整体系，但是又不同于大学生的专业化的间接经验。高中生的主要任务是掌握系统的基本的科学文化知识和技能，为将来的工作和劳动打下坚实的基础。高中生掌握理性的间接经验，其主要途径是课堂学习。然而，间接经验并非高中生亲自实践得来的，有可能理解得不深刻。因此，高中生在学习书本知识的同时，还应适当地参加一些社会实践活动，积极参加丰富多彩的课外活动，亲自获得一些直接的经验，以加深对间接知识的理解，培养自己综合运用知识、主动探索新知识和创造性地解决问题的能力。为此，高中生应主动构建一个以课堂学习为主的课内与课外学习相结合的新的学习系统。

2．全面提高身心素质，为升学就业打好基础

高中教育属于基础教育，不是专业教育，也不是职业教育。根据智力竞争时代的要求和党的教育方针，高中生应以德、智、体、美、劳全面发展，知、情、意、行协同发展，身心素质的全面和谐发展作为学习的目标，形成知识、能力、个性和特长协同发展的高效能的学习系统，把自身素质的整体性发展与国家的需要统一起来，以适应升学和就业两方面的需要。高中生要把自己从片面追求升学率的桎梏中解放出来，自觉克服只为升学、只学知识、片面发展的倾向。

3．高中生学习的主动性增强

高中生学习的主动性增强主要表现为：①高中生的学习目的更明确，学习的动机更强烈，学习的社会责任感增强，观察力、有意识记、有意注意、有意想象占优势，思维的方向性、目的性更明确。②随着认知能力的发展，他们独立分析和解决问题的能力有很大的提高，依赖性减少。③学习的选择性有所发展，随着高中选修课的开设，高中生对学习内容具有一定的自主选择的权利。面对专业和职业的选择，要求他们学会根据社会的需要和自己的特长，主动地选择学习内容。④学习的计划性增强，能较科学地安排自己的学习活动，自主学习的能力明显提高。

4．学习策略和技巧更完善

高中生的识记策略重在及时复习，有重点地重复。高中生的加工策略是对于较简单的无意义学习材料，人为地赋予意义，或采用各种记忆方法；对于复杂意义的学习材料，通常使用分段、归纳、类比、扩展、评价、自问自答、列提纲、分类、列图表等方法。高中生的元认知能力逐步发展起来，他们经常思考怎样学习效果才好。他们常给自己确立学习目标，制定达标的措施。在学习过程中不断评价自己达标的情况，并根据反馈信息来修正

学习策略。他们能较主动地调控自己的学习过程，学习活动的组织水平有较大提高。他们常能自觉地反省自己的学习过程，不断地总结学习的经验和教训。

5. 学习的途径、方式和方法多样化

高中生不但注意向书本学习，也注意向社会学习，他们积极参加各种课外活动和社会公益活动，广泛地吸取信息。他们不光是增加知识的数量，而且开始意识到掌握基本知识结构的重要性，重视学习知识的系统化和综合化。他们开始重视把书本知识和实践活动结合起来，形成知识、能力和个性的协调发展。他们既注意勤奋学习，又注意改进学习方法和策略，对不同学科能采取不同的学习方法。他们既讲学习质量，又讲学习速度，快速阅读、快速作文、快速解题的能力迅速发展。他们既重视知识的吸收、理解、巩固，又重视知识的实际应用。有的学生还能运用现代化的科技手段(如录音、录像等)来提高学习效率。

高中生的学习活动是一个统一的过程，上述特点也是相互联系的统一体，只有全面体现上述特点，才能使学习活动有效地进行。

二、高中生思维的发展

高中生的身心变化和成熟，学习内容更加复杂、深刻，生活更加丰富多彩，都对高中生的思维发展提出了更高的要求。新的需要与原有思维结构之间的矛盾成为内在动力，推动高中生思维的发展，并表现出新的特点。

(一)高中生抽象逻辑思维的发展

在整个中学阶段，学生的抽象逻辑思维均得到迅速的发展。但是，在初中阶段的逻辑思维还需要经验的支持；进入高中阶段以后，学生的抽象逻辑思维则属于理论型，高中生已能在头脑中进行完全属于抽象符号的推导，能以理论做指导去分析、解决各种问题。高中生抽象逻辑思维的发展具有以下特点。

1. 高中生的抽象逻辑思维已具有充分的假设性、预计性及内省性

从高中阶段开始，学生在思维中运用假设的能力不断增强。抽象逻辑思维就是要求人们撇开具体事物，运用概念和假设进行思维活动，因此，它要求思维者按照提出问题、明确问题、提出假设、检验假设的途径，经过一系列抽象逻辑的过程，达到解决问题的目的。

思维假设性的发展，使得高中生的思维更加具有预计性。也就是说，在解决问题之前，能事先形成打算、计划、方案以及策略等。

对思维活动的自我调节，是思维顺利开展的重要条件。从高中阶段起，学生思维活动的自我意识或监控能力更加明显化，这就使其思维活动具有内省性。具体表现为：他们已经能够意识到自己的智力活动的过程，并在一定程度上控制这一过程，使解决问题的思路更加清晰，判断更加明确。

2. 形式逻辑思维处于优势，辩证逻辑思维迅速发展

形式逻辑思维和辩证逻辑思维是抽象逻辑思维的两个不同的发展阶段，它们的发展和成熟，是青少年思维发展和成熟的重要标志。

高中生的形式逻辑思维已获得相当完善的发展，在其思维活动中占据主导地位。与此

同时，辩证逻辑思维也获得了迅速的发展。主要表现为：在高中生思维过程中的抽象与具体获得了一定程度的统一。由于高中生经常要了解事物发展的规律和重要的科学理论，使其理论型的抽象逻辑思维迅速发展起来，在这种思维过程中，既包括从特殊到一般的归纳过程，也包括从一般到特殊的演绎过程，也就是从具体上升到理论，又用理论指导去获得具体知识的过程，这是辩证思维发展的重要表现。而且，高中生在实践与学习中，逐步认识到一般和特殊、归纳和演绎、理论和实践的对立统一的关系，并逐步发展着从全面的、运动变化的、统一的观点认识问题、分析问题和解决问题的能力，这都是高中生辩证思维发展的标志。

3. 抽象逻辑思维的发展在高中阶段进入成熟期

从初中二年级开始，学生的抽象逻辑思维开始由经验型水平向理论型水平转化，到高中二年级，这种转化初步完成，这意味着他们的抽象逻辑思维趋向成熟。主要表现在下述三个方面：首先是各种思维成分基本趋于稳定状态，达到理论型抽象逻辑思维的水平；其次是个体的思维差异，包括在思维品质和思维类型上的差异已基本上趋于定型；最后，从整体来讲，思维的可塑性已大大减少，与成人期的思维水平基本保持一致，甚至在某些方面的思维能力还高于成人。

(二)高中生形式逻辑思维的发展

高中生形式逻辑思维的发展，主要表现在其概念、推理能力和运用逻辑法则的能力三个方面。

1. 高中生概念的发展

关于在校青少年字词概念发展水平的研究表明，初、高中学生理解字词概念的能力存在着明显的年龄特征。初中一年级学生，大多数是从功用性的定义或具体的描述水平，向接近本质的定义或作具体的解释水平转化。初中二、三年级学生大多数人达到接近本质的定义或作具体的解释水平，或者是由这两类水平向对概念作本质定义的水平转化。这说明，初中二年级是掌握字词概念的转折点。进入高中阶段后，达到接近本质定义水平的人要比初中阶段多，掌握字词概念的数量也比初中多。同时，高中生还能较正确地对社会概念、哲学概念和科学概念作出定义。这说明，在正常的教学条件下，高中生能够对他们所理解的概念作出比较全面的反映事物本质特征和属性的合乎逻辑的定义。

1992年，陈英和关于儿童青少年获得几何概念认知操作的发展研究表明：到初中三年级，大部分被试可以运用恰当的言语符号来描述某一几何概念的有关性质；到高中一年级，大部分被试能够根据某一几何概念的本质属性正确评价相应概念的正例证和负例证，而且许多高中生能够通过分析、比较某一几何概念的正例证和负例证，给出这一概念的本质内涵。

从分类能力来看，初、高中生的相应能力可以分为四级水平：一级水平——不能正确分类，也不能说明分类的根据；二级水平——能够正确分类，但不能确切地说清分类的根据；三级水平——能够正确分类，但不能从本质上说明分类的根据，仅能从事物的某些外部特征或功用特点来说明分类的根据；四级水平——能够正确分类，并能从本质上说明分类的根据。研究表明，初中生对有关概念的分类，处于从第三级水平向第四级水平过渡的状态；高中生对概念的分类，达到第四级水平的居多，分类能揭露事物的本质，理论性较强。所以，高中生所掌握的概念，逐步摆脱零散、片段的现象，日益成为有系统的、完整的概念体系。

2．高中生推理能力的发展

有关研究表明，初、高中学生在形式推理能力的发展上存在着一定的年龄特征。虽然初中一年级学生已开始具备各种推理能力，但是属于初级水平，特别是假言、选言、复合、连锁等演绎推理以及运用推理解决问题的能力都还较差。从高中一年级开始，学生的推理能力有明显的进步，各种推理能力都得到较好的发展。高中二年级以后，学生的推理能力已基本达到成熟，各种推理能力都达到比较完善的水平。

3．高中生运用逻辑法则能力的发展

初中学生已经基本上掌握并能运用逻辑法则，到高中二年级，学生在掌握和运用逻辑法则方面已趋于成熟。同时，他们在掌握不同逻辑法则的能力上存在着不平衡性。比如，在对三类逻辑法则的掌握上，矛盾律和同一律的成绩明显高于排中律。再如，在三种类型的问题(正误判断、多重选择和回答问题)中，对逻辑法则的应用水平也不一样，其中正误判断问题的总成绩最高，多重选择次之，回答问题的成绩最差。

(三)高中生辩证逻辑思维的发展

辩证逻辑思维，是反映客观现实的辩证法，是主体自觉或不自觉地按照辩证法所进行的思维。

高中生辩证逻辑思维的发展，与其自身的实践活动有密切的关系。随其年龄的增长，在学习、生活、活动及人际关系等方面，都需要他们有新的思维形式和思想方法，需要他们用对立统一的观点去分析问题，需要他们发展辩证逻辑思维。

国内的研究表明，在校青少年辩证逻辑思维发展的趋势是：初中一年级学生已经开始掌握辩证逻辑思维的各种形式，但水平较低；初中三年级学生的辩证逻辑思维处于迅速发展阶段，是一个重要的转折时期；高中学生的辩证逻辑思维已趋于占优势的地位。造成这种发展趋势的原因很多，主要有以下两个方面：第一，初中一年级学生所掌握和领会的还是较为简单的知识，缺乏广度和深度，缺乏对事物本质的深入了解，因此，他们的辩证逻辑思维水平不高。初中三年级学生所学的知识较为系统、深刻，进入了科学体系，并开始知晓学科的基本结构和基本规律。另外，他们的形式逻辑也有较大的发展，并已占据主导的地位，这就为辩证逻辑思维的发展奠定了坚实的基础，使其辩证逻辑思维得以加速发展。高中学生学习内容更加繁复、深刻，在各种课程中渗透了辩证唯物主义原理，而且开设了哲学基础课，使之逐步形成辩证唯物主义观点，这样使高中学生的辩证逻辑思维也开始占优势地位。第二，初中一年级学生在学习和生活上还具有依赖性，这在一定程度上限制了其思维能力，特别是辩证逻辑思维能力的发展。随着年龄的增长，初中三年级学生逐步克服了依赖性，提高了思维的独立性和批判性。尤其到高中阶段，高中学生已经开始走上独立的生活道路，未来的理想成为他们新需要的组成因素，整个社会、学校、家庭要求他们自觉地从事学习和劳动，学会正确地处理各种关系及各种问题，这不仅要求他们能够独立进行思维活动，而且还要求他们要有正确的思想方法。以上这些主客观因素使高中生对事物及世界的认识更趋于深刻、完善，不仅能认识事物的本质属性，而且还能揭示事物运动发展变化的原因和它们的对立统一的关系，因此，他们的辩证逻辑思维必然随之发展，并

逐步占据优势。

高中生的辩证逻辑思维的发展，是与他们的形式逻辑思维的发展相辅相成的。当然，高中生形式逻辑思维的发展水平高于辩证逻辑思维的发展水平。而且，他们形式逻辑思维的发展较为稳定而匀速，而辩证逻辑思维的发展则比较迅速。形式逻辑思维和辩证逻辑思维毕竟是一个人抽象逻辑思维的两个不可分割的组成部分，前者是后者的基础，后者是前者的发展，两种思维形式的相互促进，使得高中生的思维水平更高、更成熟、更完善。

第三节　高中生社会性的发展

高中阶段的生理、认知发展变化的特点，也决定着这一时期的社会性发展，而且随着认知水平的提高及生活经验的积累，高中生在社会性发展上出现了一些新的特点。

一、高中生自我的发展

自我也是一个开放系统，可以作多种描述。黄希庭等(2004)认为至少可以从八个维度对自我进行描述。

(1) 根据主客关系可将自我分为主体自我和客体自我。主体自我是主动的我，如自我监控、自我批评、自我反省和自我决定等；客体自我是被认知和被体验的我，如自我知觉、自我概念等。

(2) 根据与人的关系可将自我分为个体自我、关系自我和集体自我。个体自我是一个人对自己属性的认知与评价；关系自我是个体对人际关系中自己的角色、地位等属性的认知和评价；集体自我是个体对自己在集体中具有的属性，如合作、社会认同等的认知和评价。

(3) 从与时间关系的维度可将自我分为过去自我、现实自我和理想自我。过去自我是个体对自己过去的特性的认知和评价；现实自我是个体对自己当前属性的认知和评价；理想自我是个体对未来自己的认知和评价。

(4) 根据自我的发展，可以将自我分为身体自我、物质自我、心理自我和社会自我。

(5) 从个人活动领域的维度可将自我分为家庭自我、工作自我、学校自我和学业自我等。

(6) 从评价维度可将自我分为好我和坏我。

(7) 从个体意识关注方向的维度可将自我分为私我意识和公我意识。前者是指个体关注自己的感受、自己的评价标准；后者是指个体关注别人如何看待自己以及他人的评价标准。

(8) 从中国传统文化特别重视的自我维度可分为自立、自信、自尊和自强等。

高中阶段，正是一个人开始考虑自己人生道路的时候，所以，一切问题既是以"自我"为核心而展开的，又是以解决好"自我"这个问题为目的的。这种主客观上的需求使得高中生的自我意识获得了高度发展。高中生自我意识的发展对于其形成稳定的人格特征以及价值观等方面均具有决定性的作用。可以说，高中生对其自身的态度和看法，影响着他们实际发展的各个方面。

(一)高中生自我意识的基本特点

高中生自我意识的特点体现在许多方面，祝蓓里将其归结为以下六点。

(1) 自我意识中独立意向的发展。高中生已能完全意识到自己是一个独立的个体，因此要求独立的愿望日趋强烈。但是，这种独立性要求是建立在与成人和睦相处的基础上的，与初中时期的反抗性特点有所区别。多数高中生基本上能与其父母或其他成人保持一种肯定、尊重的关系，反抗性成分逐渐减少。

(2) 自我意识成分的分化。高中生在心理上把自我分成"理想的自我"和"现实的自我"两个部分，正是由于这种分化，才形成他们思维或行为上的主体性，产生按照自己的想法去判断和控制自己言行的要求和体验，同时也出现了自我矛盾。

(3) 强烈地关心着自己的个性成长。高中生十分关心自己个性特点方面的优缺点，在对人对己进行评价时，也将个性是否完善放在首要位置。

(4) 自我评价的成熟。高中生能独立地评价自己的内心品质、评价行为的动机及效果的一致性情况等，其自我评价在一定程度上达到主客观的辩证统一。

(5) 有较强的自尊心。高中生在其言行受到肯定和赞赏时，会产生强烈的满足感；反之，易产生强烈的挫折感。

(6) 道德意识的高度发展。

总之，高中生在自我观察、自我评价、自我体验、自我监督、自我控制等自我意识的诸成分上都获得了高度的发展，并趋于成熟。

(二)高中生的自我概念

个性的形成也包括形成相对稳定的自我形象，或具有相对稳定的自我概念。一个人是否具有一个适当的自我概念，对其个性的发展至关重要。

自我形象(或自我概念)，主要是指一个人对自身的态度。这个态度包括三个互相联系的成分：认识成分——对自己品质和特征的了解和认识；情感成分——对自身品质的评价及与此相关联的自尊体验；品行成分——从上述两个成分派生出的对自己行为的实际态度。

影响高中生自我概念的因素很多，其主要因素有以下四个。

(1) 生理因素，主要是身体外观形态上的特点，这种特点可以影响高中生自我概念的积极性程度或消极性程度。

(2) 认知水平，具有较高的认知水平及较成熟的形式逻辑及辩证逻辑思维特点的高中生，往往具有更适当、更稳定的自我概念。

(3) 父母的自我概念倾向对高中生自我概念的影响，其影响是同方向的。

(4) 成功及失败经验的积累，这也是影响自我概念性质的一个因素。

据调查，自我形象在高中阶段已趋于稳定。美国心理学家西蒙和罗森贝尔克用横断法对比研究了三个年龄组(8～11 岁、12～14 岁和 15～17 岁)被试的自我形象特点，结果发现，15 岁以后，被试的自尊感增强、羞怯感减少，自我评价最为稳定。德国心理学家对 12 岁、16 岁及 19 岁的中学生的自我形象的调查也表明，自我形象在经过了 12～16 岁的显著变化后，便逐渐趋于稳定。

由此可见，高中阶段是个体自我形象逐渐达到稳定的时期，一个人在高中阶段对自身的看法，有许多都持续终生。

(三)高中生自我评价的深化

自我评价是与个体认识能力发展相关的一种自我意识的表现，是一种包含社会行为准则的知识和主观经验的复杂的心理行为，具体指个体对自身的思想、能力、水平等方面所作的评价，它是自我调节机制的主要成分。自我评价的能力，只有在青年初期——高中阶段才开始成熟。虽然个体在童年时就开始产生一些简单的自我评价，但那时的自我评价多是由别人的态度和反应折射到自身而产生的，缺少内在性。到了高中阶段，由于抽象逻辑思维的进一步发展、知识经验的日益丰富，高中生逐渐学会较为全面、客观、辩证地看待自己、分析自己，自我评价的能力才变得全面、主动，而且日趋深刻。表现为：他们不仅能分析自己一时的思想矛盾和心理状态，能认识到自己对某一具体行为起支配作用的个别心理特点，还能经常对自己的整个心理面貌进行估量，能认识到自己较稳定的个性心理品质。

自我评价能力的增长及对自我分析要求的提高，不仅是高中生个性高度发展的重要标志，而且也是有目的地进行自我教育的前提。高中生进行自我评价不完全是由于外力的推动，在相当程度上是出自实现理想自我的愿望，或是对失败和挫折的反省。所以，自我评价能力发展的最终结果将导致高中生更好地实现自我监督和调控及自我改造和完善。

高中生在自我评价的发展上表现出个体差异，大部分高中生能够进行适当的自我评价。但相对而言，高中生易出现自我评价偏高的倾向，因而导致他们行为表现上的自负，常常听不进别人的意见。随着年龄的增长，这种情况会得以克服，自我评价与其实际表现会日趋一致。

二、高中生性意识的发展

(一)高中生性意识的发展特点

高中生的第二性征一般都已明显发育，机体的发育也渐趋完成。这时学生的身高和体重都已接近成人，在容貌和体形上，男生像个男子汉，女生已长成了大姑娘，自我意识也有了进一步的发展。高中生性意识的发展有以下特点。

1. 身心发展的不平衡

高中生的年龄一般在十五六岁到十七八岁，这一时期，他们的生理发育已日趋成熟，基本上具备成年人的体态形貌和生殖能力。然而他们的心理上还很不成熟，对突然到来的身体上的变化还不大适应，而社会、家庭似乎又一下子把他们当成大人看待了。这样，他们便处于一种身体上已成了大人，而心理上则处于一时还来不及从青少年转为成年人的阶段。这种生理发展与心理发展的不同步、身心发展与社会要求之间的矛盾，便构成了高中生性意识的重要特征。

高中生一般已经历青春期最初的生理和心理两方面的冲击，他们有的已平稳地进入青年初期，有的仍处于青春期的巨大矛盾之中不能解脱。一方面，他们已经意识到自己的身体形态已与大人无异，因而成年人的一切行为都是可以仿效的；另一方面常常会出现一些社会、学校、家庭都不能接受的行为。高中生的早恋便是在这种矛盾情况下产生的。

2. 对异性的兴趣

高中学生正处于性意识发展的第二阶段——爱慕期。随着青春发育期高峰的出现，孕育于疏远期的与异性接近的愿望会逐渐明朗化，并且以情感吸引和实际接触需求的形式表现出来。这种情感吸引和实际接触需求的特点之一是相互显示，喜欢在异性面前表现自己，以引起对方的注意，希望得到异性对自己的肯定。女学生会着意打扮自己，总觉得男生时时在注意自己，因而言谈举止显得紧张、羞涩；男学生会有意在女同学面前显示自己的风度和才能。特点之二是感情隐蔽，在与异性接触时的感情交流是隐晦的、含蓄的，常以试探的形式进行。女生用眼神传情，或借口要求异性的帮助，来获得对方对自己感情流露的反应；男生则借口与异性说话，主动帮助女生以得到对方对自己感情反馈的信息。

随着年龄的增长，高中生向往与异性交往的比例也有所增加。中学生刚进入高中一年级时，由于大都来自不同的学校、班级，彼此还不熟悉，加上是在一个新环境，所以女生向往与异性交往的比例比初中二年级时要低，但到了高中二年级，这个比例就直线上升了。一种值得注意的倾向是，女生向往与异性交往的比例要高于男生。

据对上海、山西等地 593 名男生和 612 名女生的调查，向往与异性交往的原因也是男女有差异的。男生向往与异性交往的原因依次是：①对方漂亮可爱；②可以相互了解；③温柔亲切；④有力量，对自己有帮助。女生向往与异性交往的原因依次是：①能相互了解；②有力量，对自己有帮助；③能学习社交技巧；④有安全感和稳定感。这种差异主要表现在男生更多地注意女生的外表，而女生则更多地注意男生的内在气质。

(二)高中生的异性交往

1. 高中生的友谊

高中阶段的男女学生风华正茂，处于一生中的黄金时代。自我意识的逐步完善使他们更加珍惜自己的青春，重视自我完善。青年初期的强烈友谊需要，使他们好交往、重友情，在与同学的交往中，他们会迅速发展起友谊感。这种友谊感比起在小学阶段或初中阶段的以共同活动和共同兴趣为基础的友谊更加深刻、稳固，更具有共同的心理基础。他们更加注重选择兴趣、爱好、性格、理想、信念相同的人做朋友。同时，与初中阶段相比，高中生选择异性朋友的情况有所增加。据上海、山西、沈阳、广东、武汉等地的调查显示，53%的男生从15～17岁开始有亲密的异性朋友，68%的女生从15～17岁开始有亲密的异性朋友。也就是说，在高中阶段，大多数学生已经有了亲密的异性朋友。中学生生活在一定的集体中，男女学生接触的机会很多，在共同的学习、生活中产生友谊是很自然的。

2. 高中生早恋问题

早恋作为一种社会现象，从生理、心理学的角度来分析，并非什么大逆不道的事情。高中生的早恋并不等于堕落，社会、学校、家庭对早恋的学生要有正确的态度，理解他们的纯洁情感，尊重他们的人格，帮助他们具体分析早恋的原因，教育他们正确认识早恋对学习和进步的危害，树立正确的性道德观念，引导他们回到集体和同学中来。

有的教师和家长看到了早恋的危害，却不了解学生身心发展的规律，一旦发现早恋的苗头，根本不去分析产生这种现象的主客观原因，甚至没有耐心弄清究竟是异性的正常友谊还是早恋，而一律斥为"越轨行为"。有的动辄给学生扣上"作风不正派""道德败坏"的帽子，采取紧急措施进行公开批评，甚至给予处分。有的家长也认为子女是不走正道而责骂他们，并且规定各种禁令，不许自由外出，不许与异性朋友通信，更有甚者检查子女的一切往来信件、日记等。也有的教师、家长采取嘲笑的态度，给学生当"红娘"，家长间互认"亲家"。这种简单粗暴的方法，只会使学生感到压抑和苦闷，甚至产生逆反心理。更多的学生则会因此向能理解他们的人寻求同情和温暖，把这种情感以更隐蔽的形式表达。

高中生的早恋有以下两个特点。

1) 对爱情理解的朦胧性

高中生尽管在心理上比初中生要成熟一些，他们的早恋已不像初中生那样如过家家、做游戏，今天好了，明天恼了，真正是"朝秦暮楚"；或同时与几个异性交朋友，没有专一性和排他性。高中学生已进入青年初期，他们对许多问题已有自己的独立见解，对待爱情问题也必然有自己的认识。但是，高中生年龄还只有十几岁，心理尚在发展过程中，对自己、对别人、对社会的了解仍很肤浅。他们早恋的基础是异性间的相互吸引，这种相互吸引有时仅仅停留在对方好看顺眼、与自己兴趣相投的基础上。他们常常只是主观地认为对方与自己心目中喜爱的异性相吻合，给对方套上理想的光环，带有强烈的主观性。他们还不太懂得爱情的真正含义，不理解爱情需要承担的道德和社会责任。他们更多的只是关心眼前浪漫的眉目传情、单独相处，没有考虑以后发展和变化的可能性。尽管中学所学过的某些教材，所接触过的年长亲友的爱情生活，所看过的有关爱情的电影、电视节目、文艺作品都可能成为少男少女们的爱情教科书，但在现实生活中他们仍会产生许多疑问，感到惶惑不解。高中生正是处于这种对爱情问题似懂非懂的心理状态，因此谈恋爱便难免带有朦胧性。中学生崇拜浪漫主义的恋爱，各自有心中的"白马王子"和"白雪公主"，早恋便更具有浪漫的色彩，主观地追求理想主义的爱情，却极少去考虑它的现实性。

2) 情感表达的闭锁性

青春期的心理特征之一是闭锁性。这一时期的中学生内心世界日趋复杂，不轻易把内心的感受表露出来，而且年龄愈大，这一特征就愈加明显。由于闭锁性的特点，高中生的心里话不愿向父母说，也不愿向老师说。同时，中学生守则也明令禁止中学生谈恋爱，学生对这方面更是噤若寒蝉，用各种方法隐蔽自己的行为。他们常常把心里话写在日记里，或者通过各种秘密渠道表达相互的感情。

那么，高中生较为常见的早恋原因是什么呢？

从内在原因来看，首先是高中生的生理成熟。性早熟是20世纪50年代以来世界性的倾向，人的体重和身高提前1～2年达到平均标准，这种发育的加速必然引起性成熟的提前。现代男女均在16～17岁左右达到性成熟的最高峰，发育年龄的前倾现象使人的发育期缩短，而这个高峰期正处于高中阶段。进入青年初期的高中生，随着活动领域的扩大和知识的增多，以及兴趣和求知欲的增强，在性成熟的生理作用下，一方面对性具有强烈的好奇心，产生许多疑问，从内心深处感到异性吸引的存在，试图接近异性，探索异性的奥秘；另一方面，社会、学校、家庭一般对此都讳莫如深，甚至讥笑、训斥、严厉压制男女之间的交往，这反而使性的好奇心获得强化。在这种情况下，再加上社会上各种性信号的刺激，使本来处于似懂非懂的朦胧中的性心理迅速发展起来。其次是道德观念相对薄弱和自制力不强。有的高中生由于自身道德观念薄弱，把谈恋爱看作儿戏，丝毫不考虑爱情中的责任和义务，不理解何为美的行为、何为不道德的行为。个别人甚至出现不道德的性关系或违法现象。也有的高中生由于意志薄弱，自制力不强，明知是不对的，但产生激情时不能控制自己的情绪和行为。

从外在原因来看，家庭、学校、社会的不正确态度，会成为高中生早恋的催化剂。

(1) 家庭往往对这个问题采取严厉禁止的态度，不允许孩子有正常的异性交往，封锁一切有关性知识和爱情描写的书刊，导致一些学生产生逆反心理，甚至本没有早恋的也故意去找早恋对象。

(2) 有的学校、教师对这个问题采取回避态度，对高中生的早恋现象置若罔闻，导致早恋在学校中蔓延。更多的情况是采取另一种回避态度，绝对禁止男女学生的个别交往，一旦发现任何早恋的蛛丝马迹，便不分青红皂白地定性为早恋，甚至公开处罚，常常会严重挫伤学生的自尊心。

(3) 社会对中学生的早恋给予过多渲染，描写中学生早恋的作品、影视节目纷纷出现，使人觉得中学生的早恋成为学校中的主流，其结果反而对学生的早恋起到一种推波助澜的作用。

此外，不良书报杂志、低级趣味的甚至黄色的影视录像等也对高中生的早恋有直接影响。当前流行于文化市场的那些不健康的东西，数量之多，覆盖面之广，是前所未有的。各种传播媒介中，性刺激量大大增加，那些庸俗的格调低下的文艺作品特别容易污染青少年纯洁的心灵。

从性意识的发展上说，早恋是十分自然、正常的现象，少男少女对特定异性对象的好感、爱慕也是十分纯洁的。但是由于现代社会对青年的要求与封建时代已大不相同，高中生尽管已经进入青春发育高峰期，但他们的主要任务还是搞好学习、掌握知识，以便将来更好地服务于社会。因此，社会、学校、家庭和学生本身都应对早恋问题有一个正确的态度。

应该看到，高中生中的早恋并非主流，大多数高中生并没有陷入早恋而不能自拔，因此，对此大可不必奇怪和过于紧张。有时过分地进行反对"早恋"的宣传，反而会引起还不太懂爱情为何物的中学生的思想混乱，以致把正常的男女同学的交往也看成是恋爱，造成适得其反的结果。

在学校教育中，对高中生的早恋情况应给予具体分析，坚持以疏导为主的原则，既不能对学生的早恋不闻不问，也不能不问情况一概反对男女学生的交往。教师和家长的正确引导会使学生懂得早恋的害处和在两性问题上应有的道德。学校、家庭都有必要对高中生进行适时适度的青春期教育，使他们顺利地度过高中时代，步入新的生活里程。

心灵小品 9-1

高中生应如何与异性交往

众所周知，异性交往是人类社会生活中不可缺少的重要组成部分，异性交往在个体成长历程中的各个阶段都是必不可少的。中学生心理萌发的异性吸引是性心理和性生理走向成熟的必然结果，是一种正常的自然表现。对中学生而言，异性同学之间的正常交往不仅有利于学习进步，而且也有利于个性的全面发展。一般来讲，既有同性朋友又有异性朋友的中学生，往往性格比较开朗，为人诚恳热情，乐于帮助同学，自制力也比较强；而那些只在同性同学中交朋友的人，往往缺乏健全的情感体验，不具备与异性沟通的社交能力，社交范围和生活圈子也比较狭小，人格发展不甚完善。

但是，在中学时代，异性同学关系仍然是一个颇为敏感的话题。如果男女同学之间的交往处理不当，也会影响和妨碍中学生的学习和身心健康，带来情绪和行为上的困扰。这些困扰主要表现在：①异性同学过于频繁地单独交往，这时的异性关系容易超越普通交往的界限而过早萌发出对异性的情爱；②虽无过多接触，只在内心朝思暮想，但表面上却作出排斥异性、拒不接纳的姿态；③对异性没有好感或抱有偏见，回避或拒绝与异性的任何形式的接触与交流。

综上所述，男女同学之间的异性交往是有利有弊的，关键在于如何建立起积极向上、健康发展的异性关系。建议如下。

(1) 自然交往。在与异性交往的过程中，言语、表情、行为举止、情感流露及所思所想要做到自然、顺畅，既不过分夸张，也不闪烁其词；既不盲目冲动，也不矫揉造作。消除异性交往中的不自然感是建立正常异性关系的前提。

(2) 适度交往。异性交往的程度和方式要恰到好处，应为大多数人所接受。既不因异性交往过早地萌动情爱，又不因回避或拒绝异性而对交往双方造成心灵伤害。当然，要做到为大多数人所接受有时也并不容易，只要做到自然适度、心中无愧，就不必过多顾虑。

(3) 真实坦诚。这是指异性交往的态度问题，要像结交同性朋友那样结交真朋友。

(4) 留有余地。虽然是结交知心朋友，但是异性交往中，所言所行要留有余地，不能毫无顾忌。比如谈话中涉及两性之间的一些敏感话题时要回避，交往中的身体接触要有分寸等。特别是在与某位异性的长期交往中，要注意把握好双方关系的程度。

一句话，希望高中生能在与异性同学的交往中感受到积极向上的力量！

资料来源：黄希庭. 中学生心理健康. 北京：新华出版社，1999.

三、高中生价值观和人生观的发展

(一)高中生的价值观

价值观是人们对各种事物和现象的价值进行认识和评价时所持的基本观点，是人对客观事物的需求所表现出来的评价。高中生的价值观，是高中生在发展过程中，对现实生活中各种事物和现象进行评价、决定取舍的思想观点。人的价值观是具有历史性、社会性和个别差异的。历史发展不同，社会生活条件不同，人的价值观也是不同的。随着我国经济和政治的发展，以及由于改革和开放引起的意识形态的变化，我国现阶段高中生到底具有什么样的价值观呢？

1. 高中生的价值取向

1988 年辽宁师范大学谭欣等人对青少年学生价值观的形成与发展进行了初步调查。他们向被试呈现价值系统中比较重要的 24 项内容，要求被试按其与自己关系的重要程度，由1～24 排出顺序，以考察他们价值取向的排列情况，结果如表 9-1 所示。

表中不同年龄阶段学生各自的取向排列，不仅表明主体对于客体的态度和关系，而且也反映出各年龄阶段学生心理发展水平上的差异。初中学生把"世界和平""祖国强盛""社会安宁"排在全系列的前 3 位，说明少年学生胸有大局，少有私欲，但这并不意味其成熟。初中生价值观的定向多受学校或社会权威以及传统观点的影响，自主和独立的成分较少。这与美国心理学家柯尔伯格所划分的少年期因袭依顺的心理水平相符合。因此，正确合理的教育对少年期学生思想观念的形成将起导向作用。另外，从排列次序的最后一项来看，婚恋问题不是初中学生所关心的问题，对未来个人的生活条件也少有构想。他们比较关心的是当前与学校或学习生活相关的事项，尤其需要有更大的和平环境保障他们的安全和健康成长。大学生把"事业成功""身体健康""美满婚姻"排在前3位,而初中学生作为前3项的选择,均被大学生排到第10位以后。这种选择排列说明青年大学生把涉及自身的实际问题看得尤为重要。

表9-1　青少年学生在价值系统中取向排列情况[①]

排列次序\价值系列\学生	世界和平	祖国强盛	社会安宁	品德高尚	自尊自爱	思想进步	民主自由	真正友谊	集体团结	学习出众	公正善良	身体健康	事业成功	才智敏锐	幸福乐观	胆识超群	公私分明	社会承认	身家安全	自制容忍	生活舒适	地位显赫	工资优厚	美满婚姻
初中生 N=302	1	2	3	4	5	6	7	8	9	10	11	12	13	14	15	16	17	18	19	20	21	22	23	24
高中生 N=303	11	7	12	9	4	15	17	1	20	8	13	5	2	3	6	10	24	14	18	19	16	23	21	22
大学生 N=304	19	11	13	14	4	20	18	7	23	17	15	2	1	6	5	16	24	8	12	21	10	22	9	3

高中生的价值观介于初中生和大学生之间。高中生把"真正友谊""事业成功""才智敏锐"排在前3位。被初中生列为前3项的,有一项"祖国强盛"被高中生列入前10位(第7位)。被大学生列为前3项的,有两项"事业成功""身体健康"被高中生列入前10位(分别为第2和第5位)。高中学生的选择排列反映出高中学生开始注重社会交往,并对自己未来的生活抱有理想和追求。高中学生正值青年初期,自我意识的发展,以及高考升学或就业的压力,使高中生渴望得到朋友的真诚支持和帮助,并且希望自己具有独立获得成功的条件。

通过比较发现,不同年龄阶段的青少年学生的价值观也有相互接近之处,如对"自尊自爱"一项,初中生把它排在第5位,而高中生和大学生都把它排在第4位,可见青少年学生在自我意识的发展中,自尊心都很强烈。另外,对"地位显赫"一项,青少年学生都表现出不够热心,把它排在接近最后的第22、23位上。

2．高中生价值观的特点

高中生价值观的特点主要表现在以下几方面。

(1) 高中生开始能作出理性的价值判断。个体在少年时期虽然也有着对客观事物的价值的评价,但这些评价是零碎的、肤浅的、表面的。高中阶段,个体的抽象思维有了长足发展,从少年期的经验型向理论型的抽象逻辑思维发展,这种发展使高中生能在对事物进行分析、综合、比较、抽象、概括的过程中,作出理性的价值判断。

(2) 高中生的价值观具有强烈的自我意识。少年儿童时期,对客观事物价值的认识,往往是对长辈价值评价的模仿,或是从书本上获得的,缺乏主体的自我意识,没有打上"我"的烙印。进入青年期后,个体的自我意识进一步增强,他们开始比较注意评价社会、评价自我,开始思考人生,思考人生的价值和个人在社会中的地位等。自我意识的增强,使得

---

① 朱智贤. 中国儿童青少年心理发展与教育. 北京:中国卓越出版公司,1990.

高中生能主动、独立地从自己对事物的认识中去作出价值判断和选择。

（3）高中生价值观的内容日益丰富。高中生相对于少年儿童来说，有更多的社会需求。随着高中生社会需求范围的扩大，必然会接触更多的客观事物，他们对事物的评价也就相应增多，价值观的范围也就随之扩大。

（4）高中生价值取向具有突出的从众心理和明显的短暂性。所谓从众心理，指的是随从大多数人的心理和行为。这种心理在高中生的价值评价和选择的倾向性上，也表现得十分明显。高中生是比较容易接受同辈人影响的，青年中出现的新的价值规范与目标，一般来说较容易相互影响和传播。

高中生的价值取向在许多事物上还表现出短暂性。例如，对音乐艺术的价值选择，时而港台流行小调，时而轻音乐、交响乐，时而民乐、古典乐……一般来说，青年中许多应运而生的东西，用不了多久就显得陈旧，就被抛弃和淘汰。

(二)高中生的人生观

人生观是人们对人生目的和人生意义的根本看法和态度。它是一定世界观在人生问题上的表现，具体包括人生的价值观、幸福观、苦乐观、荣辱观和生死观等。

对每个人来说，人生观是一个人做人的向导，是确定生活方向、选择生活道路的指南，它从根本上决定着人生的追求和生命的价值。

1．人生观问题进入个体意识领域应具备一定的心理条件

人生观进入个体意识领域，须达到一定的心理发展水平。也就是说：①思维的发展要达到能够对社会现象进行概括、评价生活的价值、提出明确的生活设想的程度。②自我意识的发展水平要达到能够经常对自己进行自我观察、自我分析、自我评价、自我教育的程度。这样才有可能对自己的生活进行回顾，对自己如何度过一生进行思考。③个体要能认识自己与集体、社会的关系，认识到承担社会任务、完成社会任务的意义。这样才能产生对人生的思考，形成对人生的价值与意义的认识。

2．人生观的形成与发展

有研究认为，人生观的形成过程大体可分为五个阶段。①准备阶段。这是自发接受种种关于人生的看法，对人生有了一些零碎、肤浅看法的时期，还未真正思考人生问题，只是为以后人生观的形成准备条件。小学阶段属于这一阶段。②观察阶段。随着对社会生活的逐步了解，以及自我意识的发展，个体逐步学习观察社会，观察人的内心世界，观察人生问题。初中生属于这一阶段。③探索阶段。随着对人生的观察逐渐广泛而深入，个体便会在观察中思考人生的真谛，探索人生的道路，寻求人生的价值。高中生多数进入探索阶段。④定向阶段。这一阶段个体已经能有意识地、较全面地认识社会与自我关系，并形成较鲜明的认识，显示人生观的初步定向。部分高中生进入定向阶段。⑤确立阶段。这一阶段个体出现了人生信念与人生理想的思考。高中毕业时有少数人进入确立人生观阶段，大多数人要在以后的生活与学习中逐步确立人生观。

一般认为，人生观在个体意识中的出现是在青年初期，基本稳定是在青年中期。

当个体进入青年初期即十五六岁左右时，上述三个心理条件便初步达到，于是个体开始思考人生问题。最初的标志是提出涉及与社会生活及自己前途直接有关的事件的种种疑

问，如"人为什么活着？""人活着的意义是什么？""人应该怎样活着？"等。但最初对这些问题的思考还不是经常性的，遇到有关的事件时思考，离开有关事件又不思考，还没有达到经常而且主动思考的程度。

个体成长到十七八岁，由于生活上的独立性显著增强，社会活动范围日益扩大，逐渐地承担一些社会义务，并面临升学就业的选择，个体对人生的思考就要主动和经常些。对于自己所接触的社会活动和事件，总喜欢从有没有社会意义这方面来考虑。但这一时期对人生意义的思考，涉及的面还不很宽，看法还不稳定。一旦自己认为最有价值的目标达不到，就容易产生悲观失望情绪，从而改变对人生意义的看法。外界环境的变化、人际关系的变化，或者偶然接触到一种思想体系、一本文艺书籍，也可以改变其对人生意义的看法。

青年中期是人生观确立、稳定的重要时期。处于青年中期的个体，其社会任务的性质已比较确定，而且随着时间的推移、知识的增多、智力的发展，个体对其所承担的社会任务在社会生活中的作用和意义的认识也越来越明确。另外，由于个人生活的坎坷，体验到人生的悲欢离合，看到社会错综复杂的矛盾，青年会更经常主动和深刻地思考"人为什么活着"的问题。这些使得青年正在形成的人生观逐渐趋于稳定。当然，个体在青年中期人生观的稳定还不及成年人，还没有稳定到难以改变的程度。

3．高中生对人生的态度

对人生抱何种态度，也即是肯定地看待人生还是否定地看待人生，是各种人生观形成的基础，它对人生观的形成具有重要的作用。高中生对人生抱什么样的看法和感受呢？有研究向中学生和大学生提出这样一个问题："你对今后的人生抱有何种心情？感觉希望和喜悦多，还是忧愁和苦恼多？或者说不上哪个多？请随便谈谈你的心情。"

调查结果表明，以肯定态度对待人生的，高中男生多于女生，但在初中和大学则是女生多于男生。从总体来看，初中生以肯定的情感看待人生的最多，高中和大学则有所减少。感到人生虽有很多忧愁和烦恼，但希望和喜悦更多的高中男女生的人数差不多，男生比女生稍微多一点，而且持这一看法的人有随年龄增长而增加的趋势。对人生持否定情感的在高中则是女生多于男生；对人生既不感到喜悦也没有什么忧愁的，在高中则是男生多于女生。可见，在高中阶段男生要比女生更以肯定的情感看待人生。

4．影响人生观形成和发展的客观因素

人生观的形成是一个复杂的过程，它是各种内外因素长期相互作用的结果。除了前面所说的要形成人生观个体心理须达到一定发展水平外，还有许多客观因素影响着人生观的形成。有人通过研究发现，影响我国当代青年人生观形成的客观因素主要有以下几方面(见表9-2)。

从分析的材料来看，社会政治与道德对青年人生观的形成有重大影响。社会政治安定，道德风气好，青年一般能较顺利地踏入社会，树立科学的人生观；反之，会给青年带来许多消极影响，严重阻碍科学人生观的树立。

社会交际原则也是一个重要的影响因素。当社会中人与人的交往正常、协调时，就会促使青年对公与私、个人与集体的关系以及人生价值等人生观问题有较清楚、正确的认识；倘若社会中人与人的交往不正常，"关系学"盛行，就会造成青年对这类问题的模糊，甚至产生错误的认识。

表9-2 影响青年人生观形成的客观因素

影响因素	篇 数	占总数/%
社会政治与道德	87	70
社会交际原则	76	60
家庭问题	40	32
书刊影响	40	32
榜样作用	37	30
职业选择	37	30
恋爱婚姻	31	25

资料来源：张大钧. 试析青年人生观的形成问题. 西南师范学院学报，1982，3：25—26.

另外，家庭、书刊对青年人生观形成的影响也比较大。分析表明，家庭成员之间的关系，以及政治地位和经济状况的突然变化，往往会影响青年人生观的形成。当青年在人生的道路上遇到坎坷时，常喜欢向人类的知识宝库——书刊中去寻求答案，探索人生真谛，从而确立或巩固自己的人生观。

职业选择、榜样作用也是影响青年人生观形成的不可忽视的因素。

分析还发现，婚姻、恋爱处理得好坏，也会影响青年的事业心和人生观。但婚恋问题在高中阶段的影响还不明显。

日本的加藤等人也曾就影响高中生人生观形成的因素，进行过封闭型问卷调查，结果如表9-3所示。

表9-3 影响个体对人生的态度形成因素　　　　　单位：%

影响因素	初 中		高 中		大 学	
	男	女	男	女	男	女
1. 随着年龄的增长	24.6	27.6	33.1	33.2	21.8	34.8
2. 个人的遭遇	4.6	2.6	4.0	2.1	10.9	8.7
3. 家庭生活	10.8	25.0	13.7	17.1	16.8	30.4
4. 社会、政治事件	12.3	13.2	20.2	18.2	17.8	8.7
5. 老师和长辈	7.7	9.2	4.0	9.6	9.9	8.7
6. 朋友	9.2	6.6	4.6	6.4	5.0	4.3
7. 书籍、电影、演讲	20.0	11.9	9.7	9.6	7.9	4.3
8. 宗教	1.5	1.3	1.7	0.6	2.0	0
9. 自然现象	3.1	1.3	2.9	0	1.0	0
10. 其他	6.2	1.3	6.3	3.2	6.9	0

资料来源：荫山庄司，等. 现代青年心理学. 上海：上海翻译出版公司，1985.

从表9-3可以看出，高中男女生中认为随着年龄的增长自然而然地产生相应生活态度的人最多。这表明许多人都感到自己形成某种对人生的态度，不是以什么事件为契机，而是以过去的经验总结为基础。社会、政治事件，家庭生活，书籍、电影、演讲，对高中生人生态度形成的影响也比较大。其中社会、政治事件对男生的影响大于女生，而家庭生活对女生的影响则大于男生。

值得指出的是，在青年人生观的形成过程中，各种因素的作用不能截然分开，它们是一个统一体。其影响孰先孰后、谁大谁小还有待进一步深入研究。

第四节　高中生的心理问题和心理卫生

心灵小品 9-2

小军的考试焦虑

18 岁的小军，在三年前是个活泼、开朗、阳光的男孩，凭着优异的成绩考入了市重点高中。在高中的前两年学习一直是班级的第一、二名，在全年级也未出过前 30 名，是老师心中的希望，也是同学们崇拜的人物。到了高三以后，为了能实现自己的凤愿，考上北京某名牌大学，他放弃了喜爱的体育运动，抓紧一切时间学习，希望能在学校的排名中有所突破。看到孩子的变化和向新目标进军的决心，家长感到孩子长大了，懂事了，很欣慰，他们对孩子的照顾更加细微和体贴了。可就在第一次模考时，出现了一个意想不到的状况：信心十足的小军面对刚刚发下的试卷却有些心慌，双手不断地颤抖。他看了一下卷子上的题并不难，可自己的手怎么就不听使唤了呢？他越想控制就越控制不住。他开始有些冒汗，感到脑子一片空白。稍微冷静以后，他意识到了自己太紧张了。于是他尽力做了几个深呼吸，让自己的情绪有所控制，勉强进入了答题状态。可这时别人已经答了好些题了，他又感到了一阵紧张。就这样他勉强结束了第一科考试，情绪非常不好，也影响了后面的几科考试。结果成绩非常糟糕，不仅没在学校排名中取得好名次，就是班级的排名也降至中等。这次的失利对小军的影响很大，在以后的学习中，他总是不能集中注意力，感到头晕、头痛、恶心，睡眠也不好，并常常担心时间不够用，担心自己的成绩，担心父母会失望。越想就越心烦，有时会控制不住地用手拍桌子，用头去撞墙，学习成绩也开始下滑。有几次小军出现了放弃高考的念头。看着孩子这样，家长心急如焚，带着孩子到医院去做了各种检查，也没查出问题。

显然，小军是出现了考试焦虑。考试焦虑是指面对考试的时候当事人无原因地出现紧张、忐忑不安的现象，同时伴有头晕、头痛、恶心、呕吐、心慌、气短、手脚发冷、多汗、尿频、尿急等植物神经紊乱症状，个别人会出现坐卧不安、惶惶不可终日、失眠的症状。其特点是焦虑已明显地影响正常学习和生活，自己对引起焦虑的原因能够认识；考试一旦结束，多能迅速恢复。

资料来源：沈阳市精神卫生中心心理门诊，2009.

高中阶段是人生中十分关键的时期，是少年向青年转化的前期。他们的心理和生理有许多微妙的特点，如既成熟又不成熟，既是孩子又是大人，性意识增强却又缺乏正确的认识，因此，容易出现这样或那样的心理问题。根据高中生心理发展的特点，进行心理卫生基本知识的教育，使其了解自我，预防和及时治疗心理障碍或心理疾病，具有重要的意义。

一、帮高中生度过高考期——高中生常见的心理问题和心理健康教育

高中生的心理问题是指高中生的心理活动偏离正常或失去调控。根据高中生心理和行为失调的程度,可将其划分为高考生的心理问题、一般心理问题和心身疾病、人格障碍、心理疾病四个方面。

(一)高考生的心理问题

高考生作为一个特殊群体,面临着人生道路、发展和前途等重大抉择。高考让无数青年学生悲喜交加、难以把握。高考生在全力备考的过程中会遇到很多心理障碍,具体表现在以下几方面。

1. 认知障碍

认知障碍主要表现为学习活动效率下降和智力活动不协调。

(1) 感知障碍:也称感知过敏,表现为个体对强光、噪声、高温以及强烈的气味过分敏感。如有的考生在考场上,害怕老师来回走动的声音;感觉考场空气似乎凝结,胸口发闷,手脚出汗;对同学答题时钢笔发出的"沙沙"声过分敏感等,严重影响学生考试水平的发挥。

(2) 注意障碍:表现为对某些事物过分专注或注意力分散、不集中。如有的高考生在复习时出现目光呆滞,长时间停留在某一问题上;有的考生则东张西望、心绪不宁,易受各种外界因素干扰,影响考试水平正常发挥。

(3) 记忆障碍:表现为记忆衰退,所记的内容不连贯,在紧张的考试过程中出现记忆模糊或记空白。如有的考生明明知道某试题的答案在书上某页的哪个角上,但是对那句话就是回忆不起来;有的考生进入考场后,由于心理过分紧张,压力过大,所记内容一点也想不起来,一时处于大脑空白状态。

(4) 思维障碍:表现为思维形式失调、过程失调、思维迟缓等。有的考生在考试中,思路狭窄,反应迟钝,回答问题缺乏逻辑性、推理性,面对考题一会儿认为这样做对,一会儿认为那样做对,犹犹豫豫,不能果断下笔。

(5) 联想障碍:表现为想象力极差,头脑很难描绘出事物形象,考生感觉"脑子不好使""记不起事情""脑子发动不起来"等。

2. 情感障碍

情感障碍主要表现为考生在考前及考试过程中情绪极度兴奋或极度抑郁。考试前一段时间内情绪波动大,一点小事情也能引起考生内心巨大震撼,情绪不受理智控制,容易被情绪左右,阻碍学习的进程和学习效率。考生在考试过程中,如果遇到难题,情绪则一落千丈,平时"常胜将军"的优越感荡然无存,产生一种焦虑感,对考试丧失信心,不利于考试水平的发挥。

3. 意志障碍

意志障碍主要表现为意志减弱和意志丧失。

(1) 意志减弱:有些高考生不能把学习活动坚持到底,缺乏信心。尤其是神经衰弱的

高考生，情绪低落、脆弱，消极悲观，压力过重，不敢向困难挑战，稍遇不顺便怨天尤人，认为自己不是学习的料、一无是处、命运不佳等，意志行动退缩。

(2) 意志丧失：有些高考生在考试中完全丧失意志力，坚信自己考不好，不愿再思考、动脑，听天由命，随波逐流，结果是会的题也不会做了，最终成为高考的失败者。

4．行为障碍

行为障碍表现为高考生的行为与一般人的行为不同的一种离奇行为。考生在考试过程中若对自己的能力和水平缺乏自信，则表现出一次次地检查、验算，长时间地停留在一个问题上，反复思考，唯恐答案错误。还有的考生不停地看表，搞得自己心神不宁，空耗时间，最后答题时间不够，精力不集中，难以考出理想成绩。

5．考试应激障碍

考试应激障碍主要表现为考试焦虑和考试怯场等。

考试焦虑就是担心自己考试失败而高度忧虑的一种情绪反应。例如，有的考生在考试前紧张恐惧，心烦意乱，喜怒无常，无精打采，胃肠不适，可能导致原因不明的腹泻、呕吐、多汗、尿频、头痛、失眠、记忆力减退、学习效率下降等不良症状。

考试怯场是指考生由于过度焦虑而造成思维和操作困难的一种心理现象。表现为应试时心跳加速、满头大汗、头昏、恶心等。严重时，考生全身颤抖，不会写字，两眼发黑，甚至看不见物体，有的晕倒在考场，有的大脑一片空白，记忆全失，导致考试失败，严重影响身心健康。

(二)高中生常见一般心理问题和心身疾病

一般心理问题是指那些轻微的、对学生生活影响较小的不健康心理的表现。心身疾病则是指由心理因素引起或加重的躯体疾病。

1．高中生常见的一般心理问题

1)　冷漠与孤独

冷漠是指对人对事很冷淡，漠不关心，有时甚至"冷酷无情"。国外心理研究者指出：在现代社会中，不少青年在心理上处于"三无"状态，即无动于衷，谓之无情；缺乏活力，谓之无力；漠不关心，谓之无心。冷漠的高中生，在学校对所学的知识不专心，没有学习热情，对集体活动冷眼旁观，置身于外，给人一种"看破红尘"的印象。但是，他们的智力和品格并不差，只是个性上存在某些问题。冷漠常诱发孤僻，使高中生产生一种与世隔绝的心态，觉得一切都百无聊赖。严重时，使人感觉空虚、狂躁，甚至诱发抑郁症，产生轻生厌世的心理。

高中生的冷漠是对挫折的一种退缩反应。孤独则多因性格过于内向、回避社会交往、缺少友谊，或者是自卑自怜，或者是过高估计自己，却不被社会和他人接受所致。

2)　过度自卑

自卑感是人人都有的一种情绪体验，在人的一生之中，大多数年龄阶段都可能发生。高中生是自卑感的多发期，几乎大部分高中生都有不同程度、不同方面的自卑感受。过度自卑者，胆小怯生，非常害怕在他人或大庭广众面前亮相做事，常常是话到嘴边说不出。过度自卑者缺乏自信和竞争的勇气，不敢交际，特别畏惧失败，有的甚至在课堂上做作业也遮遮盖盖，生怕他人笑话。

一般来说，差生比优生自卑，女生比男生自卑，且随年级的增高，自卑的人数增加。优生在高中阶段，自卑感似乎比差生弱，事实上，其潜在的自卑感更为严重，一旦环境发生变化，如升学失败，或升学后适应不良、早恋失意，其自卑感就暴露无遗。中国对大学生的自卑感曾有过调查，结果发现大学生中有 49%的人存在着不同程度的自卑心理，其中大学一年级学生因心理问题被淘汰的有 7.3%之多。

3)　嫉妒心理

嫉妒是一种较为复杂的混合心理，伴有焦虑、悲哀、猜疑、敌意、怨恨、报复等不愉快的情绪。具有嫉妒心的高中生，不仅对他人先天的身材容貌、聪明伶俐、惹人喜爱产生嫉妒，而且对其他诸如荣誉地位、家庭状况等也产生嫉妒。高中生的嫉妒心理往往是针对周围的熟人，如同学朋友、亲戚邻居、兄弟姐妹等。有些不但不学习他人的长处，反而进行挖苦讽刺、吵架破坏，严重的可导致病态心理。嫉妒心理是扼杀高中生进取心，降低活动能力，破坏同学、师生关系的不良心理。

4)　抑郁和焦虑

抑郁是以情绪低沉和忧郁为特征的心理状态，表现为极度苦闷，对外界不感兴趣，活动减少。我国学者曾对高中生进行过调查，发现高一、高二、高三各年级学生抑郁情绪的发生率分别为25.14%、28.03%和22.76%；在 135 名有抑郁情绪的高中生中，重度、中度和轻度的比例为 1：2.25：27.5。这表明，约 1/4 的高中生有着程度不一的抑郁情绪。高中生抑郁情绪的发生主要是因为对学习生活不满意，睡眠无规律。

焦虑是一种恐惧和不安的不愉快的心理状态，常伴有忧虑、烦恼、不安的情绪体验。适度的焦虑对人并无害处，有时还有助于人更加深思熟虑地分析和处理问题。但是，过分焦虑并且成为一种习惯的反应方式，则属于心理上的问题。焦虑一般发生在性格较保守、不开朗、少交往、兴趣爱好较少、遇事敏感的学生身上；焦虑发生之前，大多有些不愉快的遭遇，如考试失败、与同学朋友发生口角、睡眠不足、受到不公正的对待等。焦虑多发生在男生身上，常表现为自我期望过高，当客观环境与主观愿望发生冲突又不能正确化解时，便产生烦恼、不安、焦躁等情绪。

心灵考场 9-1 高中生如何应对考试过度焦虑(扫右侧二维码)

心灵考场 9-1

2. 高中生常见的心身问题

1)　失眠

失眠现象在高中阶段开始增多。失眠的一般表现是经常性的入睡困难，中途醒来，易早醒梦醒，白天疲惫不堪，无精打采。高中生失眠的主要原因有三个：一是劳逸不均，用脑过度，引起中枢神经兴奋和抑制功能的失调，导致失眠。二是自我暗示，曲解失眠的定义，缺乏睡眠的知识，把睡眠看得过重，一旦一两个晚上未睡好或未睡足就自认失眠，甚至将失眠等同于神经衰弱而忧心忡忡。这种过分的担心和暗示使偶发性的睡眠不良变成习惯性的睡眠障碍，从而导致真正失眠。三是某些情绪的刺激。事实上，失眠只是神经衰弱众多症状中的一个。对单纯性的失眠，只要不紧张，平心静气，劳逸结合，科学用脑，就会自行恢复正常。

2) 希死心理与自杀

人在心理上希望死亡的心理活动称为希死心理。自杀则是希死心理发展为自我毁灭的行为，是一种试图以自己的生命解决生存意义问题的行为。在现代社会中，希死心理和自杀行为已成为全球性的社会问题。美国调查统计资料表明，自 20 世纪 80 年代起自杀已成为人类九大死亡原因之一。

自杀现象始于青春期的初、高中阶段，高中呈现出增多的趋向。高中生自杀现象在日本和西方国家居多，我国目前远远低于这些国家。但是，近年来，希死心理和自杀行为在我国也呈上升趋势，尤其是高中女生。高中生希死和自杀的原因主要是由学校问题、异性问题、家庭问题以及对生活的怀疑感、厌世感和孤独感造成的。希死心理和自杀行为一般易发生在情绪持续低沉、抑郁而性格极内向的学生身上，特别是女生。高中生的自杀念头往往是一段时间的事，许多人过了这一危险期反倒觉得自杀的念头不可思议。因此，家庭、学校及周围的亲朋好友应关心高中生的生活起居，关注他们学习活动的变化发展，经常与他们沟通，警觉某些反常表现，这是阻断高中生希死心理、防止高中生自杀的关键所在。

3) 神经性厌食

神经性厌食是一种表现为进食困难、食欲不振、呕吐或拒绝进食的病症。神经性厌食的起病年龄为 10～30 岁，大多发生在 15～23 岁。高中阶段是神经性厌食多发期，极少数在高中毕业后或大学毕业后发病。据国外资料报道，这类疾病女性患者是男性患者的 10～20 倍。神经性厌食一般是有意识限制饮食而造成的。一般认为此病与心理因素有关，常见于青春期过分关注自己的身材，向往苗条体态的人。此外，该病与高中生性方面的烦恼、对成年人的疑虑、不愿意长大成人等因素也有关。

神经性厌食症患者的最初表现是食欲减退，对食物感到厌恶，见食呕吐，最后到拒绝进食。患者日见消瘦，皮肤干燥，缺少韧性，相貌变得苍老，女性患者出现闭经等现象。其后果是导致消化功能的退化，全身营养不良，代谢紊乱，甚至死亡。神经性厌食症患者一般并无其他器质性病变或精神疾病。

(三)人格障碍

人格障碍又称病态人格，是在儿童、青少年期发展起来的人格缺陷和畸形。人格障碍自幼发生，至青少年期加剧，表现出对社会正常生活的不适应。人格障碍与一般的心理问题不同，它的衡量标准多从社会的观点来考虑。人格障碍与心理疾病也不同，它不属于真正的心理疾病。一来，人格障碍是行为性的或外表性的，人格障碍者本人没有极度的情绪痛苦，对自身的危害远远低于对社会的危害；二来，人格障碍者既无神经症患者那种极强烈的焦虑情绪，也不像精神病患者那样丧失同现实世界的接触，因此，人格障碍被认为不如神经症或精神病严重。尽管如此，人格障碍同样妨碍人的正常生活，甚至破坏和毁灭生活，常使人触犯法律。

人格障碍者的一般特征是：①生理上可能有某些神经系统功能上的障碍，但是一般无病理性变化；②通常是在无意识、无智力障碍情况下出现的情绪和行为上的障碍；③一般能正确处理日常的学习和生活，能理解自己行为的后果及社会对其评价的标准，但适应环境的能力差，情绪上不成熟，恣意放纵，不顾及行为的后果；④具有相对稳定性，人格障碍一旦形成，短期内难以改变，有的至中年以后才部分或全部地自行缓解，有的则保持终生；⑤完全不考虑他人的利益，对自己可能出现的任何行为都无丝毫的自责自咎，不讲良心，没有正常的责任感和道德感，可毫不犹豫或毫不内疚地说谎、欺骗、偷盗和凶杀。

高中生常见的人格障碍类型如下。

1. 偏执型人格障碍

偏执型人格障碍属于中度到重度的人格障碍，表现为对挫折、羞辱过分敏感，具有歪曲体验的倾向。具体来说，一是过分猜疑，对他人不信任；过分警惕，防范于人，妒忌他人，怀疑一切。二是过分敏感，总认为别人存心不良；易怒易躁，常出现敌视、攻击他人的行为。三是过分关心自己，无端地夸大自己的重要性，总把自己的错误或不慎产生的后果归咎于他人，不停地责备和加罪于他人。偏执型人格障碍的高中生，在家不能与父母、兄弟姐妹和谐相处，处处为难，发泄不满；在外、在校不能与老师、同学、朋友友好相处，常寻衅闹事，使他人对其只好避而远之。

2. 反社会型人格障碍

反社会型人格障碍的基本表现是既无道德感、责任心、义务感，也无良心可言，其行为的目的就是要使他人受苦、难过，无论其错误和行为给他人造成多大的损失和痛苦，也不会认错，对人冷酷无情。具有反社会型人格障碍的高中生，脾气极坏，十分暴躁，在家里稍不高兴就大吵大闹，张口骂人，使家人胆战心惊、痛苦不堪；在学校则动不动顶撞老师，打人骂人，使同学畏惧。

反社会型人格障碍的高中生有着品德方面的明显障碍。但是，品德障碍或品德不良的高中生中只有少数人存在人格障碍，其中部分是反社会型人格障碍，也可能还有其他类型的人格障碍，如戏剧型人格障碍。

3. 戏剧型人格障碍

戏剧型人格障碍的最大特点之一就是想引人注意。这类患者在言语、表情及动作上常过分夸张，好似演戏一样。具有戏剧型人格障碍的高中生往往追求强烈的体验，为了引人注意，有时不惜损害自身，如自伤、玩弄自杀把戏，而不顾及个人的尊严；在无现实刺激时，便借助想象来激发体验。这类学生情绪上不稳定，易大惊小怪，往往给人一种肤浅、无真实感、装腔作势、无病呻吟的印象。

4. 分裂型人格障碍

具有分裂型人格障碍的高中生表现为：①情感冷淡，对人对事无动于衷，沉默寡言，不爱交际，没有知己，给人一种隔阂感。这类高中生既无强烈情感的外部表现，又无相应的内心体验，青春期对异性毫无兴趣。②乖戾古怪。其活动以自我为中心，爱幻想，常静坐深思，想入非非，做白日梦，热衷于所谓的心灵感应、第六感觉之类的事；思维欠缺逻辑性，与人交谈时常离题，意思表达含糊不清，用词不妥，繁简失当；对自己无信心，对前途无希望。分裂型人格障碍常发生在学习落后的女生身上。

(四)心理疾病

心理疾病是由于各种原因所引起的大脑功能紊乱而导致的心理与行为的异常表现。心理疾病一般分为两类：神经症和精神病。

1. 神经症

神经症是一组起病与工作学习负担过重或心理应激因素有关的轻度精神障碍，旧称神经官能症。它是一种非精神病性的心理障碍，虽然在名称上叫作神经症，但在症状上却与神经系统组织无直接关系。这类心理障碍虽然也称之为病，但大多数患者都未达到需要住院治疗的程度，与精神病有着本质的区别。患神经症的高中生，尽管行为的某一方面有逃避现实的倾向，但是他们通常仍能坚持学习，而且设法与学习生活中的各种困难做斗争。当然，与正常人相比，其学习和生活的适应性要差一些，困难要多一些。高中生常见的神经症有以下几种。

1) 神经衰弱

神经衰弱始发于初中，至高中发病比例增高。一般来说，患此症的高中生多于初中生，且女生多于男生，脑力劳动者多于体力劳动者。有人调查了我国体育院校的大学生和高中生，结果发现：体育院校的大学生患此症的极少，准备报考大学的高中生发病率最高，而且随着高考竞争激烈强度的增加，有逐年增多的趋势。

高中生的神经衰弱与长期的精神过度紧张、思想负担过重及极度疲劳引起的大脑神经系统功能失调有关。高中生神经衰弱的症状主要表现为容易疲劳，脑力和体力不支，头痛头晕，多汗心悸，心情烦躁，而且入睡困难，多梦易醒，怕光、怕声、怕冷，注意力难以集中，记忆力下降，学习效率极低。但是，神经衰弱并无器质性异常。高中生中易患神经衰弱的有四种人：一是缺乏自信和独立意识，胸无主见，依赖性大的人；二是过分求全责备，具有强迫性格的人；三是忧郁性格的人；四是以自我为中心，追求虚荣，不能克制自己欲望的人。

2) 歇斯底里

歇斯底里是一种具有心理或躯体症状，并伴有强烈情绪表现的心因性精神障碍，又称癔症。其主要的躯体反应症状有手脚痉挛，两眼翻白，四肢抽搐，常伴有撕衣物、扯头发、捶胸、发怪声等。有时面部会出现种种夸张做作的表情，有感觉缺失和运动麻痹症状，如失明、失听、失语、出现偏瘫等，发作后常感浑身酸痛，疲乏无力。精神上的反应症状则有情感活动失调的程度不一的意识障碍，如突然变得精神失常；阵发性地哭笑打滚、叫喊吵闹、伤人毁物；或是突然兴高采烈，又唱又跳，常伴有一些幼稚做作、撒娇或演戏一样的动作表情。癔症发作急，病程短，易反复。一般来说，发病半小时或数小时后会自然恢复常态，治疗后的效果良好。

癔症是由于心理创伤引起的大脑机能失调所致，其发病年龄多在青春期，且女生多于男生，具有"感染"现象。这种感染现象是由于精神上相互影响造成的集体发病，即一个人患病后，周围一些人因目睹了发病情况而产生恐惧紧张心理，或受不科学解释的影响，加上暗示作用而相继发病。学校应特别注意癔症集体发作，一旦出现应立即采取措施，进行隔离，防止相互影响和扩散。癔症的发作与高中生的性格也有一定关系。一般来说，平时情绪反应强烈，情感活泼生动，带有夸张和戏剧性色彩，但又肤浅、幼稚、好感情用事，易走极端，具有极高暗示性的人，或心胸狭窄，好显示和夸耀个人的才能，特别富于幻想的学生可能易患此病。

3) 恐惧症

恐惧症是患者对某一事物或某一特殊情境产生十分强烈的恐怖感受，而实际上这些事物对患者并无伤害或威胁，完全是患者心理上的一种荒唐、不合理的恐怖理解，使其深受恐吓却不能摆脱。大多数恐惧症患者都知道其恐惧是无任何现实根据的，是过分或不必要的，但就是无法控制。恐惧症多发生在青少年或成年初期，发病急促，往往因某一事物或情境引起个体焦虑、恐惧反应之后，转变为恐惧症。一般女生患此病多于男生。恐惧症患者的一般症状是遇到或想到自己所恐惧的事物，就会产生焦虑紧张、害怕恐惧、躲避逃跑等令常人不可思议的心理行为，严重者甚至长期闭户不出。恐惧症的类型十分广泛，几乎世上所有能引起人害怕的事物均可成为恐怖的对象。

4）强迫症

所谓强迫症，并不是说客观上有什么事对患者施加压力，进行强迫，而是指患者主观上感到有某种不可抗拒或被迫无奈的观念、情绪、意向存在，使之不得不去想，不得不去做，并且不能自行遏止。强迫症是在强烈或持久的精神因素及情绪体验的影响下发生的，它主要表现在两个方面：一是强迫观念，二是强迫动作。

① 强迫观念是指重复出现患者并不愿意出现的某些观念的症状。患者常为一些毫无意义的想法所纠缠，明知这种想法不对，却又非想不可。如一高中生陷入"地球会不会和太阳合并"的想法中无法自拔。强迫观念的表现形式有强迫怀疑、强迫回忆、强迫性穷思竭虑、强迫性对立思维等。

② 强迫动作是指患者表现出一些明知没有必要，却又难以克制反复进行的动作。如果不做这些动作，患者就会产生严重的焦虑和不安，因而他必须想方设法去做这些动作。强迫动作的形式有强迫计数、强迫检查、强迫洗手洗衣物、强迫仪式动作等。如有的患者过分怕脏、怕细菌而整天洗手不停；有的一见电线杆、台阶、柱子、窗子等便不由自主地依次点数，一旦数漏一处便从头再数，无休无止；有的对做好的作业、写好的信反复检查数次。

患强迫症的高中生神志清醒，仪表端正，外表如常人，只是对这些不正常的行为控制不了。虽然患者也下过多次决心，却很难摆脱，精神上感到莫名其妙的压抑和痛苦。多数人同时还伴有头痛头昏、失眠等神经衰弱的症状。患强迫症的高中生，其性格大多内向，好思虑，谨小慎微，少言寡语，敏感多疑，生活习惯呆板，主动性差，畏首畏尾，常有不安全感和不适应感。强迫症的发病年龄多在16~30岁，且男性多于女性。

神经症的类型较多，除上述常见类型外，还有焦虑性、抑郁性和疑病性等神经症。

2．精神病

精神病是心理疾病中最极端、最严重的一种，也是心理健康水平最低的一种，故又称为重性心理疾病。生活中，人们称精神病患者为"疯子"，法律上则称之为"精神错乱"。

患有精神病的人，可表现为丧失与现实的接触，生活在幻觉、妄想和梦幻之中，其一般症状表现为各种心理活动发生了异常。最常见的表现有以下几种。

(1) 幻觉。病人无中生有地听到某种声音(幻听)，看到某种现象(幻视)，闻到某种气味(幻嗅)，尝到某种滋味(幻味)，感到身体有某种物体的刺激(幻触)等。

(2) 妄想。病人在精神失常基础上判断及推理发生错误，从而得出荒谬的结论。妄想的形式有被害妄想、罪恶妄想、夸大妄想、疑病妄想、妒忌妄想。

(3) 兴奋躁动。表现为言语动作增多、大吵大闹、胡言乱语、东拉西扯、情绪激动、高声叫喊、咒骂不止，甚至伤人毁物，日夜不安，四处乱跑。

(4) 抑郁苦闷。表现为愁眉苦脸、唉声叹气、情绪低落、思维迟钝、动作缓慢、言语减少、对事无兴趣，有的患者可能有消极的想法和自杀的念头。

(5) 木僵状态。表现为呼之不应、问之不答、推之不动，常保持一种固定姿势，极少活动或完全不动，甚至拒绝进食。

(6) 智力减退。表现为思维紊乱迟钝，做事无条理，理解和判断力差，记忆力锐减，前说后忘。

精神病患者不能像神经症患者那样以正常的方式行动，通常必须住院治疗。精神病的类型有精神分裂症、情感性精神病、偏执狂等。高中生精神病的发病不明显且少见，可能的类型主要是精神分裂症。

二、高中生的心理健康教育

(一)正确认识心理障碍或心理疾病

高中生由于对心理障碍或心理疾病缺乏科学的认识，一提及心理障碍就联想到蓬头垢面、四处游荡的"疯病"，不是对此惊恐万分，就是讳莫如深，视其为洪水猛兽，觉得"可耻"而处处回避，甚至讳疾忌医。这种错误的认识使高中生既不能正确对待他人的心理疾病，又不能正确地认识和处理自己的心理障碍，结果对人对己都可能造成严重的后果。因此，高中生首先应对心理障碍或心理疾病从思想上端正态度，提高认识。

1. 心理障碍或心理疾病是可以预防和治疗的

某些心理疾病固然有遗传因素的影响，但是，更主要的是后天的学习、生活适应不良造成的，这是诱发心理疾病的直接原因，而先天的影响作用较小。即使是某些因先天因素引起的心理疾病，也常常是由于后天客观因素而引发。心理障碍或心理疾病的成因极为复杂，某些病症的原因又不易确定，治疗效果较为缓慢，但是并不是不治之症。实际上，有些心理障碍有很大的"不医而愈"的可能性。即使是一些重性的精神病，只要坚持长期的心理与药物的治疗，迟早也会痊愈。因此，当个人遭此不幸时，首先应坚定"遵从医嘱指导，将来总会治愈"的信念；其次要积极主动地配合医生进行治疗，这样会大大提高治疗的功效。

2. 心理疾患并非可耻之病

生活中的许多人都以为患心理疾病是一件见不得人的事、可耻的事，高中生也深受这种思想的影响。甚至有些所谓的正常人对患心理疾病的人嗤之以鼻，拿别人的痛苦取乐，这是极不人道的行为。其实，心理上出现障碍或问题并非失去了所有的生活能力以及工作、学习能力，有一些有心理问题或心理障碍的人照样为人类作出巨大的贡献，照样有巨大的成就。例如，美国的第七任总统安德鲁·杰克逊(Andrew Jackson)就患有精神沮丧症，第十六任总统亚伯拉罕·林肯(Abraham Lincoln)则患有忧郁症。因此，有心理问题或障碍者应正确认识和对待自己的疾病，既不必为此而羞愧，也不必为此而时刻防范他人。

对正常人而言，也应认识到，患有心理障碍或心理疾病者不仅是个人的不幸，同时也是社会的不幸，歧视和讥讽心理障碍者，只会使患者陷入更危险的境地，加重其异常表现。相反，对心理障碍者多给予同情、爱护、帮助，使他们获得安全感和信任感，则有助于改进其异常表现，使其逐渐恢复正常。其实，从严格意义上说，所谓的正常人在某时某地也会有某种程度的异常表现。心理学家曾从大量被认为是心理正常的人中挑选了一批人，进行了某种测验，结果发现半数的人具有轻度的焦虑和抑郁等精神症状，有些人的症状还相当严重。

(二)高中生健康心理的培养

心理障碍或心理疾病是可以预防的。心理卫生教育的职能之一就是预防心理障碍的产生。而预防心理障碍产生的最好方法就是保持和培养高中生健康的心理，提高适应能力。高中生健康心理培养内容如下。

1．树立正确的人生观和世界观

人生观和世界观的确定是防止心理异常的根本条件，是高中生心理健康的重要保证。正确的人生观和世界观能使高中生正确认识外界与个人的关系，充分发挥自己的作用和能力，协调并处理好各种关系，保证心理反应的适度，防止异常。如果一个人的需要、观念、理想、行为违背了社会准则，自然会到处碰壁，遭受挫折，陷于无穷无尽的烦恼与痛苦中，导致心理的不健康。可见，正确的人生观和世界观是保证个人心理健康的思想基础和心理基础。

2．了解自我，接受自我

俗话说：知人容易知己难。不能正确认识自我往往是形成心理障碍的重要原因之一。要保持心理健康，高中生不仅要了解自己的长处、兴趣、能力、性格，更要了解自己的不足和缺陷，并要正视它们。如果对自己不了解、不接受，那么，不是感到怀才不遇、生不逢时，就是愤世嫉俗、狂妄自大，或是过分自卑焦虑，导致心理的不平衡。因此，高中生应有自知之明，在充分了解自我的基础上，坦然地接受自我，既不过高估计自我，也不自欺欺人，这样才会心安理得，减少心理的冲突，保持心理健康。

3．认识现实，正视逆境

人在现实中生活，而客观现实又不以人的主观意愿为转移，因此只能要求个人去充分认识和了解现实，适应和改造现实。这就要求高中生面对现实，把个人的思想、愿望和要求与现实社会统一起来。当然，高中生有权进行"自我设计"，但是这种设计决不能偏离现实的轨迹，否则"自我设计"只能是空想。此外，高中生有时身处逆境也是在所难免的，如学习的困难、成绩的退步、班干部工作的辛苦、考试的失利、专业的限制、就业的艰难、同学间的摩擦、初恋的烦恼，等等。对此，高中生应鼓起勇气，培养自己遇事不乱、应付自如的心理品质。要形成这种良好品质，必须热爱生活，热爱学习和工作，学会全面、客观地看问题，不斤斤计较，不以他人之短度己之长，不好高骛远，要有随时都会遭遇困难和挫折的思想准备，要有善于调整自我与社会关系的能力。

4．建立良好的人际关系

良好的人际关系既是心理健康的条件，又是心理健康的表现。良好人际关系的建立，不是靠逢迎谄媚，而是靠诚实友善、严于律己、乐于助人等高尚的品格。因此，高中生应在社会交往中锻炼自己的良好品质，要自信信人、自尊尊人、自助助人，妥善处理好人际关系，即处理好与父母、老师、同学、朋友、异性的关系，其中尤以朋友关系最重要。据调查，当高中生产生苦恼时，有60%以上的人以朋友为第一倾诉对象。

5．劳逸结合，科学用脑

一定的学习压力可以激起高中生的学习兴趣，提高学习效率，对心理的健康发展大有裨益，因此，我们提倡勤于用脑。但是，过度用脑，则会使大脑的神经活动遭到破坏，导致心理疲劳，使智力下降、精神萎靡、失眠疲惫。心理疲劳的高中生不但完不成学习任务，而且严重妨碍心理的健康发展，所以不仅要勤于用脑，而且要科学用脑，做到劳逸结合。所谓科学用脑是指让学生大脑的各种神经细胞依次轮替活动，使大脑的兴奋和抑制过程平衡协调。为此，一要学会科学地安排一天的学习、工作和生活时间，学习时间最好控制在10小时之内；二要休息好，保证充足的睡眠；三要加强体育锻炼，积极参加课余活动，拓宽兴趣范围。这样，使学习、生活有紧有松，生动活泼，才能更好地提高学习效率，保持身心健康。

6．保持健康的情绪，掌握克服不良心境的方法

情绪是影响身心健康的重要因素，因此要使身心健康就要保持健康的情绪，学做情绪的主人，不做情绪的奴隶，用理智的力量去抑制情绪的冲动。要及时疏导已形成的消极情绪，解除精神的压力。情绪疏导的常用方法如下。

1) 释放

心中有烦恼、不痛快、伤心的事，不要闷在心里，而要找有关的人、自己的朋友或亲人倾诉，即使他们找不出好的解决办法，自己说出来也是一种释放，于身心有益。长期强制压抑情绪，会使内心的体验变得更加强烈，从而有可能导致心理疾病。俄罗斯有这样一句名言：一个欢乐两个人分享，欢乐就变成了两个；一个痛苦两个人分担，痛苦就变成了半个。哭也是一种释放能量、调整机体平衡的方式，所以忧愁、烦恼时，大哭一场也未尝不可。

2) 升华

升华是指个体受挫折后，把压抑于心理的情绪冲动转向社会许可的其他活动中去，使精神有所依托，从而获得新的、更高的精神满足。如德国诗人歌德的名著《少年维特之烦恼》、画家达·芬奇的名画《蒙娜丽莎》都是他们失恋或失去爱情后情感升华的结果。高中生应把精力放在学习活动、集体活动、课外活动及体育锻炼上，使自己的精神世界在这些活动中达到更高的境界。

3) 转移

转移是把注意力从消极的心理紧张和焦虑转向其他事物，以淡化或忘记那些令人不快的情绪反应。如心情不佳、忧愁郁闷或发怒时，最好去大自然中散散步，游览广阔无垠的大地；或是听听轻松愉快的音乐和相声；或是去看看喜剧电影、幽默漫画；或与人聊聊天，参加一些公益活动；或是逛逛街，买件自己喜欢的小玩意；等等。

4) 幽默

幽默在保持心理健康上有着奇特的功效，它可以放松紧张的心理，解除被压抑的情绪，缓解人际间的紧张关系，摆脱尴尬难堪的困境，减轻焦虑，活跃气氛，冰释误会。幽默的方式多种多样，如故意开开玩笑、说些幽默有趣的小故事或俏皮话，做些滑稽好笑的动作

等。但是，幽默并不一定都使人发笑，更多的则是启发人们思考。要使自己成为一个具有幽默感的人，首先应培养自己乐观开朗的性格、坚强的意志，养成遇事不愁不恼的处事态度，树立起对学习和前途的坚定信念；其次，要积极投身于具有创造性的学习和劳动之中，增长知识，提高修养，培养机智。

5) 同情

同情可以解除人的消极情绪，化干戈为玉帛，因此，高中生应培养爱心和同情心。裴斯泰洛齐曾说：凭着热爱与同情，可以拯救头脑昏乱、受了惊骇的人。当生活中有人触怒你，只要你能体谅他人的处境，多从好处着想，认为事出有因，情有可原，就可以淡化自己的愤怒和不快的情绪。

6) 自我安慰

自我安慰又称酸葡萄和甜柠檬作用。酸葡萄作用出自《伊索寓言》，是说饥饿的狐狸因吃不到树上的葡萄，便说葡萄是酸的，吃不得，以此安慰自己。它是人们得不到某物或不及某物而贬低此物的做法。如当我们未考上某重点学校时，便说这所学校也不怎么样，并可罗列一些不足；有的人因自己相貌一般，便自我安慰说漂亮有什么用，又不能提高成绩或升学。甜柠檬作用与酸葡萄作用正好相反，它是对自己原本不满的事物大加赞赏，数其优点的做法。如考入一所普通高中，便大说特说其好处；分到楼下较暗的教室则力赞其安全方便等。自我安慰法看似消极、愚蠢，甚至可笑，但是它却可以在心理不安、苦恼时进行心理自卫，以求得心理的平衡。遇到挫折、产生苦恼时，不妨适当进行一些自我安慰，这对个体的心理健康有一定的积极意义。

7．积极参加课余活动，丰富学习生活

高中生的课余活动内容丰富、形式多样，富有时代气息，有利于心理健康发展。例如，参加各类社会实践活动，可以了解社会实际，为自己今后适应社会、接近社会奠定基础；参加科技兴趣小组的活动，可以充分发挥自己的潜能，激发广泛的兴趣，增强动手动脑的能力；参加琴棋书画、体育锻炼和郊游等活动，既可以陶冶人的情操，锻炼人的意志，扩大社交范围，形成开朗乐观的性格，又可以发展能力，缓解心理的紧张，释放多余的"能量"。事实证明，多才多艺的学生极少出现心理障碍。

(三)心理障碍或疾病的防护和治疗

高中生一旦出现心理问题、障碍或疾病，应及时进行矫正和治疗。矫治的途径可根据障碍的轻重程度求教或求治于三个方面：一是心理咨询；二是心理治疗；三是药物治疗。

1．心理咨询

心理咨询主要是心理学工作者或心理咨询专家通过回答问题、解释疑惑、提供建议、商量讨论等方式，为人解决心理问题的一种方法。它是通过患者和咨询工作者的相互交谈进行的，咨询中没有病人和医生的关系，咨询专家只是你的一个朋友和心里话的倾听者，而你只是一名访问者而已。心理咨询的对象主要是那些适应不良、有心理危机的正常人；或有轻微心理问题，如自卑、忧郁、紧张、孤独、失眠的人；或是正在恢复和已经恢复的病人。严重的心理疾病患者则不属于心理咨询的工作对象。

心理咨询的作用在于：第一，疏导咨询者的情绪，鼓励他们把自己内心的痛苦述说出

来，以减轻或解除心理的压力；第二，帮助和指导心理问题者正确认识事物，分析产生心理问题的根源，改善其认知结构；第三，帮助和指导心理问题者在学习、生活和工作中建立起正常和睦的人际关系，养成良好的行为习惯，教给其矫正和防护不良心理的方法，以达到彻底缓解和解除心理矛盾的目的；第四，协助医生早期发现心理异常，为早期预防和治疗提供信息。

心理咨询在解救心理问题者的心理危机中有着不可低估的作用。很多时候，一个人的心理冲突、情绪冲动、焦虑抑郁、自杀倾向等都是一时性的，经过心理咨询工作者的开导会防止其继续恶化，并且可以引导他们向积极健康的方面转化。心理咨询的方式颇多，常见的有以下几种。

(1) 门诊咨询。在一些精神病院、综合医院设有定期的心理咨询门诊，由专门人员接待前来咨询的心理问题者，并回答各种问题。

(2) 专栏咨询。在报纸杂志上开设专栏，选择有代表性的问题作答。我国目前这方面的刊物有《中国青年》《大众心理学》《中国心理卫生杂志》《医学心理学》等。

(3) 信件咨询。患者通过与专家的信件交往而求得开导和帮助。

(4) 现场咨询。心理专家到心理问题较多的现场为来访者提供切合实际的服务。

(5) 电话咨询。通过专设的电话为求助者提供缓解心理危机的忠告和劝慰。

2. 心理治疗

心理治疗，又称精神治疗，是指医生或心理治疗者实施的旨在改善患者心理状态和行为问题的心理治疗技术和措施，它是运用心理学的方法来改变患者的心理状态。心理治疗的工作对象主要是中度和重度的心理障碍者。

3. 药物治疗

某些心理障碍，尤其是精神性的疾病，除心理治疗外，还必须进行药物治疗。药物既具有药理作用，也具有一定的心理效用。药物治疗有精神药物治疗和中医药治疗。值得注意的是，药物治疗必须在医生指导下进行，随意服药有可能产生更大的不良后果。

○ 心灵小品 9-3

高中生的心理保健

高中生正面临着生理和心理上的变化，他们对自己和外界的看法也发生了很大变化，这就要求他们必须尽快适应这些变化，完成自己对过去、现在和未来的整合，此时他们急需成人给予各方面的指导和引导。

1. 克制性欲

高中阶段始终处在"性饥饿"之中，因此合理有效地克制性欲是顺利度过高中阶段的前提和保证。及时合理的性教育一方面可以帮助高中生了解自己的身体变化，解除他们的困惑，还可以使他们树立必要的性道德，防止可能的性心理障碍和性罪错。

(1) 教育高中生自尊自爱，学会保持男女之间正常交往的方式，不过分亲昵和随便。异性间的交往有别于同性，尤其是在交往的时间、地点、方式的透明度上要符合我国的风俗习惯与民族特点，既落落大方，又要避免引起旁人的误解。

(2) 指引他们参与有文化气息的积极性的活动，以美化心灵、净涤身心，减少性欲冲动。

(3) 鼓励有益身心的团体活动，培养两性自然接触的社交习惯。

(4) 培养正确的爱情观。注重两性应有的道德观念与相互尊重的态度，避免阅读不良书刊引起胡思乱想，多做有益身心的休闲活动，培养健康规律的生活习惯。

2. 克制情绪冲动，摆脱情绪困扰

高中阶段的情绪情感较丰富、较强烈，有时具有不可遏制性。他们常常因一点小事就欣喜若狂、手舞足蹈，或者垂头丧气、无精打采，有时只因为一句话不合就怒不可遏、恶言相向。在正确价值观和理智感的支配下，他们能够怀着强烈情感作出惊天动地的光辉业绩；但如果他们被人利用，或卷入盲目狂热之中，他们的情绪也会给社会带来很大的危害。高中阶段的情绪又是不稳定的，容易从一个极端趋向另一个极端。在苦闷时受到鼓舞则为之振奋，在热情澎湃时受到挫折则容易灰心丧气。高中生应学会克制自己不必要的冲动，遇事能冷静、客观地看待，防止一时把握不住自己而酿成悲剧。

高中生还要学会善于摆脱情绪困扰。学业、仪表、同伴关系、家庭关系以及生理变化都可能导致他们产生消极情绪。严重的消极情绪可损害人的心理健康，导致种种心理疾病，因此，学会合理调节自己的情绪很有必要。

3. 培养健全人格

高中阶段是人格初步定型时期，世界观、人生观、价值观都将在这一时期形成。因此，引导高中生注意培养自己乐观、坚强、不畏困难的性格品质，才能适应充满竞争的社会。

4. 学会正确看待自己

高中阶段是自我意识形成时期。进入高中阶段以后，人的自我意识有了新的发展，表现为自我的分裂，出现了一个主体我和一个客体我。自我的分裂使得高中生对自己内心世界变得关注起来，开始注意到以前没有注意到的"我"的许多方面，内心活动开始变得复杂了，沉思和自我反省明显增多。

自我分裂意味着高中生的内心世界存在激烈的矛盾和冲突，主体我和客体我不能统一，自我形象就不能确立，自我概念就不能形成，人的内心就表现为动荡不安，不少人为此感到迷惘和痛苦。对此，高中生应学会正确认识自己、悦纳自己，对自己的能力和弱点有更接近现实的判断，不要排斥对自己的不良评价而产生防卫心理，也不必误解他人评价而否定自己，产生焦虑与不安，形成不良的自我概念。要对自己的人格特征泰然处之，不必排斥自我而阻止了改进的动机。

资料来源：王敬群，邵秀巧. 心理卫生学. 天津：南开大学出版社，2007.

三、高中生的升学就业指导

高中生面临着人生的一大选择——升学或就业。高中生无论是升学，还是就业，都涉及职业的选择问题。然而，高中生由于了解社会甚少，对自己缺乏恰当的估计，对职业或专业的理解往往不切实际，导致升学、就业的被动和盲目。因此，如何择业成为高中生及其家长普遍关心的问题，而如何指导高中生合理地择业亦成为各种教育工作的一项重要任务和内容。

(一)高中生求职择业的依据

高中生求职择业的依据具体如下。

(1) 了解社会信息。了解社会信息即弄清楚社会需要什么，今后的职业或专业发展的趋势和动向如何，做到心里有数，有的放矢。

(2) 了解职业或专业的性质、特点。高中生准备择业时，不仅要考虑就业单位和升学学校的性质，还要考虑单位和学校的特点及其对人才的要求。

(3) 了解自我。了解自我即深刻分析和认识自己的气质、爱好、兴趣、特长及文化基础知识，不仅要了解自己的长处和优势，还要清楚自己的短处和弱点。

(二)高中生求职择业的方法

高中生求职择业可采取以下方法。

(1) 搜集职业或专业信息。搜集职业信息的途径多样，归纳起来有四种：一是查阅职业指南、地方职业现状与资料汇编及电台、网络的招聘广告；二是调查访问和实际的操作；三是通过发信函或电话、网络咨询等方式向咨询机构包括人才交流中心了解情况；四是通过老师、同学、亲友及熟人了解职业信息。

(2) 自我介绍。具体方式：一是通过资料介绍自己；二是通过面试交谈推荐自己；三是填写志愿表或履历表；四是通过网络投递简历。

(3) 参加适应性测验。适应性测验主要通过书面问卷或动手操作的方式来鉴定一个人的性格、能力等心理品质适合于何种职业。包括职业兴趣测验、职业能力倾向测验和职业气质测验等。

(4) 参加必要的职业培训。

总之，高中生的职业选择和升学，关乎一个人将来的发展趋向，因此，要格外关注和重视。

🐛 **心灵考场 9-2** 你将来适宜选择哪种职业(扫右侧二维码)

心灵考场 9-2

本 章 小 结

青年初期是个体身心发展的成熟时期。个体从软弱无能的新生儿成长为一个成熟的社会成员，要经历长期、复杂的发展过程。

(1) 高中生心理特征日渐成熟，各种心理品质日趋稳定。

(2) 高中生的认知进一步发展，思维的逻辑性增强，辩证逻辑思维出现。

(3) 高中生时期是人生观和价值观确立的时期，人生观和价值观的内容受多种因素的影响。此阶段社会性的发展有着显著的年龄特点。

(4) 自我意识、性意识等的发展，给高中生带来一系列的心理社会问题，同样需要家长和教师给予及时的帮助和引导。

思 考 题

1. 高中生心理的基本特征有哪些？
2. 高中生的学习有哪些特点？
3. 高中生思维发展有什么特点？
4. 简述青年期自我发展的特点。
5. 简述高中生人生观和价值观的发展特点。
6. 高中生常见的心理问题有哪些？
7. 如何对高中生进行心理教育？

本章辅助教学视频二维码见下方。

参 考 文 献

[1] 林崇德. 发展心理学[M]. 杭州：浙江教育出版社，2009.

[2] 朱智贤，林崇德. 儿童心理学史[M]. 北京：北京师范大学出版社，2002.

[3] 杨丽珠. 儿童心理学纲要[M]. 北京：社会科学文献出版社，1996.

[4] 王振宇. 儿童心理学[M]. 南京：江苏教育出版社，1987.

[5] 刘金花. 儿童发展心理学[M]. 上海：华东师范大学出版社，2005.

[6] 詹姆斯·卢格. 人生发展心理学[M]. 陈德民，周国强，罗汉，等译. 上海：学林出版社，1996.

[7] 杨善堂，刘万里，欧晓霞，等. 心理学[M]. 北京：人民教育出版社，2007.

[8] 劳拉·E. 贝克. 儿童发展[M]. 吴颖，吴荣先，等译. 南京：江苏教育出版社，2004.

[9] 李汉松. 心理学的故事[M]. 北京：中央编译出版社，2006.

[10] 刘国权. 小学教育心理学[M]. 北京：人民教育出版社，2009.

[11] 张艳梅，刘梅. 儿童问题的心理咨询及教育应对[M]. 大连：辽宁师范大学出版社，2013.

[12] 杨丽珠，刘文. 毕生发展心理学[M]. 北京：高等教育出版社，2009.

[13] 王振宇. 心理学教程[M]. 北京：人民教育出版社，2000.

[14] 杰弗里斯·麦克沃特(J. Jeffries McWhirter)，等. 危机中的青少年[M]. 寇彧，等译. 北京：人民邮电出版社，2009.

[15] 丹尼斯·库恩(Dennis Coon)，等. 心理学导论——思想与行为的认识之路[M]. 11版. 郑钢，等译. 北京：中国轻工业出版社，2008.

[16] 孟昭兰. 婴儿心理学[M]. 北京：北京大学出版社，2005.

[17] 罗伯特·费尔德曼. 发展心理学——人的毕生发展[M]. 4版. 苏彦捷，等译. 北京：世界图书出版公司，2007.

[18] 谢弗(Shaffer D.R.)，等. 发展心理学：儿童与青少年[M]. 邹泓，等译. 北京：中国轻工业出版社，2005.

[19] 伯格. 人格心理学[M]. 陈会昌，译. 北京：中国轻工业出版社，2000.

[20] 朱智贤，林崇德. 思维发展心理学[M]. 北京：北京师范大学出版社，2002.

[21] 冯利. 心理健康教育[M]. 北京：机械工业出版社，2007.

[22] 黄希庭. 中学生心理健康[M]. 北京：新华出版社，1999.

[23] 王敬群，邵秀巧. 心理卫生学[M]. 天津：南开大学出版社，2007.

[24] 陈德富，王振武. 当代大学生心理健康[M]. 北京：冶金工业出版社，2009.

[25] 林崇德. 学习与发展[M]. 北京：北京师范大学出版社，1999.

[26] 雷雳，张雷. 青少年心理发展[M]. 北京：北京大学出版社，2003.

[27] 邹小兵，等. 发育行为儿科学[M]. 北京：人民卫生出版社，2005.

[28] 张雅楠，杜进勇. 最新孕育知识指南[M]. 天津：天津科技翻译出版公司，2006.

[29] 爱睿. 胎儿发育与胎教[M]. 哈尔滨：黑龙江科学技术出版社，2005.

[30] 徐勇，杨鲁静. 现代环境污染对儿童健康和生长发育的影响[J]. 中国儿童保健杂志，2005(4).

[31] 郭念锋. 心理咨询师(基础知识)[M]. 北京：民族出版社，2012.

[32] 帕夫利克·罗森茨温格. 国际心理学手册[M]. 张厚粲，主译. 上海：华东师范大学出版社，2002.

[33] L. A. 珀文. 人格科学[M]. 周榕，译. 上海：华东师范大学出版社，2001.

[34] 珀文，约翰．人格手册：理论与研究[M]．黄希庭，等译．上海：华东师范大学出版社，2003．

[35] 杨鑫辉．心理学通史[M]．济南：山东教育出版社，2004．

[36] 黛安娜·帕帕拉，萨莉·奥尔兹，露丝·费尔德曼．发展心理学[M]．9 版．北京：人民邮电出版社，2005．

[37] 刘梅．儿童问题的心理咨询及行为矫正[M]．北京：九州出版社，2002．

[38] 罗伯特·西奥迪尼(Robert B. Cialdini)．影响力[M]．陈叙，译．北京：中国人民大学出版社，2009．

[39] 戴安娜·帕帕拉(Diane E. Papalia)，等．发展心理学[M]．李西营，等译．北京：人民邮电出版社，2013．

[40] 孙远纲，等．初中生心理健康教育[M]．大连：辽宁师范大学出版社，2008．

[41] 李中莹．亲子关系全面技巧[M]．北京：中国华侨出版社，2013．

发展心理学部分教学视频见下方二维码。